商务印书馆（上海）有限公司 出品
The Commercial Press (Shanghai) Co.Ltd

汉语"X来"式双音词词汇化及语法化研究

陈昌来 著

商务印书馆
The Commercial Press

图书在版编目（CIP）数据

汉语"X来"式双音词词汇化及语法化研究/陈昌来著.—
北京：商务印书馆，2021
ISBN 978－7－100－19970－4

Ⅰ.①汉… Ⅱ.①陈… Ⅲ.①现代汉语—词法—研究
②现代汉语—语法—研究 Ⅳ.①H146

中国版本图书馆 CIP 数据核字（2021）第098667号

权利保留，侵权必究。

汉语"X来"式
双音词词汇化及语法化研究

陈昌来 著

商 务 印 书 馆 出 版
（北京王府井大街36号 邮政编码 100710）
商 务 印 书 馆 发 行
山东临沂新华印刷物流集团有限责任公司印刷
ISBN 978－7－100－19970－4

2021年9月第1版　　　　　　　开本 640×960　1/16
2021年9月第1次印刷　　　　　印张 28¾

定价：146.00元

陈昌来，1962年生，安徽省定远县人。先后毕业于安徽师范大学和复旦大学，上海师范大学博士后，师从张涤华、张斌、范晓等先生学习和研究汉语语法。现为上海师范大学二级教授、博士生导师，享受国务院特殊津贴，上海市领军人才、上海市教学名师、上海市曙光学者，国家哲学社会科学规划评审组专家，国家社科重大项目首席专家，主持国家社科重大项目、一般项目等多项。出版专著教材30多部，发表论文150多篇。

目录

绪 论 /1

第一编 时间类"X来"式双音词的词汇化及语法化问题研究 /5

零 引 言 /7
第一章 "从来"类"X来"式双音词词汇化及语法化 /9
第二章 "后来"类"X来"式双音词词汇化及语法化 /56
第三章 "近来"类"X来"式双音词词汇化及语法化 /84

第二编 主观认知类"X来"式双音词的词汇化及语法化问题研究 /143

零 引 言 /145
第一章 表主观认知义"V来"式双音词词汇化及语法化 /156
第二章 "V来"成词和虚化的动因机制及其新变化 /204
第三章 现代汉语中介词框架"P+X+V来"考察 /228
第四章 "V来"语用语篇功能分析 /249

第三编 趋向类"X来"式双音词的词汇化及语法化问题研究 /267

零 引 言 /269
第一章 "起来、下来、上来"的词汇化及语法化 /280
第二章 "过来、出来、进来、回来、开来"的词汇化及语法化 /336

第三章 "到来、往来、外来"的词汇化 / 384

第四章 趋向类"X来"词汇化和语法化的特点、动因和机制 / 403

参考文献 / 431

后　记 / 451

绪　论

1. 研究对象

　　现代汉语中有一批以"来"作为构词后语素的"X来"式双音词，如"从来、由来、后来、近来、历来、向来、原来、以来、看来、想来、说来、起来、出来、往来、胡来"等，这些双音词以构词后语素"来"作为标记聚拢到一起。它们在汉语词汇系统及汉语研究上有较为重要的地位。从语言运用上看，使用频率较高，多是常用词；从构词上看，不少词的内部结构关系已变得模糊，难以简单判断其构词方式；从句法功能上看，虽各具特色，但或多或少带有虚词性，以做状语、补语、插入语等为主，如"从来"等能做状语，"看来"等能充当插入语，"起来"等能做补语；在来源和演化路径上也各不相同，如"从来"由偏正短语"从L来"（短语中的插入成分，记作L）演化而来，"后来"由同形的偏正短语演化而来，"近来"由表时单音词加后缀或类后缀"来"构成，"看来、出来"由连动短语演化而来；它们词汇化后继续语法化为虚词或较虚的词，如"从来"词汇化为名词后向副词演化，"看来"成词后向插入语和表推测估计的副词发展，"起来"的语法化则更加复杂，"起来"词汇化为动词后向趋向动词、中动词（"看起来"）、动态助词演化。这些"X来"式双音词多经历了词汇化和语法化两种演变历程，也由此可见，词汇化和语法化有密切的联系，甚至从历时发展中难以区分词汇化和语法化的界限。

　　词汇化和语法化是语言演变的两个重要方面。库雷莱维奇（Kurylowicz,

1965）在研究"语法化"的单向性时提出"词汇化",此后"词汇化"在国外语言学中受到重视。20世纪90年代后词汇化伴随语法化研究的深入成为汉语词汇和语法研究的新课题,21世纪始,在董秀芳等的努力下,"词汇化"成为汉语语法和词汇研究的热点之一。(刘红妮,2009、2010;王静,2010)语法化研究历史则更早。梅耶(Meillet)在1912年就使用了"语法化"这一术语,到20世纪70年代,随着功能学派的兴盛,语法化作为基于认知的语言演化的重要内容进一步引起语言学家的兴趣,快速发展。(沈家煊,1994)20世纪80年代以来,尤其90年代后,语法化成为西方语言学的重要研究领域。(梁银峰,2008)跟语法化相关的实词虚化,虽然一直为汉语语法研究所重视,但直到90年代,汉语研究才引入语法化理论,其后语法化研究成为汉语语法研究的一个热点。(胡晓慧,2008)

近年来,有关汉语词汇化的研究已取得不少成就,但由于汉语词汇丰富多样,依然有许多词的词汇化未被深入研究。就"X来"式双音词词汇化来看,在过去的研究中虽有所涉及,如梁银峰(2009)对"X来"式合成词的来源给予概括分析,但未能进行个案深入研究,未涉及"出来"类的词汇化和语法化;唐为群(2010)对"原来、从来"的词汇化给予较细致讨论,但未对"X来"式双音词进行全面研究;何亮(2015)仅对中古时期时间类"X来"式进行考察;其他如何亮(2007)、王云路(2010)、匡鹏飞(2009)、蒋宗许(2009)、董秀芳(2002、2011)等也在其论著中有过或多或少的论述。而像"出来、下来、起来"等跟趋向范畴相关的"X来",过去的研究已取得丰硕成果,但从词汇化及语法化的角度去探讨的尚不多见。

据《现代汉语词典》等词典检索,现代汉语中"X来"式双音词有36个,根据其语义和词汇化、语法化的实际情况,可分成三大类又若干小类来分别考察其词汇化和语法化的历程和动因、机制。除代动词"胡来"外分类如下:

(1)表时间:从来、由来、自来、后来、将来、未来、本来、近来、

素来、向来、原来/元来、古来、年来、日来、夜来、历来、生来、以来

（2）表感知：想来、算来、看来、听来、说来、讲来

（3）表趋向：起来、上来、下来、过来、出来、进来、回来、开来、到来、往来、外来

2. 基本思路

鉴于"X来"式双音词的类别及其词汇化、语法化的复杂性，将分三编来分类逐个讨论"X来"式双音词的成词过程及成词后的进一步演变，总结其词汇化和语法化的动因和机制及相关问题。第一编考察表时间的"X来"式双音词的词汇化及语法化问题研究，第二编考察表感知的主观认知类"X来"式双音词的词汇化及语法化问题研究，第三编考察趋向类"X来"式双音词的词汇化及语法化问题研究。考察的基本思路如下：

（1）基于语料库等检索系统，分类逐个考察36个（含"原来"的对应词"元来"）"X来"式双音词词汇化和语法化历程。

（2）探讨其词汇化和语法化的动因和机制，发掘词汇化和语法化的独特路径和机制。

（3）在历时研究基础上，解释现代汉语"X来"式双音词在意义、功能、用法上所存纠葛的历时根源，为共时服务。

3. 研究意义

（1）把全部"X来"式双音词按词汇化的方式和路径及句法功能分为三大类来系统考察其词汇化和语法化历程，就目前的视野所及，尚无文献对这类词的词汇化及语法化进行全面系统的研究。

（2）不同小类的"X来"式双音词的词汇化、语法化路径和机制各有特点，探讨这些特点有助于完善汉语词汇化、语法化及汉语史研究的理论和方法，从而丰富汉语词汇化和语法化研究。

（3）现代汉语中时间名词和时间副词历来存有纠葛，"看来、下来、起来"等也存在实义和虚义的纠葛，而厘清它们的演变历程可为解释种种纠葛提供历时上的依据，有助于认清其意义、功能和用法。因而考察这类词的词汇化和语法化既有理论意义，也有实用价值。

4. 研究方法

（1）词汇化和语法化相结合。尽管对词汇化和语法化的关系有不同的看法，但本书尝试把两者结合起来，因为在前期研究中，发现两者有紧密联系，如"从来"在成词之初是名词，后逐渐虚化为副词。因而，本书将主要采用词汇化和语法化的相关理论，同时涉及认知语法和功能语法的相关理论和方法。

（2）定性和定量相结合。词汇化和语法化研究涉及大量历时文献语料，必须在定量分析的基础上得出结论，把定量统计和定性分析结合起来。

（3）共时和历时相结合。历时研究不是最终目的，是为解释这些词在共时中意义、功能上的纠葛。本书将严格执行历时和共时相结合的原则，研究过程中主要以历时探索和分析为主，辅以必要的共时描述和比较；同时，通过共时平面的分析和描写来推测历时演变的路径，并为推测提供佐证。

5. 语料来源

（1）北京大学 CCL 语料库。

（2）汉籍全文检索系统（第四版），陕西师范大学历史文化学院。

（3）国学备要全文检索系统（第三版），北京国学时代文化传播有限公司。

（4）具有代表性的部分现当代作家的作品及少量自省语料。

原则上，古代汉语和近代汉语的语料标注出处；现代汉语的语料则不标注出处。

第一编

Part One

时间类"X 来"式双音词的
词汇化及语法化问题研究

零
引 言

0.1 关于时间类"X来"式双音词

表达时间概念的"X来"式双音词是指"从来、由来、将来、未来、本来、近来、原来、历来"等等。它们在现代汉语词汇系统中有着十分重要的地位:从语言运用的角度来看,它们的出现频率相当高;从构词方式上来看,它们的内部结构关系大都已经变得十分模糊;从句法功能上看,这些词有个十分突出的"个性特征"——词性虽有差别(名词或副词),但除"未来"外都能充当状语,具有虚词性。根据《现代汉语词典》(第5版)、《倒序现代汉语词典》及《逆序现代汉语词典》(江天等编)、《应用汉语词典》(郭良夫主编)、《现代汉语双序词语汇编》(刘兴策主编)、《现代汉语逆序词典》(李菁民主编)等辞书,结合语言运用的实际情况,确立出这类双音词一共有17个。依据它们来源和演化路径的不同,分类列举如下:

(1)从来、由来、自来

(2)后来、将来、未来

(3)近来、本来、素来、向来、原来/元来;古来、年来、日来、夜来;历来、生来

第(1)类("从来"类)由"介词短语+来"构成的偏正短语演化而来,第(2)类("后来"类)由同形的偏正短语演化而来,第(3)类("近来"类)由本来就表达时间概念的单音词加时间词后缀"来"构成,后经过

演化发展成现代汉语中的"X 来"。可见,从历时演变的角度来看,"X 来"的来源不尽相同,所遵循的演化路径也不一样。

除此以外,现代汉语中还有一个同样十分活跃的"以来",它与上述"X 来"的关系密切并同样用于表达时间概念,因此,也把它列为研究对象。

0.2 研究意义

首先,就视野所及,目前尚无文献对现代汉语中表达时间概念的"X 来"式双音词的词汇化进行专门的系统研究,为数不多的研究多是涉及其中某一或几个成员的个案研究。(如葛文杰、张静,2004;任海波,2005;高磊,2006;唐为群,2007、2010;梁银峰,2009;何亮,2007、2015;匡鹏飞,2009;蒋宗许,2009;王云路,2010;董秀芳,2002、2011 等)因此,对这类词语的词汇化进行系统研究仍有必要。

其次,词汇化和语法化研究对汉语研究具有十分重要的意义。在当前的语言研究中,无论国内还是国外,词汇化和语法化的研究都是热点问题之一。由于汉语自身的特点,词汇化研究对汉语研究有着特别重要的意义。杰尔姆·L. 帕卡德(Jerome L. Packard,2000)认为"词汇化之所以是汉语里的一个十分重要的概念,不仅因为它是汉语构造新词的一个特别来源,还因为它可以解释词与其成分之间关系的变化本质和词的内部信息在总体上对于语法的可用性"。(转引自杨亦鸣、余光武,2003)

此外,现代汉语中表达时间概念的名词和副词之间存在功能上纠缠不清的情况。而现代汉语中的表时"X 来"式双音词则恰好分属于上述两个词类,因此,厘清它们的词汇化历程可以为现代汉语中这两类词纠缠不清的状况提供历时演变方面的解释依据。

为方便考察,下面将分三小类来讨论表时"X 来"式双音词的词汇化和语法化及相关问题。

第一章
"从来"类"X来"式双音词词汇化及语法化

在表时间的"X来"式双音词中,第1小类即"从来、由来、自来"等"从来"类成员的演化路径"个性特征"最为鲜明,是由"介词短语+来"构成的偏正短语演化而来,"从来"又是小类中最为典型的成员。

1.1 "从来"的词汇化历程及其指称化机制

1.1.1 古汉语中的"从……来"短语

就文献来看,"从来"词汇化的起点应是上古汉语中的"从……来"短语,因此,本节将以古汉语"从……来"短语为起点来展开讨论。在先秦文献中"从……来"短语中的插入成分(记作L)多为表达方位或处所的词语——"外、中、四方、远方"等,未见三音节以上的插入成分。如:

(1)公从外来而有不乐之色,何也?(《韩非子·十过》)

(2)齐景公游少海,传骑从中来谒曰:"婴疾甚,且死,恐公后之。"(《韩非子·外储说左上》)

(3)汤见祝网者,置四面,其祝曰:"从天坠者,从地出者,从四方来者,皆离吾网。"(《吕氏春秋·异用》)

(4)孔子之弟子从远方来者,孔子荷杖而问之曰:"子之公不有恙乎?"(同上)

先秦时的"从……来"是动词性偏正短语,"从+L"作为介词短语修饰动词"来","来"的意义较为实在,具有明显的位移义和动作性;而介词"从"是源点题元标记(刘丹青,2003),表示动作的起点(陈昌来,2002)。

两汉时期,"从……来"短语中的 L 逐渐丰富,出现了"晋、齐、代、楚、秦、梁、赵、长安、颍川、旁舍、东方、西方、南方、北方、西北、东南"等表示处所或方位的词语。下面是出自《史记》的例句:

(5)怀公<u>从晋来</u>。(《秦始皇本纪》)

(6)上<u>从代来</u>,初即位,施德惠天下。(《孝文本纪》)

(7)老父已去,高祖适<u>从旁舍来</u>,吕后具言客有过,相我子母皆大贵。(《高祖本纪》)

(8)江都大暴风<u>从西方来</u>,坏城十二丈。(《孝景本纪》)

先秦两汉时期,L 位置上出现的词语主要是表达处所的。到了六朝时期,"后、南、北、东、中"等表达方位的词语较多地出现在 L 位置上。这一变化表明,介词"从"的意义在**空间范畴**内有了虚化的痕迹,即它所表达的"动作的起点"变得不再那么具体明确。这种语义变化对后世"从"的意义的抽象化和多样化具有重要的作用。

此后,越来越多表示方位和处所的词语进入了该位置,至唐代以后几乎所有的现代汉语中的方位处所词语都可见于"从……来"短语。如宋代《朱子语类》中,"古、仁、公"等表示时间和抽象事物的成分开始出现。总之,介词"从"的语法意义越来越丰富,充当 L 的成分越来越抽象,"从"的意义也随之变得抽象。

"从……来"短语的这些用法一直保留下来并延续至今。

1.1.2 古汉语中的"所从来"短语

同时,先秦汉语中,"所从来"短语也较为常见。例如:

（9）寇所从来，若昵道、徯近，若城场，皆为扈楼，立竹箭天中。（《墨子·备城门》）

（10）诸侯有善，庆之于天子。大夫有善，纳之于君。民有善，本于父。庆之于长老，此道法之所从来，是治本也。(《管子·君臣上》)

（11）视其前，则酒未清，肴未晞。王问所从来。左右曰："王默存耳。"(《列子·周穆王》)

（12）有识则有不备矣，有事则有不恢矣。不备不恢，此官之所以疑，而邪之所从来也。(《吕氏春秋·君守》)

那么，"所从来"和"从……来"之间是什么关系呢？要弄清它们之间的关系，还得从古汉语中"所"字的功能谈起。

1.1.2.1 关于古汉语中"所"字的功能

古汉语中"所"字的功能十分丰富复杂。王克仲（1982）指出，"所"字有六种不同用法，其中最主要的是与别的成分结合组成"所"字结构，"所"字为结构助词，并认为"'所'字在造句中起着把动词、动词性词组或主谓词组改变为名词性词组的作用"。例句转引如下（序号为本书所加，下同）：

（13）故克其国不及其民，独诛所诛而已矣。(《吕氏春秋·怀宠》)

（14）非所取而取之谓之盗。(《穀梁传·哀公四年》)

（15）今众人不能至于其所欲至，故曰谜。(《韩非子·解老》)

（16）天行其所行，而万物被其利；圣人亦行其所行，而百姓被其利。(《管子·白心》)

通过对比上面例句中的"诛""取""欲至""行"和对应的"所诛""所取""所欲至""所行"，很容易发现在先秦时"所"字的一个重要功能就是"名词化"。朱德熙（1983）明确把这种"所"字称作名词化标记，并指出它具有句法成分"提取"功能和指称化作用：谓词性成分加上"所"字"造成表示转指的名词性结构",并且语义功能也由"陈述"转向"指称"。为了突出这种"指称形式"的转指功能和转指对象,朱先生在举例的时候,也同时列出了其相应的"陈述形式"。下面转引部分例句(略有改动):

指称形式	陈述形式
(17) 耳目之官不思……心之官则思…… 此天之所与我者。(《孟子·告子上》)	天与我耳目心。
(18) 其北陵,文王之所辟风雨也。 (《左传·僖公三十二年》)	文王辟风雨其北陵。
(19) 彼审乎禁过,而不知过之所由生。 (《庄子·天地》)	过由此生。
(20) 吾闻:上,君所与居,皆其所畏也。 (《韩非子·外储说左下》)	君与其所畏居。

前两例是"所"与其后的动词直接组合,后两例"所"字与动词之间插入了介词。对比上述例句中的"所"字短语与其相应的陈述形式,不难发现"所"字短语的转指对象就是动词的其中一个宾语或者介词宾语,而它在功能上也由"陈述"转成了"指称"。

姚振武(1998)、董秀芳(1998)、殷国光(2006)继承了朱德熙(1983)的观点,也把"所"字看作名词化标记。如殷国光(2006)以《庄子》为研究对象详细讨论了"所"字短语的转指对象。他认为,"所"字短语的转指对象或者是动词的其中一个配价成分;或者是介词宾语,但受动词配价成分的制约。

综上所述,古汉语中"所"字的功能主要体现在如下两个方面:**句法上的名词化和语义上的指称化**。"所"和其后的动词性成分或介词加动词性成分相结合而形成的"所"字短语,在句法上是名词性短语,而在语义上则转指动词的某一个配价成分或介词的宾语。

1.1.2.2 "所从来"与"从……来"的内在联系

通过对古汉语中含"所从来"例句的考察,我们发现其在句法和语义上基本符合上述前贤的论述,即"所从来"是"从……来"的指称形式,而"从……来"是"所从来"对应的陈述形式;它们二者之间不是演化关系而是生成关系,"所从来"是"从……来"通过特定的句法操作——"提取宾语"和有标记名词化而形成的,"所从来"的转指对象与"从……来"短语的插入成分 L 所表达的内容是相同的。如上文例(5)"怀公从晋来"中,这个"晋"就是怀公之"所从来"——"晋,怀公之所从来也"。朱德熙(1983)对汉语(主要是先秦汉语)中"所"字的转指功能进行了深入细致的讨论,并专门讨论了"所"字后头紧跟介词的格式——"所 JV",认为"这类'所'字结构提取的是介词的宾语,所以介词 J 后的宾语必须缺位。与此类格式相应的陈述形式是 JOV"。"所从来"正符合朱先生所讨论的"所 JV"格式的特征。照此观点,这里的"所"就是名词化标记,而"所从来"是从"从……来"中"提取出来的宾语部分",即"宾语表达式"。这就是二者的内在联系。下面结合实例具体论证。

从汉语史的事实来看,"所从来"和"从……来"的插入成分 L 在语言运用过程中的确有所不同——L 倾向于由表示方位或处所的名词性成分充当,意义明确、具体;而"所从来"多表示"来源、起因"等,意义相对较为抽象。但是,先秦语料中"所从来"的转指对象与 L 在语义表达上却没有明显的差异,二者所表达的内容基本相同而且都很具体。如:

(21)闻寇所从来,审知寇形必攻,论小城不自守通者,尽葆其老弱、粟米、畜产。(《墨子·号令》)

(22)寇所从来,若昵道、徯近,若城场,皆为虘楼,立竹箭天中。(《墨子·备城门》)

（23）郑贾人弦高、奚施将西市于周，道遇秦师，曰："嘻！师**所从来**者远矣，此必袭郑。"（《吕氏春秋·悔过》）

从例（21）(22) 来看，"所从来"显然表示的是某个处所或地点，尽管我们无法悉知究竟是何处何地，但是这个处所或地点**具有真实的空间维度**却是很明显的。因此，这里的"所从来"表义仍是**具体**的。同样，结合上下文可知，例（23）中的"所从来"表示的处所是空间上具体的一个地点——此处指"秦"。

以上分析可知，先秦时期"所从来"结构与 L 都可以表达具体的空间义，这种情况下二者在语义上的"分工"并不是那么泾渭分明。这也恰恰说明，"所从来"结构和"从……来"结构只是为了适应语言表达的需要而采用的不同形式而已。

总之，"所从来"和"从……来"的关系如下：形式上"所从来"是指称形式，而"从……来"是其对应的陈述形式；语义表达上二者存在相通之处，即"所从来"的转指对象与"从……来"的插入成分 L 所表达的内容是相同的；从衍生关系的角度来看，"所从来"是"从……来"通过标记名词化和宾语提取而生成的。

1.1.2.3　"所从来"的性质和功能

尽管语义上联系密切，但"所从来"和"从……来"**句法功能**的差别还是比较明显的。这不难理解，句法功能的实现取决于形式和意义两方面，形式发生了改变，功能自然也会相应有所变化。

王克仲（1982）指出："'所'字结构是一个名词性的词组，在句子中可以充当名词所能充当的任何句子成分。"王文列举了"所"字结构所能充当的七种句法成分，并对"所"字结构的类型进行分析，其中就包括了含有介词的"B 类型：所＋介＋动 ± 者"。按照这一看法，作为"B 类型"中的一员，"所从来"也应具有相应的语法功能。根据对先秦文献的考察，"所从来"主要充当主语（或主语中心语）、宾语（或宾语中心语）和判断句的谓语。如：

（24）故善为君者无识，其次无事。有识则有不备矣，有事则有不恢矣。不备不恢，此官之所以疑，而邪之所从来也。（《吕氏春秋·君守》）

（25）是故天子有善，让德于天；诸侯有善，庆之于天子；大夫有善，纳之于君；民有善，本于父，庆之于长老。此道法之所从来，是治本也。（《管子·君臣上》）

（26）既寤，所坐犹向者之处，侍御犹向者之人。视其前，则酒未清，肴未晞。王问所从来。左右曰："王默存耳。"（《列子·周穆王》）

不难看出，例（24）的"邪之所从来"和"官之所以疑"并列充当判断句的谓语。这一点完全符合古汉语判断句的谓语由名词性成分充当的事实。根据朱德熙（1984）对向心结构的定义，此处的"邪之所从来"是名词性的向心结构，作为中心语的"所从来"应该与整个结构具有完全相同的句法功能。例（25）同例（24），而例（26）"所从来"做"问"的宾语。

就例（23）"师所从来者远矣"来看，也是个判断句，"师所从来"充当了判断句的主语，那么，作为该主语的中心语，"所从来"也应该是名词性的。对时间稍晚的《史记》加以考察就会发现，"所从来"短语作为主语的用法是较为常见的。如：

（27）有司皆曰："民不能自治，故为法以禁之。相坐坐收，所以累其心，使重犯法，所从来远矣。如故便。"（《孝文本纪》）

（28）立嗣必子，所从来远矣。（同上）

（29）二十八舍主十二州，斗秉兼之，所从来久矣。（《天官书》）

《史记》中"所从来"做宾语（或宾语中心语）的例子也很多。如：

（30）至如少弟者，生而见我富，乘坚驱良逐狡兔，岂知财所从来，故轻弃之，非所惜吝。(《越王勾践世家》)

（31）及元狩元年，博望侯张骞使大夏来，言居大夏时见蜀布、邛竹、杖，使问所从来，曰"东南身毒国，可数千里，得蜀贾人市"。(《西南夷列传》)

可见，从句法功能看，"所从来"是名词性短语，主要充当主语（或主语中心语）、宾语（或宾语中心语）和判断句的谓语。下面着重分析"所从来"在语言运用中的功能。

根据哈利迪（Halliday，1975）和莱昂斯（Lyons，1977）的观点，语言的功能有三：指称功能、表述功能和表情功能。（转引自沈家煊，2001）我们知道，一方面语言的功能是言语表达的需要在语言中的体现，另一方面，它的实现又必须借助于特定的语言形式。换句话说，语言之所以会具有指称、表述或者表情功能，是因为人们在实际的言语交际中会有进行指称、表述或者表情的需要；同时，这些功能在语言中都会拥有其特定的表现手段或形式。按照这种分析，则可以说"所从来"实现的是语言的指称功能（少数情况下充当判断句的谓语，具有表述功能），而其对应的陈述形式"从……来"实现的是语言的表述功能。

前面在分析"所从来"和"从……来"的关系时曾经指出，"所从来"和"从……来"中的 L 所指的内容常常是相同的。但是，这仅仅是就两者的语义内容而言。毕竟，"所从来"和 L 是两个有着本质差别的语言单位。它们在句法功能上的差别很大自不待言，在语用功能上二者的差别也很明显——前者在言语表达上的功能要比后者丰富得多。这表现为"所从来"既有指称功能，又有陈述功能（做判断句的谓语），而 L 只有指称功能；另外，"所从来"的指称范围远远不止地点或处所，而是大大超出了具体的空间范畴。所以朱德熙（1983）认为"所从来"和 L 是两种不同的指称形式。L 是直接用名词表示的指称形式，而"所从来"是"通过陈述形式表示出来的一种分析形式"。两种指称形式的差别在于，直接用名词表示的指称形式所指称的对象大多是具体而明确的；而"分析形式"的指称对象相对比较抽象模糊。反过来说，如果需要指称的对象具体而又明确，可以直接用名词加以指称；如果指称对象比较抽象模糊，则往往需要采用"分析形式"。看来，对于语言的同一种功能也要根据具体对象的不同而采用不同的实现形式。加之语言的功能是人们言语表达的需要在语言中的具体体现，那么，当需要指称的对象 a.**不够明确具体**，b.尽管很明确但**说话人出于交际策略而故意采用模糊表达**，c.是**抽象**的"来源、起因"等**非空间概念**时，便只能采用"所从来"这一结构来加以指称了。"所从来"的这种功能上的丰富性决定了它在言语运用中的优势，并为它自身的进一步发展创造了条件。下面结合实例加以论证：

（32）寇所从来，若昵道、俟近，若城场，皆为扈楼，立竹箭水中。（《墨子·备城门》）

显然，在这个句子中，"所从来"的**所指是不确定的**。因为根据原文的意思，"寇"尚未来，只是提前加以防备，所以根本无从得知"寇"所从来的具体方位和路径。这对应于上述 a。再看下面的例句：

（33）师所从来者远矣，此必袭郑。（《吕氏春秋·悔过》）

该句中，说话人明明知道"师"就是从秦国来（原文所述为《春秋左传》中"蹇叔哭师"事），却**故意采用模糊表达**，用"师所从来"来转指"秦"。这是当时比较盛行的一种"外交辞令"手法，说话人采用的是一种较为委婉的表达方式。这对应于上述 b。再看下面的例子：

（34）立嗣必子，所从来远矣。（《史记·孝文本纪》）

(35) 王之问臣也卒，而患之*所从来*微，愿王受之而勿备称也。（《史记·田敬仲完世家》）

前一例句是说"立嗣必子"这种规矩或习俗由来已久，它的"**来源**"离说话的当时已经很远；后一例句是说，"患"出现或发生的"**起因**"往往不是那么明显的。这对应于上述 c。

以上为"所从来"的语用功能。

综上所述，从句法功能来看，"所从来"具有明显的名词性特征，而"所"字的名词化功能更是确保了它作为名词性短语的性质；从语用功能来看，"所从来"实现的是语言的指称功能，而且指称对象较为丰富。

1.1.3 从"所从来"到"从来"

本节拟讨论从名词性短语"所从来"到名词"从来"，再到时间词"从来"，最后到时间副词"从来"的演变过程。这一阶段大约发生在 5 到 10 世纪，是"从来"词汇化演变的关键阶段。这一阶段的演变涉及以下几方面的因素：语义基础、句法环境和语言系统的整体演变对词汇化进程的影响。不过，这几个方面的因素对"从来"词汇化进程的作用是综合的：既不是单独发挥作用，也没有明显的时间先后顺序。下面拟以时间顺序为线索，不同程度地涉及上述几个方面的因素。

1.1.3.1 从名词性短语"所从来"到名词"从来"

根据朱德熙（1983）的分析，"所 VP"转指的语义角色是受制于它所"提取"的 VP 的宾语的。殷国光（2006）认为，有介词标记的"所"字结构转指介词引进的语义角色，无介词标记的"所"字结构转指对象取决于动词的配价，"一价有标记指称形式转指 V_1 所涉及的、由介词引进的补事 N_j，或原因，或空间，或与事等等，依介词标记 P 而确定"。殷文所论及的"转指空间"的介词涉及"乎""自""由"。例句转引如下：

(36)生有所乎萌。(《庄子·田子方》)

(37)财用有余而不知其所自来。(《庄子·天地》)

(38)不知其所由来。(《庄子·齐物论》)

同样,"所从来"所转指的语义角色也必定受制于它所提取的介词"从"的宾语,"所从来"所转指的也是空间范畴,具体说就是转指"来"这个动作的起点。结合该短语对应的陈述形式——"从……来"来考虑,我们认为表示"**动作的起点**"就是"所从来"的**源点意义**。在这个源点意义的基础上,"所从来"受其他相关成分,尤其是它所依附的"本体成分"(姚振武,1996)的影响,而逐渐引申或分化出"来源""起因"等意义。

"所从来"的源点意义或者所转指的内容是"动作的起点",这至少包含两方面的含义:空间上的起点和时间上的起点,或者说是空间起点和时间起点。现代汉语时间副词"从来"就是在**时间起点**这个**语义基础**上演变而来的,而发生这一演变的**句法环境**就是古汉语中用于表达时间概念的主谓结构——"所从来+AP"(AP指形容词性谓语)。我们注意到,两汉时期由"所从来+AP"构成的这种主谓结构大量出现。下面是《史记》和《汉书》的例句:

(39)立嗣必子,所从来远矣。(《史记·孝文本纪》)

(40)以故城中益空无人,又困贫,所从来久远矣。

(《史记·滑稽列传》)

(41)自雅颂声兴,则已好郑卫之音,郑卫之音所从来久矣。

(《史记·太史公自序》)

(42)夷狄无义,所从来久。(《汉书·武帝纪》)

(43)故郊祀社稷,所从来尚矣。(《汉书·郊祀志》)

(44)刑余之人,无所比数,非一也,所从来远矣!

(《汉书·司马迁传》)

这一时期，AP 主要由"久""远""尚"或者"久远"等表达时间的词语来充当，它们作为所在结构的谓语对"所从来"加以陈述，表达"时间久远"这样的含义。"所从来"长期和上述表达时间久远的词语组合并在语言中高频率地使用，由于"语义感染"的作用，"所从来"转指意义中的**时间因素**得到凸显和强化。也就是说，在实际的语言运用中，该主谓结构中"所从来"转指意义更为突出地表现为"**时间上的起点**"。

魏晋南北朝以后，作为主谓结构也同样表达时间的"从来＋AP"开始出现①，与"所从来＋AP"平行使用。这是一个非常重要的变化。请先看例句：

（45）a. 盖盗憎其主，从来旧矣。（《后汉书》卷四十一）

　　　b. 鲜卑犯塞，所从来远，今之出师，未见其利。

（《后汉书》卷六十）

（46）a. 既自闇浊，又从来久远，所载卜占事，虽不识本卦，捃拾残余，十得二焉。（《三国志》卷二十九裴注）

　　　b. 魏略西戎传曰：氐人有王，所从来久矣。

（《三国志》卷三十裴注）

（47）a. 又以职在地官，以《禹贡》山川地名，从来久远，多有变易。（《晋书》卷三十五）

　　　b. 由斯而谈，其所从来远矣。（《晋书》卷三十一）

---

① 在魏晋南北朝以前的文献中我们仅发现数例"从来"单独使用例，如《逸周书·大武》："五虞：一鼓夹疑，二备从来，三佐车举旗，四采虞人谋，五后动擞之。"《阿难问事佛吉凶经》："愚人盲盲，不思宿行因缘所之，精神报应，根本从来，谓言事佛致其衰耗。"《黄帝内经·灵枢》："愿闻营卫之所行，皆何道从来？"《黄帝内经·素问》："别于阳者，知病从来；别于阴者，知死生之期，言知至其所困而死。"

以上例句限于文献的版本争议，存疑待考。这些文献中使用"所从来"的比例远远高于"从来"。另外，"行诏门著引籍，通到谒太后。太后曰：'帝倦矣，何从来？'帝曰：'今者至长陵得臣姊，与俱来。'"（《史记》）和"今言告以阴盛阳微，攻尊之难，奚从来哉？"（《论衡》）两例中的"何从来""奚从来"是疑问代词做"从"的宾语而提前。

通过对比上面的例句，很容易看出"从来＋AP"与"所从来＋AP"所组成的结构在性质和功能上都完全是一样的，所表达的语义也基本相同。这意味着在相同的语言环境中，"从来"已经可以取代"所从来"来承担相同的句法语义功能。更具启发的是下面这个例子：

（48）a. 二十八舍主十二州，斗秉兼之，所从来久矣。
（《史记·天官书》）
b. [正义] 曰：言北斗所建秉十二辰兼十二州，二十八宿，自古所用，从来久远矣。（同上）

同样表达"时间久远"的概念，《史记》是"所从来久矣"，而到了唐代张守节的"正义"中却表述成"从来久远矣"。可见，两者之间有着十分密切的继承关系，它们在功能和语义上是完全相同的。通过上面的例（45）—（48）还看到，"从来＋AP"结构中的AP多为双音节形式，而"所从来＋AP"结构中的AP仍以单音节为主。同时，随着时间的推移，"从来＋AP"结构在实际的语言运用中逐渐占了优势。我们选择了从汉代到唐代的几本有代表性的史书，用汉籍全文检索系统（第四版）进行了穷尽式搜索，发现这类用于表达时间概念的主谓结构在《史记》和《汉书》中12例全部是"所从来＋AP"，在《后汉书》中则是2例"所从来＋AP"和1例"从来＋AP"，到唐代的《晋书》就只有2例"从来＋AP"而没有"所从来＋AP"的用例。

不仅如此，唐代以后，"从来"独立用于句中做其他句法成分的用例越来越多，例见下文，这里仅举两例：

（49）主人从来发心，长设齐饭供养师僧，不限多少。
（《入唐求法巡礼行记》）
（50）相看白刃血纷纷，死节从来岂顾勋？（《寒山诗校注》）

从"所从来"到"从来"的这一转变，表面看来只不过是脱落了一个"所"字，可事实上这一转变的完成对"从来"的词汇化进程至关重要。其一，它使得"从来"获得了汉语中词的最典型的语音形式——双音节形式；其二，由于作为指称化标记的"所"字的脱落，本属于"所从来"**转指意义**的"时间上的起点"就有可能被理解为"从来"所独立拥有的**词汇意义**。这样，"从来"在形式和意义上都获得了成词的必要条件。那么，促成这一重要转变的因素有哪些呢？

首先，双音化趋势的强烈推动作用。大约从东汉开始的汉语双音化进程，在5到10世纪这一历史时期方兴未艾，这已经成为学界的共识。在双音化进程迅速推进的大背景下，"所从来"这样"不合时宜"的结构必然会受到强烈冲击。本来就只是作为标记成分附着于其上的"所"字，在遭受冲击的过程中自然是首当其冲。由于自身没有实在意义，"所"字要么选择与别的成分重新组合，要么被淘汰。具体到"所从来"这一结构中，"所"字遭遇了后一种命运。

其次，"所"字自身语义的虚化和功能的弱化。这是"所"字脱落的更为重要的原因，主要表现在以下两个方面。第一，随着"所从来"的转指意义从空间范畴向时间范畴的过度，"所"字自身的表义作用也呈现出由强到弱的变化。表现在语言运用中，当"所从来"的转指内容为空间范畴时，"所"字的表义作用最强；为时间范畴时，表义作用最弱；为"来源""起因"等非时空范畴时，表义作用介于二者之间。这是因为作为指称化标记的"所"字，本来就是由表达空间范畴（处所义）的名词"所"演变而来的。王克仲（1982）对此已经有过明确的论述。由于语义"保持原则"（Hopper, 1991）（转引自沈家煊，1994）的作用，"所"字在空间范畴的表义作用比在其他范畴更突出。由于"所"字在时间范畴的表义作用本来就十分微弱，所以，当它受到其他因素冲击的时候，很容易脱落。第二，随着指称化手段的多样化，"所"字的指称化功能受到冲击而日益衰弱。古汉语中实现指称化的手段有很多，具有指称化功能的除了"所"之外，还有"之""者"等。（朱德熙，1983）另外，"加定语"（刘斌，2006）也是实现指称化的方式之一。随着语言系统的整体演变，各种新兴的语言表现手段与语言中原有的表现手段此消彼长，"所"由于自身功能的弱化而遭到淘汰。正如董秀芳（2002）所言："名词化标记'所'与谓词性成分组成的结构本来是很能产的，但后来'所'的名词化功能逐渐衰退了，现代汉语中'所'的名词化功能基本由'的'来实现了。"董秀芳（1998）曾言"在现代汉语中，'所'已变为一种可选（optional）成分，而非必有（obligatory）成分"，"出现'所'和不出现'所'，只造成一些风格上的差异"。事实上，"所"字名词化功能衰退始于魏晋南北朝以后。

　　上述两方面因素的共同作用，最终促成从"所从来"到"从来"的转变。伴随着这一转变的完成，"从来"获得了双音节的外在语音形式；同时，"所从来"的**转指意义**也转变成为"从来"自身拥有的独立的**词汇意义**。至此，可以说"从来"已经成词。实际上，大约在同一时期，与"从来"词汇化演变相类似的"由来"也完成了从"所由来＋AP"到"由来＋AP"的转变。下面是按时间先后列出的例句：

（51）是以形势强而王室安。自古至今，所由来久矣。（《史记·三王世家》）

（52）先帝旧典，贡税多少，所由来久矣。今猥增之，必有怨叛。（《后汉书》卷八十六）

（53）夫功名重赏，士之所竞，不平致怨，由来久矣。（《晋书》卷四十八）

（54）a. 周建懿亲，汉开盘石，内以敦睦九族，外以辑宁亿兆，深根固本，崇奖王室，安则有以同其乐，衰则有以恤其危，所由来久矣。（《北史》卷七十一）

b. 盖兼济独善，显晦之殊，其事不同，<u>由来</u>久矣。

(《北史》卷七十六)

c. 夫间阎者有优游之美，朝廷者有簪佩之累，盖<u>由来久矣</u>。

(《北史》卷二十九)

《后汉书》以前的用例全是"所由来＋AP"，到了唐代的《晋书》"由来＋AP"开始出现并在实际语言运用中占据了优势。(关于"由来"的演变，详见下文)直到今天，现代汉语中依然保留着"由来已久"的说法。可见，"所从来"到"从来"的演变不是孤立的语言现象。

不过，需要说明的是，只要"从来"依然用于"从来久远"这种的句法结构中，它就仍然只是个**普通的表示时间的名词**。因为，该结构的时间概念意义是其谓语部分"久远"所表达出来的，而"从来"的词汇意义仅仅是"时间上的起点"。

1.1.3.2 从名词"从来"到时间词"从来"

当"从来"用于"从来久远"这样的"从来＋AP"式主谓结构时，"从来"还只是个普通名词而不能算"时间词"；当"从来"不再依赖于"从来久远"这样的句法结构，而是能够独立地表达时间概念的时候，就可以称为地道的"时间词"①了。"从来"成为时间词后，组合搭配更加自由，词汇意义更加独立并得到进一步虚化。"从来"这一阶段的词汇化进程主要表现在句法分布环境的改变以及由此引起的语义的变化，其中分布环境的改变体现在两个方面：一是后面充当谓语的部分由AP扩展到了NP，二是"从来"的分布超出了主谓结构而扩展到其他句法结构中。下面以"从来"句法环境的改变为线索加以分析和论证。

首先，南北朝以后，"从来"不仅可以和AP结合，而且也能够和NP组成"从来＋NP"这样的结构，用以表达"时间久远"意义。如：

---

① 关于"时间词"，采用《现代汉语词典》(第5版)的说法。

（55）承服风问，从来有年，故不待介者而谒大君子之门，冀一见龙光，以叙腹心之愿。(《后汉书》卷八十下）

（56）前所遣使，浮海以抚荒外之国，从来积年，往而不返，存亡达否，未能审悉。(《魏书》卷一百）

（57）臣昔上行肉刑，从来积年，遂寝不论。(《晋书》卷三十）

（58）从来六十余年，尸如故不朽，竺芝目见之。
(《水经注》郦道元注）

上述例（55）—（57）中的"从来有年/积年"与"从来久远"，无论在结构性质还是在语义表达上，都没有明显差异。但是，从 AP 到 NP 的这一变化却使得"从来"在语义上发生了一些细微的变化："从来"的词汇意义由**时间上的起点**演变成了较为笼统的**过去的时间**。例（58）为我们的推断提供了佐证，句中的"六十余年"与前面几句对应结构中的"有年/积年"是完全同质的，只不过是更为具体的"一段时间"罢了，"从来六十余年"中的"从来"与现代汉语"过去六十年"中的"过去"，在句法性质和语义功能上已经十分接近了。

通过句法环境上的细微改变，"从来"的词汇意义中融入了更多**时间**因素。不过，此时的"从来"的分布范围和搭配对象依然有限。

其次，"从来"开始出现在主谓结构以外的其他性质的句法结构中，由陈述的对象转变为其他成分的修饰成分。如：

（59）我常秉许为家，从来颇得此力。(《宋书》卷七十二）

（60）永明六年，赤城山云雾开朗，见石桥瀑布，从来所罕睹也。
(《南齐书》卷十一）

（61）我从来待卿不先余人，今日见卿，可谓岁寒知松柏后凋也。
(《陈书》卷二十四）

例(59)中,"从来"出现在动词性成分的前面,作为状语修饰后面的动词性成分;例(60)中,虽然"从来"后是个名词性成分,但是由于它充当的是判断句的谓语,"从来"依然是作状语;例(61)中,"从来"出现在主谓之间,这充分表明"从来"所出现的句法环境发生了质的变化。可以说,这种性质的"从来"已经是典型的时间词了,不过它在性质和语义上与现代汉语的时间副词"从来"还很不一样:性质上它依然属于名词,语义上则是"**当初、此前**"的意思。称其为**时间词**而不是**时间副词**就是考虑到二者之间的这种差异。下例支持了这一观点:

(62)寻休若从来心迹,殊有可嫌。(《宋书》卷七十二)
(63)苶定是才子,翻恐卿从来文章假手于苶。(《梁书》卷四十)
(64)故乡逾万里,客思倍从来。(杜审言诗)

前两个例句中,"从来"作为定语修饰后面的名词性成分;例(64)中,"从来"充当的是动词"倍"的宾语。这两种句法功能显然都不是时间副词所具有的。此外,中古时期汉语中出现了大量"X来"式表达时间的双音词(志村良治,1995、2005;董秀芳,2002),有些发展到现代汉语依然是表达时间的名词。从历时演变的角度考虑,我们倾向于认为此时的"从来"仍然是名词;不过,由于"从来"的词汇化演变路径本身形成一个连续的渐变轨迹,表达时间的名词和副词又因功能上存在交叉而难以截然分开,因此,我们采用"时间词"这一作为时间名词和时间副词中间的称谓。

时间词"从来"和现代汉语时间副词"从来"不仅在句法功能上有差异,而且二者的语义差别也是很明显的。随着分布环境的变化,"从来"的词汇意义也逐渐发生了改变——由笼统的"**过去的时间**"变为相对实在的"**当初、此前**",如例(59)—(64)各例。再如:

(65)从来巡绕四边,忽逢两个神仙。(《游仙窟》)

需要说明的是,这个"当初、此前"表达的还是一个只属于"过去"范畴的时间概念,而现代汉语时间副词"从来"的意义却是一定要涉及"现在"或"当前"的。因此,此时的"从来"最终演变成现代汉语时间副词,还要经历一次语义上的引申和发展。事实上,上述例(59)—(65)中有些例句已经具备了"双重分析"的可能:可以把其中的"从来"分析成上述**当初、此前**的意思,也可以把它看作和现代汉语时间副词一样,表示"从过去到现在都是如此"(《现代汉语八百词》)的意思。

1.1.3.3 从时间词"从来"到时间副词"从来"

当"从来"演变成为时间词的时候,它在功能上已经和时间副词有了一个共同点——做状语。这种功能上的相通是"从来"从时间词向时间副词演变的重要基础和条件。由于分布环境完全相同,"从来"这一阶段的演变主要体现在语义变化上;而一旦具有了适宜的句法环境,语义演变也随之发生。根据董秀芳(2002)的论述,如果过去存在而某一个状态一直持续到现在,语境就会赋予时间词以"从过去到现在一直延续"的时段意义。当时间词"从来"出现在下面的语境中时,由于"语境赋值"的作用,"从来"也就逐渐获得了"从过去到现在"这样的意义。请看下面的例句:

(66)从来谬音"专旭",当音"专翻"耳。(《颜氏家训·勉学》)

(67)既见其根,知人生人,悟鸟生鸟,乌从来黑,鹄从来白,人天本竖,畜生本横,白非洗成,黑非染造,从八万劫,无复改移。(《楞严经》卷十)

(68)早知今日读书是,悔作从来任侠非。(李颀诗)

(69)纵使从来不相识,错相识认有何妨。(《敦煌变文集·伍子胥变文》)

上例中,"从来"均可做"双重分析"——既可以理解为过去的某一时点,也可以理解为"从过去到现在"这样一个时段。而例(69)中,"从来"

的用法已经和现代汉语时间副词没什么差异了。

不过，我们也注意到，最初的"从来"在语义和句法功能上却更接近现代汉语的"历来"，它在肯定句和否定句中的出现频率并无明显差异。下面是用于肯定句的例子：

（70）从来赴甲第，两起一双飞。(《大唐新语》卷八)

（71）老人从来见事多，直言劝谏均平理。(《敦煌变文集新书》卷三)

（72）嘉禾未必春前熟，君子从来用有时。(《祖堂集》)

（73）管内所获贼人，从来籍没财产，请止之。(《旧五代史》卷七十八)

（74）气运从来一盛了又一衰，一衰了又一盛，只管恁地循环去，无有衰而不盛者。(《朱子语类》卷一)

（75）三间茅屋从来住，一道神光万境闲。莫把是非来辨我，浮生穿凿不相关。(《五灯会元》卷三)

（76）从来天子建都之处，人杰地灵，自然名山胜水，凑着赏心乐事。(《今古奇观》卷三十八)

至于"从来"何时开始在分布上呈现出明显的否定句倾向，这个问题与它的词汇化并没有太多联系。根据初步观察，这与"从来"用于"申辩"和"驳斥"语境有关：既是申辩和驳斥，自然语气强烈，因而"从来""感染"上了**强调语气**；同时，为了申辩和驳斥，总要先对对方的观点或预设加以否定，所以"从来"需要**经常和否定性词语共现**。大约在明代，"从来"的这种用法开始多了起来。略举数例：

（77）妙观变起脸来道："休得如此胡说！奴是清清白白之人，从来没半点邪处，所以受得朝廷册封，王亲贵戚供养，偌多门生弟子尊奉。"(《二刻拍案惊奇》)

(78)那子弟多则住一二月,最少也住半月二十日,只有金二员外侵早出门,是从来未有之事。(《醒世恒言》)

(79)得贵摇手道:"从来不曾出中门,莫说看街,罪过罪过!"(《今古奇观》卷五十七)

上面的例句中,"从来"的用法已经和现代汉语完全一样了。

1.1.4 小结

董秀芳(2002)在论及汉语双音词的主要衍生方式时指出,"双音词有三个主要来源:一是从短语变来,这是双音词的最主要的来源;二是从由语法性成分参与组成的句法结构固化而来;三是由本不在同一句法层次上而只是在线性顺序上相邻接的成分变来"。通过上面的分析不难看出,"从来"的词汇化不属于上述情形中的任何一种。"从来"的词汇化不属于前两种情形是显而易见的。关于第三种衍生方式,董秀芳(2002)又称之为"由跨层结构演变为双音词"。关于"跨层结构",目前虽说法不一,但都强调这种结构的组成成分在句法上分属不同的句法层次,在线性序列上相互邻接这一特征。(董秀芳,1997、2002;江蓝生,2004;彭睿,2007)根据这一认识,"从来"的词汇化不能算是"由跨层结构演变为双音词"。因为在处于演变起点的"从……来"短语中,"从"和"来"既不属于同一结构层次,也不是线性序列上的邻接成分,这也正是"从来"词汇化历程的最为鲜明的个性特征。

大致说来,现代汉语的时间副词"从来"是由中古汉语中用作名词的"从来"发展而来;而中古汉语中用作名词的"从来"由名词性的"所从来"短语中"所"的脱落而形成的;而"所从来"是"从……来"短语为了适应语言表达的要求,在特定语言机制的作用下形成的一种常用表达方式。据此,我们认为,现代汉语的时间副词"从来"是古汉语中的偏正短语

"从……来"通过词汇化演变而来的。具体演化路径如下：

> 动词性偏正短语（从……来）→ 名词性短语（所从来）→ 名词（从来）→ 时间词（从来）→ 时间副词（从来）

伴随着这一演变过程，语义也在不断发展变化：由转指"动作的起点"到转指"时间上的起点"，然后开始独立表达"时间起点"，再到表达笼统的"过去的时间"，再到表达独立的时间概念"当初、此前"，最后演化成表达"从过去到现在一直如此"的时间概念。当然，"从来"的词汇化与古汉语中"所"字的名词化功能及其演变紧密相关。

"从来"的词汇化有着鲜明的个性特征，它代表了现代汉语表达时间概念的"X 来"式双音词中某一类别的演化路径，也在一定程度上表明了现代汉语中时间名词和时间副词之间的历时演变关系。

实际上，"从来"跟下文要讨论的"由来"以及"后来"等表时间的"X 来"式双音合成词的词汇化演变的过程中都是借助于指称化实现从短语到词的转变，而从短语到词的转变恰恰是词汇化演变过程中至关重要的一个环节。由此可见，指称化在这类词的词汇化过程中发挥了十分重要的作用。

指称最初是个语义学概念，语言哲学对词语的意义进行探讨时，常用它来表示语言符号与其所指之间的关系，有时甚至直接把词语的意义等同于它的所指的对象，即语言符号的指称。语义学上的指称，主要指的是名词和它所指对象之间的关系。朱德熙（1982）首次采用指称这一术语来研究动词性成分充当主语和宾语而造成的所谓"名物化"现象，并把它与陈述并举，作为一组相互对立的概念。朱德熙（1983）把指称化，即动词性成分名词化的现象分成两类——自指和转指，并着重对转指现象进行了系统而深入的分析。此后，姚振武（1996、1998），王冬梅（2004），殷国光（2006）等也都对古代汉语中的转指现象进行了深入分析；沈家煊（1999）则从认知语言学的角度对汉语中的转指现象进行了理论探讨。这些研究促成了汉语指称化理论的成熟,使我们对汉语转指现象的理解更加深入。

我们认为,一个动词性成分用来充当主语或宾语,就是它的指称化用法。换句话说,当一个动词性成分出现在主宾语位置上的时候,该动词性成分就指称化了。指称化不等于名词化,但很可能促成该动词性成分向名词性成分转化。现代汉语中的大量兼类词都是因此而形成的,如"编辑、导演、刹车、存款"等。(姚振武,1996;王冬梅,2004)我们所说的指称化也主要是针对动词性成分的转指现象而言的。根据陈平(1994)和沈家煊(1999)的研究,"施事—动作—受事"是人类认识外部世界时最容易形成的认知框架,而施事和受事则是最具有代表性、最容易被激活的论元。所以,动词性成分在转指其论元时倾向于首先选择施事或受事。尽管在实际语言操作中还会受到其他因素的影响,但这一倾向性是基本保持稳定的,这也是为什么实际言语活动中动词性成分转指施事或受事较多的原因。

转指又可以细分为有标记转指和无标记转指。有标记转指转指标记(常见的有"所"和"者")所代表的配价成分,也就是论元;无标记转指遵循一定的规律转指动词的某一个配价成分(即论元)。(殷国光,2006)具体到"从来"类和"后来"类双音词的词汇化来看,这两类词的词汇化过程所涉及的正好是上述两种转指现象:"从来"类,有标记转指;"后来"类,无标记转指。

"从来"类双音词所涉及的指称化现象(具体说来是有标记转指)主要是指下面这种情形:动词性短语"从……来"到名词性短语"所从来"的转变过程实质上是借助于动词"来"对介词(从)宾语的有标记转指而实现的。具体说来,"所"是指称化标记,"从"是"处所格"标记,"所从来"作为动词"来"的指称化形式转指处所。按照朱德熙(1983)的说法,这是句法操作上的一种"宾语提取",在这里"所从来"提取的是介词"从"的宾语,所以其转指内容也就是"从"的宾语(具有处所义)。问题是动词的有标记指称形式通常是由指称化标记加上动词构成"所 VP"或者"VP 者"

的形式，这里动词"来"的指称化形式为什么不是"所来"而是"所从来"呢？这个问题涉及动词的配价成分（价语）问题。根据陈昌来（1997）的研究，动核结构中的语义成分有两类，一类是必有语义成分（动元），一类是可有语义成分（状态元／状元）。动元是动核结构中的配价成分，即价语，而状态元则不是价语。但是在特定的动核结构中，"处所"完全可以成为动词的价语——处所价语。

　　根据这一研究，我们来对"所从来"的情形进行一下简单分析。按照配价语法的观点，"来"属于一价动词；可是从语义角度来看，"来"又是个典型的运动动词。作为一价动词，"来"只有一个价语（施事），但动词转指对象必须是它自身的一个配价成分，而"所"又主要用来转指受事（朱德熙，1983）；因此，"所来"这种形式不能转指动词"来"的任何配价成分，也没有存在的合理依据。可是，从另一方面来看，"来"作为运动动词又有着与一般动词不同的特点：一般动词最容易激活的是"施事—动作—受事"这一常见的认知框架，而运动动词最容易激活的是"源点—运动—终点"这一"场景"（杨成凯，1986）。因此，对于运动动词来说，"源点"（处所价语）就像一般动词的"施事价语"那样具有重要性。而"从"又恰恰是个"源点题元标记"（刘丹青，2003），所以，在动词"来"的指称化形式中，"从"的存在既有合理性，又有必要性。换言之，"所从来"是转指"来"的处所价语（表现为"从"的宾语）的唯一正确的指称化形式。

　　再看"后来"类。这一类双音词的词汇化过程主要涉及的是无标记转指现象，偶尔也会涉及有标记转指现象（VP者）。以"后来"为例，作为短语的动词性"后来"，本来是指"晚到"；后来出现了有标记转指"后来者"的形式（转指施事），意义上指"晚到的人"或"后来的人"（如"陛下用群臣如积薪耳，后来者居上"）；由于离开具体语境"后来者"可以指"稍晚于当下而来者"，也可以"晚于当世而来者"（"来"的意义也有所发展），所以"后来"又发展出"后来之世"或"晚于当下"之义，并逐步发展成现代汉语时间词"后来"。当然,无标记转指(施事)现象也是存在的,如"画图以示后来"(《太平经》)。无论有无标记,转指现象在"后来"的词汇化过程中都发挥了是至关重要的作用,因为正是通过转指这种指称化形式才完成了该类词语从短语到词的转化,而这一转化是"后来"类双音词词汇化过程中最具决定意义的变化(详见后文关于"后来"的考察)。

总之,对于"从来"类和"后来"类双音词来说,指称化(转指)对它们的词汇化历程有着至关重要的作用。

1.2 "由来"的词汇化历程及其相关问题

1.2.1 古汉语中的"由……来"短语

"由来"词汇化的起点同样是上古汉语中的"由……来"短语。在先秦文献中"由……来"短语中的插入成分(记作L)多为表达方位或处所的词语,"由……来"短语在先秦文献中也较为常见。如:

(1)善不由外来兮,名不可以虚作。(《楚辞·抽思》)

(2)乐由阳来者也,礼由阴作者也,阴阳和而万物得。(《礼记·郊特牲》)

(3)哭尸于堂上,主人在东方,由外来者在西方,诸妇南乡。(《礼记·丧大记》)

(4)是故,乡里有齿,而老穷不遗,强不犯弱,众不暴寡,此由大学来者也。(《礼记·祭义》)

在先秦文献里"由"作为介词介引方位词或处所词组成介词短语,做动词"来"的状语,"由……来"是动词性偏正短语,例(1)"由外来"做谓语,例(2)(4)的"由阳来"和"由大学来"后附名词化标记"者"做判断句的谓语,例(3)"由外来"后附名词化标记"者"做主语。其后的文献中,

"由……来"短语依然是动词性短语。如：

（5）君子之累害，与彼不育之物，不御之饭，同一实也，<u>俱由外来</u>，故为累害。(《论衡·累害篇》)

1.2.2 古汉语中的"所由来"

先秦文献中，"所由来"结构同样也较为常见。如：

（6）臣弑其君，子弑其父，非一朝一夕之故，其<u>所由来</u>者渐矣，由辩之不早辩也。(《周易·坤》)

（7）孔某穷于蔡、陈之间，藜羹不糁。十日，子路为享豚，孔某不问肉之<u>所由来</u>而食。(《墨子·非儒下》)

（8）患之所生，污而不治，难而不守，<u>所由来</u>也。(《左传·昭公元年》)

（9）故乐之<u>所由来</u>者尚矣，非独为一世之所造也。(《吕氏春秋·古乐》)

（10）杀人者死，伤人者刑，是百王之所同也，未有知其<u>所由来</u>者也。(《荀子·正论》)

这些例句中的"所由来"有的指"来源"，有的指"起因"，总之是某种抽象的空间上或时间上的"起点"。我们的问题是"所由来"与"由……来"短语的有没有关系，或者有什么关系呢？

1.2.2.1 "所由来"与"由……来"的内在联系

前文指出，古汉语中"所"字的功能主要体现在两个方面：**句法上的名词化和语义上的指称化**。"所"和其后的动词性成分或介词加动词性成分相结合而形成的"所"字短语，在句法上是名词性短语，而在语义上则转指动词的某一个配价成分或介词的宾语。通过对先秦文献中含"所由来"例句的考察，我们发现其在句法和语义上基本符合上述前贤的论述，即"所由来"

也是"由……来"的指称形式,而"由……来"是"所由来"对应的陈述形式;它们二者之间不是演化关系而是生成关系,即"所由来"是"由……来"通过特定的句法操作——"提取宾语"(朱德熙,1983)和有标记名词化而形成的,"所由来"的转指对象与"由……来"短语的插入成分L所表达的内容是相同的。如上文例(7)"孔某不问肉之所由来而食"可以说成"孔某不问肉之由何来而食";例(2)"乐由阳来者也"中,"阳"就是"乐"之"所由来"——"阳,乐之所由来者也"。"所由来"结构符合朱德熙(1983)所讨论的"所JV"格式的特征。可见,这里的"所"也是名词化标记,而"所由来"是从"由……来"中"提取出来的宾语部分",即朱先生所说的"宾语表达式"。这就是二者的内在联系。

从汉语史的事实来看,"所由来"和"由……来"的插入成分L在语言运用过程中的确有所不同——L倾向于由表示方位或处所的名词性成分充当(如外、阳、大学),意义明确、具体;而"所由来"多表示"来源、起因"等,意义相对较为抽象。但是,先秦文献中"所由来"的转指对象与L在语义表达上却没有明显的差异,二者所表达的内容基本相同。如上文例(7)(转引为例[11]):

(11)孔某穷于蔡、陈之间,藜羹不糁。十日,子路为享豚,孔某不问肉之<u>所由来</u>而食。(《墨子·非儒下》)

"孔某不问肉之所由来而食"中,"所由来"显然表示的是处所或地点——从哪里(何、什么地方)来,尽管无法悉知究竟是何处何地,但是这个处所或地点具有真实的空间维度却是很明显的。因此,这里的"所由来"表义仍是具体的。再举1个汉代文献的例子:

(12)四方,气<u>所由来</u>。山林川谷,民所取材用。(《论衡·祭意篇》)

很显然,"四方,气所由来"中,"所由来"即处所词"四方"。

以上分析告诉我们，先秦两汉时期"所由来"结构与 L 都可以表达具体的空间义，这种情况下二者在语义上的"分工"并不是那么泾渭分明。这也恰恰说明，"所由来"结构和"由……来"结构只是为了适应语言表达的需要而采用的不同形式而已。

总之，"所由来"和"由……来"的关系如下：形式上"所由来"是指称形式，而"由……来"是其对应的陈述形式；语义表达上二者存在相通之处，即"所由来"的转指对象与"由……来"的插入成分 L 所表达的内容是相同的；从衍生关系的角度来看，"所有来"是"由……来"通过有标记名词化和宾语提取而生成的。

1.2.2.2 "所由来"的性质和功能

尽管语义上联系密切，但"所由来"和"由……来"**句法功能**的差别还是比较明显的。因为，句法功能的实现取决于形式和意义两方面，形式发生了改变，功能自然也会相应有所变化。

据前文王克仲（1982）所言，"所由来"属于"所"字结构中含有介词的"B 类型：所＋介＋动±者"。按照这一看法，作为"B 类型"中的一员，"所由来"也应具有相应的句法功能。根据对先秦汉魏文献的考察，"所由来"主要充当主语（或主语中心语）、宾语（或宾语中心语）和判断句的谓语。如：

（13）余至大行礼官，观三代损益，乃知缘人情而制礼，依人性而作仪，其<u>所由来</u>尚矣。(《史记·礼书》)

（14）是以形势强而王室安。自古至今，<u>所由来</u>久矣。(《史记·三王世家》)

（15）末俗背本，<u>所由来</u>久。(《三国志·魏书》卷二十五)

（16）今汉室衰，自安、和、冲、质以来，国统屡绝，桓、灵荒淫，禄去公室，此乃天命去就，非一朝一夕，其<u>所由来</u>久矣。(《三国志·魏书》卷二裴注)

（17）音乐之所由来者远矣。生于度量，本于太一。(《吕氏春秋·大乐》)

（18）兵之所由来者远矣！黄帝尝与炎帝战矣，颛顼尝与共工争矣。(《淮南子·兵略训》)

（19）吾知其所由来矣。姑少待我。(《左传·僖公七年》)

（20）故士行善而不知善之所由来，民澹利而不知利之所由出。(《淮南子·诠言训》)

不难看出，例（13）（14）（15）（16）的"所由来"做主语，例（17）（18）做主语中心语，例（19）做宾语，例（20）做宾语中心语。前文例（12）的"四方，气所由来"中的"所由来"充当判断句的谓语，这也完全符合古汉语判断句的谓语由名词性成分充当的事实。

从语义上看，这一时期的"所由来"也从表示空间范畴的"处所、来源"扩展到表示时间范畴的"时间上的起点"，如例（14）（15）（16）等，这些都是汉代及以后的文献用例。

下面着重分析"所由来"在语言运用中的功能。

根据哈利迪（1975）和莱昂斯（1977）的观点，语言的功能有三：指称功能、表述功能和表情功能。（转引自沈家煊，2001）我们知道，一方面语言的功能是言语表达的需要在语言中的体现；另一方面，它的实现又必须借助于特定的语言形式。可见，"所由来"实现的是语言的指称功能（少数情况下充当判断句的谓语，具有表述功能），而其对应的陈述形式"由……来"实现的是语言的表述功能。

前面我们在分析"所由来"和"由……来"的关系时曾经指出，"所由来"和"由……来"中的L所指的内容常常是相同的。但是，这仅仅是就两者的语义内容而言。毕竟，"所由来"和L是两个有着本质差别的语言单位。它们在句法功能上的差别很大自不待言，在语用功能上二者的差别也很明显——前者在言语表达上的功能要比后者丰富得多。这表现为"所由来"既有指称功能，又有陈述功能（做判断句的谓语），而 L 只有指称功能；另外，"所由来"的指称范围远远不止地点或处所，而是大大超出了具体的空间范畴，扩展到了时间范畴。"所由来"和 L 是两种不同的指称形式。L 是直接用名词表示的指称形式，而"所由来"是通过陈述形式表示出来的一种分析形式。两种指称形式的差别在于，直接用名词表示的指称形式所指称的对象大多是具体而明确的；而"分析形式"的指称对象相对比较抽象模糊（朱德熙，1983）。反过来说，如果需要指称的对象具体而又明确，可以直接用名词加以指称；如果指称对象比较抽象模糊，则往往需要采用"分析形式"。可见，对于语言的同一种功能也要根据具体对象的不同而采用不同的实现形式。所以，当需要指称的对象**不够明确具体**，或者是**无法具体表达而需要采用模糊表达**，或者是**抽象的**"来源、起因"等**非空间概念**时，便只能采用"所由来"这一结构来加以指称了。"所由来"的这种功能上的丰富性决定了它在言语运用中的优势，并为它自身的进一步发展创造了条件。下面结合实例加以论证：

（21）孔某穷于蔡、陈之间，藜羹不糁。十日，子路为享豚，孔某不问肉之<u>所由来</u>而食。(《墨子·非儒下》)

（22）臣弑其君，子弑其父，非一朝一夕之故，其<u>所由来者渐矣</u>，由辩之不早辩也。(《周易·坤》)

（23）患之所生，污而不治，难而不守，<u>所由来也</u>。(《左传·昭公元年》)

（24）杀人者死，伤人者刑，是百王之所同也，未有知其<u>所由来者</u>也。(《荀子·正论》)

（25）今汉室衰，自安、和、冲、质以来，国统屡绝，桓、灵荒淫，禄去公室，此乃天命去就，非一朝一夕，其<u>所由来</u>久矣。

(《三国志·魏书》卷二裴注)

显然，例（21）"孔某不问肉之所由来而食"中，"所由来"的所指是不确定的。而例（22）(25）是在无法具体表达的情况下选择了模糊表达。例（23）(24）是表示抽象的"来源"和"起因"。再如：

（26）注焉而不满，酌焉而不竭，而不知其所由来，此之谓葆光。
（《庄子·齐物论》）

（27）故乐之所由来者尚矣，非独为一世之所造也。
（《吕氏春秋·古乐》）

（28）人无愚智，莫不有趋舍。恬淡平安，莫不知祸福之所由来。
（《韩非子·解老》）

例（26）—（28）中，"所由来"依次表达的是"空间上的来源""时间上的起点"和"起因"等概念，它们都较为抽象而难于用名词直接进行称说，所以，采用"所由来"这种"分析形式"（朱德熙，1983）来加以指称。

总之，由上文的分析可以看出，从句法功能来看，"所由来"具有很明显的名词性特征，而"所"字的名词化功能更是确保了它作为名词性短语的性质；从语用功能来看，"所由来"实现的是语言的指称功能，而且指称对象较为丰富——用于指称笼统的、抽象的"来源、起点"。

另外，一个值得注意的句法现象是，上述诸例句中也显示出后世"所由来"用法上的一个十分明显的倾向性——主要用于"所由来＋AP"这样的主谓结构来表达"时间久远"这样的概念。我们对检索到的语料进行了穷尽性统计分析，所得到的结果与这种倾向性完全相符合。在所检索到的这一时期的20句用例中，有12例用于上述主谓结构表达时间概念，如上文例（13）—（18）和例（22）(27）等。

综上所述，"所由来"的转指意义是"**动作的起点**"，这个动作的起点包含两方面的含义：空间上的起点和时间上的起点。由于长期用于"所由来+AP"（时间久远）这样的主谓结构，"所由来"受到语境的影响而凸显了其转指意义中"**时间上的起点**"这方面的意义（即"空间"隐喻"时间"）。这样，就为"由来"后来演变为时间词奠定了语义上的基础。

1.2.3 从"所由来"到"由来"

两汉以前，所有用来表达"时间久远"意义的主谓结构都是"所由来+AP"的形式。到了魏晋南北朝时期，开始出现"由来+AP/NP"的形式，"所"字可以脱落。如：

（29）今强敌未殄，海内未乂，三军有无已之役，江境有不释之备，徵赋调数，<u>由来</u>积纪……（《三国志·吴书》卷十二）

（30）田常之夺齐，六卿之分晋，赵高之弑秦，王莽之篡汉，履霜逮冰，<u>由来渐</u>矣。（《抱朴子·外篇》卷十四）

（31）世间浅近者众，而深远者少，少不胜众，<u>由来久</u>矣。（《抱朴子·内篇》卷十）

（32）夫命运否泰，依德升降，三代卜年，著于春秋，是以天命不于常，帝王不一姓，<u>由来尚</u>矣。（《三国志·魏书》卷二裴注）

（33）先王盟要，<u>由来未久</u>，且权自度未获罪衅，不审今者何以发起，牵军远次？（《三国志·吴书》卷二裴注）

不过，与此同时，"所由来+AP"的形式也依然出现在同一时期的文献中，甚至同一文献中。如：

（34）病非一朝一夕之故，其<u>所由来渐</u>矣，弗可已也。（《列子·力命》）

（35）今汉室衰，自安、和、冲、质以来，国统屡绝，桓、灵荒淫，禄去公室，此乃天命去就，非一朝一夕，其<u>所由来</u>久矣。
（《三国志·魏书》卷二裴注）

这表明在这种特定的句法环境中，"所由来"的形式开始向"由来"过渡。通过观察和对比上述例句，不难看出"由来＋AP"和"所由来＋AP"这两种结构在性质和功能上是完全相同的，所表达的语义也无差别。这表明了两者之间的继承关系，也意味着在相同的语言环境中，"由来"已经可以取代"所由来"来承担相同的句法语义功能。

这种从"所由来"到"由来"形式上的变化，对于"由来"的词汇化进程和最终成词至关重要。一方面，它使得"由来"获得了汉语中词的最典型的语音形式——双音节形式；另一方面，由于作为指称化标记的"所"字的脱落，本属于"所由来"**转指意义**的"时间上的起点"就有可能被理解为"由来"所独立拥有的**词汇意义**。这样，"由来"在形式和意义上都获得了成词的必要条件。那么，促成这一重要转变的因素有哪些呢？如上文讨论"所从来"到"从来"一样，首先，双音化趋势的强烈推动作用。在双音化进程迅速推进的大背景下，"所由来"这样"不合时宜"的结构必然会受到强烈冲击。本来就只是作为标记成分附着于其上的"所"字，在遭受冲击的过程中自然是首当其冲。由于自身没有实在意义，"所"字要么选择与别的成分重新组合，要么被淘汰。具体到"所由来"这一结构中，"所"字遭遇了后一种命运。其次，如上文所言，"所"字自身语义的虚化和功能的弱化。这是"所"字脱落的更为重要的原因。事实上，"所"字名词化功能衰退始于魏晋南北朝以后。（详见 1.1 论述）

上述两方面因素的共同作用，最终促成了从"所由来"到"由来"转变。伴随着这一转变的完成，"由来"获得了双音节词的外在语音形式；同时，"所由来"的**转指意义**也转变成为"由来"自身拥有的独立**词汇意义**。

伴随着"所由来"到"由来"演变的完成以及"由来＋AP/NP"这种结构使用频率的增加，事实上"由来"也就逐渐成词了。不过，此时的"由来"还是个**普通名词**，它的词汇意义是"**时间上的起点**"。在后来的语言运用中，随着谓语部分的变化，它的独立性越来越强。最后，由于所出现的句法环境的变化，导致它的功能也经历了一些演变。（详见下文）

从汉语发展史来看，从"所由来"到"由来"，也不是一个孤立的语言现象，如前文所言，这一时期，"所从来"也演变成了"从来"。

1.2.4 "由来"成词后的功能演变——语法化

"由来"成词后，最初是个普通名词，后来一度用作时间词（时间名词，甚至类似时间副词），而到现代汉语中其功能和用法又趋于单一化了。

1.2.4.1 "由来"作为名词

用作名词的"由来"主要充当主语。由于"由来"的成词过程是伴随着"所"字的脱落而完成的，因此，它最初主要用于"由来＋AP"这样的结构来表达时间概念。这表明它尚未彻底摆脱它据以形成的句法结构的影响，缺乏独立性。但是随着谓语部分 AP 的变化，"由来"自身独立活动的能力也变得越来越强。据观察，谓语部分的变化主要体现在两个方面：一是 AP 不再是单纯的形容词，而是可以用副词来修饰；二是谓语部分不限于由 AP 来充当，也可以由 NP 来充当。请看例句：

（36）王敦无君，<u>由来实久</u>，元恶之甚，古今无二。（《全晋文》卷八十六）

（37）愚谓百姓不乐与官相关，<u>由来甚久</u>，又多是人士，盖不愿入署。（《全宋文》卷十一）

（38）三军有无已之役，江境有不释之备，征赋调数，<u>由来积纪</u>……闻此之日，心若焚燎。（《全三国文》卷六十七）

（39）逆贼留异，数应亡灭，缮甲完聚，由来积年……（《全陈文》卷二）

（40）由来十日五日，一就问太妃。（《全宋文》卷八）

例（36）（37）谓语中有副词修饰语"实""甚"；例（38）（39）（40）"由来"后的谓语是名词（NP）。当充当谓语的成分由 AP 变成 NP 的时候，"由来"的词汇意义也悄悄地发生了一些变化：由**"时间上的起点"**变为笼统的**"过去的时间"**。例（40）最能体现这一变化的本质。"十日五日"作为名词性谓语，所指的是"过去的时间"（原文为追述过往之事的诏书）。

如果说"由来"独立性的增强在形式上表现为其组合成分越来越多的话，那么，它在语义上的独立性得到强化的表现则是，由抽象的**"时间上的起点"**或笼统的**"过去的时间"**演变成了**"此前、当初"**等意义，功能上也可以做定语了。如：

（41）夫褒赏必于有功，刑罚审于有罪，此古今之所同，由来之常式。（《全后魏文》卷二）

（42）余枕疾务寡，颇多暇日，聊申由来之意，庶定求宗之悟。（《全宋文》卷三十二）

上述两例中的"由来"究竟是表达时段还是时点需要结合具体语境才能确定，但是它们所表达的时间概念都属于"过去"范畴，在句子中都做定语。因此，这时的"由来"仍应看作名词。

1.2.4.2 "由来"向类似时间副词演变

前文所举各例句中，"由来"主要做主语和定语，功能上呈现出名词的特征。随着组合成分的变化，"由来"自身的性质也会随之发生深刻变化。魏晋南北朝时期及以后，"由来"开始大量用做状语。如：

（43）卿以下至邑宰，吏服其君齐衰，吏服其君齐衰，则无从服之文，而由来多有从服者。（《全晋文》卷一百三十二）

（44）师徒肃肃，自相尊敬，洋洋济济，乃是吾由来所未见。
（《全晋文》卷一百三十四）

（45）故事，监、令由来共车。（《世说新语·方正》）

（46）王大将军于众坐中曰："诸周由来未有作三公者。"
（《世说新语·尤悔》）

（47）梁孝元帝常谓吾曰："由来不识。唯张简宪见教，呼为嘿羹之嘿。自尔便遵承之，亦不知所出。"（《颜氏家训》卷六）

以上例句中的"由来"可以分析成时点（当初、原来），也可以分析成时段（此前、历来）。这种用法的"由来"在魏晋南北朝到隋唐时期一直都很普遍。可是下面例句中的"由来"就很难做"双重分析"（刘丹青，2003）了。如：

（48）（帝）大怒曰："小人由来难忍！"遂罢酒还宫。
（《北史》卷五十一）

（49）一客旁曰："公由来如此，昔拜丹阳尹、吴兴时亦然。"
（《南史》卷四十五）

（50）多言复多语，由来久相误。（《祖堂集》卷三）

（51）大理狱院，由来相传杀气太盛，鸟雀不栖，至是有鹊巢其树。
（《旧唐书》卷五十）

例（48）—（51）中"由来"的用法，相当于现代汉语中的"从来"或"历来、向来"，孤立地看，完全可以看作**时间副词**。可是，这一时期的"由来"从整体功能来看，除了用作状语，它还有其他一些功能（如做定语、主语等），还不具备"唯状性"功能，因而，不是典型的时间副词。我们把此时的"由来"称为时间词（时间名词）。

在上文的分析中看出，魏晋南北朝直到隋唐时期，"由来"是个非常典型的时间词（时间名词）。它可以表达时点，相当于"当初、原来"；也可以表达时段，相当于"此前、历来、向来"。江蓝生、曹广顺（1997）在《唐五代语言词典》对"由来"的解释是"向来、本来"，并举了《游仙窟》和贺遂涉《嘲赵光谦》诗中的例句为证。这与我们对"由来"词义的认定基本一致。用汉籍全文检索系统（第四版）进行检索，发现仅《全唐诗》中"由来"共出现了269次，可见，作为时间名词的"由来"还是比较常用的。可是，到了现代汉语中"由来"的用法变得单一且不常用，《现代汉语词典》(第5版)把"由来"标注为名词，有两个义项，一是从发生到现在的一段时间，如"由来已久"；二是事物发生的原因、来源，如"查清这次火警的由来"。第一个义项常用于"由来已久"结构，类似固定短语；第二个义项实际上也并不常用。从功能上看，现代汉语中，"由来"不再做状语和定语，只能做主语或宾语。至于"由来"功能和用法简化的原因，尚需进一步探讨，可能的原因是在"从来"和"由来"的竞争中，"由来"逐步退出。

总结上文，可以看出，"由来"的词汇化历程与"从来"是相似的，二者有着相同的来源，遵循相同的演化路径，也都一度用作普通名词和时间词，甚至时间副词。但"由来"的词汇化也有其自身的个性特征：在形式上，与"从来"一样都是经历了下列过程：

  由……来（动词性短语）→所由来（名词性结构）→由来（名词、时间词、时间副词）

但在意义上却基于两个"起点"进行：

  A."空间上的起点"（转指）→"来源、起因"（词汇意义）
  B."时间上的起点"（转指）→"过去的时间"（笼统的词汇意义）→"当初、此前"（具体的词汇意义）→"历来"

现代汉语中,"由来"主要用作表达"来源、起因"的名词,另外还经常用于"由来已久"结构来表达时间概念。"由来"在中古汉语和近代汉语中一度高频率地用作时间词,甚至用也曾做时间副词,但最终为了满足语言表达的需要而演化成现代汉语的普通名词;同时,依然用于特定语言结构来表达时间概念。

1.3 "自来"词汇化演变的历程和条件

通过对历史文献的考察,我们同样认为"自来"来源于上古汉语中的"自……来"短语。

1.3.1 上古汉语中的"自……来"短语

从检索到的语料来看,"自……来"短语在先秦时期十分活跃。举例如下:

(1)《象》曰:无妄,刚自外来而为主于内,动而健,刚中而应。(《周易·无妄》)

(2)孔子之丧,有自燕来观者,舍于子夏氏。(《礼记·檀弓上》)

(3)杜蒉自外来,闻钟声曰:"安在?"(《礼记·檀弓下》)

(4)颛孙自齐来奔。(《左传·庄公二十二年》)

(5)君将食,丽姬跪曰:"食自外来者,不可不试也。"(《穀梁传·僖公十年》)

(6)有朋自远方来,不亦乐乎?(《论语·学而》)

(7)有人自南方来,鲋入而鲵居,使人之朝为草而国为墟。(《吕氏春秋·贵直》)

(8)执留之狗成思,蝯狙之便自山林来。(《庄子·天地》)

（9）燕人其妻有私通于士，其夫早自外而来，士适出。夫曰："何客也？"（《韩非子·内储说下》）

上面例句中的"自"都是介词，表示"动作的起点"，而它的宾语也都是表达方位或处所的名词性成分。"自……来"的抽象格式是"自＋L＋V"，L多是表示方位处所的名词，结构层次是"（自＋L）＋V"，是动词性偏正短语。马贝加（2002）指出，"自"是表达动作行为始发处的介词，是"汉语书面语中最早的表示运动起始的介词之一"。并指出，"自＋L（处所）＋V"格式中的V，起初是运行动词"出、来、退……"。

大约在战国时期，与"自……来"短语有着密切联系的"所自来"也开始活跃起来。

1.3.2 古汉语中的"所自来"
1.3.2.1 "所自来"的句法功能

上古汉语中"所自来"的使用频率也很高，如在《礼记》《庄子》《吕氏春秋》中一共检索到12例。下面略举几例：

（10）夫礼，禁乱之所由生，犹坊止水之所自来也。（《礼记·经解》）

（11）财物有余而不知其所自来，饮食取足而不知其所从，此谓德人之容。（《庄子·天地》）

（12）兵之所自来者上矣，与始有民俱。（《吕氏春秋·荡兵》）

（13）士与圣人之所自来，若此其难也，而治必待之，治奚由至？（《吕氏春秋·观世》）

上面例句中的"所自来"，前两例中做宾语（或宾语中心语），后两例中做主语（或主语中心语）。如果考虑到与"来"意义相近的其他动词，那么，"所自V"这一抽象格式的使用频率就更高，与"自＋L（处所）＋V"格式的出现频率大体相当。如：

（14）姑尝本原若众害之<u>所自生</u>。此胡自生？此自爱人、利人生与？（《墨子·兼爱》）

（15）都邑之士则知尊祢矣；大夫及学士则知尊祖矣；诸侯，及其大祖；天子，及其始祖之<u>所自出</u>。（《仪礼·丧服》）

（16）天子之动也，以全天为故者也。此官之<u>所自立</u>也。（《吕氏春秋·本生》）

（17）虽有大知，不能以言读其<u>所自化</u>，又不能以意其所将为。（《庄子·则阳》）

（18）礼也者，反其<u>所自生</u>；乐也者，乐其<u>所自成</u>。（《礼记·礼器》）

（19）天子亲耕以共粢盛，王后亲蚕以共祭服，国非无良农工女也，以为人之所尽事其祖祢，不若以己<u>所自亲</u>者也。（《穀梁传·桓公十四年》）

（20）若夫即主心同乎好恶，因其<u>所自进</u>也。（《韩非子·孤愤》）

例（10）—（20），"所自 V"均表示 V 所代表的动作行为的起点或来源，这也是这一抽象格式的共同意义。当该格式具体实现为"所自来"这个实例时，它所表达的意义即"来"这个运行动词的"动作的起点"。

1.3.2.2 "所自来"的产生及其对"自来"词汇化的影响

如前文所言，根据朱德熙（1983）的研究，可以推知："所自 V"是"自＋L（处所）＋V"通过"提取宾语"这一句法操作而形成的，前者以"分析形式"表达了后一格式中"L（处所）"所表达的内容。换言之，"所自 V"转指了"自＋L（处所）＋V"格式中"L（处所）"的所指。所以说"所自 V"是一种指称形式，而"自＋L（处所）＋V"是其对应的陈述形式。这就是上述两种抽象句法格式之间的关系，而这种关系完全适用于"所自来"和"自……来"短语。

由于"提取宾语"是一种共时平面的句法操作，因此"所自 V"和"自＋L（处所）＋V"两种格式在一定的历史时期会出现共存现象。这也就是为什么"所自来"和"自……来"短语在同一时期的文献甚至同一部作品中可以共现。同时，这种共时平面的句法操作也对语言的历时演变产生了重要影响。具体到"自来"的词汇化可做如下推断：第一，这种操作使得本来处于不同结构层次上的"自"和"来"成为线性序列上紧邻出现的成分，为二者在空间方面的组合与融合创造了条件；第二，通过这种句法操作而形成的"所自来"本身具有明确的转指意义，这为"自来"词汇意义的形成提供了语义上的基础。

不过，"所自 V"是"自＋L（处所）＋V"两种格式虽然关系密切，但毕竟有所不同。这两种格式之间的差别主要体现在功能上，前者主要用于指称，而后者主要用于表述。更为重要的是，尽管"所自 V"的所指与"自＋L（处所）＋V"中"L（处所）"的所指是相通的，但相比之下前者却抽象、笼统，也丰富得多，这一点通过前面的例句可以看出来。同样是指称，用名词直接指称存在诸多局限：当指称对象不够明确具体，或者无从具体确认，或者是更为抽象的非空间概念时，就无法用名词直接加以指称了（详见前文对"从来""由来"的研究）。而"所自 V"的出现恰好弥补了这些不足，满足了语言表达的需要。换个角度来看，这也是"所自 V"产生的动力之一。"所自 V"格式所具有的这种独特的语言功能使得它在语言表达方面获得了相对的优势，在实际语言运用中高频率地出现。作为"所自 V"格式的具体实现形式之一，"所自来"也同样拥有这种优势，它在语言表达中的这种强势地位使得"自"和"来"获得了高频共现的机会，从而为"自来"的词汇化演变创造了语用上的条件。

可见，"所自来"的产生在形式、意义以及语言运用方面为"自来"的词汇化创造了条件。

1.3.3 古汉语中"所自来"和"自来"用法上的特点

检索汉籍全文检索系统(第四版),发现"所自来"和"自来"的运用呈现如下几个特点:

其一,上古汉语里"所自来"的所有用例中只有《吕氏春秋》出现了用于表达时间概念的"所自来+AP"这样的主谓结构(AP为"上、久、远"等)。

其二,自两汉到五代的一千多年间"所自来"的用例极少,具体如下:两汉7例,其中3例引用,2例出自注解,1例出自综述;魏晋南北朝时期12例,其中2例引用《吕氏春秋》,2例重复,实际只有8例;隋唐五代时期只检索到3例,且有2例出自注解,而另一例可能是引用。总体来说,两汉至五代真正的用例也就是10例左右。更不用说用于表达时间概念的"所自来+AP"这样的主谓结构了。

其三,作为短语的"自来"从战国时期就已经出现,并伴随了"自来"词汇化过程的始终,这意味着"自来"成词后还存在一个与之同形的短语。下面略举几个"自来"用作短语的例子:

(21)正形饰德,万物毕得。翼然自来,神莫知其极。(《管子·心术下》)

(22)执一无失,行微无怠,忠信无倦,而天下自来。(《荀子·尧问》)

(23)我称病不行,丞相必自来,来则杀之。(《史记·秦始皇本纪》)

(24)故至精之像,弗招而自来,不麾而自往,窈窈冥冥,不知为之者谁,而功自成。(《淮南子·主术训》)

(25)子详思吾书,大贤自来,共辅助帝王之治。(《太平经合校》卷四十六)

(26)权当自来不?(《三国志》)

(27)备初谓公与大敌连,不得东,而候骑卒至,言曹公自来。(《三国志》裴注)

上面各例中的"自来"是个短语性结构,"自"是"自己,亲自"或"自然"(《汉语大词典》电子版2.0)的意思,"自来"就是"自己来,亲自来"或者"自然来"。例(23)(26)(27)中,"自"是"自己,亲自"的意思;其他例句中的"自"大致是"自然,自动"的意思。

此外,还发现"有自来"的用法,这种不仅出现时间较早,而且出现频率也相对较高。如:

(28)叔出季处,<u>有自来矣</u>,吾又谁怨?(《春秋左氏传·昭公》)

(29)孔子曰:"诸侯之有冠礼也,夏之末造也,<u>有自来矣</u>,今无讥焉。"(《孔子家语·冠颂》)(注曰:"言有所从来,故今无讥。")

(30)秦置桂林、南海、象郡,然则四国之内属也,<u>有自来矣</u>。(《三国志》)

(31)其于古人所作为神,今世所著为浅,贵远贱近,<u>有自来矣</u>。(《抱朴子·外篇》)

从例(29)的注解可以看出,"有自来"里的"自来"就相当于"所自来",与"所从来"的功能与所指都相同。尽管该结构本身更像是表达"来源""出处"等概念的,但是结合上下文发现它也是表达时间概念的,例(30)(31)中更是如此。因此,我们认为这里的"自来"具有表达时间概念的功能,而且"有自来"结构同样表达的是"时间久远"这样的意思。

由此看来,如果说"自来"是从"所自来"演化而来,似乎缺少有力的证据。事实上所检索到的语料的确也不足以证明二者之间存在过渡关系。诚如前文的考察,"所从来"到"从来"和"所由来"到"由来"的过渡,大体上都始于南北朝时期,至唐代已经基本完成;而所检索到的这一时期"自来"的用例却几乎没有用作时间词的,作为时间词的"自来"在北宋时期才开始大量运用,这比"从来"和"由来"晚了四五个世纪。尽管如此,我们认为"所自来"的出现对"自来"的词汇化依旧是非常重要的。那么,"所自来"对"自来"的词汇化到底发挥了怎样的作用呢?下面先来看看用作时间词的"自来"。

1.3.4 作为时间词的"自来"

检索到的可以确定为时间词"自来"的用例最早出自北宋时期的史书《旧五代史》。如:

(32) 防御、团练等使,<u>自来</u>升降极多,今具现在,具员依新定《十道图》以次第为定。(《旧五代史》卷四十三)

因为该例句出自当时奏折,所以应该是五代时期的用法。我们认为,"自来"作为时间词在北宋时期才开始大量运用。这一点从检索到的语料可以看出,凡出自当时的语录、小说或者笔记等具有浓厚口语色彩的作品的用例,"自来"用作时间词的比例就很高;而出自《太平广记》的 25 个用例中,"自来"用作时间词的只有 3 例。这是因为,《太平广记》虽然内容丰富,但却是对前朝小说、野史及佛教教义、道教经文等的辑录,不能反映当时语言运用的实际情况。这种鲜明对比有力地说明:"自来"作为时间词在北宋时期才开始大量运用。下面是北宋时期的用例:

(33) 问诸耆老,曰此寺<u>自来</u>不煮粥。(《禅林僧宝传》卷十四)

(34) 蔡京<u>自来</u>专恣任意,不知都省批状,便是条贯;入状请宝,便是圣旨;若前后失绪,安得不乱?(《大宋宣和遗事·元集》)

(35) 据所许民户地土甚多,<u>自来</u>攻伐抚慰,将帅士卒艰苦不少,今来别无再索经略,请差人交割。(《大金吊伐录》卷一)

(36) 神考厘正宗室袒免、非袒免,各立奏补子孙之法,独缌麻亲旧用国荫,<u>自来</u>未有荫孙以下明文。(《宋朝事实》卷八)

（37）自来未有活中书令请受则例。(《梦溪笔谈》卷二）

（38）本州自来旧例只用此一首。(《湘山野录》卷上）

上面例句中的"自来"，与用作时间词的"从来"和"由来"一样，都表达的是"过去的时间"，相当于今天的"当初、原来"或者"此前、历来"，但由于所处时代与现在相距不远，因而更倾向于被分析成后者。"自来"的这种用法至今保留在现代汉语中，不过使用频率很低。

1.3.5 时间词"自来"产生的原因及其来源问题

从上面的分析来看，很难说"自来"直接脱胎于"所自来"。可是，时间词"自来"究竟是怎么产生的呢？从汉语史的角度来看，时间词"自来"产生的根本原因应该是同类结构（"从来""由来"等）的**类推**作用。这一推测基于如下三点理由：其一，"自来"的同类结构——作为时间词的"从来"和"由来"早在南北朝时期就开始出现，到隋唐时期已基本完成了词汇化进程并大量运用，因此无论是从时间顺序还是从使用频率上来看，都具备类推出"自来"的条件；其二，中古汉语中出现了大量的表达时间概念的双音词"X来"，从它们之间的语义和句法上的联系来看，很多"X来"都是基于类推作用而产生的；其三，"所自来"中的"所"在受到句法结构和韵律框架的制约作用而脱落以后，"有自来"这一形式继续存在，这就保证了"自来"与"所自来"在句法性质上的统一性（名词性成分）和语义上的密切联系，并且完全符合"从来"类双音词的词汇化演变轨迹的特点——都经过一个作为名词性成分的阶段。

如果上述推测是合理的，那么，"自来"的来源究竟是什么呢？我们认为依然是"所自来"。为什么呢？其一，从检索到的语料来看，能产生时间词"自来"的句法格式只有"所自来""有自来"和作为短语的"自来"这三种形式。在这三种格式中，前两种存在十分密切的关系，这在前面的分析中已经明确指出,更何况用于表达时间概念的"有自来"直到明朝还依然存在;而作为短语的"自来"其用法一直延续到了现代汉语中,而且语义上看不出它与作为时间词的"自来"之间有什么联系。其二,从语义联系上来看,时间词"自来"的词汇意义"当初、原来"与"所自来"的专指意义"时间上的起点"联系密切;至于它的另一词汇意义"此前、历来",则指语言运用中语义自然发展和引申的结果。基于上述两点,可以认为"自来"的来源依然是"所自来",但也不否认由于受同形结构的影响较大,"自来"的词汇化历程不像"从来"和"由来"那样具有典型性。

1.3.6 小结

"自来"的词汇化与"从来"和"由来"在演变路径上是基本相同的。但是由于受语言系统中其他成分的影响和制约更多一些,所以,在具体的演化阶段又呈现出独特的个性特征。从而,也导致演变的最终结果不同于同类结构的其他成员。

现代汉语中"自来"用作时间副词,是"从来、原来"(《现代汉语词典》)的意思,但使用频率不高。如:

(39)自来名师出高徒,于非带出了两位高徒,一个田世光,一个俞致贞。

(40)豫皖鄂三省交界地区,自来匪患不断,各集镇都纷纷成立了保民团。

1.4　本章小结

"从来"类的成员,来源相同——均为包含介词结构的偏正短语,是由"介词短语+来"构成的偏正短语演化而来;演化路径和条件相同——都依赖于"所"字的独特功能而到双音词的演变。但是，由于自身语义特点和其他外部因素的作用，它们的演变结果各有不同，因而在现代汉语中的句法表现也各不相同——有的近于消失，有的仍停留在名词的阶段但词义有所变化，有的则已经虚化为副词并且发展出了情态功能。同时，它们的词汇化过程也表明，表达时间概念的名词和副词之间存在衍生关系，有些时间副词是从表达时间的名词虚化而来的。此外，我们也注意到平行格式的演变往往遵循相同的演变路径。

第二章
"后来"类"X来"式双音词词汇化及语法化

"后来、将来、未来"等"后来"类双音词是由同形的偏正短语演化而来的。下面分别考察这三个常用时间词的词汇化及语法化历程和相关问题。

2.1 "后来"的词汇化历程及其指称化机制

现代汉语时间词"后来"源于古汉语中同形的动词性偏正短语"后来"。

2.1.1 古汉语中作为短语的"后来"
2.1.1.1 "后来"的句法功能和语义特征
古汉语中,"后来"最初是个动词性短语,主要用作谓语。检索到的最早用例出自战国时期的《楚辞》。如:

(1) 余处幽篁兮终不见天,路险难兮独后来。(《楚辞·山鬼》)
（王逸《楚辞章句》:"言所处既深,其路险阻又难,故来晚暮,后诸神也。"）

结合《山鬼》篇的文意和王逸的注解,可以看出这里的"后来"是"(比别人)晚到"的意思。两汉时期,"后来"作为动词性短语得到广泛应用,其句法功能和语义也更加丰富。如:

(2) 有一老父衣粗衣,冠白冠,后来吊,孙叔敖正衣冠而出见之……(《说苑》)(张守节《史记正义》引用为:《说苑》云:"孙叔教……有一老父衣粗衣,冠白冠,后来,吊曰:……")

(3)今汉兵众强,今即幸胜之,后来益多,终灭国而止。(《史记·东越列传》)(《汉书》记述此史实时用了完全相同的语句,颜师古注解:"言汉地广大,兵众盛强,今虽胜之,后更来也。")

(4)前淳于生之来,人有献龙马者,寡人未及视,会生至。后来,人有献䴔者,未及试,亦会生至。(《论衡校释》卷二十六)

(5)官属以复后来而好陵折等辈,调补鄢尉,光武曰:"贾督有折冲千里之威,方任以职,勿得擅除。"(《后汉书·冯岑贾列传》)

上面各例中的"后来",例(2)中是"(比别人)来得晚"的意思,相当于"晚到";例(4)中是"(以后)又来、再一次来"的意思;例(5)中也是"(比别人)来得晚"的意思,但属于比较抽象的"晚到"。它们或者单独充当谓语,或者和别的成分联合充当谓语,在某些情况下甚至独立成句,但很明显都是动词性成分。

比较特别的是例(3),"后来益多"可以分析为主谓结构,也就是说"后来"充当了主语。可是,根据颜师古的注解,"后来"应该是个动词性成分。尽管动词性成分不是不能充当主语,但是充当主语的动词性成分却往往都要指称化。换个角度来看,当动词性成分出现在主语(或宾语)位置上的时候,指称化也就随之发生了。而且,根据上下文语义,把"后来"理解成是承前指称"汉兵"(转指施事)的确也讲得通。这样看来,"后来"似乎又是个名词性成分。但是,鉴于时代背景和使用频率两个方面的因素,我们仍倾向于把这里的"后来"定性为动词性短语,只不过它充当的是该主谓结构的主语。事实上,古汉语中动词或形容词性成分的指称化和动词与名词之间的转类现象都是比较常见的。正是这种指称化和转类现象的大量出现和存在,促成了"后来"由**动词性成分**向**名词性成分**的转变。

2.1.1.2 "后来"的指称化和名词"后来"的产生

上文指出,当动词性成分出现在主语(或宾语)位置时,它同时也就指称化了。在检索到的语料中,"后来"的指称化早在西汉时期就开始出现了;东汉以后,这种现象开始普遍起来。请看例句:

(6)陛下用群臣如积薪耳,后来者居上。(《史记·汲郑列传》)

(7)先进者既往而不反,后来者复习俗而追之,是以虚华盛而忠信微,刻薄稠而纯笃稀。(《后汉书·列传》卷三十三)

(8)故画象以示后来,贤明得之以为大诫,愚者不信道,自若忽事,书审如言,不失铢分。(《太平经》己部之十六)

(9)宜置博士,为立学官,以助后来,以广圣意。(《后汉书·列传》卷五十四)

(10)金以为洪德宜演述,亿载弥以新,功烈不赞纪,后来无所闻,于是刊石勒铭,以示后昆。(《全后汉文》卷一百一十)

上面的例句中,前两例"后来者"处在主语位置,属于动词性短语"后来"的有标记转指,这里的"者"为指称化(句法上名词化)标记。(朱德熙,1983)其中例(7)的"后来者"与"先进者"对举,指称化标记明显。例(8)和例(9)中"后来"处在宾语的位置,属于无标记转指,具体转指意义是"后来的人、后世的人"。例(10)单看很难确定"后来"的性质,但结合上下文可以推知它的意思是"后世的人",因此也应把它看作短语"后来"的指称化。据检索到的语料看,西汉时只有《史记》中出现了2例(例3和例6)指称化用法的"后来";到了东汉,仅《太平经》和《全后汉文》两部作品中这种用法的"后来"就出现了9次,出现频率明显上升。当指称化,尤其是无标记指称化的"后来"经常甚至主要用作主宾语时,从句法功能看,"后来"就可以看作是个**名词**了。

2.1.2 古汉语中作为名词的"后来"
2.1.2.1 名词"后来"的句法功能和语义特征

作为名词的"后来",主要有如下两个方面的含义:"**后世之人**"和"**后世**"。相应地,在句法功能上则主要是充当主宾语和定语。关于"后来"充当主宾语的用法,前面举了东汉时期的例子,下面是魏晋南北朝时期的用例:

(11)……崇尚先达,爱接后来,常参高祖侍席,礼遇次于宋、郭之辈。(《魏书》卷六十九)

(12)至于铭德太常,从祀清庙,以贻厥后来,垂诸不朽者也。(《陈书》卷三)

(13)书名竹帛,画象丹青,前史以为美谈,后来仰其徽烈者也。(《晋书》卷八十九)

前两例中用作宾语,后一例中用作主语,都是"后世之人或后世"的意思。但是这里的"后来"是与所谓"前史"相对待而言的,事实上"后来"的所指也可以是说话的当时。这是名词"后来"语义上不同于现代汉语时间词"后来"的显著特征。对于这一点,唐人杜牧的《阿房宫赋》提供了很好的佐证:"秦人不暇自哀,而后人哀之;后人哀之而不鉴之,亦使后人而复哀后人也。"在这个例句中,第二和第四个"后人"其实都是指当时的人,即唐朝的统治阶层。

此外,"后来"还可以表达"尚未到来的时间",相当于现代汉语的"将来"或"未来",这也是明显不同于现代汉语"后来"的地方。请看下面的例句:

(14)三贤俱有当世才,后来皆当远至。(《北史》卷五十五)

事实上"后来"最初表达的时间概念都是"尚未到来的时间",只是由于说话人视角的不同致使它具有了不同的概念意义。例如,在史书中对过去的事情进行追述时,如果作者把自己置于事发当时的时间点采用当事人的视角来加以叙述,那么,叙述者所在的"当下"也就变成了"后来"。

2.1.2.2　名词"后来"句法功能的演变及时间词"后来"的产生

同样是在魏晋南北朝时期,"后来"也开始大量用作定语。如:

(15)百姓布野,余粮栖亩,以俟<u>后来</u>之惠,全元元之命。(《三国志》卷三十三)

(16)卿观过江诸人,经纬江左,轨辙有何伟异?<u>后来</u>之彦,复何如中原?(《世说新语·言语》)

(17)<u>后来</u>年少,多有道深公者。深公谓曰:"黄吻年少,勿为评论宿士……"(《世说新语·方正》)

(18)诣司徒袁粲,粲谓人曰:"<u>后来</u>佳器也。"(《南齐书》卷二十二)

前两例中都有个明显的标记"之",表明了"后来"与后面的成分之间的修饰关系,这也正是古汉语中"之"的常见用法之一。后两例中没有明显的形式标记来表明"后来"与其后成分之间的结构关系,但是,结合语义和上下文来理解也不难看出它们之间存在修饰和被修饰的关系。例(16)中的"后来之彦"和例(18)中的"后来佳器"就相当于今天所说的"后起之秀",类似的说法在魏晋南北朝时期十分常见,如"后来之秀""后来之冠""后来秀令""后来才俊"等。由于"后来"经常出现在定语位置上,"后来"的句法功能也逐渐发生了变化:由做主宾语为主到大量作定语。

这里有个问题需要说明一下:"后来"通过转指"动作行为的主体"而实现了名词化,因此,它做定语的时候修饰的也往往是"生命度"很高的指人名词。这一点体现了语义上的继承性,是完全合乎逻辑的。问题是"后来"做定语和"后来"的有标记转指之间的区别究竟表现在哪些方面呢?首先,如果存在形式标记"之",则视为修饰关系。其次,看"后来"之后的成分的性质：如果是可以独立表义并能单独运用的词语，则是修饰关系；如果是没有独立的词汇意义且不能单独运用的"者"，则仍是转指。

"后来"做定语的用法除了见于魏晋南北朝时期以外，在隋唐时期也十分常见。如：

（19）是以后来作者，或相祖述，故今亦采其尤著者，列为《艺术篇》云。（《隋书》卷七十八）

（20）后来鞍马何逡巡，当轩下马入锦茵。（杜甫诗）

（21）伯英草圣称绝伦，后来学者无其人。（权德舆诗）

检索到的最早可以确定"后来"为状语的用例出现在北朝的《魏书》中。如：

（22）玄自封豫章郡公，食安成七千五百户；后来封桂阳郡公，邑二千王百户；本封南郡如故。（《魏书》卷九十七）

另外，在前面所举的例（14）中，"后来"也可以认定为状语。此外，唐诗中有很多可做双重分析的用例。如：

（23）健笔高科早绝伦，后来无不揖芳尘。（刘禹锡诗）

（24）从此安然寰海内，后来无复谩相倾。（周朴诗）

（25）后来出家者，多缘无业次。（拾得诗）

（26）十指沥干终七轴，后来求法更无君。（贯休诗）

在五代官修史书《旧唐书》中，检索到下面的用例，"后来"在主语前：

（27）广明之乱，一时散失。后来省司购募，尚及二万余卷。（《旧唐书》卷四十六）

两宋时期,"后来"做状语就十分常见了。略举数例:

(28)法义白僧曰:"日既不多,后来恐不见师,请即往随师。"(《太平广记》卷一百一十五)

(29)且延英之置也,肃宗皇帝以苗晋卿年老艰步,故设之。后来臣僚得诣便殿,多以私自售,希求恩宠,欲尽其身。(《太平广记》卷一百八十七)

(30)则天后来驾驭群臣,专用此术。(《鹤林玉露》乙编卷六)

(31)后来定太子事,他亦自处闲地,又只教四老人出来做。后来诛僇功臣时,更讨他不着。(《鹤林玉露》丙编卷四)

这一时期,从句法功能角度来看,"后来"就已经是个典型的时间词了。再看几例后世的用例:

(32)浑家初时也答应道该去,后来说到许多路程,恩爱夫妻,何忍分离?不觉两泪交流。(冯梦龙《喻世明言》)

(33)后楼下为明末许定国刺高杰处,楼上不设棚板,以作后来纪念焉。(民国《河南通志·睢县采访稿·袁可立故宅》)

(34)我后来知道,这时有几个清华学生和我同在马粪堆上。(朱自清《执政府大屠杀记》)

2.1.3 "后来"词汇化演变的历程及特点

2.1.3.1 "后来"词汇化演变的历程

根据前面的分析,"后来"的词汇化演变大体上经历了如下几个阶段:首先,由动词性成分转变成名词性成分,随之也逐渐由短语转变成词;成词以后,"后来"在句法功能上又发生了一系列变化——由最初的做主宾语为主到后来的大量用作定语,再到后来的以做状语为主;语义上也相应地由转指"动作行为的主体"到转指"后世之人或后世",再到拥有独立的词汇意义"尚未到来的时间"(相当于"未来、将来"),直到最后演变成"过去某一时间之后的时间"(《现代汉语词典》);最终在性质上成为现代汉语时间词。演变历程如下:

动词性短语"后来"→名词"后来"→时间词"后来"

功能上则表现为:

谓语→宾语→定语→状语

当然,句法性质和功能的演变并不是"替代"关系,新功能的出现并不必然导致原有性质和功能的消失,而是新旧功能可以并存。

2.1.3.2 "后来"词汇化演变的特点

上面的分析表明,"后来"的词汇化历程具有以下三个明显的特征:第一,通指称化实现了转类——由动词性到名词性,由短语到词;第二,成词以后又经历了一系列功能上的演变;第三,实际语言运用中说话人的视角对语义的变化产生了十分重要的影响。这些特征也是同类结构的词汇化过程所共有的。

2.1.4 小结

现代汉语时间词"后来"的来源是古汉语中的动词性短语"后来"(晚到),由于古人在实际语言运用中经常不自觉地用谓词性成分指称与其密切相关的体词性成分,这就促成了"后来"由动词性到名词性、由短语到词的转变;后来,在实际语言运用中由于句法环境和语用因素的共同作用,"后来"在功能和语义上又经历了一系列变化,最终演变成了现代汉语时间词。

可见,现代汉语时间词"后来"来源于古汉语中的同形短语"后来",它的词汇化过程是借助于短语"后来"的指称化来实现的。通过指称化(转指"动作行为的主体"),"后来"实现了两个方面的转变——从动词性成分变成名词性成分,从短语变成词。因此,指称化对"后来"的词汇化起着至关重要的作用。现代汉语中,"后来"主要用作状语,同时也经常做定语,但需要形式标记"的"字。至于"后来人"之类的说法,考虑到"人"与古汉语中的指称化标记"者"在语义和功能上的继承性,我们倾向于认为它是个具有转指性质的结构,而不是"后来"用作定语修饰"人"。

2.2 "将来"的词汇化历程及其指称化机制

现代汉语时间词"将来"同样来源于古汉语中同形动词性偏正短语"将来"。

2.2.1 古汉语中作为短语的"将来"

就历时文献来看,现代汉语的时间词"将来"是由古汉语中同形短语"将来"通过词汇化演变发展而来的。上古汉语中的"将来"是个动词性短语,是"即将或将要来(到)"的意思。其中的"来"具有明显的位移性特征,是表达具体动作的运动动词;同时,它也可以表达动作的结果——"到来"。据李佐丰(2004)的考察,"将"是古汉语中使用频率很高的一个"时态副词","主要表示将要发生"。古汉语中作为短语的"将来"与现代汉语时间词"将来"相比,在功能和用法上存在很大差异。下面从语义特征和句法功能两个方面来分析古汉语中作为短语的"将来"的特点和演变。

2.2.1.1 古汉语中"将来"的语义特征和句法功能

先秦时期,"将来"主要表达"即将或将要来(到)"的意思,"来"具有明显的动作性和位移性特征。如:

(1)穆伯请重赂以求复,惠叔以为请,许之。将来,九月卒于齐,告丧,请葬,弗许。(《左传·文公十四年》)

（2）我欲得齐，而远其宠，宠将来乎？（《左传·昭公三年》）

（3）敌众整而将来，待之若何？（《孙子·九地篇》）

（4）君之止，子之罪也。今君将来，子何俟？（《国语·晋语》）

（5）吾闻大师将来，甚喜而又惧，吾年甚少，见子而慑，尽忘吾度。（《逸周书》卷九）

前三个例句中"来"倾向于表达动作——动作将要开始，后两个例句中"来"更多地表达动作的结果——动作的结果将要实现。但无论是表达哪种意义，"将"都是用作状语来修饰动词"来"的，构成一个动词性偏正短语。

西汉时期，"将来"的这种用法继续延续。如：

（6）臣闻客有远为吏而其妻私于人者，其夫将来，其私者忧之，妻曰："勿忧，吾已作药酒待之矣。"（《史记·苏秦列传》）

（7）有鸟将来，张罗而待之，得鸟者，罗之一目也。（《淮南子·说山训》）

从上面的例句可以看出，"将来"最主要的句法功能是充当谓语——单独或者与别的成分联合充当谓语。先秦直到西汉，充当谓语是短语"将来"的主要句法功能。但是，在《楚辞》和扬雄《法言》中出现"将来"如下的用法：

（8）遭纷逢凶，蹇离尤兮。垂文扬采，遗将来兮。（《楚辞·逢纷》）
（王逸《楚辞章句》曰："言己虽不得施行道德，将垂典雅之文，扬美藻之采，以遗将来贤君，使知己志也。"）

（9）或曰："以往圣人之法治将来，譬犹胶柱而调瑟，有诸？"
（《法言》卷九）

结合注释与"将来"的句法位置来看，可以认为这里的"将来"分别充当了动词"遗"和"治"的宾语,它的意思就是"后世或后世之人",故王逸《楚辞章句》中出现"以遗将来贤君"的注解。如果仅从这两个例句来考虑,似乎可以说此处的"将来"已经是个名词;但是,基于以下两方面的原因我们认为此处的"将来"还不能算作名词,而只是短语"将来"的指称化用法(转指用法):其一,根据检索到的语料,这一时期这种用法的"将来"只是出现在宾语的位置而且用例极少,因而不足以证明"将来"具有名词的句法特征;其二,从汉语词汇系统的发展历程来看,此时的"将来"还不具备成词的外部条件,因为这一时期汉语词汇系统的成员仍以单音节词为主。(太田辰夫,2003;志村良治,1995、2005)

2.2.1.2 "将来"的指称化和名词"将来"的产生

指称化用法在古汉语中是十分常见的,并且对汉语词汇系统的发展有着巨大影响。(姚振武,1996)具体到"将来"的词汇化历程,指称化的作用主要体现在两个方面:从句法性质上把"将来"从动词性成分变成了名词性成分;从语义上为"将来"的词汇化创造了基础性的条件。

前文说过,《楚辞》和《法言》中的"将来"应看作是短语"将来"的指称化用法而不是名词。但是到了东汉时期,"将来"确有成词的倾向。下面是选自《汉书》例句:

(10)方将俟元符,以禅梁甫之基,增泰山之高,延光于<u>将来</u>,比荣乎往号……(《汉书·扬雄传》)

(11)奈何距以来厌之辞,疏以无日之期,消往昔之恩,开<u>将来</u>之隙!(《汉书·匈奴传》)

例(10)中"将来"与"往号"(张晏曰:往号,三五也。善曰:李轨《法言注》曰:五帝三王,延光今不绝也)对举,句法上分别做介词"于"和"乎"的宾语,语义上形成"未来"和"过去"的对立;例(11)中"将来"与"往昔"对举,句法上分别做"隙"和"恩"的定语(且带有"之"

字标记），语义上也形成"过去"和"未来"的对立。如果说"往号"和"往昔"代表的是"过去的时间"，那么，"将来"所表达的就是"未来的时间"。而这一意义显然不是短语"将来"所固有的，所以说，此时的"将来"在语义上已经具有了独立性（与转指意义的依赖性形成对比）。

这样，无论从句法功能还是从语义特征上来看，"将来"都可以看作是一个表达时间概念的名词了。当然，名词"将来"产生后，作为短语的"将来"也仍旧是存在的。下面两例是出自《三国志》裴注：

（12）孙氏因扰攘之际，得奋其纵横之志……安可不防微于未兆，虑难于将来？

（13）明者防祸于未萌，智者图患于将来……

例句中"将来"分别与"未兆"和"未萌"对举，句法功能相同——同做介词"于"的宾语，语义上相近。由于"未兆"和"未萌"只能确定为动词性短语，因此，"将来"也应视作短语。但从检索到的语料来看，魏晋时期"将来"已经主要是用作名词了。（见下文）

2.2.2 古汉语中作为名词的"将来"

2.2.2.1 名词"将来"的句法功能和语义特征

魏晋南北朝时期，"将来"主要出现在《三国志》《三国志裴注》《宋书》《魏书》等史书和《弘明集》《百喻经》等翻译佛经中，《抱朴子》中有大量用例，《全晋文》等文集和口语色彩较强的《搜神记》《世说新语》等作品中也有所体现。

在上述文献中，作为名词的"将来"，其句法功能主要体现在三个方面——做宾语、定语和主语，而且随语体的不同，句法功能上也体现出一定程度的差异。先来看"将来"做宾语的例子：

（14）愍其耄勤好道，而不蒙荣宠……以慰既往，以劝将来。（《三国志·魏书》卷十一）

（15）晋之垂棘……价越万金，贵重都城，有称畴昔，流声将来。（《三国志·魏书》卷十三裴注）（《孔子家语》卷二有"流声后裔"的说法）

（16）虚己以尽下情，推功以劝将来。（《抱朴子·外篇》卷五）

（17）岂况古之真人，宁当虚造空文，以必不可得之事，诳误将来，何所索乎！（《抱朴子·内篇》卷三）

（18）左右皆言义隆贼心未已，不杀玄伯，无以制将来。（《魏书》卷四十八）

（19）……统罔极，垂将来。（《宋书》卷二十二）

上面例（14）—（19）中的"将来"绝大多数是"后世之人"的意思，个别的也可以理解为时间概念——"后世"，即"未来的时间"。从这个角度来看，"将来"似乎仍旧是转指用法。但是，此时的"将来"不仅常常出现在宾语位置上，而且大量地充当定语，尤其是它表达时间的时候。如：

（20）览往事之成败，察将来之吉凶……（《三国志·魏书》卷二十七）

（21）盖一代之奇观，将来之异闻，而以不解之故，强谓之伪，不亦诬乎！（《三国志·吴书》卷一裴注）

（22）夫神兆未然，不追往事，此盖将来之休征，当今之怪异也。（《宋书》卷二十七）

（23）交缺当世之礼，而求将来之益。（《魏书》卷五十三）

这些例句，一方面句中有表达时间概念的词语和"将来"对举，另一方面定语标记"之"的存在表明了其句法功能。这种用法的"将来"就只能理解为表达时间概念的名词了。下面是没有定语标记"之"的用例：

（24）将来君子，幸以高明求其义焉。（《三国志·魏书》卷二十九裴注）

（25）将来君子，宜深鉴兹矣。（《抱朴子·外篇》卷七）

（26）将来诸贤，令知同异，得更采访。（《全晋文》卷一百五十九）

（27）将来学者，审欲求先圣雅言者，宜详览焉。（《出三藏记集》卷十一）

除了用作宾语、定语之外，这一时期"将来"还偶尔用作主语。如：

（28）……将来未至，过去已灭，已在不住……（《弘明集》卷二）

（29）将来未至，过去已灭，现在不住……（《弘明集》卷三）

例（28）（29）中，"将来""过去""现在"（"已在"）对举，形成三个相互平行的主谓结构，"将来"的名词性质和主语功能显而易见。

2.2.2.2　名词"将来"句法功能的演变和时间词"将来"的产生

随着时间的推移，"将来"的句法功能和语义特征在不断地发展变化。总体而言，"将来"的句法功能经历了由做宾语为主，到做定语占优势，再到大量做状语的演变过程。如魏晋时期"将来"以做宾语为主，在《三国志》《全晋文》中，做宾语（包括介词宾语）的用例明显占优势。下面是《全晋文》的用例：

（30）往事岂复可追，愿思弘将来，令天下寄命有所，自隆中兴之业。（卷三十二）

（31）神鉴将来，思通既往。（卷六十）

（32）苟能每事思忍，则悔吝消于见世，福报显于将来。（卷一百十）

（33）千岁之狐，豫知将来；千岁之狸，变为好女……（卷一百十七）

与《三国志》中的用例一样，这里的"将来"有双重分析（刘丹青，2003）的可能：既可以看作名词，又可以看作是短语"将来"的指称化用法。但是无论作哪种分析，"将来"都是做宾语，这一点是显而易见的。

到了南北朝时期,"将来"做定语的用例逐渐增多并开始占据优势地位,尽管做宾语的用法依然大量存在。这一发展趋势在史书和佛经中均有所体现。如:

(34)今阎圃谏鲁勿王,而太祖追封之,<u>将来</u>之人孰不思顺!(《三国志》裴注)

(35)冀<u>将来</u>之学士,令鉴罪福之不朽。(《出三藏记集》卷七)

(36)<u>将来</u>学者,可不劳而博矣。(《全梁文》卷七十四)

上面的例句中有的带有形式标记"之",有的不带。不带形式标记"之"的"将来"还可以出现在下面的语境中:

(37)<u>将来</u>达者观之,当美于今之视周矣。(《抱朴子·外篇》卷三十一)

例(37)的"将来"事实上也有双重分析的可能:可以继续看作定语,看作全句的状语也能讲得通。这种语境为"将来"句法功能的进一步演变创造了条件。

在《世说新语》中,有下面的例句:

(38)门户殄瘁,何惜一女?若联姻贵族,<u>将来</u>或大益。(《世说新语·贤媛》)

例(38)的"将来",无论是句法功能还是语义特征都与现代汉语的时间词"将来"没有什么差别了。据此可以认为,这种用法的"将来"已经演变成为"时间词"(关于"时间词"的性质见《现代汉语词典》)了。在《宋书》《魏书》《南齐书》和5世纪末的《百喻经》中,检索到了"将来"做状语的大量用例。如:

（39）人或讥之，穆之曰："以公之明，将来会自闻达。"（《宋书》卷四十二）

（40）汝等将来所生，皆我之自出，可指腹为亲。（《魏书》卷三十八）

（41）尚书令王俭谓人曰："徐孝嗣将来必为宰相。"（《南齐书》卷四十四）

（42）本期善果，不知将来反获其殃。（《百喻经》卷上）

例（39）—（42）中的"将来"已经是典型的时间词（时间名词）了。其后，成词后的"将来"主要是做状语。如：

（43）纵使将来眼前死，犹胜抛掷在空栏。（元稹诗）

（44）如前途等待一人，未来时且须耐心等待，将来自有来时候。（《朱子语类》）

（45）须借它做阶梯去寻求，将来自见道理。（同上）

（46）若失其可亲之人而宗之，将来必生悔吝。（同上）

由此可见，现代汉语的时间词"将来"在南北朝时期就已经基本形成，其语义特征和句法功能，至今并没有发生根本性的变化。现代汉语中，"将来"主要用作状语，也可以做主语、宾语（包括介词的宾语），还可以用作定语，但做定语时多有标记"的"（古汉语中用"之"字作为定语标记）。

2.2.3 "将来"的词汇化历程、条件及特点

2.2.3.1 演变历程

通过以上的分析可以看出，"将来"的词汇化演变主要经历了如下两个阶段：首先是由短语变成词，同时由动词性成分变成名词性成分；其次是由

名词变成时间词（这实际上也是语法化的过程）。表现在句法功能上就是，由做谓语为主，到做宾语为主，再到做定语占优势，最后到大量充当状语，并且充当状语成为其主要的句法功能。随着句法功能和语法性质的变化，语义上也同时经历了相应的演变：由最初的"即将或将要来（到）"，到转指"后世之人或后世"（转指义），再演变成"尚未到来的时间"或"现在以后的时间"，由依赖性很强的转指意义演变成具有独立的词汇意义。演变历程如下：

动词性短语"将来"→名词"将来"→时间词"将来"

句法功能上则表现为：

谓语→宾语→定语→状语

当然，句法性质和功能的演变并不是"替代"关系，新功能的出现并不必然导致原有性质和功能的消失，而是新旧功能可以并存一段时间。

2.2.3.2 演变发生的条件

"将来"词汇化的条件主要表现在三个方面：1."将来"词汇化演变的最主要的条件是**指称化**，即"将来"的转指用法（由动词性短语转指名词）；2. 在这个基础上，"将来"在语义上发生了重大变化，这一变化产生的新的语义是"将来"词汇化演变的语义基础；3. 句法环境的改变——位置改变或者与相邻成分之间的结构关系改变（谓语→宾语→定语→状语），这是"将来"词汇化演变的句法条件和最重要的推动力。

2.2.3.3 演变的特点

通过前面对"将来"词汇化演变历程和条件的分析，不难看出其具有的基本特点：1. 通过指称化实现转类，2. 演变过程主要表现为"将来"句法功能的改变。当然，在句法功能的演变过程中必然会伴随着语义特征上的改变。

2.2.4 小结

现代汉语时间词"将来"来源于古汉语中同形的短语"将来";通过**指称化**这一语言运用机制,"将来"实现了从动词性成分到名词性成分的转变,并为其最终演变成词创造了条件;在语言的实际运用中,由于句法位置和功能的不断变化,"将来"最终演变成为现代汉语的时间词。指称化对"将来"的词汇化演变具有至关重要的作用,句法环境的改变则是其词汇化进程的直接推动力。

现代汉语时间词"将来"的转指意义最初与"后来"是完全相同的,但是在以后的发展过程中二者在语义上的差别逐渐显现,到了现代汉语中二者的语义已经完全不同:"将来"的所指是"尚未到来的时间"或"现在以后的时间",与"未来"的概念意义相同;"后来"的所指是"在过去某一时间之后的时间",概念上的意义是"已经过去的时间"。这种概念意义上的对立便是现代汉语中"将来"和"后来"最重要的差别。

2.3 "未来"的词汇化历程及其相关问题

从检索到的语料来看,没有充分证据表明现代汉语时间词"未来"直接来源于古汉语中的动词性短语"未来",但是二者存在密切的联系,尤其是语义方面的联系。因此,为了把"未来"的来源问题搞清楚,还是有必要首先对古汉语中作为短语的"未来"进行考察。

2.3.1 古汉语中作为短语的"未来"

同样是作为短语,"未来""后来"和"将来"各自有着鲜明的个性特征。从构成成分上来看,"后"和"将"都是表达时间概念的副词;而"未"却既是时态副词,又是否定副词。对于"后"字,《古汉语虚词通释》(何乐士等,1985)认为,"后"是个副词,"多用在谓语前,意义和'先'相对,表示事情发生在后来"。对于"将"字,杨伯峻(1981)认为"'将'做副词,表示'即将'";李佐丰(2004)认为"将"是时态副词,"主要表示将要发生"。而对于"未"字,杨伯峻(1981)认为"'未'字一般做否定副词,有'没有''不曾'和'不'二种用法"。《古汉语虚词通释》明确指出,"未"是个副词,"用在动词前,起修饰作用,否定动作行为已经发生"。或者,"用在动词或形容词之前,表示'不'的意思"。李佐丰(2004)则认为,"未"是个时态副词兼属否定副词,"它主要是对一定时间内的存现、行为、变化等表示一种持续性的否定",作为否定副词,"'未'否定事实或认识时,其中明显地包含有时间性"。通过对以上各家的观点进行比较和分析可以看出,"未来"与"后来"和"将来"相比,最大的不同就在于其构成成分之一"未"在古汉语中是个否定副词,同时也可以表达时间义。

2.3.1.1 古汉语中"未来"的句法功能和语义特征

作为动词性短语,古汉语中"未来"的主要句法功能是做谓语,语义上主要表达"没有或不曾来"或者"尚未到达或归来",具体表达哪种意义取决于"来"在不同语境中的不同语义特征。如:

(1)望美人兮未来,临风怳兮浩歌。(《楚辞·九歌·少司命》)(王逸《楚辞章句》曰:"美人,谓司命。怳,失意貌。言己思望司命,而未肯来。临疾风而大歌,冀神闻之而来至也。")

(2)虽魋未来,得左师,吾与之田,若何?(《左传·哀公十四年》)

(3)荆轲有所待,欲与俱;其人居远未来,而为治行。(《史记·刺客列传》)

(4)楚王使人绝齐。使者未来,又重绝之。(《战国策》卷四)(注[十二]:"来,犹还也。")

例(1)中的"未来"是"不曾来"的意思,例(2)是个假设句,"未来"是"没有来"的意思,两例都可以看作是已然事态;例(3)中"未来"是"尚未到达"的意思,例(4)中是"尚未归来"的意思,两例都是未然事态。随着"来"在不同语境中语义特征的变化,"未"的作用也分别表现为否定动作本身的发生和否定动作结果的实现。

前两例中,"未"通过否定动作结果的实现而否定了动作的发生,相当于现代汉语中的"没有"或"不曾";后两例中,"未"却只是否定了动作结果的实现,而没有否定动作已经发生,而且不排除动作结果将来有实现的可能。李佐丰(2004)指出,"'未'是个常用副词,它主要……表示一种持续性的否定,有时还预示着未来有出现的可能"。这意味着"未"在对"来"进行否定的时候"包含有时间性",而且这种时间性是与"以后的时间"相联系的。如果短语"未来"所包含的这种时间性在某种具体语境中得到凸显和强化,那么"未来"就有可能被解读为表达时间概念的词语。当然,它作为动词性短语的用法也依然可以继续存在。事实上,直到清代"未来"作为动词性短语的用法还很常见。

除了用作谓语,古汉语中的"未来"还可以做定语和介词(于)的宾语。

(5)天地之性,自有格法,六甲五行四时节度,可以占覆未来之事,作救衰乱,防未然之事。(《太平经》辛部)
(6)见颜渊之来,乃知不死;未来之时,谓以为死。
(《论衡校释》卷二十六)
(7)明哲消祸于未来,知士闻利则虑害。(《抱朴子·外篇》卷三十六)
(8)一则企福于未来,献功于当日者,属之祝。(《文心雕龙义证》卷二)

"未来"做定语和宾语的用法并不多见,从例(5)(6)来看,做定语时"未来"仍然是短语。例(7)(8)中,"未来"做介词"于"的宾语。做宾语本来是体词性句法单位的基本功能,但是由于介词"于"的宾语并不局限于具体功能和语义类别,所以难以据此确定"未来"的句法性质。不过,从例

(8)中"未来"与"当日"对举这一点来看,"未来"分析为时间词也未尝不可。因为在《文心雕龙》的时代,"未来"可能已经是个表达时间概念的名词了。

2.3.1.2 佛经的盛行与名词"未来"的产生

东汉以后,佛教在我国中原地区逐渐盛行,佛经也随之广泛传播开来。佛教有"三世""三明"的说法,其中"三世"就是指"过去世""现在世""未来世",也可以简称作"过去""现在""未来"。如《颜氏家训集解》卷五注释,续家训曰:"三世之说,如楚英、梁武,不脱祸败,则云过去世中,缘业所招,见在世中善恶,须至未来世中偿报。若是则斋薰祭祀,上觊将来之福,与夫应若影响,所求如愿,闻音解脱,抑又乖戾。"赵曦明曰:"三世,过去、未来、现在也。"《文心雕龙》卷二注释:"释氏说过去见在未来为三世。"在魏晋南北朝时期的各种翻译佛经中,"未来世"或"未来之世"(二者所指相同)的出现频率特别高。根据从北京大学语料库检索到的语料进行粗略统计,仅六朝翻译佛经中"未来世"或"未来之世"就出现了50多次。略举数例:

> (9)如多罗树,明了断除诸根栽已;于未来世,证得无生无灭之法。(东晋译经《佛说大乘稻秆经》)
>
> (10)我今为汝广说众譬,亦令未来世一切凡夫,欲修净业者,得生西方极乐国土。(刘宋译经《佛说观无量寿佛经》)
>
> (11)未来之世或有菩萨未为阿耨多罗三藐三菩提行菩萨道。
> (北凉译经《大悲莲华经》)
>
> (12)观诸生灭颇有一法,从于今世至未来世大王!
> (北魏译经《佛说大方等修多罗王经》)

有些用例中虽只是以"未来"的形式出现,但是根据其所出现的语境来看,明显是表达"未来世"之意。如:

（13）此三种业，乃是过去未来现在，三世诸佛净业正因。（刘宋译经《佛说观无量寿佛经》）

（14）何故经中但说过去未来二世有无量佛，不说现在无量佛耶。（北凉译经《优婆塞戒经》卷一）

除翻译佛经之外，这一时期的原著佛经、佛语录、佛经故事等作品中，也存在大量表示"未来世"的"未来"和"未来世"用例。如：

（15）如是佛法可得久住，未来世人可得受行。（《出三藏记集》卷一）

（16）《大集经》佛记未来世当有此等律出世，与今事相应，立名不异也。（《释藏迹》三，见《全梁文》卷七十一）

（17）彼诸外道前知未来，后知过去，中知身心，身心不净，故不免生死。（佛语录《宝藏论》）

（18）外道等执于常见，便谓过去、未来、现在唯是一识，无有迁谢。（小说《百喻经》）

上述例（9）—（18）中，无论是以"未来"的形式还是以"未来世"或"未来之世"的形式出现，都毫无例外地表达一个专门的概念——佛教的"未来世"。这种表义上的"专门化"和唯一性是"未来"被重新分析为词的关键因素，为"未来"实现从短语到词的转化奠定了坚实的语义基础。事实上，从句法功能和语义特征上来看，例（17）（18）中的"未来"已经是典型的名词了。

2.3.2 古汉语中作为名词的"未来"

从上一节的分析中来看，"未来"在佛经、佛语录等作品中已经可以看作典型的名词。可是，作为宗教教义的佛经毕竟与世俗语言还是有所不同的，如果"未来"只用于佛经或相关作品中，充其量也只能算是个"佛教专用语",还不能视为一般意义上的名词。因此,"未来"词汇化历程的最终完成还要经历一个"从宗教到世俗"的转变——广泛运用于佛教教义之外的世俗作品中。要实现这一转变,必须借助于佛教的广泛流行和对世俗文献的强大影响,而从南北朝到唐朝前期,恰恰就是历史上佛教最为盛行的时期;因此,从南北朝开始,"未来"便借助于佛教的盛行而渗透到世俗文献作品中。当然,在佛经中"未来"仍继续大量运用。

2.3.2.1 名词"未来"的语义特征和句法功能

在广泛应用于世俗文献作品之后,"未来"除了表示佛教的"未来世"之外,还可以表示"现在以后的时间"。这一语义特征正是"未来"演变为现代汉语时间词的语义基础。请看例句:

(19) 骨法则止知见定之形,骨气则可见未来之事,是知能辨骨气者玄于法也。(《月波洞中记》卷上)

(20) 不论过去之因缘,讵辩未来之果报。(《全后魏文》卷五十一)

(21) 大士天眼所照,预睹未来,摩掌之明,凤鉴时祸……(《全陈文》卷十一)

(22) 今之积德,利在方将,盗跖长年,酬于往善,今之肆恶,衰在未来。(《全后周文》卷二十三)

从上面的例句可以看出,"未来"可以做定语(例[19][20]),也可以做宾语(例[21][22])。这两种功能和用法与现代汉语时间词"未来"是完全一样的。此外,"未来"还可以做主语和状语。如:

(23) 既过已灭,未来无象。(《全梁文》卷三十)

(24) 故鹅杀于人,犹虫死于燕,鹅虫见世受,人燕未来报,报由三业,业有迟疾。(《全宋文》卷二十二)

正是这种功能上的丰富性及其发展演变,致使"未来"最终演变成为典型的时间词（时间名词）。

2.3.2.2 名词"未来"句法功能的演变和时间词"未来"的产生

从上面的分析中可以看到，作为名词的"未来"其句法功能十分丰富，可以做定语、宾语、主语，甚至状语等多种句法成分。但是，"未来"充当这几种句法功能的频率是不一样的，而且在出现时间上也有早有晚。最初，无论是佛经还是世俗作品中，"未来"都主要是用作名词，充当宾语、定语，偶尔充当主语，很少充当状语。如：

（25）若无过去未来，则非通理，经法所不许。(《广弘明集》卷二十一)

（26）遍虚空，满法界，穷过去，尽未来，无量名识，一切种类，平等大舍。(《广宏明集》卷二十八下)

（27）凡其经旨，大抵言生生之类，皆因行业而起，有过去、当今、未来，历三世，识神常不灭。(《魏书》卷一百一十四)

（28）生有无穷之明，过去、现在、未来众事，其智无碍。
(《六度集经》卷四)

（29）南摸一切佛，过去、未来、现在佛，如诸法明。(《出三藏记集》卷八)

充当主语和状语的例子如例（23）（24）。有时候"未来"究竟是做主语还是做状语，并不容易识别，如下两例：

（30）法今欲灭，未来众生甚可怜愍，失智慧眼，愚痴盲冥。
(《出三藏记集》卷一)

（31）我先世不作，今世贫苦，今若不作，未来转剧。(《杂宝藏经》)

在唐诗中，检索到了"未来"用作主语和定语的用例：

（32）今生过去种，未来今日修。(寒山诗)

（33）语你愚痴人，急修未来道。(王梵志诗)

但是，在下面的诗句中，难以确定"未来"做主语还是做状语：

（34）今世受苦恼，<u>未来</u>当富贵。（王梵志诗）

类似的例子也见于五代的《敦煌变文集新书》：

（35）现世且登天子位，<u>未来</u>定作法中王。（《敦煌变文集新书》卷二）

可见，"未来"做双重分析的用例还是比较多的。此外，也检索到了"未来"明显可看作宾语和主语的用例：

（36）若言过去，过去已灭；若言<u>未来</u>，<u>未来</u>未至；若言现在，现在不住。（《敦煌变文集新书》卷二）

综合考虑"未来"的上述各种句法功能，我们认为此时的"未来"应该定性为时间词。因为从上述例句中那些不能确定是主语或状语或者可做"双重分析"的用例——例（30）（31）（34）（35）来看，时间词分析为主语或状语都可行，但是名词分析为状语就不是很常见了，更不用说时间词本身就具有名词的部分属性。也正是句法功能上的这种不确定性，使得"未来"在后世很少用作状语，到了现代汉语中，作为时间词的"未来"已经不再用作状语了。如《现代汉语词典》把"未来"标记为属性词（例如：未来二十四小时内将有暴雨）和时间词（例如：展望未来）。

2.3.3 "未来"词汇化演变历程及特点
2.3.3.1 "未来"词汇化演变的历程

从以上分析中可以看出，"未来"的词汇化演变主要经历了两个阶段：由短语转变成词，由佛教"专用语"转变成世俗通用语。当然，这只是就其演变的整体过程而言，在实际演变历程中这两个阶段其实很难截然分开。

"未来"的词汇化演变历程与"后来"和"将来"不尽相同，它不是借助于指称化来实现从短语到词、从动词性到名词性的转变，而是受到佛经的巨大影响，通过类似于"同形替代"的方式完成了词汇化。之所以说"同形替代"，而不说是同形短语演化成词，原因有二，其一，佛经中用于表达"未来世"的"未来"，其语义上具有很强的"专门化"和唯一性特征，意思是"来生，来世"，这与上古汉语中作为短语的"未来"语义差别很大，看不出二者之间有明显的继承关系，从这一点来看，"未来"从短语到词的演变更像是突变；其二，尽管是由于在佛教中广泛应用才使得"未来"作为词的地位得到了巩固，但是"未来"随着佛教对世俗文献的渗入而"回归"世俗后，与短语"未来"在语义上继承关系似乎又紧密了许多，而作为佛教专用语的"未来"似乎只是起了把"未来"从短语变成词的作用，与已经成词的"未来"在语义上的联系看上去倒不是很密切。

但是，上古汉语中作为短语的"未来"、佛经中表示"未来世"的"未来"及后来的时间词"未来"，在语义上的继承关系还是很明显的。从这个角度来看，"未来"词汇化演变的起点仍旧是同形短语。

2.3.3.2 "未来"词汇化演变的特点

首先，"未来"词汇化演变的最突出特点就是受佛经影响很大。同样是由短语演变而来的时间词，"后来"和"将来"都是通过指称化而实现了从短语到词的转变，而"未来"却是借助于佛经中具有特定含义的同形单位来实现了这一转变，而且这一转变是个突变而非渐进过程。也可以看作是一种专名泛化，有佛经专用语"未来"到普通词"未来"。

其次，"未来"的词汇化演变过程主要表现为语义的改变，成词以后句法功能的变化不大。"未来"在佛经中就可以做宾语、定语和主语等各种句法成分，演变为时间词以后句法功能基本未发生变化，虽存在极少数可以分析为状语的用例，但其中的用法并没有保存下来。

2.3.4 小结

现代汉语时间词"未来"的来源同样是古汉语中的同形短语"未来",它的词汇化演变也同样包括两个阶段:由短语到词的阶段和功能不断演变的阶段。它通过"同形替代"实现了从短语到词的转变,在以后的运用中由于句法位置和功能的不断变化,逐渐演变成时间词。

现代汉语中,"未来"所表达的时间概念与"将来"基本上是重合的;但是在句法功能上却基本是互补的:"未来"不再用作状语,而"将来"却主要用作状语。这应该是两个语义相同的形式在功能上进行竞争和分工的结果,也符合语言的经济性要求。

2.4 本章小结

2.4.1 "后来"类双音词演变过程的共性与个性

从词汇化的类型上来看,"后来""将来"和"未来"都属于"从短语演变而来的"(董秀芳,2002)双音词,它们的来源都是上古汉语中的同形短语。从演化历程来看,它们都是先变成表达时间概念的名词,然后再演化成时间词;都经历了从短语变成词,然后进入功能继续演变的阶段。从演变特征来看,它们都是在实现从短语转变成词的过程中同时实现了语法性质上从动词性到名词性的转变。从成词的时间来看,它们都最初成词于魏晋南北朝时期,大约到唐代以后基本演化成时间词。

但它们的词汇化又各有其鲜明的个性特征。首先,是构成方式上的差别:"后来""将来"和"未来"中的前一成分"后""将""未",在语义上是各不相同的,因此演变路径也必然存在个性差异。其次,是演变历程的差异:"后来"和"将来"都是通过古汉语中较为常见的语言表达手段——**指称化**来实现从短语到词的转变的,而"未来"却因受到佛经的巨大影响而选择了另外的方式——专名泛化。最后，从演变的结果来看，"将来"和"后来"都演变成了典型的时间词，而"未来"则不具备典型的时间词特征。

2.4.2 "后来"类双音词在现代汉语中语义和功能上的互补与对立

先看语义特征。下面是《现代汉语词典》对"将来""后来"和"未来"的相关解释：

> 将来：现在以后的时间（区别于"过去、现在"）
> 后来：指在过去某一时间之后的时间
> 未来：现在以后的时间

从上面的解释不难看出，"将来"和"未来"在概念意义上是重合的，它们在语义上属于"未来范畴"；而"后来"则属于"过去范畴"，"只指过去"，与"将来"和"未来"在概念意义上形成对立；而从三者共同表达了"过去"和"未来"这两个范畴来看，它们在语义上又是互补的。

再看功能差别。通过对北京大学语料库实例的分析，我们认为"后来"和"将来"的主要句法功能是做状语，而"未来"一般不做状语，这是它们作为个体成员在功能上相互对立的表现。可是，着眼于整个时间词系统来分析，这也是一种功能上的互补。这三个时间词都可以做定语，但这一般要求有定语标记"的"，这是它们功能上的交叉；此外，"未来"可以用充当主语或宾语，这是不同于一般时间词的一个较为明显的功能特征。

可见，现代汉语中"将来""后来"和"未来"这三个表达时间概念的词语，在语义和功能上既存在互补和对立，又存在一定的交叉，相互制约，相互联系，共同满足语言表达的需要。

第三章
"近来"类"X来"式双音词词汇化及语法化

"近来"类"X来"式双音词成员比较多,包括"近来""向来""素来""本来""原(元)来""历来""古来""年来""日来""夜来""生来"等;还有"今来""昔来""秋来""朝来""晚来""晓来""方来""当来""昨来""少来""比来""顷来""迩来""尔来""适来""方来""甫来"等在现代汉语中基本不常用的"X来"。这些"X来"大多初见于中古时期或更晚的时候,有的还有同形短语形式("近来""向来""夜来"等);它们在构成方式上都属于"词根+词缀"式,即把这里的"来"看作"时间词后缀"(董秀芳,2002);与现代汉语相对照来看,这些"X来"在功能上基本没发生什么变化,但语义上有所引申,结构上则完全不同;由于这类双音词是基于"构词"而产生,因此,下面将重点考察它们的产生条件和过程。

上述"X来"中,"年来""日来"和"夜来"在现代汉语普通话中并不常用,但从历时角度来看,它们曾在中古汉语中出现过,而且《现代汉语词典》也收录了,考虑到研究对象的系统性,也将其列为考察对象。

通过对历时文献语料的分析考察,发现"近来"类时间词尽管内部变项成分"X"的性质和成词的年代有差异,但在产生之初都是统一的"词根+词缀"派生式结构,且都经历了"进一步词汇化"(董秀芳,2002)的相似演变过程,因而可以统一地将它们纳到同一个框架中描述解释。

3.1 "近来"类双音词的产生条件

据观察,"近来"类双音词不属于董秀芳(2002)所列举的三种词汇化类别中的任何一个类别，而是被列入了"双音词的语义和功能的演变"一章中讨论。董秀芳（2002）只是列举性地给出了两个例子——"近来"和"向来"，并对它们词义和内部结构的演变过程进行了简要的分析。在进行这一分析的过程中，董秀芳（2002）把此处的"来"看作"时间词后缀"。我们赞同董秀芳（2002）的观点，并认为"来"成为时间词后缀是"近来"类双音词产生的最重要的条件之一，其他条件还有双音化趋势的推动作用以及其他类别"X来"的类推作用、X与后缀"来"的协调作用等。

3.1.1 "来"成为时间词后缀

"来"成为时间词后缀的主要标志体现在如下两个方面：句法上，位置的固定和组合能力的增强；语义上，表义的专门化和语义赋值的"强制性"，也就是说，作为时间词后缀的"来"表达专门的时间意义并且能够把该语义"强加"给予其组合的成分。

根据《汉语大词典》的注释，"来"可以"用作词尾，表示一段时间。相当于'的时候'"。江蓝生和曹广顺编著的《唐五代语言词典》中也指出，"来"是"名词词尾，放在表时间的名词或形容词之后，构成表时间的名词"。同时，又指出"来，常与时间词结合使用"（"夕来"条），"来，多用在时间词后做词缀"（"晓来"条）。志村良治（1984）把"来"看作副词词尾并举出了大量的用例，其中绝大多数出自六朝和唐代的诗歌。综合以上各家的观点可以把"来"看作**时间词后缀**，并把它的意义确定为"**……的期间或时候**"。下面结合文献资料中"X来"的实际运用情况，列举出部分与本文的研究对象直接相关的用例。如：

（1）事本来台郎统之，令史不行知也。（《全三国文》卷二）
（2）及至都，复曰："近来人情何如？"（《晋书》卷四十九）
（3）大内皇墙使诸门，素来未得严谨，将令整肃，须示条章。（《旧五代史》卷四）

（4）上人当是逆风家，<u>向来</u>何以都不言？（《世说新语·方正》）

（5）<u>元来</u>不见，他自寻常；无事相逢，却交烦恼。（《游仙窟》）

（6）<u>古来</u>君子皆谓周公忠圣，岂不谬哉！（《晋书》卷一百二十四）

（7）黑发<u>年来</u>尽，沧江归去迟。（姚合诗）

（8）爵禄不及门，门外惟有吏，<u>日来</u>征租更索钱。（韩愈诗）

（9）……遣人告澄云："<u>夜来</u>不知大将军何所在。"（《晋书》卷九十五）

（10）<u>生来</u>始周岁，学坐未能言。（白居易诗）

以上所举"X来"，多早在六朝和隋唐时期就已经出现，而至今活跃在现代汉语中。此外，还有一些在魏晋南北朝和隋唐时期曾经出现甚至非常活跃，但是在现代汉语普通话中已基本不常用的用例。摘抄如下：

比来、迩来、尔来、今来、旧来、前来、顷来、适来、夕来、先来、小来、晓来、早来、朝来、昨来、坐来（摘自《唐五代语言词典》）

别来、老来、乱来、晚来等（据《中国中世语法史研究》整理的、与上列不同的部分，该书中所列举的用例有些明显不符合"表达时间概念"的要求，未采用）

以上用例同时参照《东汉魏晋南北朝史书词语笺释》和《汉语大词典》，并结合古人对文献资料的注解来确定语义。

3.1.1.1 "来"成为时间词后缀的句法表现

通过上文所列举用例，可以得知以下两点：1. 魏晋南北朝和隋唐时期，"来"作为时间性词缀在实际语言运用中的组合能力非常强——不仅与专门表达时间概念的词语能组合，而且与那些本来不表达时间概念的词语也能够组合，并在组合后同样表达时间概念；2. 作为词缀，"来"的位置已经十分固定——总是出现在后一位置。

以上所举用例只是从静态角度着眼进行的粗略统计，如果考虑到有些词语，例如"本来""近来""向来""古来""夜来"以及"比来""迩来""老来""晚来""晓来"等的使用频率，那么由"来"与其他成分组合而形成的表达时间概念的双音词的词汇地位就更加重要。这也是"来"作为时间词后缀组合能力强的一个有力证明。

3.1.1.2 "来"成为时间词后缀的语义表现

根据前人的研究和对相关文献及注释的考察，作为时间词后缀的"来"，其基本意义是"**……的期间或时候**"，表达的是一个相对短暂的时段。尽管由于组合成分和出现语境的不同，"来"可以有不同的具体解读，但其基本意义始终不变，"来"的这种语义特征在它与一些表达时间概念的名词和形容词组合时表现得尤为明显。

首先看上文提到的例（9），这个句子省略了主语，"夜来"在句子中充当的是状语，可以肯定是一个时间词。《东汉魏晋南北朝史书词语笺释》对"夜来"的解释是"入夜，晚上"，《唐五代语言词典》对"夜来"的解释为"昨夜；夜里"。综合上述解释并结合上下文语境，这里的"夜来"就是"夜里，夜间"的意思，即"**（属于）'夜'的期间或时候**"。又如：

（11）夜来双月满，曙后一星孤。（崔曙诗）

（12）蒋玄晖夜既弑逆，诘旦宣言于外曰："夜来帝与昭仪博戏，帝醉，为昭仪所害。"（《旧唐书》卷二十下）

现代汉语某些地区方言，如在山东临沂方言中，依然用"夜来"表达"夜里，夜间"的概念。另外，我们发现所有类似"夜"的表达时间概念的其他词语与"来"组合后形成的"X来"，都可做同样的解读。如"早来""晚来""朝来""夕来""晓来"等。由于这些词语在现代汉语普通话中已基本不再使用，下文仅各举一例供参考。如：

（13）北风昨夜雨，江上早来凉。（韦迢诗）

（14）<u>晚来</u>江门失大木，猛风中夜吹白屋。（杜甫诗）

（15）<u>朝来</u>父老皆欲祈雨，吾已求之于帝，明日日中，大雨。（《搜神记》）

（16）<u>夕来</u>秋兴满，回首意何如。（李白诗）

（17）山云昨夜雨，溪水<u>晓来</u>深。（郎士元诗）

再回头看一下上文例（6）中"古来"的用法。根据《现代汉语词典》的解释，"古来"为副词，是"自古以来"的意思。在例（6）中，"古来"似乎也可以理解成"自古以来"的意思，但是，把"古来"解读为"在古代"或"古时候"也完全讲得通。同样可做双重分析的还有下面这个例句：

（18）<u>古来</u>太子，未尝偏征也，故从曰抚军，守曰监国。（《三国志》裴注）

那么，上述例（6）和例（18）中的"古来"究竟该做何种解读呢？我们认为应该做后一种解读，理由如下：其一，从语义上来看，两种解读看似难分高下；其二，从语言发展演变的角度来看，中古时期作为时间词后缀的"来"大量地与表达时间概念的词语相结合，构成表达时间概念的"词根＋词缀"式合成词"X来"，"古"作为使用频率较高的时间词，与"来"组合成"X来"式时间词是完全合乎逻辑的；其三，从构词法角度来看，目前尚未找到令人信服的理论来证明"古来"和"自古以来"之间有什么相互演化关系。鉴于上述理由，我们认为上述两例中的"古来"仍是"古时候"的意思，其内部形式为"词根＋词缀"式。

为了进一步确立上述观点，这里引入与"古来"关系密切的另一个时间词"今来"。尽管"今来"在现代汉语普通话中已不再使用，但是在中古时期尤其是唐五代时期却十分活跃。众所周知，无论古代汉语还是现代汉语中，"古"与"今"都是一对在概念上相互对待且使用频率极高的时间词，"古来"和"今来"的关系也一样。据《唐五代语言词典》，"今来"是"现在，而今"的意思。如：

（19）昔者谁能比？今来事不同。（韩愈诗）

（20）念昔别时小，未知疏与亲。今来识离恨，掩泪方殷勤。（卢象诗）

　　由于"今"是一个相对概念，它的具体所指随着时间的推移而不断变化，而"古"作为一个与"今"相互对待的概念，它的具体所指又是以"今"为参照点的。所以，"古"所指称的时间范围会因"今"的具体所指的不同而不断变化。从理论上来讲，"今"以前的所有时间范围都可以称之为"古"。而"古来"与"古"的区别除了形式上的不同以外，最重要的一点就是"古来"具有更强的指称性。也就是说，与"古"相比，"古来"更能明确地指称时间概念。因此，当需要对时间概念进行强调而词汇系统又恰恰能够提供"古来"这一形式时，语言便自动选择了它。"古来"的所指就是"（属于）'古'的期间或时候"，这一点是毫无疑义的，可是由于它所指称的时间范围理论上可以是"今"以前的所有时间，所以，在特定的历史条件下，它与"自古以来"的指称范围是重合的。这就是"古来"发展成现代汉语中"自古以来"之义的语义基础，也是把"古来"理解为"自古以来"更符合语感的根本原因。

　　再来看下面的例句：

（21）古来圣贤皆寂寞，惟有饮者留其名。（李白诗）

这个例句中的"古来"就是"（属于）'古'的期间或时候"的意思，也就是所谓"古时候"，只不过由于"古时候"可以是"今"以前的所有时间范围，因此极易解读为"自古以来"。事实上无论哪种解释，语义范围或概念的所指都是一样的，但是在上述两种解读中的"古来"的性质却大不一样。我们从语言发展的系统性出发，取前一解读。更具启发性的是下面这个例句：

（22）师云："古来众生日用而不知，如今内侍亦日用而不知。"（《祖唐集》卷十）

例（22）中的"如今"当时也可以说成"今来"，只是那样就和"古来"在形式上重复了。"古来"和"如今"对举，根据上下文很容易看出，"古来"是"古时候"的意思。

以上以"夜来"和"古来"为例，对"X来"中"来"的语义特征进行了分析和论证。其他类似的"X来"也可做同样的分析，比如前面提到的"早来""晚来""朝来""夕来""晓来"等；"年来"和"日来"由于"年"和"日"自身的语义与上述"X来"中的"X"略微不同（不表示一天中的某一具体时段，而是自身成为一个相对独立的时间单位），因而在语义上也稍有差异，但本质上都是表达一个特定的时段概念，这个时段与"X"自身的概念意义紧密相关。总之，作为时间后缀的"来"，有着自身专门的意义："……的期间或时候。"这是"来"成为时间词后缀的语义特征之一。

当然，我们也注意到在"本来""近来""素来"和"向来"等"X"为时间副词的双音词中，词缀"来"的意义——"……的期间或时候"，并未明显地体现出来。方一新（1997）甚至说过"来""本身并不表义"。但是，我们认为"来"是表义的，只不过表达的意义很抽象罢了。事实上，"来"不仅表义，而且一些本来并不表达时间概念的词语一旦与"来"组合形成"X来"式合成词，也具有了表达时间概念的功能。这就是前面所说的"来"具有"语义表达的'强制性'"特征，即作为时间词后缀的"来"能把自身所具有的专门意义"强制性"地带到与它组合的成分"X"身上。这一特征在"X"为某些动词或形容词时表现得尤为突出。这里以现代汉语依然常用的"生来"和中古时期比较有代表性的"坐来"为例进行分析，顺便论及保留了中古汉语用法的"别来"和"老来""闲来"等。先看下面这个例句：

（23）岂有<u>生来</u>受职，殁则配之，降尊敌卑，理不然矣。

（《旧唐书》卷二十一）

在这个例句中,"生来"与"殁"对举,显然是"活着的时候"的意思。我们知道,和"古"与"今"的关系一样,"生"和"死"也是一组相互对待的概念。在这个意义上,"生"就是指"拥有生命"这样一种存在状态,"生来"自然可以指"活着的时候",也就是处在"活"这样一种状态的时间范围。又如:

(24)**生来**坐不卧,死去卧不坐。(《全唐诗补编·全唐诗续拾》卷九)

当然,"生来"也可以解读为"自出生以来",有时甚至做此种解读更符合具体的上下文语义。如:

(25)陈朱崖太守袁洪儿,小名夸郎,年二十,**生来**性好书,乐静,别处一院,颇能玄言。(《玄怪录》卷三)

但是,正如上文论证"古来"的双重解读现象时所指出的那样,无论把"生来"理解成"活着的期间或时候",还是理解成"自出生以来",它的概念意义或所指的时间范围是一样的。两种解读的最大区别在于是否有充分的构词法上的理论依据来加以说明。事实上很多用例都是可做"双重分析"的,又如:

(26)**生来**岁未周,奄然却归无。(于鹄诗)

但是,考虑到构词法的依据和时代背景等因素,应该把"生来"看作"词根+词缀"式的合成词。

再看"坐来"。志村良治(1984)把"坐来"解释为"正在坐的当儿,不知不觉地",《唐五代语言词典》的解释则是"①不由自主。②正当。③登时,顷刻"。下面把《唐五代语言词典》部分用例转引如下:

（27）野色浩无主，秋明空旷间。<u>坐来</u>壮胆破，断目不能看。（李贺《送韦仁实兄弟入关》义项①）

（28）沈弟欲行凝弟留，孤飞一雁秦云秋。<u>坐来</u>黄叶落四五，北斗已挂西城楼。（李白《单父东楼秋夜送族弟沈之秦》义项②）

（29）月华星彩<u>坐来</u>收，岳色江声暗结愁。（杜荀鹤《旅舍遇雨》义项③）

以上两家的注释多少带有随文释义的色彩，但无论"坐来"在不同语境中的具体含义究竟是什么，有一点在他们的注释中却体现得十分明确：那就是"坐来"可以表达时间概念。我们赞同这种观点。

此外，现代汉语中偶尔会用到的"别来"（别来无恙）、"老来"（稻怕寒露风，人怕老来穷；老来难）、"闲来"（闲来无事）等，也还带有"来"表达时间概念的影子。这些词语中的"X"本来通常并不具备表达时间概念的功能，可是在与"来"组合后，却完全能够表达时间概念。这里体现出作为时间词后缀的"来"，在语义表达上具有了某种程度的"强制性"，能将自身具有的专门意义类推到非时间词上。

总之，"来"作为时间词后缀，在语义上具有以下两个明显的特征：一、表达专门的意义，"……的期间或时候"；二、语义表达上具有"强制性"。

3.1.2 其他条件

如上所述，"近来"类双音词得以产生的最主要条件是"来"成为时间词后缀。但是，仅有这一个条件并不足以促成"X来"的大量产生，双音化趋势的推动作用和其他类别"X来"的类推影响也发挥了不可小觑的作用。正如在前两章所指出的，早在魏晋南北朝时期"从来""由来"和"将来""后来"等"X来"式双音词就已经演化为时间词了。它们的存在和大量运用对"近来"类双音词的产生不可能没有任何影响。事实上，志村良治（1984）在对"X来"类词语进行考察的时候，就是把本编列出的三个类别放在一起来看待的，只是按最早出现的时间指出哪些成员出现在中古前期，哪些出现在中古后期，并且主要考察了诗歌中的用例。这一方面说明，韵律对"X 来"的产生和运用的确具有促进和制约作用；另一方面也说明，很可能表达时间概念的三个类别的"X 来"——本书的研究对象，在中古时期都可以用作时间词。从这个意义上讲，先于"近来"类成员几百年就存在的其他类别，尤其是"从来"类的"X 来"，对"近来"类双音词的产生发挥"诱导"或类推作用是完全可能的。

3.1.3 "近来"类双音时间词变项"X"的表时性

"近来"类双音词的变项"X"，即"近""本""素""向"和"元/原"等，在相应的"X 来"产生之前都曾单独用作时间副词，且使用频率较高。如：

（30）太史公曰：陈丞相平少时，本好黄帝、老子之术。（《史记·陈丞相世家》）

（31）昔周成建保傅之官，近汉显宗崇宠邓禹，所以优隆隽义，必有尊也。（《三国志》卷四）

（32）楚左尹项伯者，项羽季父也，素善留侯张良。（《史记·项羽本纪》）

（33）向也不怒而今也怒，向也虚而今也实。（《庄子·山木》）

（34）推其所由，似元不解音声；览其旨趣，亦未达礼乐之情也。（嵇康《琴赋》序）

变项"X"的时间性特征为后来和常项"来"的结合提供了必备的功能、语义和句位条件。从演化的历史来看，该时期变项"X"的这些功能在后来出现的双音"X 来"结构中均保留下来，只是出现的年代早晚不一。如：

（35）欧鹤本来好武，听说喜欢不尽，说道："二位老爷子收我作徒弟，我是求之不得。"（《侠女奇缘》下）

（36）仙方所谓日精、更生、周盈皆一菊，而根茎花实异名，其说甚美，而<u>近来</u>服之者略无效，正由不得真菊也。(《道论·抱朴子》)

（37）三年七月，敕：大内皇墙使诸门，<u>素来</u>未得严谨，将令整肃，须示条章。宜令控鹤指挥，应于诸门各添差控鹤官两人。(《册府元龟》)

（38）须臾，和长舆来，问："杨右卫何在？"客曰："<u>向来</u>，不坐而去。"(《世说新语》)

（39）国家兵马<u>元来</u>不入他界，恐王怪无事，妄捉无罪人送入京也。(《佛经·入唐求法巡礼行记》)

例（30）—（34）和例（35）—（39）中，单音节的变项"X"和双音节的"X来"在功能、语义和句位上的对应说明了后者对前者的功能替代，同时也说明"来"作为弱化功能和语义成分的并入性质。因此，可以肯定最迟在六朝时代"来"就已经虚化成词缀性质的成分。

3.2 "近来"类双音词的语义特征和句法功能

3.2.1 "近来"类双音词的结构类型和"X"自身的性质

从上一节的分析可知，"近来"类双音词的内部结构是"词根＋词缀"式，属于派生式合成词。这就是它们产生之初的内部形式，是所有"近来"类成员共有的词法特征，也是归类的依据。此类成员之间的差别主要体现在"X"语义特征的不同上，所以，应该对"X"的语义特征进行具体分析。属于本节研究对象的"近来"类"X来"共有11个（"原来／元来"可视作一个），按照"X"性质的不同可大致分成三个小类，列举如下：

A."X"为时间副词，如"近来""本来""素来""向来"和"原（元）来"（为区别于整个"近来"类，简称"本来"类）

B."X"为表达时间概念的名词,如"古来""年来""日来"和"夜来"(简称"古来"类)

C."X"为其他词语,如"历来"和"生来"(简称"历来"类)

3.2.2 "近来"类双音词的语义特征

"近来"类双音词的语义特征,因"X"自身性质不同而有所变化。但基本上体现在如下两个方面:时间副词自身所表达的意义和"(在或属于X)的期间或时候"。具体说,当"X"为时间副词时,表达的是时间副词自身的语义,如"近来";当"X"为表达时间概念的名词时,"X来"所表达语义在概念范围上与"X"基本一致,不妨也理解为"(在或属于X)的期间或时候",如"夜来";当"X"为其他词语尤其是动词或形容词时,"X来"所表达语义为"(在或属于X)的期间或时候",如"生来"及"别来""坐来"和"老来""闲来"等。前文在对词缀"来"的语义特征进行分析的时候,对此已有较为详细的讨论,因此不再展开论述。下面来考察一下"近来"类双音词产生之初的句法功能特征。

3.2.3 "近来"类双音词的句法功能

跟其他类别的时间词一样,"近来"类双音词的主要句法功能也是充当状语,这在上文的例句中已经充分显示。再如:

(1)广陵徐孟<u>本来</u>临汝南,闻邵高名,请为功曹。(《三国志》裴注)

(2)其说甚美,而<u>近来</u>服之者略无效,正由不得真菊也。
(《抱朴子·内篇》卷十一)

(3)诏曰:"台辖之司,官资并设,左右貂<u>素来</u>相类……"
(《旧五代史》卷一百四十九)

(4) 世宗曰:"广平粗疏,向来又醉,卿之所悉……"(《魏书》卷六十六)

(5) 明妃既策立,元来不称本情,可汗将为情和,每有善言相向。(《敦煌变文集新书》卷五)

(6) 尝谓之曰:"古来太子被废者几人,余儿岂不堪立邪!"(《北史》卷十)

(7) 年来不自得,一望几伤心。(许浑诗)

(8) 日来知自强,风气殊未瘥。(高适诗)

(9) 夜来归来冲虎过,山黑家中已眠卧。(杜甫诗)

(10) 生来未识山人面,不得一听鸟夜啼。(贾岛诗)

但是,该类别有些双音节的"X来"亦可用作定语或其他句法成分,如"本来""近来""素来""向来"等。如:

(11) 兄立身率素,见信明于门宗,年逾耳顺,位极人臣……本来门户,良可惜也!(《晋书》卷八十九)

(12) 闻道近来诸子弟,临池寻已厌家鸡。(《柳宗元集》卷四十二·古今诗)

(13) 徽宗闻之,大喜,自谓与灵噩如旧日素来相识,乃赐名灵素……(《大宋宣和遗事·元集》)

(14) 出向来之太道,反初入之山川。(《全陈文》卷十四)

此外,"本来"在佛经中还可指"人的本来心性"或"物的本性"。如:

(15) ……汝若便言法身既是本来,何用修者,此是起断灭相也。(《敦煌变文集新书》卷二)

(16) 问:"如何是本来者?"师云:"一粒在菜田,不耘苗自秀。"(《祖唐集》卷九)

总体上来说,"近来"类双音词的主要句法功能是做状语,这符合它们作为时间词的功能特征；可是，该类别中有的成员又可以做其他句法成分，这一点又不同于专门做状语的时间副词，有鉴于此，才把"近来"类"X来"也称为时间词而不是时间名词或时间副词。这一方面与前两类"X来"保持了句法性质上的一致性，另一方面也更符合语言历时演变的事实。

3.3 "本来"类的词汇化和功能演化

从结构上看，"近来"类"X来"内部成员是一致的。但是受"X"本身语义和功能的演化以及"X来"结构使用环境等因素的影响，其内部成员出现的年代及词汇化和语法化的程度等均有差异。先看看"本来"类（即"近来、本来、向来、原来/元来、素来"）的词汇化和功能演化。

3.3.1 "近来"的词汇化与功能演化

在现代汉语中，"近来"语义上表达的是"过去不久到现在的一段时间"（《现代汉语词典》第6版）。"近来"最早的用例出现在东汉时期。如：

(1) <u>近来</u>学者，多攻五姓八宅。(《宅经》)

例（1）中的"近来"为名词做定语的用法。到魏晋时期，"近来"的功能变得模糊，句法表现上既像名词又像副词，可将之看作时间词。如：

(2) 自顷复谥者，非大晋旧典必重复谥也，盖是<u>近来</u>儒官相承近意耳。(《全晋文》卷二十一）

(3) <u>近来</u>人情何如？(《晋书》卷四十九）

例（2）（3）中的"近来"既可以看作修饰其后的名词"儒官"和"人情"；

也可以看作是句首修饰成分。到南北朝时期该用法已经广泛，并且功能逐渐明晰，发展出了典型的定语用法。如：

（4）仙方所谓日精、更生、周盈皆一菊，而根茎花实异名，其说甚美，而<u>近来</u>服之者略无效，正由不得真菊也。(《道论·抱朴子》)

（5）<u>近来</u>贵宰，于二品清官进，不假手作书。(《全梁文》卷六十七)

例（4）中的"近来"一般认为还是定语用法，但也可以分析为做句（小句）首的状语用法；例（5）中的"近来"却只能理解为定语。但是，当"近来"用在动词前时，则只能看作状语。如：

（6）七月二十七日，敕：如闻岭南州县<u>近来</u>颇习文儒，自今以后，其岭南五府管内自身有词藻可称者每至选补。(《册府元龟》)

例（6）中的"近来"除了用作状语之外，其语义上有了一些的变化，侧重于表达过去的某一时间（与"近"大体相同），不一定和现在发生联系。

中古以下，"近来"还可以做介词的宾语。如：

（7）南岳本自以两山为名，非从<u>近来</u>也。(《水经注疏》)

（8）直到<u>近来</u>，把这件事越重了。(《初刻拍案惊奇》下)

到了清代，"近来"和现代汉语的用法基本上一致，但功能上依旧有一些区别。如：

（9）<u>近来</u>这几年，更是不得了，有人同他屈指算过，足足七年没有差事了。(《二十年目睹之怪现状》上)

（10）<u>近来</u>年岁不很好，只怕值不到那个价了呢。(同上)

例（9）（10）中的"近来"，同现代汉语中的"最近"。由此说明，直到清代，"近来"功能的收缩过程依旧没有完成。

3.3.2 "本来"的词汇化与功能演化

"本来"兼有形容词和副词的用法(《现代汉语词典》第6版)。但是,从检索到的语料来看,该词在历史上还有名词的用法,朱新军、舒莹莹(2007)认为该用法产生于六朝时期。据对北京大学语料库的检索来看,"本来"最早为副词用法,用例出现在三国时期,承接了该时期"本"的主要功能,在句中基本上充当状语。如:

(11)事<u>本来</u>台郎统之,令史不行知也。(《全三国文》卷二)

(12)广陵徐孟<u>本来</u>临汝南,闻邵高名,请为功曹。(《三国志》裴注)

做状语是"本来"的基本用法,出现得最早并一直延续到现代汉语中。到南北朝时期,受大量翻译佛经作品的影响,"本来"产生了"本来面目""本性"和"初元状态"等佛学中的禅义,从而在功能上也发生了分化,出现名词用法。如:

(13)要之上首,<u>本来</u>不然,毕竟空寂。(《全梁文》)

(14)又谙:真实<u>本来</u>,无相正应以此轨物。(同上)

例(13)还可以做双重分析,但看作名词应更加合理;例(14)则只能看作名词了。

到了唐代,"本来"大量用作名词,在句中充当定语或中心语。如:

(15)令自修状<u>本来</u>者,俯惭蓬迹,仰听兰言,喜而身轻欲飞,兢惶而心战难遏。(《唐文拾遗》)

(16)问,欲见和尚<u>本来</u>师,如何得见。
(《佛语录·筠州洞山悟本禅师语录》)

例(15)(16)中的"本来"是名词用法。"本来"做名词的用法在佛经中广泛而高频地使用。宋代以后，开始逐渐衰落，到清代晚期时，名词用法已经很少。由于其经常用在定语位置，逐渐失去中心语的位置，从而功能发生转化，在现代汉语中变成区别词。

然而，"本来"在现代汉语中依旧保留副词用法，不过，在有些语境中已经发展出情态功能，带有"理所当然"的意味。这在《现代汉语词典》（第6版）中已经将之单独列为一个义项，说明功能分化已经完成。如：

（17）作为学生，你本来就该努力学习，还强调什么理由？

3.3.3 "向来"的词汇化与功能演化

《现代汉语虚词词典》（张斌，2001）对"向来"的解释是："'向来'表示某种情况或状态从过去到现在一直是这样。""向来"的较早用例出现在魏晋南北朝时期。如：

（18）向来相送人，各已归其家。（陶渊明《挽歌诗》）
（19）丞相乃叹曰："向来语，乃竟未知理源所归。"
（《世说新语·文学》）

例（18）中的"向来"为副词用法，句中充当状语；例（19）中的"向来"为名词用法，在句中充当定语。虽然用法有异，但二者都是承接了"向"的主要功能和语义，表示"过去的某一段时间"。这说明，该时期"向来"可以表示一个时段或时点，但主要是过去的时间，不一定和现在发生必然联系。这种用法一直持续到唐代，基本上没有什么变化。如：

（20）兼河南府向来送酒行香宰臣，自此止绝。（《唐文拾遗》）
（21）果大笑，竟不承诏，二人方悟向来之言。是时公卿多往候谒，或问以方外之事，皆诡对之。（《明皇杂录》）

例（20）中的"此"，可以是说话时的时点或时段，也可以是过去的某个时点或时段。如果是过去的某个时点或时段，那么和现在就没有任何的联系；例（21）也一样，"向来"指过去的某个时间点或段。但是，当"向来"和表示现在时间的"今"相对使用时，则和现在就发生了关系。如：

（22）此是向来事例，今辰忽有更张。(《唐文拾遗》)

（23）向来唯睹十娘面，如今始见十娘心。(《游仙窟》)

到了宋代，"向来"不仅与现在发生关系，并且可以将时间延续下去。如：

（24）周世宗显德二年八月，帝谓侍臣曰：诸军与飞龙院马向来有病患老弱者，多为其主者无故击杀分食其肉，岂可壮则乘骑贵其负重……(《册府元龟》)

（25）公但注目于此身，则如公向来所愿耳。然至家，慎勿久留。(《太平广记》)

例（24）（25）中的"向来"均有将动作状态延续到未来的意义，与现代汉语中的"一直"大体相当，只是例（25）中的"向来"还是名词的用法，这种用法一直持续到清代，到现代汉语中才最终消失。如：

（26）向来大考，大约六年一次，此间自己亥岁二月大考到今，仅满四年。(《曾国藩家书》)

（27）向来三载考绩，外官谓之大计，京官谓之京察。(同上)

据对北京大学语料库的检索分析，清代时"向来"的名词用法只是偶尔出现，频率已经非常低，但表示"一直"意义的副词用法却非常频繁，已经成为主流，和现代汉语的功能基本上一致。如：

（28）他向来不许人说话，让我慢慢想个办法再说。(《彭公案》)

(29) 我们外国规矩,是向来不作兴送客的。(《文明小史》)

例(28)(29)中的"向来"基本上和现代汉语的功能一致。但是,现代汉语中的"向来"已经失去名词功能,单一地用作副词,且语义体现了时间一维性。关于"向来"表示时间的演化可以图示如下:

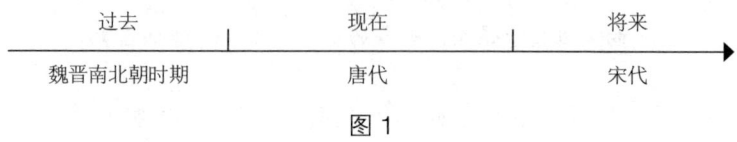

图1

图1反映"向来"表示的时间段和点与时代段之间的对应关系。当然,这是一种分化关系而最终体现为一种演化关系。在魏晋南北朝时期,"向来"主要表示过去的某个时间段或点,不一定和现在时间发生联系;到唐代,主要表示从过去到现在的时间段或点,"向来"已经和现在发生联系;宋代到清代表示从过去经历现在,再延续到将来的时间段或点,将过去、现在和将来的三个时间段联系在一起。宋代到清代,三种时间段或点同时并存,是"向来"功能扩张的顶峰时期。王晓君、柯航(2009)也认为"'向来'所修饰的动作事件或者状态不仅从过去到现在一直如此,而且往往还可能延续到将来,故而这些动作事件或者状态具有惯常化、规律化的倾向,'向来'所侧重表达的就是这种惯常性特征"。

到现代汉语,"向来"的功能又收缩为副词,大致和"一直"功能接近。可能正是这个原因,在现代汉语中,存在"一直"和"向来"的竞争,从而导致"向来"使用频率的下降。由于,目前二者的胜负还没有分晓,所以同时并存。另外,"向来"的一部分功能在中古后期已经与其他"X来"结构交叉。如:

(30)按部院同管大计,事后乃争计如此,真向来未有之事。(《万历野获编》)

（31）你小姐向来起早，怎今日还未起来，想是连日防守辛苦了。（《七剑十三侠》上）

例（30）（31）中的"向来"与"从来"和"历来"的部分功能交叉，至少可以做"双重分析"。这些原因造成"向来"在发展过程中遇到了多方面因素的干扰，这可能是现代汉语中其功能收缩的语言系统上的原因。另外，从语用上看，如果过去存在的某种状态值延续到现在，或者某种现象的存在是生活的常态，那么，时间一久，语境就会赋予"向来"以"从过去到现在"的时段意义，当这种意义为"向来"所吸收而成为其本身的词汇意义时，语义的演变就产生了。（董秀芳，2002）

"向来"是"近来"类双音词中最能体现该类别语义演变特点的一个代表性成员，这一特点与"从来"类双音词的语义演变特点是类似的（陈昌来、张长永，2011），这种演变的最主要后果是使得"X来"中某些成员所表达的语义与现在时间，甚至将来时间联系起来。

3.3.4 "原（元）来"的词汇化与功能演化

最后来看一下"原（元）来"。《唐五代语言词典》对"元来"的注释："原来。'原'本作'元'，明初因避元朝之讳而改。"《汉语大词典》：①"起初，没有经过改变的"；②"表示发现真实情况"。据志村良治（1995），"元来"初见于唐代小说《游仙窟》。如：

（32）元来不相识，判自断知闻。天公强多事，今遣若为分！（《游仙窟》）

（33）坑灰未冷山东乱，刘项元来不读书。（章碣诗）

例（32）（33）中的"元来"表示最初的某个时段或时点，与第一个义项接近，但意义并不相同。《说文解字》："元，始也。从一从兀。愚袁切。[注]

徐锴曰：'元者，善之长也，故从一。'"由此看来，"元来"最初也是承继了"元"的"始"的语义。如：

（34）巍对："元不识此老人。"(《朝野佥载》卷四)

（35）自是客星辞帝座，元非太白醉扬州。(李白诗)

例（34）（35）中的"元"均表示"开始"或"最初阶段"的意义，这和同时期的"元来"语义是接近的。五代时期，"元来"已经出现名词用法。如：

（36）此者：吾为欢乐，我作荣华，我为究竟之坚劳，我作元来之实有。(《敦煌变文集新书》)

例（36）中的名词用法还依赖"之"字结构。但是，到宋代该用法已经可以摆脱结构的依靠，开始大量自由地使用。如：

（37）今录白通问所元来公文，粘连在前，须至申覆者。(《大金吊伐录》)

（38）以至说禅底，也不是他元来佛祖底禅。(《朱子语类》)

在五代时期，"元来"发展出"表示发现真实情况"的情态意义。如：

（39）师云："师弟元来有这个身心。若然者，不用入山，各自分去。"(《祖堂集》)

（40）座主云："将谓禅宗别有奇特之处，元来不出教乘。"(同上)

例（39）（40）中的"元来"表示有了新发现之意。到宋代副词用法已经普遍。如：

（41）后出云："元来做宰相是不可去！"秦既再入，遂谮魏公于赵公。(《朱子语类》)

（42）先生曰："元来是个天资自好，朴实头底人，初非学问之力。"（《朱子语类》）

例（41）中的"元来"表示"开始"或"最初阶段"的意义；例（42）中的表示一种"幡然领悟"的语气。从检索到的语料来看，宋代以后，一直到清代，"元来"一直被使用，从检索的文献来看，并没有发现如《唐五代语言词典》定义那样被"原来"所取代，这种用法直到现代汉语中才最终消失。在此仅各举一例如下：

（43）佛曰："元来你也是不了事汉。"平章遂作此羹啖之。（《山居新话》）

（44）谩图西子晨妆样，西子元来未得如。（《情史·江南詹詹外史》）

（45）"元来腹有文，军口三十去。"令诸子合之。（《明语林》）

再来看看"原来"的发展。其最早用例出现在五代时期，稍晚于"元来"。如：

（46）既奉父王劝免，原来不称情怀。愁聚两眉，泪流双眼。（《敦煌变文集新书》）

之后，北宋语料用例极少，北京大学语料库仅检得 8 例，但是其副词和名词的用法皆已经具备。如：

（47）原来不然，其后遂学不得，知学问安可不谨厥始！（《朱子语类》）

（48）如论孝，须穷个孝根原来处；论慈，须穷个慈根原来处。（同上）

（49）问：看道理，须寻根原来处，只是就性上看否？（同上）

例（47）为副词用法，例（48）(49）为名词用法。从语义上看，都表示"开始"或"最初阶段"的意义，和"元来"刚开始语义一致。南宋时期，用例也较少，如在北京大学语料库也仅仅检得 17 例。但是，语义上却出现了新情况，出现了表示"发现真实情况"情态意义的用法。如：

（50）这三首词都不如王荆公看见花瓣片片风吹落下来，原来这春归去是东风断送的。(《话本选集·碾玉观音》）

（51）原来当时打杀秀秀时，两个老的听得说，便跳在河里，已自死了。（同上）

聂小丽（2009）认为这里例（50）(51）发展出来的"原来2"和"原来1"之间的差异主要在于："'原来1'表达的是客观时间范畴，由过去推及现在；'原来2'表达的则是主观时间范畴，由现在（说话的时间）推及过去。"

元代以后，"原来"表示"开始"或"最初阶段"意义的用法已经非常少见，大多数表示"发现真实情况"意义的用法。严艺（2011）认为这种用法有语气功能和篇章功能。前者又可细分为表述功能、评价功能、强调功能和指明预设功能；后者又可细分为补正解说功能和连接功能。值得注意的是，元代时期，"元来"的用例也极少，在北京大学语料库中仅检得 7 例，且都是表示"发现真实情况"意义的用法。如：

（52）国王道："元来是个虎精，不是师傅，怎生拿出他本像！"（《朴通事》）

（53）元来是一枕南柯梦里，和二三子文翰相知。(《倩女离魂》）

根据语料，我们大致可以得出这样的结论：

①"元来"和"原来"真正合流是在元代，在漫长的明清时期，二者一直处于竞争之中。通过北京大学语料库所检索到的用例来看，明清期间，

"元来"总共出现 250 例左右,而"原来"有 8200 例左右。这说明,无论在使用频率上,还是功能范围上"原来"一直占据优势,从而为最终取代"元来"奠定了基础。

② 从北京大学语料库所检索到的用例来看,"原来"比"元来"出现稍晚,二者一直在文献中存在。元代以前,"元来"占优势;之后,"原来"占优势。说明起码在清代以前,并不存在谁替代谁的问题。直到民国期间,仍然可以看到二者同时在文献中出现,只是到了现代汉语中才最终完成了竞争。可见,《唐五代语言词典》对"元来"的注释有待商榷。

从实际文献语料分析可以看出,"元来"从出现时始,在语义上没发生任何演变,并且"元来"和"本来"的概念意义是基本相同的,所以我们可以认为"元来"跟"素来"一样,也是通过"本来"而"类推"出来的。赵春秋(2007)详细地论述了二者之间的区别和联系。不过,从概念内涵和外延之间的差异来看,"元来"和"本来"这两个词也仅仅是外延部分重合而已,而不是内涵不尽一致。因为:

① 二者出现有其自身的语义基础。"元来"指起始未变的情况,侧重于"变";"本来"指原先的情况,侧重于"时"。

② 二者的功能也有差异。"元来"具有连接功能,"本来"没有这种功能,且二者出现的句位环境是不同的,前者一般用在句首;后者一般用在句中主要动词的前面。

现在的问题是:"元来"和"原来"二者从一开始就功能和语义重合,甚至连演化过程都是一致的,但是却能长期在语言中并存,原因何在? 我们认为:

① 二者使用环境不同。在元代以前,"元来"多用于佛教文献中,而"原来"多用于日常的口语文献中。因此,二者的语用价值是不一致的。

② 语言使用的惯性。元代以后,受语言使用惯性的影响,尽管二者真

正合流了,却还保留着各自的形式,只是使用已经非常自由。证明这种合流最典型的特征就是相同或相似环境中二者的交替使用。如:

(54)a. 郓哥道:"你老大一个人,<u>原来</u>没些见识。"(《水浒全传》上)
　　　b. 郓哥道:"你老大一条汉,<u>元来</u>没些见识!"
(《金瓶梅》崇祯本)

例(54)中的两个例子出现自同时代不同的文献,表达的意义也相近,但是一个用"原来",一个用"元来"。这说明在明代时,这两个词就已经混用了,只是形式不同而已。语言是一个习惯系统,一个社会的习惯不会一下子消失,而是慢慢地完成演化,"原来"和"元来"的变化和合流就体现了这样的一种机制。

3.3.5 "素来"的词汇化与功能演化

尽管"素"很早就用作时间副词,但"素来"结合成词却出现得相对较晚。从检索到的语料来看,"素来"最早出现于晚唐时期,而且明清以前出现频率一直较低。如:

(55)<u>素来</u>不知书,岂能精吏理。(皮日休《贪官怨》)
(56)与君诗兴<u>素来</u>狂,况入清秋夜景长。(李中《秋夜吟寄左偃》)

这个时期的"素来"与"素"的功能和语义有承继的关系。如:

(57)幼而有礼,长而增义,<u>素</u>勤王业,数践班荣。
(《唐代墓志汇编续集》)
(58)臣久临戎事,<u>素</u>习军谋,以为先则惠而后则诛,兵家所贵。
(《唐文拾遗》)

例(57)(58)中,"素"的功能和语义与同时代的例(55)(56)中的

"素来"基本一致。说明在这个时期,二者在功能上是交叉的,均为副词做状语。但是,可能受到韵律等因素的影响,二者使用的环境是处于互补分布的。这种情况历经了宋元明时期,基本上没有什么变化。

到了清代时期,"素来"扩展出名词功能,可以做定中结构的定语。如:

(59)安得广厦千万间,这本是弟弟素来的志愿。(《曾国藩家书》)
(60)素来的交情,焉有不赏见之理呢。(《七侠五义》上)

例(59)(60)中的"素来"与例(55)(56)中的语义基本一致,均表示"从过去某一时间到现在(说话的当时)"的时段。差别就体现在功能上:一为定语用法,一为状语用法。清代"素来"的状语用法已经基本与现代汉语一致。如:

(61)他素来笔迹原与女儿一样,女儿现在未出绣阁,他却死在角门以外。(《七侠五义》上)
(62)只因绣红素来不服呼唤,屡屡逆命。(同上)

到现代汉语,"素来"的这种功能分化又消失了,仅仅保留了副词性的状语用法,名词做定语的用法消失了。种种特征表明,"素来"很可能是受到其他"X来",尤其是同类别其他成员的影响而"类推"产生的。这是有充分理由的:

首先,语义的基础。"素"本来就表示从过去到现在的某一时间段,加上词缀"来"之后语义所指上承继了其基本语义并没有发生显著的变化。这点和"近来"类其他"X来"的生成机制具有一致性。

其次,句位的相似。"素"单用时,其句位环境与"本""近"和"向"等基本一致,这为类推提供了形式上的理据。

最后，双音化影响。当和"素"有诸多相似点的"本""近"和"向"等双音化后，"素"的双音化就具有了韵律上的基础。

纵观从"素来"的出现到现代汉语期间的演化史，可以发现，该词的全部功能和语义基本上和"历来""向来""从来"等"X来"结构表示"从过去某一时间到现在（说话的当时）"时段的时间副词和名词存在交叉关系。这说明该词从出现之初就缺乏自己独特的功能和语义，只是在某些色彩意义上和其他相关词语存在差别，以体现其价值。可能正是这个原因，该词在发展过程中表现出两个明显的特点：

一是相比"近来"类其他词语，"素来"出现时间相对较晚，且历史上使用频率始终较低，即使是在现代汉语中，其使用频率依然较低。

二是语义上几乎没发生任何演变，所指时间范围一直仅仅表示从过去某一时间到现在，且句位比较固定。

现代汉语中，"素来"出现的环境基本上都可以有其他相应的词语去替代，这正是上面提到的两个特征在言语事件上的反应。正是这个原因，"素来"用作副词，是"从来，向来"（《现代汉语词典》第6版）的意思。这一解释也表明"素来"与"从来"和"向来"所指称的时间范围亦即它们的概念意义是基本一致的，"素来"和"向来"在语义上的相似性至今还保留着。

3.3.6 "本来"类双音时间词演化梯度和衍生关系

从上面的分项历时考察中可以发现，"本来"类双音时间词"X来"的演化典型地体现了语言演化中词族成员之间的系统性关系。为了更清晰地看出"本来"类"X来"式结构演化的内在关联性，列表如下：

表1

年代\历程\成员	两汉	魏晋	南北朝	唐五代	宋代	元明清	现代
近来	出现（东汉）名词	名词、副词					名词
本来		出现（三国）副词	名词				区别词、副词
向来		出现（东晋）名词、副词					副词
元来				出现（初唐）副词¹、副词²（五代）、名词（五代）		合流竞争	消失
原来				出现（五代）副词¹	名词（北宋）副词²（南宋）（情态功能）		名词、副词²（情态功能）
素来				出现（晚唐）副词		名词（清代）	副词

从上表可以看出这类"X来"演变的如下几个特点：

① 从词汇化的出现和功能的演化来看，"X来"内部的成员之间发展是不均衡的，体现出了多级的梯度，表现在"X来"成员之间出现的年代跨度较大，从东汉时的"近来"到最晚时晚唐"素来"的出现，其间跨度近千年，可以按照年代的先后排序如下：

近来＞本来＞向来＞元来＞原来＞素来

② 从历时角度来看，"X来"成员在演化过程中，都曾经兼类副词和名词的功能，只是这两种功能出现的先后顺序有别。从演化的结果来看，内部成员并不一致，有的将两种功能保留了下来；有的就失去了历史上某一主要的功能；有的尽管功能保留了，但是受到了限制；有的甚至语法化出了情

态功能。这从上表中的最后一纵栏的现代汉语平面可以清晰看出。说明"X来"中的每一个成员都具有自身独特的演化历程和特点。

③"原来"和"素来"是由"本来"和"向来"类推而出的。从上表中成员之间出现的年代分布来看,"X来"内部成员又分化出了明显的二级梯度。"近来""本来"和"向来"三个词形成了一个群,可称为A群;"元来""原来"和"素来"形成了一个群,可称为B群;且两个群之间有严格的对应关系,从而引导我们更深一层地思考,构拟出:A群和B群之间有类推的衍生关系。可以图示如下:

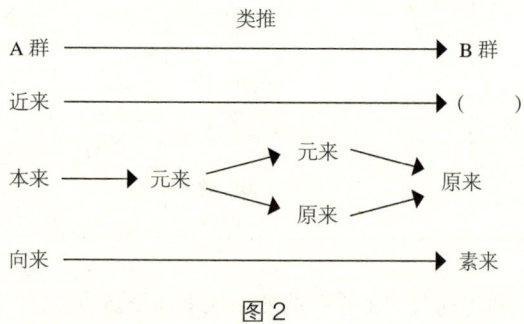

图2

图2中,"本来"先类推出"元来","元来"又分化出"原来",而"原来"最终又取代了"元来";"向来"又类推出"素来"。下文中将探讨支持图2构拟的理由。

从时间角度来看,在唐五代有一个整齐的演化线,A群和B群之间形成了一个严整的对称结构,并呈互补分布。这说明B群的出现不是偶然的,而是一个语言演变的事件。

从语义和功能上来看,历时角度上二者有兴替关系,共时角度上二者有互补关系。先来看"本来"和"元来"之间的兴替关系。语义上,"元来"指起始未变的情况;"本来"指先前的,强调原先的情况。因此,尽管所指外延重合,但是内涵并不相同,这为"元来"后来的出现提供了语义上的理据。从功能角度来看,"元来"出现之初,尽管二者有重合的地方,但是从语料的检索来看,二者使用环境和功能是有偏向的:"本来"偏向于佛教用语,主要用为名词;"元来"为一般环境用语,主要为副词。

随着"元来"名词功能的出现,其逐渐地就和"本来"使用环境重合了,主要在佛教用语中使用,但是,二者在语义上并不重合。相互争夺的结果是"元来"进一步发展出了表示情态的功能,从而体现出了和"本来"的分化。因此,互补分布是一个词族内部成员相互影响演化的内在动力和结果。需要交代的是,"元来"和"原来"之间的演化与"本来"和"元来"之间的演化机制是一样的,只是最后的结果不同,前者以功能的发展而结束;后者以"元来"的消失而结束。

再来看"向来"和"素来"之间的兴替关系。"向来"为副词,表示"从来;一向"的意义;"素来"为副词,表示"从来;向来"的意义。(《现代汉语词典》第6版)从这里可以看出现代汉语中二者意义和功能的交叉性。从历时的角度来看,二者的演化路径也高度相似,都是出现了副词和名词的用法,最后,名词用法消失,仅剩下副词用法。

纵观二者的演化史,可以发现它们的先后出现在语义和功能上是互补关系。直到唐代时,"向来"的主要用法还没有和现在发生必然联系,使语言在表达一直持续的动作状态时,出现了空缺,即使是有与现在的联系,也是通过一定的句法手段来完成,而不是通过语法词直接表达,如例(22)(23),从而使语言缺乏经济性,为语言的这种调整带来了可能。

"素来"出现伊始就可以表示全时段的存在,这对"向来"的外延来说是一个重大的扩展。语义变化会影响功能的范围,这种扩展会使"素来"在使用环境上与"向来"有所不同:如果仅表示过去的状态持续,而不需要涉及现在时,一般用"向来",如例(22)(23);而需要表示全时段的状态时,就需要用"素来",如例(55)(56)。这是"素来"被类推出而存在的理据。但是,到了宋代,"向来"就已经发展出全时段的意义,从而使二者功能发生重合，进而出现竞争的局面。由于"向来"在功能上和使用频率上均超过"素来"，进而占据上风。其结果是，"素来"发展出名词的功能，而这个时期"向来"的名词功能虽没有完全消失，但已经很少使用，这从北京大学语料库检索的用例看得非常明显，"素来"正好填补了其空白，从而使"素来"再一次找到自己的位置，得以最终保留下来。到现代汉语中，由于名词功能的消失，二者赖以区别的基础再一次消失，从而成为一对高度相似的近义词。

B群词的发展和兴替史就是一个竞争和转化的历史，它们既相互依赖，又相互制约，共同支撑着语言系统的完整性与表达的高效性和准确性。除了语言系统的制约之外，影响"本来"类双音时间词的发展和兴替起码还有以下两个原因：

① 佛教典籍翻译的影响。魏晋时期翻译佛教经典盛行，为了体现佛教的神秘性和专用性，一些词语一旦进入佛教语汇系统，除了意义和功能发生变化之外，在语言中也具有了一定程度的排他性，成为佛教的专用词语，从而引起语言系统的变化和调整。"元来""原来"就典型地受到佛教用语的影响而出现功能兴替。

② 语言表达形式的简化。一般来说，某种功能开始时是用句法来表达的，随着时间延长和频率的增加，就有可能采用某个词语来简化表达，从而引起语言的演化。"素来"就是受这个机制的影响而出现的。

3.3.7 "本来"类双音时间词语义上的包蕴关系和压制效应

上节主要考察了该类成员各自功能的演化及相互的影响和兴替。但是，"本来"类双音时间词最典型的特征还是时间性。实际上，该类成员之间和各自的演化从时间的范畴来看也是有规律的。

从词语兴替的角度来看，主要表现在：由点到线和由近及远。结合上文的表1，可以看到，最早出现的是"近来"，表示的既是时点又是近指，然后是远指的时点"本来",最后是表示时段的"向来"。

从词语语义演化的角度来看,"本来"类双音时间词具有向心性,即时间指称要么直接和现在的时点相关联,要么向现在时点发展。这个最典型的体现在"向来"的词义演化上,请看上文图1。这种时间上的向心性具有包蕴关系,可图示如下:

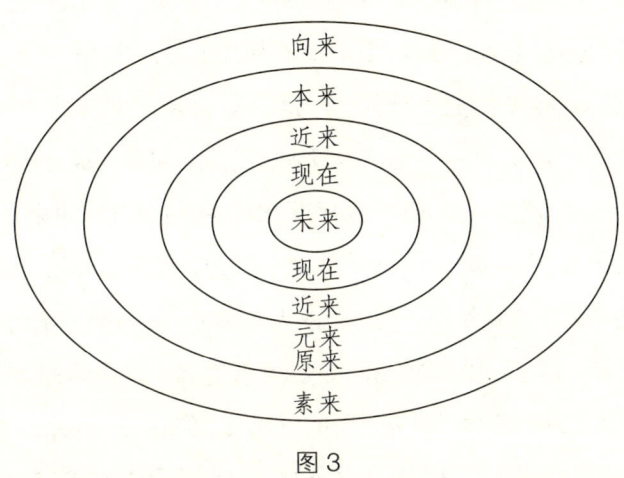

图 3

从图3可以看到,处于最核心的是表示"未来"的圆,这既是时间流逝的方向,也是"本来"类双音时间词词义外延扩展的最终方向,因而处于最里层。"现在"时间是联系过去和未来的纽带,因而处于中间。从认知上来看,人类对时间的感知也是以现在作为参照点,来度量过去和未来的时间。这会得出两个结论:

① 涉及过去或未来的时间时,一定会涉及现在的时点,即包含了现在时点,否则过去和未来就无从谈起。

② 由于"现在"是认知参照点,所以,它是认识其他时间概念的前提和出发点,是最先被人感知和认识的。因而,人类在感知时间时就是一个二维的结构,即由现在向过去和未来延伸。理论上说,时间是无界的,时点和时段也是相对而言的。

"本来"是和"现在"相对的时点概念,是以"现在"作为参照点的一种溯源性的过去时间点,强调与某个事物的出现相联系的起始时间点。因此,尽管"本来"表示的是时点概念,但在时间的涵盖范围上却包括了"近来"和"现在"及可能的"将来"。所以,词语的出现顺序就反映了这样的认知机制和语义蕴含:先"现在",再"近来",再后来"本来",由近及远地发展。

再来看"近来"和"向来"的时间属性。"近来"表示过去某一较近时间点到现在时间点之间的时段。因此,在属性上讲,"近来"与"本来""现在"是不同的,前者为时段,而后者为时点。但是,"近来"的时段又是局部时段,处于"本来"和"现在"两个时点之间,可以看成是认知路径上的相对时点。正是如此,在认知序列和词语出现序列上先于"本来"出现。

从属性上看,"向来"与"近来"是一致的,都表示时段。但是,二者又有明显的不同,前者是一个全时段的无界单位;后者是局部的有界单位。事物的存在是"向来"语义的理据,只要事物存在,该词语表示的时间外延就会延伸下去,从而包含了所有的时间段和段上的时点。因此,从包蕴关系上看,其涵盖的面最大,从而处于最外端,也是最后被认知感知并在语言中最晚被固定的成分。

上文讨论了"向来""本来"和"近来"三者之间在时间维度上的包蕴关系及三者在历史上出现先后顺序关系。这就是图3反映的实质。现在,我们再作进一步考察,看看这三个词构成的A群词与"元来""原来""素来"三者构成的B群词之间的关系。

根据前文提到的认知原则,认知的先后反映了词语出现的先后来看,如果我们将词语集合扩大到B群,就会发现陷入悖论:"元来"和"原来"本应与"本来"差不多在同时间出现,并应早于"向来"才合理,但是事实是前两个词比"本来"和"向来"要晚得多;"素来"本应与"向来"同时出现,但是也晚得多。但是,如果仅仅考察B群,又会发现符合前文提到的认知和词序出现的原则,这又与A群对应,差别仅仅是晚几百年。

解释这个悖论的唯一途径就是 A 群和 B 群不是在同一时期出现的，且二者出现的机制和环境是不同的。这就又回到了前面的假设，如果说 A 群是认知先后导致了词语出现序列的相应变化，那么，B 群就是由类推机制而从属于 A 群，其理由就是两个群之间的高度相似性，且时间上相继。如果说前面给出的理由为材料上的印证，这里对悖论的解决就是认知上的阐释，从而提高了该假设的可信度。

我们认为作为时间词后缀的"来"，其基本意义是"……的期间或时候"，表达的是一个相对短暂的时段。如果换一个角度来观察，可以把"X来"作为一个构式来看，"来"表示持续状态的义素在演化过程中虚化为一个时间线，从而，当其和变项"X"结合时，就会压制"X"的语义属性，使其必须凸显该时间线上的某个点或线，由于这些点或线相对于同一条时间线来说，就存在一个次序的问题，而时间线本身是一维的，不能作为参照点，所以，点（线）与点（线）之间又是相互定义的。这些特征表现在语义上就是顺序义的语义特征。因而，当一个成分具有该特征时，就可以进入该构式的"X"位，否则就不可以进入。根据该构式义，我们就可以合理解释为什么有"生来"，却没有"死来"。因为，"生"表示一种性状的延续，凸显了一条时间线，所以可以加"来"；"死"是瞬间动词，不可以延续，所以没凸显时间线，从而不能加"来"。

我们再用构式义来检验 A 群和 B 群之间的差异，"近"反映的是某个时间线上的一个子线段；"本"反映的是某个时间线上的一个起始点或某个时间点上开始的线；"向"刚开始时反映的是某个时间线上过去的某个时间段，其和"本来"的差别就在位置上，一个位置固定，一个不固定。这三者的共同特征都是可以反映同一时间线上的不同位置的时间。正是具备这样的特征，所以可以进入变项"X"位。推而广之，"X 来"类双音时间词"古来""年来""日来""夜来"和"生来"等也都具有这样的特征。

再看 B 群中的成分，"元"最初语义突出的是事物最初的性状，虽也表示时间，但并不是重点；"原"是由"元"分化的；"素"表示的是全时段的意义，所以也不表示顺序义。这说明"元""原"和"素"是进不了"X"位的。但是，最后它们还是进了该位置。这起码说明了 B 群不是原生的词语，其产生可能有两种原因：1. 构式对语义的压制；2. "本"和"向"的类推。前者是后者的前提条件。根据这一理论，我们可以推断，"历来"也应该是一个类推词，因为从时间的角度来看，"历"和"素"是相近的。历时语料基本上支持这一推断，从北京大学语料库的检索看，"历来"最早出现在明代，这在时间点上是合理的。如：

（63）因令工人在大内图画的四壁，俱采《豳风·七月》之诗，及自己<u>历来</u>战阵艰难之事，绘图以示后世。(《英烈传》)

（64）万古江山几变更，<u>历来</u>数代败和成。(《西游记》上)

陈艳（2009）详细考察了"历来"和"向来"之间的区别，恰恰说明了"历来"出现的动因和存在的理据。

3.3.8 小结

本节对双音时间词"X 来"中"本来"类下位小类"X"为时间副词性质的六个词（"本来""近来""素来""向来"和"原来／元来"）进行了详细的历时考察，进而发现了它们在词汇化和功能演化过程中的系统性关联。在此基础上，通过假设将这六个词分为两个子集：A 群和 B 群，并认为二者之间具有类推关系。本节详细探讨了这两个群各自的生成理据和相互之间的系统性关联，进而最终证明假设的正确性。

3.4 "古来"类和"历来"类的词汇化和功能演化

"古来""年来""日来"和"夜来"（简称"古来"类）这四个词语中的"X"都是表达时间概念的名词，四个词在现代汉语中的使用频率都不高，其中最常用的当属"古来"(而且其意义还发生了变化),其次就要算"夜来"了。中古时期这类"X来"数量最多,除了上面四个,还有"早来""晚来""朝来""夕来""晓来"和"今来""昨来"等。从这些"X来"中的"X"的自身性质和语义特征来看,这些双音词的产生肯定借助了"类推"机制的作用,甚至可以说某些"X来"就是当时人们对某一特定时刻的称说方式。比如现代汉语中依然使用的"夜来"。《唐五代语言词典》对"夜来"的解释为"昨夜;夜里"。《现代汉语词典》(第6版)的解释:①昨天;②夜间。在山东临沂方言中有些地区现在依然用"夜来"表达"夜里,夜间"的概念。这说明无论是中古还是现代,无论是普通话中还是方言里,"夜来"都可以用来表达"夜里,夜间"的概念。"夜来"是把这种用法很好地保留了下来的一个典型,其他类似的"X来",如"早来""晚来""朝来""夕来""晓来",甚至"古来"和"今来"等的用法和语义可依此类推。

另外,还有一个中古时期曾经常用,而现代汉语普通话已基本不再使用的"昨来",也可以为上文的论断提供佐证。《唐五代语言词典》解释:"昨来"本为"昨天"义,引申为"最近"或"昔日"。方一新(1997)也指出:"昨来"均谓近来,近时,盖六朝口语词。这一方面说明,"昨来"的确曾经作为时间词早在中古时期使用过;另一方面也说明,古人的确曾用"昨来"称说今天所谓的"昨天"。关于这一点,还有来自方言上的证据,如山东临沂方言里年事较高的老人多用"昨来"称说"昨天"(同样也用"明来"称说"明天")。这些依然保留在方言里的用法,充分说明对于某些特定的时刻或时期,中古时期的称说方式和今天是不一样的。而古人说的"夜来"就是今天所说的"夜里,夜间","早来"就是"早晨"……同样,"古来"就是"古时候","今来"就是"现在,如今";甚至"昨来"也可以指"昨天"。

做出这一论断还有共时方面的考虑。前面的论证告诉我们,这类很可能是用于称说某一特定时刻或时期的"X来"的大量产生和应用是基于如下这样一个条件:"来"成为时间词后缀。按照这一推断,当"来"由于充当时间词后缀这一功能的弱化而逐渐淡出词汇系统后,基于它而产生的这些词语也会随之逐渐消失,或被其他新兴的形式所代替。当然这一演变过程可能会导致某些遗留现象,这也是完全符合逻辑的。现代汉语语言事实恰恰印证了这一推断:首先,该类别中在中古时期一度十分活跃的成员,在现代汉语中大部分已经消失,或被其他形式替代;其次,现代汉语中依然运用的"X来"都具有明显地"遗留"特征——语义上,保留了古义,尤其是方言中;用法上,"古来"类使用频率低,往往出现于特定格式或文体中。如果上述推断成立,那么,它也同时佐证了上文所提及的又一观点:**"X来"具有强指称性特征**。这恐怕也是《唐五代语言词典》等辞书把"来"看作"名词词尾"的重要原因之一。

至于"年来"和"日来"由于"X"自身的特殊性,二者在语义表达上略有不同。《现代汉语词典》(第6版)把"年来"和"日来"都认定为名词,对它们的解释分别是:"一年以来;近年以来"和"近几天来"。但是从《唐五代语言词典》等辞书的注解来看,在中古时期二者均可表示"近来"之义。这是因为"年"和"日"既不像"早"和"晚"那样表示一天中某一特定时刻或时段,也不像"古"和"今"那样表示某一特定的历史时期,而是本身就是一个包含固定时间范围的时间单位,这样的词语很容易被用来表达笼统的**时间**。所以,由"年"和"日"这样的词语组合而成的"X来",即"年来"和"日来"所指的时间范围反而不像它本身那样表义清晰明确。现代汉语中用"年"和"日"表达笼统时间的用法有:"来日方长""时日不多""有日子了""有年头了"等。鉴于"年"和"日"表义上的这种特点,由它们所组成的"X来"的含义实际上可以概括为"一段时间以来",通常也就是"近来"了。

下面具体看看"古来""年来""日来""夜来"的演变及句法语义功能。

3.4.1 "古来"的演变及句法语义功能

3.4.1.1 "古来"的演变和句法功能

从语料检索的结果来看,"古来"最晚在南北朝时期作就开始作为一个独立的词来使用。从位置分布上来看,"古来"可以出现在句首、动词或名词性成分之前或者介词之后;从句法功能来看,可以做状语、定语和介词宾语;从语义上来看,根据不同语境可以理解为"古今""古时候""自古以来"等意思。先看做状语的例子:

(1)古来陵上内侮,谁不夷灭,弟洞览坟籍,岂不斯具?(《全刘宋文》)

(2)古来太子未尝偏征也,故从曰抚军,守曰监国。(《三国志》裴注)

(3)服此而不仙,则古来无仙矣。(《抱朴子》)

上述例句中的"古来",要么出现在句首作全句修饰语,要么做动词性成分的修饰语,功能上都是充当时间状语;语境上的特点是都出现在疑问或否定句中;语义上指称的范围都是**过去**或者**从过去到现在**,相当于现代汉语的"古时候"或者"自古以来",具体语义视语境而定。

再看做定语的例子。如:

(4)招魂定情,洛神清思,覃襄日之敷陈,尽古来之妍媚。(《全刘宋文》)

(5)月盈则冲,华不再繁;古来之说,嗟哉一言。(《宋书》)

(6)古来文章,以雕缛成体,岂取骀群言雕龙也?(《文心雕龙》)

上述例句中的"古来",都出现在名词性成分之前,充当该名词性成分的修饰语,有的还有明显的句法标志"之"字,功能上都是充当定语;语义上都指的是**过去**,相当于现代汉语的"古时候",例(4)中的"古来"与

"曩日"对举,更突显出其指称的语义范围是**过去**;不过,随着语境的变化,"古来"的语义也会发生细微的变化,如例(6)中"古来"也可以理解为"自古以来"。

基于上述分析,从句法功能和语义上可初步推断"古来"成词后是个名词性成分,表达时间概念。考虑到魏晋南北朝时期"词根+词缀"式复合词"X来"的大量存在与独立运用,可以进一步断定此时的"古来"就是一个表达时间概念的名词。以下用例是对这一推断的有力支撑。如:

(7)自古来及今,凡诸历数,皆未能并已之妙。(《全刘宋文》)
(8)拂埃琴而抽思,启陈书而遐讨。自古来而有之,夫何怨乎天道。(同上)
(9)传其王身长丈二,头长三尺,自古来不死,莫知其年。(《梁书》)

以上用例中"古来"皆出现在介词"自"之后,并与之组成介词结构"自古来"充当句法成分,"古来"充当了介词宾语,名词性属性很明显。例(7)中,"自古来及今"是两个介词连用组成并列关系的短语,再来充当句首状语,语义上相当于现代汉语的"从古到今";例(8)中,"自古来而有之"是个偏正关系的动词性短语,古汉语中连接中心语和修饰成分是"而"的一个十分重要的句法功能,某种程度上它就是偏正关系的一个标志;例(9)中,"自古来不死"是和"自古来而有之"句法性质和结构关系都相同的短语,只不过中间没有出现表示修饰关系的标志词"而"。总之,"自古来"可以分析为介词结构。

需要说明的是,按照现代汉语的习惯,只有例(7)中的"自古来及今"才是完整的介词结构(与"从古到今"一样),后两例的"自古来"似乎不够完整,不能独立运用;但是,在魏晋南北朝时期的语料中还发现了这样的用例:

(10)自古来有降天子乎!(《华阳国志》)

（11）古来至今不死。(《梁书》)

根据上下文语境，这两个例子中的时间范围都是"从古到今"。但是，例（10）中"自古来"后无"及今／至今"；例（11）中"古来"之前无介词（"自""从"等）。由此可见，诸如此类"不完整"的结构当时是可以单独运用的。

综合以上分析，可以得出如下结论：这一时期的"古来"是一个表达时间概念的名词，其句法功能主要是充当状语、定语和介词宾语。

3.4.1.2 "古来"的语义演变

句法功能跟语义是紧密相连的。从语义角度来看，在不同的语境中"古来"除了指称**过去**和**从过去到现在**（如前文分析）以外，还可以指称**过去和现在**，语义范围既包含"古"又包含"今"，语义上相当于现代汉语的"古今"。如：

（12）古来君子皆谓周公忠圣，岂不谬哉！(《晋书》)
（13）丝竹罢调，擘悲兰宇，屑涕松峤，古来共尽。(《全刘宋文》)
（14）山川之美，古来共谈。(《全梁文》)
（15）古来共如此，非我独申名。(《北史》)

上述例句中的"古来"，从上下文语境来看，所涵盖的时间范围既有**过去也有现在**，同时，含有"古"与"今"对比的意味，相当于现代汉语的"古今"。当然，例（12）中，"古来"理解成"自古以来"也完全讲得通，因为"古今"和"自古以来"所指称的时间范围在特定语境中是相通的。实际上，人类对世界的认知是概念化和范畴化的过程，**时点**和**时段**是人们对时间进行认知的一对十分重要的概念。在具体的时间认知模式中，"古今"容易投射成两个相互对立的**时点**，而"自古以来"则倾向于投射成以这两个时点为端点的**时段**。换言之，"古今"在时间认知模式中容易被解读成"古"和"今"，而"自古以来"则容易理解成"从古到今"。

由于认知上的模糊性，时段和时点的具体所指并非那么确定，界线也不是那么清晰。比如"古"作为一个**时点**，所指时间范围一般是过去某个特定的时期，但在特定语境中也可以是与"今"相对的所有过去的时间。这时"古"的语义范围就变成了一个时段，"古"和"今"就涵盖了除未来以外的所有时间范畴——**过去**和**现在**，这两者的并集与"自古以来"的内涵（**从过去到现在**）基本重合。这就是"古今"和"自古以来"的相通之处，也是同一个用例中的"古来"，可以有不同理解的语义基础。"古来"或理解为"古今"，或理解为"自古以来"，因为不同的读者对当时历史语境的还原是不一样的。除了例（12），下面的例句也可以做同样的分析。如：

（16）是以敢藉六世之资……辄求撰集<u>古来</u>文字，以许慎《说文》为主……（《全后魏文》）

（17）<u>古来</u>如此非独我，未死有酒且酣歌。（《全唐诗》）

综合以上分析，可以得出如下结论：这一时期的"古来"在语义在可以有"自古以来""古今"和"古时候"三种不同的理解，具体做何种理解视语境而定。其中，"自古以来"和"古今"的语义范围既涉及**过去**，也涉及**现在**；而"古时候"的语义只涉及**过去**范畴。

以下是"古来"更倾向于理解为"古时候"，而不宜理解为"古今"或者"自古以来"的用例：

（18）<u>古来</u>黄帝、颛顼、夏、殷、周、鲁六历，皆无推日蚀法，但有考课疏密而已。（《宋书》）

（19）我虽不读书，闻<u>古来</u>外戚梁冀等无不倾灭。女若有宠，诸贵人妒；女若无宠，天子嫌之。（《北齐书》）

从例（18）出处可知，所述之事已属**过去**，黄帝等"六历"存在于宋书成书之前很久；例（19）"外戚梁冀等"存在的时代也早于北齐。这里的"古来"就是相对于宋、齐两朝而言的"古时候",其语义范围只涉及**过去**范畴。当然,由于"古"和"今"是相对而言并且以"今"作为参照点的,随着时间参照点"今"的变化,"古"的语义范围也不断发生变化。因此,"古时候"所指称的语义范围也会因时间参照点的不同而发生变化,如果以现时代为参照点,那么"古时候"所指称的语义范围就基本上跟"自古以来"差别不大了。这一点也正是"古来"在同一用例中既可以理解为"古时候",又可以理解为"自古以来"的语义基础。例如前文例(1)(2)(3),又如:

(20)<u>古来</u>圣贤皆寂寞,惟有饮者留其名。(《全唐诗》)

以上对"古来"的语义分析可以梳理如下:其一,"古来"的语义指称范围随语境变化可以是**过去**、**从过去到现在**以及**过去和现在**,分别对应于现代汉语的"古时候""自古以来"和"古今"。换句话说,"古来"这一个形式承担的功能在现代汉语中需要三个形式来承担。其二,"古时候"和"自古以来","古今"和"自古以来",在语义范围上有相通之处。随着**时间参照点**的变化,"古时候"和"自古以来"的语义范围可以十分接近;随着**认知模式**的改变,"古今"和"自古以来"的语义范围可能重合。其三,叙事视角(作者所处的时空方位)和解读深度(读者对所述之事的还原程度)对古汉语词汇的语义具有重大影响,因此必须用历时的眼光对语料进行审视和解读。

3.4.2 "年来"的演变及句法语义功能

从语料检索的结果来判断,"年来"作为一个独立的词来使用的时间应该不晚于唐代。在唐代以前的语料中没有检索到"年来"作为一个独立的词来使用的用例,但是在唐诗中却发现了大量把"年来"单独作为一个词来使用的诗句。根据对《全唐诗》中所有"年来"用例的分析,并参考《唐五代语言词典》等的解释,"年来"大致有"近年来,最近几年来""今年,当年"和"每年,年年"三种含义,功能上主要是做状语。首先来看"年来"做

"近年来"讲的用例（例出《全唐诗》）：

(21) 憔悴年来甚，萧条益自伤。

(22) 年来白发欲星星，误却生涯是一经。

(23) 年来笑伴皆归去，今日晴明独上楼。

(24) 年来马上浑无力，望见飞鸿指似人。

例（21）出自李煜的《病中感怀》，整首诗描写的是，因为连年在病中自己的身体每况愈下这样一种凄凉的场景，"年来"是"近年来"的意思。例（22）根据全诗的意思可以理解为：由于一直在研读经书，近几年来头上出现了缕缕白发，所谓"皓首穷经"。例（23）"年来"与"今日"对举，描写的是刚刚过去这几年发生聚散离别，感叹如今只能独自登高。例（24）出自李山甫《赠宿将》诗，感叹当年"校猎燕山经几春，雕弓白羽不离身"的老将，如今年老体衰，再无力开弓引箭。"年来"今昔对比，说的是近年来体衰无力却功业未成的悲凉状态。上述例句中的"年来"或用于感时伤事，或用于今昔对比，都指向诗人当下的生活现状，是"最近几年来"的意思。这种用法的"年来"使用频率最高，其后一直沿用。两宋用例数量与唐代不相上下。如：

(25) 今日财赋，鬻海之利居其半，年来课入不增，商贾不行，皆私贩害之也。(《宋史》)

(26) 朕年来惟以省约为务，常膳止四五味，已厌饫之，比初即位十减七八。(《金史》)

(27) 叹年来踪迹，何事苦淹留。(柳永词)

(28) 久不相见，不知年来做得甚工夫？(《朱子语类》)

(29) 年来万事总成魔。老去闲添白发多。(《古尊宿语录》)

(30) 莫待解，朱颜顿觉，年来不似当时。(《全宋词》)

第三章 "近来"类"X来"式双音词词汇化及语法化

在此后的《全元曲》《明史》《清史稿》中,都发现"年来"的类似用法。各举一例:

(31)鸳鸯一世不知愁,何事<u>年来</u>尽白头?芙蓉水冷胭脂瘦。(《全元曲》)

(32)祖宗时,朝臣谨饬。<u>年来</u>贪浊成风,何也?(《明史》)

(33)<u>年来</u>国用不舒,今岁又被灾,十室九空,宜乘时究方略,转虚为盈,此宜急议者也。(《清史稿》)

其次,"年来"还可以作"今年,当年"讲,多用于表示年龄。功能上更像是充当了主语,尽管有的仍然是做状语。如:

(34)<u>年来</u>七十罢耕桑,就暖支羸强下床。(窦巩诗)

(35)下有独立人,<u>年来</u>四十一。(白居易诗)

(36)念尔<u>年来</u>方二十,凤夜孜孜能独立。(李渤诗)

(37)<u>年来</u>惊喜两心知,高处同攀次第枝。(薛逢诗)

例(34)描写的是邻居老人的生活状态,全诗的意思大致是,今年七十岁,不能再劳作,却仍然牵挂着儿孙的事情,刻画的是一位农耕老人生活的一个片段。句中的"年来"可以理解为"当年"或者"今年"。例(35)中"四十一"是作者本人的年龄,"年来"可以直接对译成现代汉语的"今年"。例(36)是说弟弟年方二十便能独当一面,"年来"可以理解为"当年"或者"今年"。例(37)出自一首"赠同年送别"的诗,该句是临别时回忆当年的自己与友人科考中第、春风得意时光,"年来"可以理解为"当年"。"年来"的这种用法,在两宋时期也有用例。如:

(38)<u>年来</u>六十增三岁。(《全宋词》)

(39)自笑<u>年来</u>七十三。(《古尊宿语录》)

再次，语料检索中还发现了"年来"可以作"年年，每年"讲的用例，不过这样的用例并不多见，随后的宋元明清语料中也未发现类似用例，有些例句中仍然可以理解为"近年来"。如：

（40）应有春魂化为燕，<u>年来</u>飞入未央栖。（雍裕之诗）

（41）情似蓝桥桥下水，<u>年来</u>流恨几时干。（唐彦谦诗）

（42）满眼波涛终古事，<u>年来</u>惆怅与谁论。（薛逢诗）

（43）<u>年来</u>泣泪知多少，重叠成痕在绣衣。（徐夤诗）

例（40）是借鉴了《唐五代语言词典》的例子，出自雍裕之的《宫人斜》，后来对这首诗的注解中也有说"年来"又作"年年"的。根据全诗的意境来看，这样解读可以讲得通。例（41）原出于唐彦谦的无题诗，从全诗的意境来看，表达的是"恨如流水，年年不断"的这样一种悲戚情怀，下文亦有"满园芳草年年恨"的诗句相呼应。例（42）出自薛逢的《潼关河亭》，是一首借景抒情的诗，大意是：潼关河亭既经历过轰轰烈烈的岁月，与"天地并功"，也经历过平静的岁月，这么多年来目睹河上的波涛流水带走古今往事，它每年心中的惆怅都是向谁诉说的呢？"年来"所针对的是一个很长的历史时期，显然不再是"近年来"，所以宜解读为"每年，年年"。例（43）出自徐夤的一首"怨妇诗"，大意是女子思念多年不归的丈夫，伤心的泪水年年流，都在绣衣上叠出痕迹来了。这里的"年来"从时间跨度上可以理解为"近年来"，但是作为当事人的主观感受就是度日如年的长相思了，所以即使离家三五载也可以说是"这么多年"。所以把"年来"理解为"年年，每年"表意也许更精准。

最后，在《全唐诗》还发现了这样的用例。如：

（44）予名初在德门前，屈指<u>年来</u>三十年。（郑谷诗）

（45）自古人皆望，<u>年来</u>又一年。（栖白诗）

（46）得道<u>年来</u>八百秋，不曾飞剑取人头。（吕岩诗）

上面的例句中"年来"后接一段时间，表达的是"年来"前面的词句所指的事件存在或发生的时间。这种用法在唐诗以外的文献中没有发现用例，是"年来"的一种独特用法。

3.4.3 "日来"的演变及句法语义功能

从检索的语料看，"日来"作为一个独立的词来使用很可能在南北朝时期，下面是检索到的唯一比较确定的用例。它的意思是大致相当于"那时候"，表达的是一个**过去**时间范畴。如：

（47）但长安违律，潼关失守，用缓天诛，假延岁月，<u>日来</u>至今，十有二载，是谓一纪，襄有前言。（《全刘宋文》）

这一时期的其他用例中，"日来"从语义上来看还不足以单独成词，相当于是"日日来，天天来（做某事）"。如：

（48）昌遂骄矜，<u>日来</u>侵掠，刍牧者不得出，士卒患之。（《魏书》）
（49）帝筑城于故海盐，贼<u>日来</u>攻城，城内兵少，帝乃选敢死士击走之。（《南史》）

唐诗中，"日来"作为一个独立的词语来使用的情况开始变得比较常见，其语义略等于"近来"或者"每日，天天"。不过，整体上来看，用例不多。如：

（50）沧溟所为大，江汉<u>日来</u>委。（张九龄诗）
（51）<u>日来</u>知自强，风气殊未痊。（高适诗）
（52）<u>日来</u>相与嬉，不知暑日长。（张籍诗）
（53）爵禄不及门，门外惟有吏，<u>日来</u>征租更索钱。（韩愈诗）

例（50）为张九龄咏史诗，托物抒怀，借古讽今，"日来"所指应为诗人所处的当下，意思是"近年来，近来"。例（51）转引自《唐五代语言词典》，是《途中酬李少府赠别之作》中的诗句，诗中抚今追昔抒情怀，"日来"是与往昔相对比的"近来"的意思。例（52）中的"日来"，根据整首诗的意境可以理解为"每日，天天"，也可以理解为"近来"。例（53）与例（52）同。

宋元时期的语料中，也有"日来"作"近来"讲的用例，但是数量不多。如：

（54）日来多病，更无理会处，恐必不久于世。（《朱子语类》）

（55）溪园竹里，日来新就华屋。（《全宋词》）

（56）日来听得孙二要出外打旋，不知如何？等它来时，把几句劝它则个。（《全元曲》）

明清时期，由于文献数量的增加，"日来"的用例有所增加，例句多见于小说或笔记体，史书中只检索到一个用例。如：

（57）日来慰谕辅臣温旨，辅臣与司礼自相参定，方听御批。（《明史》）

（58）老夫日来因染微恙，闭门不出，故久未得与将军一见。（《三国演义》）

（59）从容坐定，把日来也先犯边，要御驾亲征的事，大家议论。（《醒世姻缘传》）

（60）之勤，为诸兄弟之最，俭字工夫。日来稍有长进否？（《曾国藩家书》）

（61）周将军昨为贼将刘杰弹子打伤面门，日来颇觉沉重，虽经敷药，毫无效验，现在人事颇觉昏迷。（《七剑十三侠》）

（62）我日来得了个闹差，怕是分房，要请一个朋友到里面帮忙去，所以打电报请你回来。(《二十年目睹之怪现状》)

（63）日来思虑万分，审讯高陈氏的口供，他但说茶是自己所泡，泡茶之后，胡作宾又未进房。(《狄公案》)

（64）卑职才智短浅，日来重以忧愤，更痰火上升，心思枯竭。(《西巡回銮始末》)

上例（57）—（59）是明代的用例，其余为清代的用例，语义上与现代汉语已经很接近，相当于"近来，近几天来"。从以上分析来看，"日来"自单独成词至今，使用频率始终不高，语义上变化不大。现代汉语中的"日来"是"近几天来"的意思。(《现代汉语词典》第6版)

3.4.4 "夜来"的演变及句法语义功能

根据语料检索的结果，"夜来"单独成词的用例不见于六朝以前，只在《晋书》发现了一个用例。如：

（65）勒欲试澄，夜冠胄衣甲，执刀而坐，遣人告澄云："夜来不知大将军何所在。"(《晋书·列传》卷六十五)

根据上下文语境来推测，这个"夜来"应该就是"夜里、夜间"的意思，这也是"夜来"的基本语义。"夜来"用例的大量出现始见于唐代尤其是唐诗中，一方面这一时期汉语双音化过程已经基本完成，"X来"已经大量运用；另一方面诗歌韵律的约束使得"夜来"在表达近似的语义时具有语言形式上的优势。下面结合例句加以分析：

（66）夜来枝半红，雨后洲全绿。(张说诗)

（67）山雨夜来涨，喜鱼跳满江。(钱起诗)

（68）夜来北风至，喜见今日寒。(元稹诗)

例（66）中，"夜来"和"雨后"对举，均表达时间概念。"枝半红"虽非夜间可见，但这首诗的题目——"岳阳早雾南楼"，告诉我们这是次日清晨对前一天夜里发生的事情进行的回溯性推测，而非写实。另，"洲全绿""枝半红"皆是雨后所见，互文见义，是对雨后风景的概括性描述。"夜来"实际上的所指其实是下雨的时间，是"夜里、夜间"的意思。例（67）和例（68）中，"夜来"的语义指向都是经常发生并且易于感知的自然现象"雨"和"风"，可与例（66）做同样的分析。只是例（68）中"夜来"与"今"对比出现，理解成"昨夜"似乎更符合语感。这里做两点说明：第一，从语义逻辑上来看，"昨夜"是与"今夜"相对而言的，现代汉语中二者并非独立成词而是"昨天夜里"和"今天夜里"的减缩，跟"前天夜里""明天夜里""后天夜里"等一样，都是"夜里（夜间）"这个基本概念的下位概念，所以"夜来"依然应该理解为"夜里、夜间"。考虑到这一时期"夜来"还可以出现在其他语境中且具体含义有变，不宜把具体语境义等同于基本语义。第二，在《全唐诗》中以"昨夜"为关键词进行搜索，检索到的用例比"夜来"还要多，这说明"夜来"和"昨夜"至少在唐诗中是存在严格区分的。从语义演变的痕迹来看，"昨夜"的语义（"昨天夜里"）至今并无根本性变化，而"夜来"的基本语义（"夜里、夜间"）至今保存并活跃在某些方言里。这说明"夜来"和"昨夜"的语义和功能自始至终存在差异，二者不宜等同。

当然，在现代汉语中"夜里"有时候可以直接说成"昨天夜里（即昨夜）"，比如"夜里下雨了"和"昨天夜里（昨夜）下雨了"两个句子的语义可能完全相同。对此，我们的解释是人类时间认知模式的特性造成了"夜来"的"语义前移"，使之在人的主观世界里投射成了"昨天夜里（即昨夜）"。人类活动的特点是"日出而作，日落而息"，也就是"夜伏昼出"。这一特点决定了所有在"夜来"发生的事情，如刮风下雨等自然现象，人类都是缺席的，不在场的。因此，人类对这些自然现象的认知方式往往是次日白天的"由果导因",是一种间接的推理性认知,而非此在的、即时的直接认知。由于认知发生的当下是"次日白天",所以人类认知模式里的时间坐标自然而然就选择了以"次日白天"为参照点,这样,客观世界里的"夜来"投射到人类的主观世界以后就相对前移了,变成了"前一天夜里",也就是"昨天夜里","昨天夜里"又在语言运用过程中减缩为"昨夜"。我们认为,这就是现代汉语中"昨夜"在有些语境中可以替换"夜里、夜间"("夜来"基本语义)的语义发生机制。

反之,如果对"夜来"发生的事情进行认知(概念化,范畴化并加以描绘)时,叙事者的视角是此在的、即时的,那么,"夜来"就不宜理解为"昨夜"而只能是"夜里、夜间"。请看下面的例句:

(69)爱君门馆夜来清,琼树双枝是弟兄。(皎然诗)

(70)君不见夜来渡口拥千艘,中载万姓之脂膏。(水神诗)

从上下文语境来看,以上例句中所叙述的事情都是现场发生的,事件与叙述者空间上同在,时间上同时,"夜来"就是实实在在的"夜里、夜间",而不是特定的某一个"昨夜"或"今夜"。

"夜来"在唐五代时期有大量用例,其基本语义都是"夜里、夜间"。如:

(71)夜来归来冲虎过,山黑家中已眠卧。(杜甫诗)

(72)日出喧喧人不闲,夜来清景非人间。(刘禹锡诗)

(73)夜来云雨皆飞尽,月照平沙万里空。(周朴诗)

(74)山月不知人事变,夜来江上与谁期。(殷陶诗)

(75)夜来帝与昭仪博戏,帝醉,为昭仪所害。(《旧唐书》)

(76)夜来闻清磬,月出苍山空。(岑参诗)

(77)夜来三更奉天符牒下,将军合作阴司之主。(《敦煌变文选》)

(78)其弟今被贼所杀,夜来梦属之言,必应实也。(《敦煌变文集新书》)

（79）尽现凡夫事，<u>夜来</u>安乐眠。(《祖堂集》)

"夜来"的这种用法宋元明清时期也很常见，基本语义未发生重大变化。请看例句：

（80）<u>夜来</u>所说，是终身规模，不可便要使，便有安顿。（北宋《朱子语类》）

（81）教汝传持大教，代佛说法，<u>夜来</u>为甚么醉酒卧街？（南宋《五灯会元》）

（82）小人每日不在家，大舍<u>夜来</u>乾走了一遭。（元《朴世通》）

（83）只可惜被<u>夜来</u>那一顿锤踏，多弄得歪的歪，匾的匾，不成一件家伙了。（明《二刻拍案惊奇》）

（84）吾家二郎，<u>夜来</u>梦红日照于草堂。果有贵人下降。（清《东周列国志》）

"夜来"在现代汉语中依然独立成词，有两个基本语义："昨天"和"夜间"。在某些方言中，表示"夜里、夜间"的时候还主要采用"夜来"这一表达形式。

3.5 "生来"和"历来"的词汇化和功能演化

3.5.1 "生来"的演变及句法语义功能

根据检索的语料，"生来"作为独立的词来使用，约始于六朝时期，唐代开始用例渐多。主要功能是做状语，也可做其他成分，语义上是"出生以来"或"活着的时间"，最初当算作表达时间概念的名词。如：

（1）时诸人等笑王无智，不晓筹量<u>生来</u>年月，见其长大，谓是药力。（《百喻经》）

(2)岂有生来受职,殁同配之,降尊故卑,理不然矣。(《旧唐书》卷二十一)

(3)如高贵子孙,于小时乱没落为奴,生来自不知贵,时清父母访得,当日全身是贵人,而行迹去就不可顿改,故须渐学。(唐代佛经《禅源诠序》)

(4)借问群小儿,生来凡几日。(寒山诗)

(5)生来始周岁,学坐未能言。(白居易诗)

全唐诗中,用例多于一般文献,用法上也更灵活,但基本语义仍是"出生以来"或"活着的时间"。以下是《全唐诗》的用例:

(6)生来岁未周,奄然却归无。

(7)绰约小天仙,生来十六年。

(8)生来未识山人面,不得一听乌夜啼。

(9)生来苦章句,早遇至公言。

上述例句中的"生来",根据具体语境可以理解为"活着的时间"或"自出生以来",后两句也可以说成是解读成"一生,终生",但基本语义仍是"出生以来"。从语义范围上来看,"自出生以来"和"活着的时间"是基本上重合的,只是适用的具体语境有差别。如果人还活着,依然处于"生"的状态,那么"生来"就是"自出生以来",如例(5)(7);如果人已然死去,那么"生来"就变成了"(此前)活着的时候"或者"活过的时间",如例(2)(6)。尽管如此,"生来"的基本语义仍是"自出生以来"或"活着的时间"。

"生来"在后世的使用中,语义和用法变化不大。以下是五代至明清的用例:

(10)生来未省喜欢,见说三年一笑。(五代《敦煌变文选》)

（11）既见判官，判官问何故杀牛。惆云："生来蔬食，不曾犯此。"（北宋《太平广记》）

（12）气禀、物欲生来便有，要无不得，只逐旋自去理会消磨。（北宋《朱子语类》）

（13）生来坐不卧，死去卧不坐。元是臭骨头，何为立功过？（南宋《五灯会元》）

（14）伙计，这个人耳朵生来背，不打人，只打碓。（《全元曲》）

（15）生来聪明异常，见字便认，五六岁时便能诵读诗书。（明《二刻拍案惊奇》上）

（16）且说无双女林素梅，年方一十七岁，生来姿容秀丽，聪明智慧，自幼与兄长林士佩学习武术。（清《三剑侠》）

从以上例句可以看出，五代至两宋时期"生来"的用法和语义基本上与唐代没有差别。根据语境，例（10）—（12）都可以理解为"自出生以来"，功能上也主要是充当状语；例（13）"生来"与"死去"对举，凸显了"生来"表示"活着的时候（时间）"的功能。例（14）—（16）中"生来"的语义和用法跟现代汉语已经基本上相同，只是例（14）由于特定韵律格式的限制，用法上稍有特点。

通过以上分析可以看出，"生来"自独立成词以来，用法和语义上没有发生太大变化，只是唐五代时期句法功能更灵活一些。到明清时期，"生来"的用法跟现代汉语就没什么差别了，只是现代汉语中的"生来"是个副词，意思是"从小时候起"（《现代汉语词典》第6版）。

3.5.2 "历来"的演变及句法语义功能

从检索的语料来看，"历来"一词明代以前未见用例，好像是"突变式"成词。其语义和用法与现代汉语没有太大差别，仅举例以供参考：

（17）因令工人在大内图画的四壁，俱采《豳风·七月》之诗及自己历来战阵艰难之事，绘图以示后世。(《英烈传》)

（18）万古江山几变更，历来数代败和成。周秦汉晋多奇事，谁似唐王死复生?(《西游记》)

明代用例不多，以上为北京大学语料库中检索到的两例。清代开始，用例逐渐多了起来。如:

（19）今天想请求将他陈列孔庙与孔子一起祭祀，要将两案历来所奉的谕旨一一查出来，尤其要把国史中他的本传查出来。(《曾国藩家书》)

（20）所以那班堂官就是明知道我们作弊，也无非打个哈哈就过去了，历来都是这个样儿。(《九尾龟》)

（21）此处历来如此，要带多人，请速回罢。(《海国春秋》)

（22）此是小人国历来风气如此，也不足怪。(《镜花缘》上)

（23）此乃固本之事，历来无有言及此者。(《清史稿》)

以上用例中的"历来"，无论语义还是用法跟现代汉语的"历来"皆无本质区别。由于语料限制，无从窥探其句法语义功能的演变痕迹。现代汉语中，"历来"是个副词，是"从来，一向"的意思。

3.6 余论:"以来"虚化为时间标记成分对"近来"类双音词的语义产生的影响

除上面提到的各种因素以外，"近来"类双音词的演变当然有可能还会受到其他因素的影响，比如"以来"成为时间标记成分就有可能对"近来"类双音词的语义产生很大影响。拿现代汉语中依然较为常用的"古来"和

"生来"来说：单纯从语义角度着眼，"古来"当然可以理解成"自古以来"，"生来"也当然可以理解成"（自）出生以来"；但是，这仅仅是就语义而言，从构词法的角度来看，很难找到充分的证据来证明"古来"和"自古以来"及"生来"和"（自）出生以来"之间有什么派生关系。并不否认，"以来"虚化为时间标记成分以后，有些情况下可以用"来"代替"以来"发挥同样的作用；但是，从当时语言系统发展演变的整体状况来看，"词根＋词缀"式的派生构词法才是"近来"类双音词产生的主要途径。因此，我们倾向于把"古来"和"生来"也看作是"词根＋词缀"式的派生合成词。

由于"以来"虚化为时间标记成分对"近来"类成员的产生和发展具有一定的影响，下面简单分析一下"以来"虚化为时间标记成分的过程。

"以来"在先秦时期的作品中就已经普遍用来表达时间概念，主要见于"自……以来"这种表达方式。请看例句：

（1）楚自克庸以来，其君无日不讨国人而训之于民生之不易，祸至之无日，戒惧之不可以怠。（《左传·宣公十二年》）

（2）吾先人以善事君，成名于诸侯，自斗伯比以来，未之失也。（《国语》卷十八）

（3）吾自今以来知行法矣，寡人奚听矣。（《韩非子·外储说左》上）

（4）自今以来，秦之所欲为，赵助之；赵之所欲为，秦助之。（《吕氏春秋·淫辞》）

（5）出于其类，拔乎其萃，自生民以来，未有盛于孔子也。（《孟子·公孙丑》上）

（6）自古以及今，生民以来者，亦尝有闻命之声，见命之体者乎？则未尝有也。（《墨子》卷八）

（7）自霸王以来，未有人臣报仇如此者也。（《吴越春秋·阖闾内传》）

（8）自五伯以来，功未有及先王者也。（《战国策》卷三十）

（9）自是之后，以强陵弱，以众暴寡。汤、武以来，皆乱人之徒也。(《庄子·盗跖》)

上面例句中的"以来"，在语义和功能上与现代汉语的"以来"有相同的地方，"自……以来"这种表达方式在现代汉语中依然常用；但是也有明显的不同之处，这些例句中的"以来"除了有现代汉语"以来"的含义之外，还有"以后"的意思，甚至上述用例中把"以来"统统理解为"以后"也能讲得通。例（3）（4）中"以来"的用法是现代汉语所没有的，可是这样的用例在先秦时期却很常见，除"自今以来"外，还有"自是以来"等其他形式，意思相当于现代汉语的"从今以后"或"从此以后"。又如：

（10）自是以来，晋之百役，与我诸戎相继于时，以从执政，犹殽志也。岂敢离逖？(《左传·襄公十四年》)

（11）自今以来，亶父非寡人之有也，子之有也。(《吕氏春秋·具备》)

西汉时期，"以来"的这种用法得到了延续，在《史记》《说苑》等作品中出现了大量的用例。

（12）自今以来，若有召王者必见吾面，我将先以身当之，无故而王乃入。(《史记·赵世家》)

（13）自此以来，则公卿大夫士吏斌斌多文学之士矣。(《史记·儒林列传》)

（14）自今以来，鲁人不复赎人于诸侯矣。(《淮南子·道应训》)

（15）简子曰："……自今以来，择人而树，毋已树而择之。"(《说苑》卷六)

不过，与先秦时期相比，"以来"的功能和用法也发生了一些变化。首先，从出现环境来看，"以来"的运用不再局限于"自……以来"这种框架结构，而是可以直接单独与表达时间概念的名词性成分相结合组成"……以来"的形式，甚至也可以直接与动词性成分相结合——只要这个动词性成分表达的是一个具有时间标志性的事件。下面是《史记》的例句：

（16）……政由羽出，号为"霸王"，位虽不终，近古以来未尝有也。（《项羽本纪》）

（17）八神将自古而有之，或曰太公以来作之。（《封禅书》）

（18）威王初即位以来，不治，委政卿大夫，九年之间，诸侯并伐，国人不治。（《田敬仲完世家》）

（19）汉兴以来，至明天子，获符瑞，封禅，改正朔，易服色，受命于穆清，泽流罔极，海外殊俗，重译款塞，请来献见者，不可胜道。（《太史公自序》）

例（18）（19）中"以来"直接与动词性成分相结合，组成表达时间概念的"VP以来"结构，而先秦时期如果"以来"直接后附于动词性成分，则可能形成连动结构，这时的"以"是连词。如：

（20）郑人使我掌其北门之管，若潜师以来，国可得也。（《左传·僖公三十二年》）

（21）率师以来，唯敌是求。克敌得属，又何矣？（《左传·宣公十二年》）

"以来"的另一个变化体现在它的句法功能上。下面也是《史记》的用例：

（22）学者多称五帝，尚矣。然《尚书》独载尧以来；而百家言黄帝，其文不雅驯，荐绅先生难言之。（《五帝本纪》）

（23）太史公曰：……至若诗书所述虞夏以来，耳目欲极声色之好，口欲穷刍豢之味，身安逸乐，而心夸矜势能之荣。(《货殖列传》)

对于例（23），不能排除因断句方面的原因而导致错误分析的可能性，但是在例（22）中，从上下文语境和组合关系来看，"以来"显然是充当宾语（中心语）。这是"以来"与现代汉语用法差别极大的一个用例。

此外，我们还注意到，在《史记》等文献中出现了另外一个形式："已来"。从功能和用法来看，它是"以来"的另一书写形式。仅举两例：

（24）今大国之地，遍天下有其二垂，此从生民已来，万乘之地未尝有也。(《春申君列传》)

（25）……自五伯已来，功未有及先王者也。(《乐毅列传》)

"已来"的形式在后世一直沿用，但在不同文体中和不同作者的笔下，使用情况又有所差异。《唐五代语言词典》对"以来"的注释中，明确指出"以来"又作"已来"。从检索到的语料来看，南宋以后"已来"这种形式逐渐不再和"以来"表达相同的概念，而是越来越倾向于代表一种动词性成分。由于这一演变与本书的研究并无直接联系，不再详细探讨。

"近来"类双音词的演化过程给了我们以下几个方面的启示：第一，派生构词法是一种十分能产的构词方法。这不仅表现为大量"X来"的产生及它们的广泛应用，而且表现为作为构词后缀的"来"的组合能力之强——它不仅能与时间副词、时间名词等表达时间概念的词语相结合，而且也能与本来完全不表达时间概念的其他词语相结合而组成表达时间概念的"X来"。第二，汉语派生词的词汇地位具有重要性。从历时演变的角度着眼，在汉语双音化历程的推动中，派生构词一度是十分活跃的构词方式。这一点仅从派生式"X来"的演化过程便可窥见一斑。据研究，中古汉语中曾经出现过大量的构词后缀，只是现代汉语中它们大多已经消失或不再使用了。第三，词汇的演变具有系统性。这又具体表现在两个方面：一是形式上的类似的语言单位倾向于普遍地在某一时期发生同一种演变，本章主要以形式上的共性为依据结合其他方面的标准来确立研究对象就是充分考虑了这一因素；二是语义上相近或联系密切的语言单位之间容易发生相同的演变，"近来"类的演变过程突出体现了这一特点。例如："本来"和"原（元）来"，"素来"和"向来"在演化过程中相互之间就长生了很大影响。

第二编

Part Two

主观认知类"X 来"式双音词的
词汇化及语法化问题研究

零
引 言

0.1 关于主观认知类"X 来"式双音词及研究意义

0.1.1 关于主观认知类"X 来"式双音词

本编要研究的是另一组"X 来"式双音词,即由单音节动词 V 后附"来"而形成的具有主观认知义的双音词"X 来"。在现代汉语中,单音节动词 V 加"来"构成的"V 来"是汉语中较常用、较能产的构词形式,如"回来""出来""过来""归来""进来""出来"等等。但是结构中绝大多数动词与"来"只是单纯的加合关系,动词性较强,并没有发生意义上的完全融合,"来"即使虚化但也仍然是具有一定的趋向动词的用法。而汉语单音动词中另有这样一组特殊的单音节动词,它们在与"来"组配以后,单音动词与"来"的语义都发生了变化,动词性明显减弱,并且结构内部融合度显著提升,不能通过组配成分的基本义来推知结构的整体意义,已然衍化成词,这组词的词义也从具体的行为动作义衍生出抽象的主观认知义,如:"看来""说来""想来""讲来""听来""算来"等。这类"X 来"类因为 X 为动词,可进一步码化为"V 来"式双音词。"看、说、想、讲、听、算"等六个单音节动词,可大致分为三小类:

一是"感官类"动词,是由人体五官发出的动作,"看"和"听"作为感官动词与"来"组配成"看来"和"听来"。如:

(1) 这雨下得太大了,<u>看来</u>他是不回来了。

（2）他支支吾吾地说着一些话，听来又是不想跟我们一起出去。

二是"言说类"动词，分别是"说""讲"，言说动词与"来"构成"说来""讲来"。如：

（3）这么说来，你还真信了那个骗子的话！

（4）这样讲来，班长还真是错怪他了。

三是"心理知觉类"动词，可以组合成"想来""算来"。如：

（5）想来，你一定已经知道这件事了。

（6）算来他准是又干起了老本行。

本编将以"看来""听来""说来""讲来""想来""算来"这六个"V来"式双音词为研究对象。此类"V来"式双音词不仅可以表示主观认知义，而且作为词内成分的"来"已经虚化，不再表示趋向义。另外，如下例句中的"V来"仍停留在单音动词的基本义上，本编在论述中将这些共时平面上同形异构的"V来"结构式排除在外，这类"V来"属于动补短语或其他形式。如：

（7）地球从太空中看来就像一个蓝色的大气球。

（8）这件事你倒说来听听。

（9）听别人讲来的事不一定是真的。

（10）你从哪里听来的？

（11）这是我扳着指头算来的数。

（12）明年我还想来这里度假。

为了行文的方便，本编中将表主观认知义的"V来"简称为"V来"。

0.1.2 研究意义

本编讨论的"V来"不仅是现代汉语中的一组高频词,而且"V来"的句法功能也颇为复杂,相近、相关框架结构及自身内部成员间的纠葛也是纷杂难辨,这为本编的探讨提出挑战的同时,也预留了研究的价值。纵观以往的研究,学界对表认知义"V来"式双音词的研究还不够系统深入,多为个别研究,如方一新和雷冬平(2006)、张爱玲(2007)、李宗江(2008)、王晓平(2009)等,只涉及其中个例,并未做系统、综合的考察,而且研究主要集中于共时平面的描写与成词后的虚化过程,很少有对这一组词如何成词进行详尽探究。在过往研究中未系统涉及的方面还有"V来"中的单音动词意义在历时成词过程中如何演变,"来"的意义受到前置成分动词的影响而发生变化,这些变化是怎么进行,"V来"成词后的完整发展历程是如何?

本编将在前人时贤已有研究基础上,对"V来"的词汇化及语法化进行重点考察。我们认为,表主观认知义双音词"V来"存在一个"实义动词→语气副词→标记成分"的衍化历程。这三者之间是一个逐渐虚化的过程,存在一个虚化层级序列。这个语法化过程是从表实义动作动词开始,直到标记成分,达到虚化的最高程度。这个过程中不仅在该组词历时层面的记载中有所体现,而且在共时平面中也存有不同性质"V来"的交织现象。更为难得的是,鉴于每一个"V来"从非词到词的变化都是各自独立进行的,虽然在演变机制上存在相同之处,但是各自演变过程是离散的,这使这组词内部成员间存在着种种差异与个性。

本编主要拟解决如下问题:

① 通过对该类"V来"式双音词的词汇化及语法化历程、机制和成因的探讨,对该类词成词及虚化过程及相关问题进行解释梳理,并对词内成分"来"的来源及发展趋势做出可信的预测及判定。

② 借鉴对"V 来"式双音词历时的描写及解释成果，厘清该组词内部成员间存在的差异，并总结出它们各自不同的词化及虚化层级分布。

③ 对该类词相关的介词框架进行系统考察，提出介词框架的形成对"V 来"式双音词成词及虚化的重要作用。

④ 对"V 来"式双音词的语用语篇功能做出相关描写与阐释，使历时演变在共时层面得以呈现。

考察这类"V 来"式双音词，对汉语词汇教学和词典编纂也有一定的参考价值。就教学方面来说，具有多种不同用法特征的虚词一直是对外汉语教学中的重点和难点，加之，主观认知义"V 来"在句法、语义上还存在交织，这更是加大了教学难度。过去对"V 来"的辨析都是静态、共时平面的，如果从历时来源上进行考察研究，有助于更好地理解词义。诸如，当了解到言说义"说"可以演变形成了抽象认知义，从而可以表示打算、计划、考虑等心理活动，这也许能加快学生对汉语的理解与学习。当然，词典也应该考虑收录这些常用词汇成分。

0.2　研究现状及思考

0.2.1　词典及相关专著对"V 来"及相关结构的收录与释义

《现代汉语词典》(第6版)只收录了"看来、想来"，词性认定为动词，表义是"只是根据推测，不敢完全肯定"；《汉语动词用法词典》中收录"看来"，释义是"看起来，估计"，词典中将"看来"归于动趋结构式；《应用汉语词典》收录"看来、想来"，词性是动词；《现代汉语八百词》(增订本)收录了"看来、想来、说来、听来、算来"，将"看来、想来"收纳于这些单音动词组配而成的动趋结构式中，视其为插入语。

杨寄洲、贾永芬(2005)在《1700对近义词与用法对比》中收录了"看来"，释义"粗略地判断"，但并未标注词性。李宗江、王慧兰(2011)在

《汉语新虚词》中不仅收录"讲来、说来、看来、想来",而且也收录了"说起来、讲起来、看起来";该书中将这七个词按照不同的功能分布细分为三类:一是语篇关联词,有"说起来、说来、讲起来、看起来",主要起关联语篇的作用;二是助词,有"说来、讲来、看来",主要是用在介词短语后部的成分,表示观察分析问题的角度;三是情态词,有"看来、看起来、想来",在句子中表推测。侯学超(1998)《现代汉语虚词词典》收录"想来",表示估计发生的可能性,不能完全肯定,词性标注为副词。

从词典和专著的收录情况来看,常用辞书中一般只收录"想来、看来、说来",对其他三个"V来"谈及较少,并且这些辞书对"V来"是否成词与词性界定存在一定分歧,没有一致意见。同时,不难发现辞书中"V来"与"V起来"存在着语义层面的互释与语用层面的交织情况,这也从侧面反映了对于两者的共性及个性有待做进一步探讨。

0.2.2 "V来"中"来"的研究

对于"来",学界已有较多的研究,不多赘言。本节将聚焦于过去对表主观认知义的"V来"中"来"的探究与认定情况。

刘月华(1980)在讨论"来""去"做趋向补语相关问题时指出,趋向补语的"来"在共时平面上用于"看、想、说"后,有时可以表示"估计"等引申意义,认为这是比较特殊的用法,刘文是比较早发现这一特殊现象的,但是刘文只是在附注中提及,并未展开论说。

太田辰夫(1987)对助词和事态助词的界定与来源进行了讨论,认为助词"来"当然是从动词"来"而来的,原来是做了某事之后来到现在的场所的意思,后来"来"成了附加成分,就把重点放在过去曾做某事上了。曹广顺(1995)对近代汉语中事态助词"来"进行了研究,指出事态助词是可以加在一个分句或全句的末尾,主要的语法意义是肯定、确认在过去时间里事态出现了变化,指明某一事件、过程是在过去发生或曾经发生过的,并认为在唐代文献中位于句末的结构式"看来"是"看（动词）+来（事态助词）"的连用形式。而梁银峰（2004）从"来"的初始语法化格式入手，认为事态助词是从连动式"V（+NP）+来"中趋向动词"来"虚化而来的，并且考证了事态助词"来"在南北朝时期、最晚在隋代已经正式确立，而不是之前学界流行的说法——产生于唐五代。方一新、雷冬平（2006）指出，认知义动词"看来"中的"来"属于事态助词。动词"看"加上事态助词"来"形成的认知义动词"看来"是"看来"再发展的基点。但是对于此类看法，我们觉得事态助词"来"绝大多数只出现在分句或者全句的末尾，这就难以解释在历时语料中检索所得位于句首及句中的大量"看来"用例，而且方一新、雷冬平（2006）在论述过程中也有引用位于句中的"看来"用例。

刘楚群（2009）认为，"看来"是"看起来"进一步凝固压缩而成，"来"自然是"起来"的缩略形式。刘文的依据主要建立在共时平面上"看来"与"看起来"的语义及功用有联系与继承，但是就对历时语料的考察来看，"看起来"结构最早出现在元代语料中，而单在宋代就检索到大量成词的"看来"用例，所以刘文这一观点与语言发展的一般规律有不符之处。当然，这不是否认"看来"与"看起来"这两个语言形式在发展过程中在一些用法及表义上有共通点。

梁银峰（2009）指出，"想来"类来源于动趋式"X来"的泛化，"来"逐渐由趋向动词（做补语）虚化为类词缀。"X"是动词语素，导致它后面的"来"变为词内成分以后，兼有向表动相①或体功能的词缀方向演变的趋

---

① 吕叔湘（1979）将赵元任（1968）的"phase complement"译作动相补语。这类语法成分的功能在于给所表述的事件增加一种结束义（telic）。江蓝生（1995）、曹广顺（1995）、蒋冀骋和吴福祥（1997）虽有不同意见，但都认可这种表示动作状态的完成或实现的"来"是动态助词。梁银峰（2005）认为动相补语"来"位于动词之后，表示动作状态的完成或实现。表示某种情状发生之后，接着发生另一件事，可以表示为"V来VP2"。在"V来VP2"的基础上，作为后部"来"为动相补语的"V来"不需要后一分句也能实现自足。

势。对于这种"来",学界多认为它是半实半虚的语素。梁文对"来"的界定非常具有借鉴意义,但是并未对"来"如何从趋向动词虚化为类词缀进行展开,我们将在基础上,对"V来"中"来"的虚化做更为深入、细致的探究。

综合各家所言,学术界对表主观认知义"V来"中"来"的看法并不统一,比较笼统,有深入探究的可能及需要。

0.2.3 关于"V来"的研究

0.2.3.1 对于"V来"定性及归类

在对"V来"双音词进行综合分析前,本节研究必须要满足的大前提是表主观认知义"V来"是词级单位而不是其他句法单位。一般认为,词是语言中最小的能够独立运用的语言单位。虽然词在两头都有划界问题,但是"V来"是两个语素组合,需要区分的是词还是短语。布龙菲尔德(Bloomfield,1933)指出,语言中词法上的差异要大于句法上的差异。因而词与短语的分界往往存在纠葛。

吕叔湘(1979)认为,语素组合的问题主要涉及五个因素:1.两个语素的组合能不能单用及组合的成分能不能单用;2.这个组合能不能拆分;3.这个组合的成分可不可以进行扩展;4.这个组合的意义是不是等同于组成成分的意义的总和,也就是意义的专门性问题;5.语素的长短。与此同时,吕叔湘也认为,从词汇角度看,双语素组合多半是可以算作一个词,即便两个组成成分都可以单说,并且四个语素的组合也多半可以算作两个词,即使其中有一个不可以单说。朱德熙(1982)在谈到词和非词的分辨时,认为单独根据独自成句能力、活动能力的强弱、能否扩展这三个标准中的任何一项来确定汉语的词都存在不足及困难,但是这三个标准在确定汉语的词的时候,都是应该考虑到的因素。张斌(2003)从语法教学方面着眼,分析了汉语中的一些词与短语存在争议的偏正、动宾、动补结构,主张采取简便的方法,认为通过结构间未隔开时是词，隔开时是短语。

王洪君（1994）认为，在汉语中该从字组中字和字的结合关系出发，先找到字和字自由组合成短语的规则，再根据排除法来确定词。当对词的直接定义比较困难的时候，这是一种较为可行的方法。冯胜利（2001）通过四类 VC（Verb + Complement）形式研究了汉语词与语之间的分界，认为只有双音节的 VC 才能成词，三个音节及以上的均为短语，并提出：韵律是分辨汉语词与短语大界的重要依据和标准。

综上所述，可从韵律的轻重制约机制、语义的专门化及语法上的不可拆分这个几个方面着眼，并结合前文辞书中的收录情况来考虑"V 来"的定性问题。综合上述判定原则，我们认为表主观认知义的"V 来"定性为词级单位是合理的。但需要注意的是，由于词汇化及语法化的程度不同，"V 来"各个成员间发展的阶段并不是整齐划一的，内部成员间存在一个衍化的等级序列。

关于"V 来"的归类，陈昌来（2003）认为位于介词框架后部的"说来、想来、看来"在语义上没有什么特别意义，它们只是附在由这种介词框架前部介词所构成的介词短语后面起某种标示作用：标示依据、来源、情理、论说或认知主体等。因为这些词在意义上的虚灵性，句法上的非强制性，位置上的附着性，所以把这些词叫作"准助词"。侯学超（1998）将"想来"标注为副词。史金生（2003）首先将知识类语气副词分为肯定和推断两个次类，而"看来、想来"归入肯定类语气副词中的证实类语气副词，认为这类语气副词所表达的肯定情态都跟一定的事实依据有关，是根据上文或当前情境对命题真实性的推定。方一新、雷冬平（2006）指出，"看来"是推度副词。李宗江（2008）认为"想来""看来""说来"已经演化到情态副词阶段，只是表达说话者对一个命题的态度。

可见，过去的研究对这类"V 来"的性质还有不同的看法，需要进行进一步的研究，而从历时演变角度去考察"V 来"的演变过程，也有助于判断"V 来"的性质。

0.2.3.2 关于"V来"词汇化与语法化的研究

关于词汇化和语法化的关系学者们提出许多看法。沈家煊（2004）注意到"词汇化"往往和"语法化"有重合现象，并指出"词汇化"还有一个重要含义，那是指词的组连变为词的演变，此意义上的"词汇化"十分常见，往往和"语法化"重合起来。董秀芳（2006）在阐述词汇化和语法的关系时指出，词汇化和语法化在机制、过程与构式①的统一性上存在共通之处；与此同时，词汇化和语法化在与相邻成分的组配能力、语义是否宽泛化、发生变化的成分数量、语言形式的走向等方面存在差异。但是就汉语来说，词汇化及语法化分界存在一定的模糊性，很多语言现象不能清晰地区分两种演变方式。王静（2010）总结词汇化和语法化关系时指出：语法化和词汇化互为逆向，语法化包括词汇化。一方面，语法化和词汇化存在不少相似之处，体现出渐进、单向性的发展特点；另一方面，二者的泛化方式、适用角度不同。两种语言演变模式并非彼此的逆反过程，而是垂直相交的。

语言现象本就是非匀质的，不可能简单地一分为二。语法化和词汇化作为语言的演变方式两者也不能截然分清，它们存在着相似、相异、相关、交叉的复杂关系。事实上，"V来"的发展大体方向是从具体的实义词到抽象的虚词，这个过程中，我们认为"V来"首先历经词汇化为实义词的衍化，再从实义词出发，经历语法化演变成为双音节虚词。故此，在"V来"的形成过程中，我们将把词汇化和语法化两者结合起来考察，并认为两者在汉语事实中是相关的、交叉的。

以下是前人时贤对"V来"词汇化及语法化已有的研究成果：

方一新、雷冬平（2006）认为"看来"在唐代成词并沿用至今，首先

---

① 构式语法将语素、词、句式都看作"构式"，表面看来，不同构式间差异很大，但是"规约化"将构式内部的特征很好地概括起来，句式是话语的规约化，词是短语的规约化，语素是词进一步变化造成的规约化。这也是词汇化和语法化的共通之处，而且词汇化可以看作语法化的深入，词汇化造成的规约性则更强。

"观察"义动词"看"和事态助词"来"组合形成认知义动词"看来",再到表推度的语气副词"看来",并指出形成表推度义语气副词的机制是"以身喻心"。李宗江(2008)指出,"想来、看来、说来"经历了从动作动词到认知动词再到情态副词的演变过程,并同时指出,"想来、看来、说来"的演变,一并经历了以下的过程:虚化、语法化、主观化。但是没有对三个词最初的词汇化问题进行展开论述。梁银峰(2009)指出"想来"类"X来"来源于汉语史上动趋式的泛化:"X来"用于祈使句中时,若"X"不再表示某一实体的空间位移,或者"X"所表示的动作行为不能造成某一实体的空间位移,这时"来"的趋向意义淡化。"X来"在祈使句中时,在句法上还是一种松散的动趋组合,后来由感觉动词、心理动词,或者言说动词构成的"X来"后面经常跟谓词性短语或小句,使"X来"在结构上变得紧密起来,词汇化程度增强,语境也不再限于祈使句。同时,梁文提出"X来"式合成词的词汇化与其使用频率存在密切关系。然而,梁银峰(2009)的研究并不是在大规模语料的支撑下进行,所得结论有待考证。

0.2.3.3 关于"V来"及相关结构式共时平面的比较研究

金昌吉(1996)认为,"从……看来"中"看来"附于P+X之后,起到标示说话的着眼点或所依据事理的作用。刘月华(1998)认为,"在……V来"格式直接引出某人的看法、想法等,但可用的动词限于"看、想、听",例如"在他看来",意思是"他认为"。"在……V来"之后的词语,表示的是某人的一种看法。张谊生(2000)认为,就限定短语的表达功能而言,"来看、看来"等后部词具有限定列举性话题、引出后面进一步的论述和说明功能,因而将其统称为"话题式限定助词"。陈昌来(2002)指出,介词在介引事理、情理、话题范围、施事或主体、目的等对象时,往往采用介词框架"P+X+看来"形式。张爱玲(2007)对现代汉语中"从……来看"为代表的"XP来看"句式和"在……看来"为代表的"XP看来"句式进行了考察,总结出前者以引导判断引导依据为常,后者以引导判断主题为常。王晓平（2009）在"看来、看起来"语法化的基础上，考察了"看来"及"看来"的相关格式，并比较分析了共时平面各句法位置的"看来"具有不同的语义特征及语用价值。刘楚雄（2009）对"看起来"与"看上去""看来"的使用差异进行了研究，认为"看上去"更倾向于表象观察的结果，更多地体现出某种评价意义；而"看来"更倾向于逻辑推理的结果，更多体现出某种推测意义；"看起来"则居于两者之间。

总的看来，前人时贤对于"V来"的研究主要集中在"看来、想来"等少数几个词上。尚需要从历时和共时两个角度对这类"V来"式双音词进行系统的考察和研究。

第一章

表主观认知义"V 来"式双音词词汇化及语法化

表主观认知义"V 来"式双音词成词过程不仅涉及词汇化的演变,同时也离不开语法化的作用。无论是语法化,还是词汇化,事实上语言的演化都应该是有理据的。只是随着时间的推移,现今语言现象的有关理据有些已经变得模糊不清。但由于语言的发展演变具有渐变性和连续性,人们能够在历时语言事实中觅得语言演化的路径。表主观认知义"V 来"式双音词表层结构上是由"V"和"来"两个构词语素连结而成,这两个构词部分从历时的纵向演变轴上来看,各自拥有着彼此独立的语义轨迹和使用特点。"V 来"式双音词正是在单音动词"V"和"来"的演变基础上才得以成词。下文将结合历时的语料,系统考察"V 来"的成词及虚化过程。

1.1 实义词到功能词衍化:"V 来"中"来"的来源及归属

从语言的发展规律来讲,一种语言现象的产生一定有其适宜的生成环境,而在表主观认知义"V 来"式双音词的出现过程中,"来"的语义演变是一个非常重要的环节。下面将在前人时贤研究基础上对"来"的虚化演变进行梳理,特别是前置成分的更替对"来"发展变化的影响及作用。

1.1.1 "来"的意义

《说文解字》:"來,周所受瑞麥來麰。""来"古义为"小麦",后来通过假借表示"行来之来","来"的"小麦"义后世已经不再使用。到先秦两汉时期，文献中开始大量出现"来"，一般用在句子中作为核心动词，表位移动作义，与"去"相对。《尔雅》："来，至也。"《尔雅》成书年代大致是在战国与西汉之间，可见表示"由远到近"位移义在秦汉时期已经成为"来"的基本义。

《汉语大词典》中"来"有25个义项，《现代汉语词典》把"来"分列三个词条，其中"来¹"14个义项，"来²"1个义项，"来趋"2个义项。可见，"来"的词性、用法纷繁复杂。词典中一般将"来"分为动词、趋向动词、助词、名词四类及词缀、衬字等。表主观认知义的"V来"中的"来"又应该归属于哪一类呢？在《汉语大词典》中"来"用在动词后面，表示"动作的结果"的义项下有如下示例：

（1）留得却缘真达者，见来宁做独醒人。
（唐《同友生题僧院杜鹃花》）

（2）前辈有此说，看来理或有之。（北宋《朱子语类》）

（3）纤纤玉指，秤来不上半斤（清《奈何天·隐妒》）

其中例（2）中"看来"与本编的研究对象基本吻合。同样，在《现代汉语词典》（第6版）中"来"作为趋向动词后附于动词，又被分列为两类情况：其一，用在动词后，表示朝着说话人所在的地方：把锄头拿～｜各条战线传～了振奋人心的消息；其二，用在动词后，表示结果。如：

（4）看来今年超产没有问题。

（5）想来你是早有准备的了。

例（4）（5）中的"看来""想来"无疑就是本书考察对象在共时层面的表现。这一检索结果与《汉语大词典》中所述大致相符，并且得到了共时语料的例证。换言之，如果依照词典中的解释，那么表主观认知义"V来"中的"来"表示的是结果义，并且词性为趋向动词。但这正是我们要思考的地方。首先汉语中的确存在"来"用在动词后,可以表示结果,譬如"一觉醒来、信笔写来"。当然这种表示结果的用法必须与特定的动词连用,使用搭配受到相应限制,导致其能产性并不高,上述表结果义的示例,词典也有收录。再看例(1)(3),这两例中,真正表示结果的成分是"V来"的后接成分,如"见来"的结果是"宁做独醒人","秤来"的结果是"不上半斤"。而"见来""秤来"并不能表示结果,至多可以认为两者后能带表结果的成分。再看,例(2)(4)(5)中"看来"与"想来"的后接成分"理或有之""今年超产没有问题""你是早有准备的了",与其说是结果,不如说是认知主体的某种结论或者推论,这种结论与前例(1)(3)所述的结果也存在显著的不同:后者的主观性更强,前者更为客观。综上所言,我们认为辞书中基本涵盖了"来"的意义及用法,但是具体到特殊用例时有加以细分的需要,至少"看来""想来"中的"来"并不是用表示结果就能简单概括。因而,有必要对"V来"中"来"的归属进行再分析。

1.1.2 "V来"中"来"的语法化

"由远及近"是"来"最早产生的动词义,也是"来"引申出其他用法的语义源点。如:

(6)冬。齐仲孙来。齐仲孙者何?公子庆父也。(春秋《公羊传》)
(7)此飞箝之缀也。用于人则空往而实来。缀而不失。
(春秋《鬼谷子》)

"来"在上述例句中都是实义动词,例(6)中与用在"齐仲孙"后,表示位移动作,例(7)中"来"更是与前文中"往"对举,这两例中"来"在句中充当谓语。"来"在先秦时期也与其他动词共现,构成连动结构,并且连动结构中的另一动词和"来"共戴同一主语,两个动词分别表示主语发出的动作行为和位移趋向运动。如:

（8）其民引之而来，推之而往，使之而成，禁之而止。

（战国《管子》）

（9）其父曰，"吾闻沤鸟皆从汝游，汝取来，吾玩之。"（战国《列子》）

（10）其父告之曰："闻蜻皆从女居，取而来，吾将玩之。"

（战国《吕氏春秋》）

也就是说，上例中"来"在句中的语义指向是指向句子主语的，如例（8）的"其民"。比较例（9）"取来"和（10）"取而来"，更能够说明"来"与"取"的语法地位是等立的，共戴一个主语，只是两个动作发生的时间上有先后。

到中古魏晋南北朝时期，"来"开始了从实义动词到趋向补语的语法化过程（梁银峰，2006）。而触发这一语法化过程的是实义动词"来"所构成的连动结构前主语名词的句法位置发生了变化。魏晋南北朝时期，少数主语名词开始可以用在两个动词之后，从"NP＋V＋V趋"到"V＋V趋＋NP"：NP的语义角色虽没有改变，仍然是施事，但是语法角色从主语变为宾语。这一结构的重新调整使前一动词"V"和"来"之间界限开始模糊，两者联系开始紧密起来。如：

（11）弇以尚书教授，躬自耕种。常有黄雀飞来，随弇翱翔。

（西晋《续汉书》）

（12）飞来双白鹄，乃从西北来。（南朝《玉台新咏》）

到了唐代，"来"表示空间趋向的语法意义已经稳固下来（梁银峰，2006），由"来"作为趋向补语组构的动趋式也在该时期出现。动趋式中"动"由"来"前的动词来承担，"来"动词性大大减弱，更多的是表示前一动词引发动作行为的空间位移趋向，是一种空间趋向义，已与现代汉语中专职趋向补语无异。如：

(13) 帝谓神人曰："此肝自何而来？"神人曰："上界令神送来！"（唐《敦煌变文集》）

(14) 弟子布施一索分难之时，愿平善孩儿早出来，久住令贱。（同上）

(15) 邻里闻声者走来，问其事由。（同上）

(16) 廿七日卯时，去淮口七十余里，逆潮暂停。余船随后追来。（唐《入唐求法巡礼行记》）

同样是在唐代，在表动作位移方向的趋向补语"来"的基础上进一步虚化成表示动作实现并有结果，曹广顺（1995）认为，表示动作完成并有结果义的"来"的用法及语义都接近现代汉语中结构助词"得"。如：

(17) 已疑素手能妆出，又似金钱未染来。（唐《全唐诗》）

蒋冀骋、吴福祥（1997）认为大约在中晚唐时期，"来"由表动作实现并有结果义最终虚化为动态助词。如：

(18) 任判官施夹缬一疋，辛长史见来，便交裁作褐衫。（唐《入唐求法巡礼行记》）

(19) 倩俸写来手自校，汝曹读之知圣道，坠之鬻之为不孝。（唐《全唐诗》）

动态助词的语法功能是给所描述的动作状态增加完成或实现的意义。对于"来"动态助词的用法，江蓝生（1995）指出，"来"本身就是指到达说话人所在之处，当到达说话人所在地时，这一动作也就完成了。例(18)(19)中"来"用在"见"与"写"的后面，能够表示前一动作完结。但是"来"并不能使所在句子的语义自足，故而，其后需紧跟表示结果的成分"便交才作褐衫"与"手自校"来完句。

综上所述，上述所言"来"的语义及词性发展轨迹可归纳为：

表2

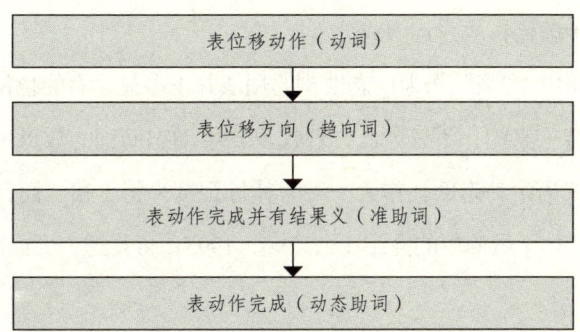

我们认为,表示动作完成动态助词"来"的出现是"V来"成词过程中至关重要的环节。"来"从动词到动态助词的演变历程,完成了由实义词到功能词的嬗变。在此过程中,"来"前加动词的数量与类型也出现一个扩容过程,由自身表位移义的动词,到可以出现在不表位移的动词后,如以下四类:

A.跑、冲、飞……[＋位移]

B.送、买、取……[＋位移,＋携带]

C.醒、死……[－位移,＋结果]

D.赋、教……[－位移,＋制成]

需要说明的是,能够后附"来"的动词类实际上并不止以上四类。"来"前动词从A类到D类逐渐辐散,后一类动词出现,并不取代前类动词与"来"的搭配。而当组构动词从A类辐散到D类时,"来"的语义也相应做出调整。上述四类"来"的前附动词不管语义侧重点如何不同,都具有一个显著的共同点——较强的动词性。故而,当"来"前动词的动词性减弱时,"来"也会进一步虚化。而在"来"前的"看、想、说、听、算、讲"较之前面四类动词的动词性明显降低,"来"的虚化程度理应在动态助词的基础上得到提升。我们认为单音动词"看、想、说、算、讲、听"与动态助词"来"先结合成词,动态助词的"来"在"V来"成词衍化过程中又进一步消融了自身的句法独立性，成了附着词缀，而"V 来"虚化过程中，"来"也随之进一步虚化，成为词内成分。

现代汉语中，"来"作为动态助词的用法并不多见，有的也是一些历时演变过程中遗留下来的，不仅如此，现代汉语中动态助词的数量也不及近代汉语多。近代汉语中动态助词作为一种时体标记要来得丰富，而且使用的词汇形式也不同，如下做简单的介绍（曹广顺，1995；蒋冀骋、吴福祥，1997）：

表 3

序列	动态助词	例　　句
1	却	汉帝不忆李将军，楚王放**却**屈大夫。（李白《悲歌行》）
2	了	各请万寿暂起去，见**了**师兄便入来。（《敦煌变文集》）
3	过	蒙使君报云："本司检**过**。"（《入唐求法巡礼行记》）
4	着（著）	使人曰："莫为此女损**著**府君姓命，累及天曹！"（《敦煌变文集》）
5	将	将士一见。当下擒**将**，把在将军马前。（同上）
6	得	病来才十日，养**得**已三年。（白居易《病重哭金銮子》）
7	来	赋**来**诗句无闲话，老去官班未在朝。（张籍《赠王秘书》）
8	取	谁将古曲换斜音，回**取**行人斜路心。（王建《斜路行》）

表 3 罗列了近代汉语中动态助词基本情况。到了现代汉语，"却、将、得、来、取"已被"着、了、过"取代，其中语言经济性原则也许起到一定的作用。虽然这些表时体标记的动态助词用法在语言的发展过程中逐渐消退了，但是它们出现过的痕迹在现代汉语词汇系统中有所体现，如"冷却""忘却""听取"等。

总的看来，"来"历经实义动词到功能词的转变才得以成为"V 来"的构词成分，这一虚化历程符合语法化发展的"语法性斜坡"①（">"读作"语法化为"）：

---

① "语法性斜坡"就是基于观察而做出的一个隐喻，即形式都会跨语言地经历同样的演变或演变顺序上具有相似的关系。最早由哈利迪提出。

实义项（content item）＞语法词（grammatical word）＞附着形式（clitic）＞屈折词缀（inflectional affix）

斜坡右端的每一项比左端相邻项语法性更明晰，词汇性更弱。"来"在从斜坡的左边一直往斜坡的右边移动的过程中，也一步步接近，或者说满足于"V 来"的成词条件。

1.2 "看来"的词汇化及语法化

下面将对"看来"的词汇化及语法化过程进行探讨，并试图对如下问题做出阐释：1."看来"成词的源结构式及从非词到词的节点，2.虚化是否贯穿"看来"成词演变的整个过程，3."看来"的衍化经历了哪些阶段及相应判定依据和标准。

1.2.1 "看来"的意义及成词理据

1.2.1.1 关于"看来"的释义

《现代汉语八百词》（增订本）中没有对"看来"进行单独释义，而是将"V 来"作为同类插入语来加以解释：带有估计或着眼于某一方面的意思。《现代汉语词典》将"看来"标注为动词。孟琮、郑怀德等人编撰的《汉语动词用法词典》中将"看来"释为"看起来，估计"。李宗江、王慧兰著《汉语新虚词》把"看来"细分为助词和情态词两类，并分别释义：1.助词，一般与"在、照、从、按、据"等相搭配，表示观察分析问题的角度；2.情态词，表示根据情况推断可能发生或已经发生某事。

总结以上辞书释义，"看来"大致可以归纳为两个义项：1.估计、推测；2.观察分析问题所着眼的角度。

1.2.1.2 "看来"的成词理据

"看"的语义演变是"看来"成词的重要理据之一。"看"作为现代汉语口语中的常用高频词,已经演化出动词、介词、助词等诸多用法。而且各词性的"看"又通过吸收使用过程中不同的语境义,拓展了自身的使用范围和语义蕴涵。

《说文解字》:"看,睎也。从手下目。"作为动词的"看"是对视觉行为的一种概念性的描述,最初的意思为:视线接触人或物。在此基础上,"看"衍生出其他的义项,通过"汉籍全文检索系统(第四版)"检索到的最早的典籍用例是:

(1)梁车新为邺令,其姊往<u>看</u>之。(战国《韩非子·外储说左下》)

有必要说明的是,在先秦文献中只检索这么一条孤例,此处"看"的语义已并非其原始义,而是已经从最初的原始义引申为"拜访,探望"义。例中的"看"句法位置用在动词"往"的后面,作为连动结构的后项,共同充任句子主要谓语。据此,至少能够得出"看"的语义在先秦时已经开始发生变化与调整的结论。

两汉时期虽然历史跨度长达四百余年,检索所得"看"出现的文献资料主要集中于东汉时期,但从语料的数量来讲,"看"在该时期文献典籍中的用例仍旧很少。出现这种情况的原因归结起来有两点:一、所检索文献典籍的语体多是书面语,不能完全体现该时期真实的口语面貌;二、据武文杰(2008)对《说文解字》视觉行为动词做的相关统计,东汉以前,单音节的视觉行为动词总数达 101 个,"看"在使用频度上尚远不及"视、见、相、睹"等视觉行为动词。

尽管如此,这个时期"看"的语义仍旧有所发展。具体表现为:从"视线接触人或物"义的基础上引申出"观看""观赏"及"诊视"义。如:

（2）望河洛之流交兮，<u>看</u>成皋之旋门。（东汉《东征赋》）

（3）臣之事仲尼，譬如渴而操杯器就江海饮，满腹而去，又焉知<u>看</u>江海之深？（东汉《新论·启寤》）

（4）审察表里，三焦别焉，知其所舍，消息诊<u>看</u>。（东汉《伤寒论》）

与意义的增加相应的是，"看"的用法也逐渐活跃起来，两汉时期检索到的用例中"看"后开始可以后接宾语成分。除了具体的事物宾语以外，还可以带抽象类事物，如例（3）的"江海之深"。词义的扩充和宾语类型的增加都表明"看"在这个时期的口语中使用频率的增长。

魏晋南北朝时期，视觉感官动词"看"在经历了上古"蛰伏"之后，在中古开端有了极大的发展。六朝时期"看"已经是一个发育成熟的词，并在当时的口语中取代了"视"（张永言，1995）。由此推论，此时"看"的用法已趋成熟，开启了从日常口语向书面语"输送"的道路。基于早前东汉时期文献中"看"后带的宾语类型不再仅限于具体的事物，到了魏晋南北朝时期，"看"后可跟宾语的事物更为丰富。如：

（5）今此郡民，虽外名降首，而故在山草，<u>看</u>伺空隙，欲复为乱。（西晋《三国志》）

（6）吾昼察人事，夜<u>看</u>乾象，天之所废，不可支也。（东晋《抱朴子》）

（7）公疑其有异色，先遣迎<u>看</u>，因自留之，羽心不自安。（东晋《蜀记》）

据统计，仅在该时期的汉译佛经中"看"的义项就多达 15 项，基本涵盖了现代汉语中动词"看"的所有义项。对于这些义项我们不一一列举，着重来看例（5）—（7），用例中"看"后带的宾语分别表示"时机""星象""脸色"，人的视线不可能直接获取这些抽象事物，人们在日常生活中要想"捕获时机""了解规律""察言观色"，无疑都需要经过一定的思维加工；加之，

"看"这一行为动作所涉及的宾语由具体事物延至抽象事物（如，时机、规律等），使"看"的动作获得了一个从外到内、由表及里的过程义，相应完成这一动作的时间性也较之前有所增强。在视觉捕获后的思维加工、动作过程义及增加的时间性三者的共同作用下，"看"在该时期引申出新的义项"观察与观察并做出判断"。

至隋唐五代时期，"看"作为视觉动词在书面语文献的竞争中也占了上风，成了核心的视觉动词。我们认为"看"之所以在这一时期能够表示视觉的核心动词，其自身语义及用法的发展变化固然是根本原因，但唐诗作为重要文学体裁也起了不可忽视的推动作用。我们在隋唐五代的文献资料中共检索到"看"的用例7726条，而《全唐诗》中的用例就达4543例，占58%。如：

（8）贱妾裁纨扇，初摇明月姿。君王<u>看</u>舞席，坐起秋风时。
（《全唐诗》）

（9）行衣未束带，中肠已先结。不用<u>看</u>镜中，自知生白发。（《全唐诗》）

宋代以降，动词"看"继续发展，引申出了"认为，以为"义。在口语化程度较高的佛经文献中检索到如下用例：

（10）诸禅德，你<u>看</u>老汉有甚么胜你处，诸大有甚么不如老汉处？还会么？太湖三万六千顷，月在波心说向谁？（宋《五灯会元》）

（11）曰："伏承华严经是法身佛说如何？"师曰："你适来道什么语。"其僧重问。师顾视叹曰："若是法身说。你向什么处听。"曰："某甲不会。"师曰："大难大难。汝<u>看</u>亮座主是蜀中人。"（宋《古尊宿语录》）

（12）百丈常和尚参法眼，眼令看此话，法眼一日问："尔<u>看</u>什么因缘？"常云："外道问佛话。"眼云："尔试举看。"（宋《碧岩录》）

上述例中的"看"所在的大语境是对话双方都是佛学者，小语境则是都用在人称代词的后面，后跟宾语小句（例 [12] "看"后是名词性宾语），对话者在述说相关问题时，发表或者希望对方发表对事物的观点看法，这一观点看法已然是发话者的一种主观认识，所以此时的动词"看"开始具有心理认知特征，我们可以称它为"认知义"的"看"。"认为，以为"义的"看"已经与表主观义的"看来"非常接近。

1.2.2　从分立到成词："看来"的词汇化

通过检索语料，在先秦至魏晋南北朝的历时资料中未曾发现有"看"和"来"的线性连用形式。两者共现形式直到唐代才出现，而且这种连用形式多见于唐诗中。探讨"看来"的词汇化历程，关键在于找到"看来"从分立到成词的源点或者说源结构。有鉴于此，我们将唐代"看"与"来"的共现形式按照在诗句中的位序不同分组考察，具体如下：

（13）A 组：位于句末

　　a. 谁家见月能闲坐？何处闻灯不<u>看来</u>？（崔液《夜游诗》）

　　b. 杏园岂敢妨君去，未有花时且<u>看来</u>。
　　　（白居易《代迎春花招刘郎中》）

　　c. 东风留得残枝在，为惜余芳独<u>看来</u>。（何希晓《一枝花》）

　　d. 内人相报花开，准拟君王便<u>看来</u>。（王建《宫词》）

A 组中"看"与"来"的连用形式出现在诗句的末尾，前人研究多把此处连用形式视为是视觉义"看"与事态助词"来"。曹广顺（1995）指出，事态助词"来"的主要语法功能是肯定、确认在过去的时间里事态出现了变化，指明某一事件、过程是过去发生或曾经发生的，并且近代汉语中事态助词所在句法位置是分句或者全句的末尾。A 组例句中"来"虽然位于句末，但是都尚为实义的趋向动词，意义并没有虚化，表示位移动作。如例句 a 中，"看"和"来"出现在反问句中，"看"表示的是"观赏"义，"何处闻灯"是表示"听说某处有灯会"。从逻辑角度来说，要想进行"看"所表示的观赏这一行为动作，必要条件是观赏者需要首先进行位置移动到达观赏点。因此，例句中"来"并非事态助词，而是趋向动词。例 b 中，句末的"来"与前半句中的"去"相照应，更是说明"来"是趋向动词。也就是说，如果不考虑律诗的韵律、节奏和平仄，上述例句中的"看"与"来"的位序可以进行互换。

张斌（2003）在论述格律诗的表达问题时曾指出，无论是五言诗也好，七言诗也好，最后的音步一般为奇音步（诗句的末三字），又由于作为焦点的新信息一般在句末出现，这种规律体现在诗句当中，表现为后边的音步占显要地位，要求最为严格，如平仄、韵脚等，都不能随意安排。根据张斌（2003）的观点，我们认为表趋向动词义的"来"会位于句末，多半出于对诗句和谐韵律、节奏平仄的追求。综上所言，A 组诗句中的"看"与"来"的线性连用与成词的"看来"并不存在衍生关系。

（13）B 组：位于句中

　　a. 诸生拜别收书卷，旧客<u>看来</u>读制词。
　　（王建《贺杨巨源博士拜虞部员外》）
　　b. 无力摇风晓色新，细腰争妒<u>看来</u>频。（杜牧《新柳》）
　　c. 树深藤老竹回环，石壁重重锦翠斑。俗客<u>看来</u>犹解爱，忙人到此亦需闲。（白居易《题岐王旧山石壁》）
　　d. 一枝红艳出墙头，墙外行人正独愁。长得<u>看来</u>犹有恨，可堪逢处更难留。（吴融《途中见杏花》）

位于句中的"看"与"来"连用情况稍显多样。B 组例 a 中的"看"是"拜访、探望"义，例句中的"看"与"读制词"的主语不同，"来"同样表示"旧客"前来拜访的趋向动作，"看"与"来"同等并立。例 b 中后句中的"频"与"看来"构成状中结构，此处"看"视觉行为动词，"来"已经

第一章 表主观认知义"V来"式双音词词汇化及语法化

不表实义动作，作为"看"的补语成分，只表视觉的投射方向。

例c、d的动词"看"与后接成分"犹解爱""犹有恨"共戴同一个主语，前后两者构成连动结构，并且这种连动结构存有因果联系，即"犹解爱""犹有恨"是"看"后的结果，"来"在此处的作用是标示"看"这个动作的完成、实现，是动态助词的用法。作为动态助词的"来"失去了独立的句法位置，附着于动词"看"之后，两者结合变得紧密，在句法上合为一个单位，中间不能插入其他成分，各自都不能被单独修饰，而且意义专门化为表视觉行为，在句子中充任核心谓语。我们认为"看（视觉行为动词）"与"来（动态助词）"词汇化为表视觉行为义的"看来0"。其中，"看"作为词汇义的承载项，"来"只作为构词语素，并无实义。我们认为，非句法结构[①]"看（视觉行为动词）+来（动态助词）"是"看来"的源结构式。"看来0"的入句格式可以码化为：X，S（施）+看来0 + VP/AP/S。语段X中含有看到的具体事物，即"看来0"的受事，而且"看来0"与结果成分"VP/AP/S"都是由同一个主语"S（施）"发出的动作状态。

(13) C组：位于句首

　　a. 昔日曾看瑞应图，万般祥异不如无。摩柯池上分明见，子（仔）细<u>看来</u>是那鹅。（顾敻《感秃鹜潜吟》）

　　b. 白玉花开绿锦池，风流御史报人知。<u>看来</u>应是云中堕，偷去须从月下移。（吴融《高侍御话即皮博士池中》）

　　c. 深水有鱼衔得出，<u>看来</u>却是鹭鹚饥。（杜荀鹤《鸬鹚》）

C组例a中"子细"修饰"看来"，这里的"看来"仍然是"看来0"。而在例句b、c中，"看"与"来"的连用出现在句首，"应是云中堕""却是鹭

[①] 对于不在同一句法层次上而只是在表层形式的线性语序相邻的成分组合，各学者有各自不同的表述，主要有吴竞存、梁伯枢（1992），董秀芳（2002），刘红妮（2009b）等，但其本质是一致的，本文在论述过程中采用刘红妮（2009b）提出的"非句法结构"表达。

鹆饥"都受"看来"的支配，是"观察、细看"后的结果。虽然语段 X 中仍有观察到的具体事物，但是此处"看来"与结果成分的主语不再共戴同一施事主语，并且开始侧重于表示一种主观思维活动。"看来"的动作性有所减弱，意义发生衍化，可以作视觉行为和思维认知双重解释。我们把此处的"看来"界定为"看来1"。

至宋代，"看来"使用频率增多，并且语段 X 的内容开始丰富，出现表示事实、命题、论说等成分，因为"看"的对象不再是具体事物，句中"看"的语义也相应地从"观察"义引申为"认为，以为"义，"看来"的语义也从视觉行为域投射到思维认知域，表示对某事的认识判断，义同"认为"。如：

（14）颜子好学，其次方说及曾子，以此知事大难。曰：固是如此。某<u>看来</u>亦有甚难，有甚易。(《朱子语类》)

（15）尤延之以此为伪，某<u>看来</u>不是董子书（同上）

斯威策（Sweetser，1990）认为这类词义引申归结为"以身喻心"，人的身体感觉是相互贯通的，视觉可以与其他感觉相联系，当对观察现象的了解由表面进入内部，视觉感官也随之转向认知感受。上述两例中"看来"前面都有认知主体"某"出现，而且"某"也是句子主体，"看来"在认知主体之后充当句子的核心谓语成分，都是对前面语段中的某种论说做出自己论断，"亦有甚难""不是董子书"是"看来"的宾语成分。我们把此处表认知义的动词视为"看来2"。

至此，由"看＋来（动态助词）"到视觉行为动词"看来0"和认知义动词"看来2"，中间有一个过渡阶段，做视觉行为动词和认知义动词双解的"看来1"。虽然从"看来0"至"看来2"的动词性有所减弱，但是这一减弱过程是由于词义负载项"看"的语义引申而导致的，这一过程中"看来"都保有较强的动词性，在句中做句子的主要谓语，也都表示实在的句法语义属

性。成员间并没有一个显著虚化过程,这一演变过程中的每一个阶段都是等立的,我们将这一衍化过程统归于词汇化过程。总结如下:

表 4 "看来"的词汇化历程

考察项目		时代	唐	唐	唐	宋
语法形式			看＋来	看来0	看来1	看来2
词性			视觉行为动词＋动态助词	视觉行为动词	认知义动词/视觉行为动词	认知义动词
语义特征	视线接触		＋	＋	＋/－	－
	可看物		＋	＋	＋/－	－
	思维活动		－	－	＋/－	＋

1.2.3 由实到虚的衍化:"看来2"的语法化

同样是在宋代,认知义动词"看来2"有了新的发展。尤其是在《朱子语类》中,共检索到"看来"的有效用例365例,占了同时期被检索出"看来"语料的二分之一强,更为重要的是同时期其他语料中"看来"的用法基本沿袭唐代,并没有新的发展变化。而《朱子语类》大量口语性对话体记载中,"看来"的用法十分丰富。

1.2.3.1 评注性副词"看来3"产生

宋代虽然出现了认知义动词"看来2",但使用十分受限。其中一个重要原因是认知义动词"看来2"前的认知主体仅限于表第一人称,一般阐述说话人自己的看法或论断。《朱子语类》共检索到"认知主体＋看来2＋S/VP/AP"的例句29条,约占全部语料的8%。人称代词仅限于第一人称代词"某、自"。如(以下用例皆取自《朱子语类》,出处略):

(16)史记载纣赴火死,武王斩其首以悬于旌,恐未必如此。书序,某**看来**煞有疑。相传都说道夫子作,未知如何。

(17)曰:固是如此。某**看来**亦有甚难,有甚易!只是坚立着志,顺义理做去，他无跷欹也。

（18）自看来，直是尽得圣人之心。

作为"看来₂"宾语成分的"小句／VP／AP"都是承前省略从句的句子主语。例（18）中"自看来"与后续句之间有隔断，只是断句的不同所致，语料中也存有一部分认知主体承前省略的"看来₂"用例。如：

（19）某旧见伊川说仁，令将圣贤所言仁处类聚看，看来恐如此不得。

当"看来₂"的认知主体隐省，并与后续小句 Y 连接在一起时，"看来"被推至句首。如：

（20）上蔡诸人皆道此时做工夫处。看来只当作成效说，涵养庄敬得如此。

（21）看来有一样底，若"弗得弗措"，一向思量这个，少间便会担阁了。

（22）曰：看来可以取，是其初略见得如此。

上述例句中，后续成分为谓词性成分构成的小句，由于小句主语承前省略，使"看来"与谓词性后部成分连用在一起，语句中也未出现"看"的受事，致使"看来"原先动核（陈昌来，2002）地位失落，语义上不再是句子的焦点，继而走上虚化道路。例（20）—（22）中的"看来"的述谓功能已经开始削弱，但由于后续成分前的"看来"尚隐含着一定程度的"发话者"主观感觉，故而，此处的"看来"并未完全虚化。

当后接成分的句子主语移位至"看来"前，占据原先认知主体的句法位置，话语中的认知主体进一步泛指化。如：

（23）两事看来却似易，待去做时，多少难！
（24）杨朱看来不似义，他全是老子之学。

句中主语"两事""杨朱"都不是"看来"的认知主体,将句中"看来"略去,"两事却似易""杨朱不似义"都仍然成立。当"看来"在现实语料中出现位于主谓之间时,"看来"不再具有述谓功能,从自由走向黏着,上例中"看来"直接黏附在评注对象句子主语"两事""杨朱"后面,认知主体从句子主语(sentence subject)转化为言者主语(speaker subject);语义上从概念义转到情态义,只是表示泛指化的言说者对某个事实、命题的主观揣测的情态义。张谊生(2000)认为,有些一直被当作语气副词处理的词,如"索性、反正、简直、难道",其实充当状语和表示语气并不是这些词的主要功能,它们的基本功能在于充当高层谓语进行主观评注,可将这类副词称作评注性(evaluative)副词。我们认为上例中的"看来"已然衍化成为评注性副词,可视为"看来3"。

张谊生(2000)在对限制性副词和评注性副词进行比较时指出,评注性副词在句法上能够充任高层谓语,继而具有述谓性和灵活性。"看来3"在句法分布上有较强的灵活性,句中的"看来3"同样可以移至句子主语前,做句首状语,辖域(scope)扩大为整个后续句子。如:

(25)若到说处,自住不得。<u>看来</u>夫子只用说"学而时习"一句,下面事自节节可见。

(26)仁有两般:有作为底,有自然底。<u>看来</u>人之生便自然如此,不待作为。

(27)旧说制只做有一月至者,有一日至者,与颜渊三月至者有次第。<u>看来</u>道理不如此。

"看来3"的用法在宋代已经发展成熟,仅在《朱子语类》中就出现275例,所占比例为75%。这说明在宋代副词用法已成为"看来"的主要用法,与现代汉语中的情况基本吻合。

1.2.3.2 准助词"看来₄"的出现

宋代"看来"还有一类入句格式:"X+看来,Y"。其中"看来"的认知主体隐省未现,根据 X 的成分不同,可以分为两类:

A."X"是时间词,如"今／如今／而今",组成"X(时间词)+看来"。X 只限于表现在的时间词,而在句中一般会有表过去的时间、动作或人物与之对照,对得出的结论进行时间限定:

(28)某尝见人云:大凡心不公底人,读书不得。**今**看来,是如此。

(29)三思事,也道是着如此审细。**如今**看来,乃天理、人欲相胜之机。

B."X"是指示代词,如"恁地、如此"等,构成"X(指示代词)+看来"。指示代词"恁地／如此"回指得出结论的依据:

(30)地之四向底下却靠着那天。天包地,其气无不通。**恁地**看来,浑只是天了。

(31)尽彻去了,使它统体光明,岂不更好!盖是着不得详说。**如此**看来,则取象处如何拘得!

"X+看来"形式中"看"也不再表示视觉义,句中没有观察的对象,多位于句首,修饰整个后接句,认知主体已经隐省,"看来"具有标示话题、依据范围,并引带观点、推断的作用,我们认为此类"看来"是准助词,即"看来₄","X+看来"也渐趋接近固定搭配。也就是说,"看来₄"正处于动词向助词虚化的过程中,因此在相应的语境中,它的虚化程度存在高低之别。霍珀(1991)指出,一种语法功能可以同时有几种语法形式表示。而且新形式出现后,原有形式不会立即消失;保持原则是指实词虚化为语法成分以后,多少还保持原来实词的一些特点。《朱子语类》中共有这类"看来"用例 33 条,占全部用例的 9%。

"认知主体+看来"前可以加介词,构成"P+X+看来,Y"形式。陈昌来(2002)指出,在现代汉语中有些固定格式,介词在前,其他词语如方位词、连词、名词、准助词等在后,介词所介引的对象被夹在中间,形成了一个框架,称之为"介词框架"。在宋代这一介词格式中介词只有为数不多的几个,分别是"据、以、从",用例所占比例为8%。构成介词框架以后,认知者丧失了作为动作发出者的句法独立性,与介词一起修饰"看来"。陈昌来(2002)认为,介词框架后部的"V来"在语义上没有什么特别的意义,它们只是附在介词短语后面起某种标示作用。综合考量介词框架的后部成分"V来",由于它们意义上的虚灵性,句法上的非强制性,位置上附着性,故而认定它们为"准助词"。之所以不是助词,是因为它们的虚化程度还不够高。我们将介词框架中起标示作用的"看来"归类于准助词"看来4",此时期框架介引成分X只能为认知主体。如:

(32)如河豚诗,当时诸公说道恁地好,**据某**看来,只似个上门骂人底诗。

(33)易说,曰:**以某**看来,都不是如此。

值得注意的是,"P+X+看来"介词框架较之"X+看来"是后起的,理由有两点:1.纵向聚合链上,如若先出现"P+X(认知主体)+看来",后通过对介词P的隐省产生"X(认知主体)+看来",如"据某看来"到"某看来"。而宋代语料中有X是时间词和指示代词的"X+看来",照理应该存在"P+X(时间词、指示代词)+看来",但是在宋代并没有发现这种用法。然而,现代汉语中却有"P+X(时间词、指示代词)+看来"中的用例,如"在今天看来、照这么看来"。2.横向组合链上,历时语料中"X(认知主体)+看来"与"P+X(认知主体)+看来"共存,但是在现代汉语中,如果要强调观点的认知主体时,只能用"P+X(认知主体)+看来",极少用"X(认知主体)+看来",而且介词框架中的"看来"是准助词，后者仍是认知义动词，语言演变遵循由实到虚的规律。综上所言，我们认为"P＋X＋看来"是在后来的发展中形成的，并在强调认知主体时作为一种固定用法。

1.2.4 衍化后的发展："看来"组合形式的扩充

元明清时期"看来"基本上沿袭了前期的用法，但组合搭配的形式更加多样。这一时期"看来"的发展表现为如下三个方面：

一、认知义动词"看来2"前认知主体增多。第一人称代词"我"、复指形式及表自称的词汇形式都可以充当"看来2"前的认知主体。如：

（34）**我**看来这个人必是个儒人秀士。(元《山神庙裴度还带》)

（35）**我梅香**看来，小姐则不要嫁那穷秀才好。(元《孟德耀举案齐眉》)

（36）**老僧昨日买登科记**看来，张生头名状元，授着河中府尹。(元《西厢记杂剧》)

（37）**小道**看来，定然是个妖人做作，不干二郎神之事。(明《醒世恒言》)

二、"X＋看来4"中，指示代词X的类型数量增多。尤其是表示回指功能的指示代词开始增多，如"这般、这么、这样"等，举例如下：

（38）相国道：**这般**看来，尔们喜兵矣！(清《海国春秋》)

（39）菊文龙听说，便答道："**这样**看来，一些兵器都丢在我们本村。"(清《续济公传》)

三、元明清时期变化最为显著的是"P＋X＋看来4"。"看来4"作为标示作用的准助词前加成分日益丰富。到了清代，"P＋X＋看来4"中的介词还新增了"依、在、于、自、照、从、由、就"等。而且介词后的介引成分也从认知主体扩充到可以介引时间词或者依据的词语，而且表回指功能的指

示代词也在该时期进入介词框架。如:

(40) **依我**看来,这银子虽非是你设心谋得来的,也不是你辛苦挣来的。(元《陈御史巧勘金钗钿》)

(41) 这一镖几乎断送了胜某之命,竟将鸭尾绒巾,一镖分为两开。**由此**看来,胜英无论容让至何时。(清《三侠剑》)

(42) **照此**看来,臣家所见,必是真仙无疑,不是陛下天质聪明。(清《八仙得道》)

(43) **照这样**看来,有钱人实在还比穷人更吃亏些。(清《八仙得道》)

至此,"看来"的词汇化及语法化基本完成,其由短语结构到成词,再到虚化为评注性副词、准助词,虽然不同演变阶段的"看来"存在并存现象,但是总的来说衍化过程是一个渐变的连续统,其轨迹可以归纳为下图:

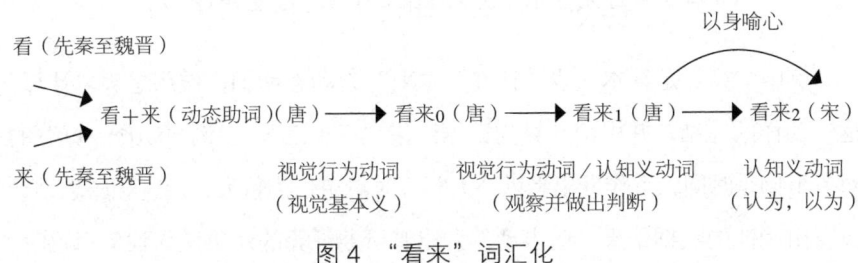

图 4 "看来"词汇化

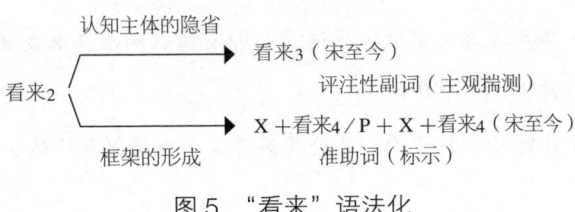

图 5 "看来"语法化

上述"看来"的词汇化及语法化过程的各自表现不仅体现在历时的演变中,其中诸多用法并未消亡,一直保留至今。

1.3 "算来""想来"的词汇化及语法化

"算来"与"想来"在成词衍化过程中存在纠葛,故本节将这两个词放在一起进行论述。"算来"与"想来"的衍化同样是先历经成词过程,继而虚化。

1.3.1 "算来"的词汇化及语法化
1.3.1.1 "算来"的词汇化

《说文解字》:"算,数也。"从竹从具。读若筭。"算"的本义是"用算盘计算数目",如《仪礼·乡饮酒礼》:"无算爵。"《论语·子路》:"何足算也?"

非句法结构的"'算'+'来'"线性连用最早在唐代出现。如:

(1)乱离偷过九月九,头尾<u>算来</u>三十三。(《全唐诗》)

例中"算"是其本义表"计算","来"为动态助词,作用是表"计算"这一动作的完成,并引带计算的数据结果"三十三"。上例中动作"算"的对象事物是时间,动作发出者以"天"等时量单位为依准,通过相应思维计算得出确凿的数据结果。而当动作发出者所要计算的对象换作抽象事物时,"算"在"算来"中的语义也发生了相应的改变。如:

(2)二年流落大梁城,每送君归即有情。**别路**<u>算来</u>成底事,旧游言著似前生。(《全唐诗》)

(3)此时晴景愁于雨,是处莺声苦却。**公道**<u>算来</u>终达去。(同上)

例(2)(3)中"算来"的动作对象是"别路""公道",已经不再能通过客观计算所得,而需凭借认知活动来获取,"算"的语义从原先的"计算"义衍化为"推算、估算"义,具体的动作义有所减弱,"算来"的句法位置是句中，功能是做整个句子的谓语中心，对主语进行陈述，有实在的句法语义属性。这种表推算义的"算来"可称为"算来₁"。例（2）中的"算来"更是与后句中"言著"对举，也是"算来"作为动词的力证。时至宋代，动词"算"通过"推算、估算"义衍化发展出了"推测、料想"义，举例如下：

（4）前程分定，<u>算来</u>无妄。命达时终不放。(《全宋词》)

（5）家贫是苦，<u>算来</u>又好，见得平生操守。（同上）

（6）料峭寒生，知是那番花信。<u>算来</u>都为惜花人做恨。（同上）

（7）昨夜月华明似练。花影畔。<u>算来</u>惟有嫦娥见。（同上）

与唐代语料纵向对比，宋代表认知义动词"算来"出现的句法位置开始有了变化。宋代语料中"算来"的句法位序可提升到句首。与此同时，"算来"的词义引申为表示"推测、猜想"，其后带推测的结论与主观评述的看法，如例（4）—（7）中"无妄""又好""都为惜花人做恨""惟有嫦娥见"。上例中"算来"中"算"虽表"推测"义，动词性有所减弱，意义相对抽象，但总的来说，动词性并未完全脱落、消失，仍属于具体的动词范畴。这里表推测与评述义的"算来"是认知义动词"算来₂"。

1.3.1.2 认知义动词"算来₂"的语法化

作为认知义动词的"算来₂"与"V来"式双音词其他成员间的区别在于：认知义动词"算来"前一般不出现认知主体。这一特点为"算来"的虚化提供了重要的条件：认知主体的泛指化。语义上，"算"从表"计算"具体动作义逐渐引申为表"推测、料想"抽象义；句法上，"算来"后常带表结果的谓词性短语或者小句。上述句法语义上的准备为"算来"语法化提供可能，元代语料中"算来"作为典型副词的用法开始出现。如：

（8）（净）急离我门，不得落后。（合）覆水<u>算来</u>难收，人面果然难

求。(《全元曲》)

(9) 两人一旦身亡，教我独自如何展？<u>算来</u>吃苦辛，**其实**难过遣。我痛伤悲，只得强相劝。(同上)

例(8)中"算来"位于主谓之间，而且"算来"与后句中的副词"果然"对举，表示推测的主观情态，"算来"在语义上是可有成分，去掉以后，句子的真值语义不变，仍然成立。我们将此处的"算来"记为评注性副词"算来3"。例(9)中的"算来"同样与后文中评注性副词"其实"对举。由于评注性副词是对所在语句整体进行评注，故而"算来3"同样可以出现在句子主语之前，辖域扩展到全句。如：

(10) 不依教，该受贫。(外) <u>算来</u>贫富是前因，皆由命岂由人！(《全元曲》)

例(10)中"算来"可移至主语"贫富"后，句子的基本意义也不会改变。至此"算来"的词汇化与语法化过程基本完成，此过程可概括如下：

"算来"的词汇化及语法化过程

算(本义)＋来(动助)→算来1(唐)→算来2(宋)→算来3(元至今)
(非句法结构) (推算义动词) (认知义动词) (评注性副词)

1.3.2 "想来"的词汇化及语法化

《现代汉语词典》将"想来"的词性界定为动词，释义为"表示只是推测，不敢完全肯定"，词典中所举例句如下：

(11) 从这里修涵洞<u>想来</u>是可行的。

我们认为"V来"式双音词经过历时演变，在共时平面上同时存在几种不同的用法与词性，"想来"也不例外。虽然《现代汉语词典》已认定"想来"为词，为推演其成词过程提供有力印证，但词典的阐释未详尽，有待补充。本节将结合"想"的语义演变，探讨"想来"词汇化及语法化历程。

1.3.2.1 "想来"的成词理据

心理动词一般可以分为心理状态动词和心理活动动词，前者如"喜、怒、哀、乐"等，后者心理活动动词的典型代表就是"想"。《说文解字》："想，冀思也，从心相声，息两切。"在先秦时，"想"就已经出现，做动词用，初始义为：思考，思索。如：

（12）入景响之无应兮，闻省<u>想</u>而不可得。（战国《楚辞》）

（13）失之必乱，得之必治。敬除其舍，精将自来。精<u>想</u>思之，宁念治之，严容畏敬，精将至定。得之而勿舍，耳目不淫。（战国《管子》）

例（12）（13）中"想"为光杆形式，后无宾语，但例中有同义语素与其共现，如"省""思"。另外，先秦时还发展出"想象"义。如：

（14）思旧故以<u>想</u>像兮，长太息而掩涕。（战国《楚辞》）

（15）人希见生象也，而得死象之骨，案其图以<u>想</u>其生也，故诸人之所以意想者皆谓之象也。（战国《韩非子》）

例中"想"位于句中，用作动词，"想象"义的"想"后宾语成分多为表具体事物的体词性成分，如例中的"像""其生"。

秦汉时期，"想"的使用频率大大提升，并且在保留原有语义的基础上，又引申出了"想念"义和"希望"义。如：

（16）**女子乘亭鄣**，孤儿号于道，老母寡妇饮泣巷哭，遥设虚祭，

想魂乎万里之外。(东汉《全汉文》)

(17) 我为沙门。处于浊世。当如莲华。不为泥污。想其老者如母。长者如姊。少者如妹。稚者如子。生度脱心。(东汉《佛说四十二章经》)

(18) 为力学，想得善为恶，则反乃降人也。(东汉《太平经》)

秦汉时期"想"的使用范围也有所扩大，如例（16）（17）中由于主语承前省略，可以出现在句首，义为"想念，思念"；"想"后带宾语可以是谓词性成分，如例（18）中"得善为恶"，义为"希望"。宾语从体词性成分到谓词性的转变，最为直接的影响是"想"后接成分的句法独立性增强，谓宾之间的联系较之前有所松动。

魏晋南北朝以后，"想"的用法更为活跃，由于说话人通过思考得出不能完全肯定的结论，进而引申出"猜想、料想"义。如：

(19) 太祖以融学博，谓书传所纪。后见，问之，对曰："以今度之，想其当然耳！"十三年，融对孙权使，有讪谤之言，坐弃市。(西晋《三国志》)

(20) 故略示怀，言不尽意。主上圣恩，每厚法师，今在殿内住，想弟欲知消息，故及。(南朝《宋书》)

(21) 后至，人以其语语之，颙曰："小时了了，大未必佳。"文举曰："想君小时必当了了。"(南朝《世说新语》)

上述例句中作为"猜想、料想"义的"想"承继前期句法位置，位于句首，后接表说话人不完全肯定揣测结论的小句宾语。例（19）中"想"与前文中"度"照应，为"想"的新义项提供实证。该时期作为推测义的"想"的小句宾语都需带主语，如例（19）—（21）中的"其、弟、君"。

"想"到宋元时期逐渐取代"思、图、虑"等思维动词，成为心理活动的核心动词，也正是在这一阶段出现了"想"与"来"的连用形式，尤其是在元代不再以孤例出现,开始大量涌现。"想"前期的演变为"想来"成词提供了适宜的语义特征及句法环境。"想"的义项引申归纳为下图:

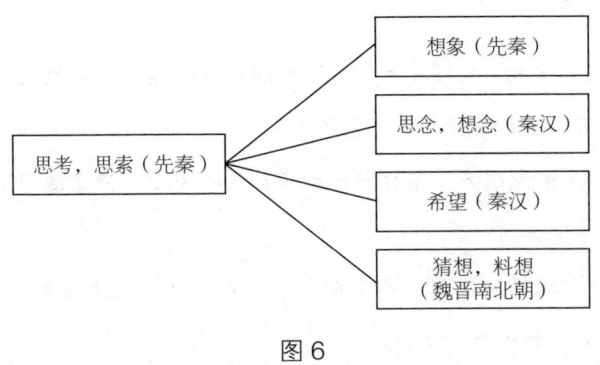

图 6

1.3.2.2 认知义动词"想来₁"的形成

"想来"与"看来""算来"成词过程有所不同。由于"想来"中词义承载项"想"本身即是表思维活动的心理动词,"想来"是在"想"的本义基础上形成的。换言之,"想来"的词汇化过程中"想"与"来"的结合形式较"看来"来得更为直观、显豁。

在元代以前,"想"与"来"的线性共现非常少,如在北京大学语料库只检索到为数不多的几例,而且这些连用形式中"想"与"来"各自独立的理据仍然十分明晰,并未发现有成词的倾向。如:

(22) 歌声缓,行云歇。尊酒散,香尘灭。<u>想来</u>宵何处,乱山明月。(《全宋词》)

例中"想"与"来"分属两个句法层次,应划分为"想/来宵何处",句中的"来"与"宵"构成修饰关系,"来"义指"下一个",而"来宵何处"整体作为"想"的宾语成分。

元代伊始,"想"与"来"共现的形式和用法渐多,在元曲题材中尤甚,在元代现存全部杂剧和散曲作品集录的《全元曲》中一共检索到113例。多以"认知主体＋'想来',X（小句）"的形式出现,其中认知主体只限于以第一人称代词或者表说话人的词汇表达形式。如（以下用例皆取自《全元曲》,出处略）：

(23) 想朱买臣得了官,肯分的除授在俺这会稽郡做太守。**我想来**,他若说起这前情,俺可怎了也?

(24) **老夫想来**：怎生与他成亲?我心中欲要悔了这门亲事,嬷嬷,你意下如何?

(25) **我仔细想来**,不干别人事,都是这当境土地和这阎神,勾将俺婆婆和两个孩儿去。

上例中,表思考义"想"与动态助词"来"组合在一起,"想"是主要的语义承载项,"来"进一步补充"想"这一思维动作的完结,并引带认知主体思考后所得的一种判断。例（23）的后续成分X是问句形式,而"俺可怎了也"表示的并非是"老夫"的思考内容,而是传达一种无奈、为难的主观情态,例（24）中"想来"后不仅带有问句"怎生与他成亲?"同时带有思考后的结论或者说是对策"我心中欲要悔了这门亲事"。《现代汉语描写语法》（张斌,2010）中对疑问程度进行了详尽的阐述：疑问是一个总名,"疑"和"问"范围不完全一致,按疑问程度的高低,可以分为全疑而问,即问话人对所问之事没有任何预期和倾向性,发问就是为了获取新信息;"半"疑而问,问话人对所问的事已有一定的预期与猜想,发问目的在于期望得到证实;无疑而问,发问是为了增强表达效果,并不期望听话人回答,这种疑问句又叫反问句。按疑问程度的高低来看应是：

全疑而问＞半疑而问＞无疑而问

表思考义的"想"与认知者连用时,其后一般跟带真性疑问即全疑而问,而"想来"虽表思考义,但是其后绝大部分陈述认知者的看法与结论,疑问也多是以反问句这种无疑而问的形式出现，同样是传递认知者的判断。再看例（25）"想来"表思考后的结论是"不干别人事"，而且还能由"仔细"修饰，构成状中结构。总起来看，"想"与"来"组合在一起，已然发生了融合，整体语义及用法与"想"已经趋异，意义更接近"觉得，认为"，表达认知者的一种主观认识，其辖域是整个后续成分。故此，可以认为此处非句法结构思考义"想"与动态助词"来"已经词汇化，衍化为表认为义的认知动词"想来1"。

1.3.2.3 "想来1"的语义转变及"想来2"的成词确定

"想来1"在元代用法和语义逐渐发生了新的变化，在元曲中有如下用例：

（26）我今无计可施，<u>想来</u>萧太后连年不能取胜。

（27）孩儿有一计，<u>想来</u>只是将我与贼汉为妻，庶可免一家儿性命。

上述例句的"想来"入句格式已经出现改变，码化为"X（小句），想来＋Y（小句）"。例句中"想来"前的认知主体承前省略，小句X代表的命题是前提，小句Y代表的命题是一种结论，但是这种结论不再是"想来1"中的那种确信的看法或者认识，而更倾向于表示一种猜测、揣测。"想来1"的语义在这一格式中出现了转变。但"想来"的这种用法在元代仅见两例，尚属萌芽期，还不具有普遍性。

到了明代，通过北京大学语料库对该时期古汉语语料进行了穷尽性的检索，一共仅检索到"想来"有效用例39条，这比元代的语料还要少。元代之所以集中大量出现，得益于元曲这一特殊文学题材的运用。而明代语料以小说为主，由于小说文体较为接近当时口语实际，说明在明代，"想来"还并未在口语中广泛使用。尽管如此，表揣测的"想来"较之前代已经开始增多，统计如下：

表 5　明代小说中"想来"的出现情况

入句格式 小说名	Adv（仔细）＋想来	认知主体＋想来，Y	X，想来＋Y
《初刻拍案惊奇》		2	4
《二刻拍案惊奇》		3	9
《醒世姻缘传》	1	3	1
《今古奇观》	1	2	2
《水浒全传》		2	3
《三国演义》	1		
《醒世恒言》	1	3	1
总计	4	15	20
所占比例	11%	38%	51%

从表 5 中，可以看出明代表揣测义"想来"的用法较之前代已经有所增加，而且在这一时期"想来"出现的语料中所占比例已经超过一半。这说明表揣测义的"想来"已经得以确立。如：

（28）薛霸道："我听得大相国寺菜园廨宇里新来了个僧人，唤做鲁智深，<u>想来</u>必是他。"（明《水浒全传》）

（29）连小弟也不晓得他为甚么，<u>想来</u>无非为家里的事。（明《今古奇观》）

以上两例中的"想来"与副词的意义及用法已经非常接近，但由于上述例句中"想来"只是承前省略了认知主体，所以这里的"想来"尚未完全虚化为副词。但是这里的"想来"已经不再表示确信的认识义，而是表揣测的认知义动词，其意义更为接近"猜想，料想"，由于例句中"想来"都带有表肯定情态的评注性副词"必，无非"，进而提高"想来"引带小句的确信度。表揣测义的"想来"可称为认知义动词"想来$_2$"。

1.3.2.4　评注性副词"想来$_3$"及准助词"想来$_4$"的形成

从"认知主体＋想来$_1$，Y"到"X（小句），想来$_2$＋Y（小句）"，在关注"想来"语义层面上变化的同时,也不能忽视认知主体从与"想来"黏连到分裂,从显化到隐含,甚至是转为零形式的变化过程,这一变化最为重要的影响是使"想来"的认知主体有了泛指化的倾向。如:

(30) 与人相扑,掉臂往来,倏忽如风。<u>想来</u>《剑侠传》中白猿公,《水浒传》中鼓上蚤,其矫捷不过如此。(明《二刻拍案惊奇》)

例(30)认知主体是作者"我",但是全文并未出现,而是通过第一人称叙述视角将"我"隐含于语篇中。明代"想来₂"的出现在语义内涵上为其虚化提供了较为充足的演变筹备,而"想来"从动词到副词的衍化尚待一个适宜的句法环境。再看下例:

(31) 只看我等投东,他便把那烛灯望东扯。若是我们投西,他便把那烛灯望西扯,只那些儿<u>想来</u>便是号令。(明《水浒全传》)

例(31)中"只那些儿"的句法位置从小句主语上升为句子主语,原先认知主体衍化为言者主语,进而"便是号令"也代替"想来"成为核心谓语,"想来"的动核地位失落,只表示一种主观揣测,成为评注性副词,即"想来₃"。

评注性副词"想来₃"虽在明代形成,但在明代中并不多见,而且也未发现位于句子主语前的用例。直到清代,"想来₃"才逐渐增多。如:

(32) 如今他住的是潇湘馆,他又爱哭,将来他那竹子<u>想来</u>也是要变成斑竹的,以后都叫他做"潇湘妃子"就完了。(清《红楼梦》)
(33) 这话,伯父<u>想来</u>再没个不依我的。(清《儿女英雄传》)
(34) 先生<u>想来</u>已白此事了。我也不用述说了。(清《七侠五义》)

以上例中的"想来"都可以挪至句子主语之前,如例(33)可以变换为:这话,<u>想来</u>伯父再没个不依我的。实际上,语料中"想来₃"位于句子主语前的用例也在清代不少。如：

（35）想来此事尚未得知。我是咬定牙根，横了心，再不招承。（清《七侠五义》）

（36）等着奶奶下来，我细细儿的回明了，想来奶奶也不至嗔着我莽撞的。（清《红楼梦》）

表主观揣测情态的评注性副词在明代产生后，经清代发展，一直沿用至今。"想来"与"看来"的不同之处还体现在构成介词框架层面，"看来"在宋代就已经能与介词构成介词框架，而"想来"直到清代，才发现有作为介词框架后部成分的用例。如：

（37）相公，原来如此。据妾身想来，此事也是徒愁无益。妾身亦久有此意。（清《七侠五义》）

（38）明日我到他家去说合，与他赔个情。依我想来，是这样办法为妙，贤弟你看如何呢？（清《小八义》）

（39）她父母问罪，幸得陈公公一力为大人这瞒，不说是大人嫡妹。在下官想来，大人还是趁早寻条出路，以免罗网之灾。（清《狄青演义》）

在清代语料中，只检索到介词"据、依、在"与"想来"构成介词框架，后可引带认知者的看法或者推断。同样，"想来"在介词框架中只是起到标示认知者的作用，可视其为准助词"想来4"。与同时期"看来"的准助词形式相比，能与"想来4"组配的介词数量相对有限，而且只有标示认知者的用例，并未出现其他标示对象。至此，"想来"的词汇化及语法化大致完成，由短语结构到成词，再到虚化为副词及准助词，其轨迹可以归纳为下图：

第一章 表主观认知义 "V 来" 式双音词词汇化及语法化

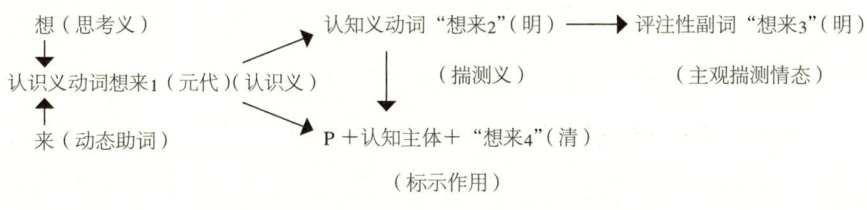

图 7 "想来"词汇化及语法化历程

1.3.3 评注性副词"想来"与"算来"的竞争

"想来"在成为评注性副词后，与"算来"的使用形成竞争。由于"想来"衍化为评注性副词是在明代，下面选取明清时期四部小说，对"想来"和"算来"的使用情况做了统计：

表 6 明清评注性副词"想来"与"算来"使用情况对比

文献名 对比项	《西游记》	《醒世恒言》	《七侠五义》	《儿女英雄传》
想来	0	2	19	14
算来	5	6	3	0

可以看出，明代"算来"比"想来"的用例要多，但是"算来"的使用频率也并不高。到了清代，成词衍化为评注性副词的"想来"在与"算来"的竞争中逐渐占据了上风，并有取而代之的趋势。评注性副词"算来"在清代的语料中只有零星出现，开始专职化为推算义动词。如在《七侠五义》中一共检索到"算来"15 例，其中推算义动词 12 例，评注性副词 3 例；《儿女英雄传》中检索到的 5 例"算来"的用例全部都是推算义动词的用法。通过北京大学语料库现代汉语语料的检索结果也显示，"算来"表推测的用例数为个例，绝大部分"算来"是表示计算与推算。

总起来讲，"算来"在元代完成词汇化与语法化以后，使用频率仍旧很低，语料中"算来1"与"算来2"的使用频率大大高于"算来3"。到了明代,评注性副词"想来"的出现不仅取代了"算来₃",而且"想来"在清代的使用频率较之前评注性副词"算来"有了较为大幅的提升,也可以说"想来"在现实语料中逐渐流行开,"算来"则专职化作为计算、推算义动词,而现代汉语中为数不多的"算来₃"的用法,其所在语料的书面语色彩一般较重。

"算来"在近代较早的时候已经衍化成词,但是随后在与"想来"竞争中失落,我们认为是由下列原因共同造成的:

① 使用频率低。词汇化与语法化的过程无疑都是在高频使用中才得以实现。"算来"在成词衍化以后,作为认知义动词和副词的用法使用频率并不高,远远不及推算、计算义动词"算来₁"的使用,并且与同时期"看来"的使用频率也存在较大差距:

表7 "算来₁""算来₂""算来₃"与评注性副词"看来"使用频率统计

	"算来₁"与"算来₂"	副词"算来₃"	副词"看来"
元代	30	4	66
明代	47	16	125
清代	130	7	384

通过上表,可以看出"算来₃"的低频使用是其难以延续发展的重要因素,这也是"算来"较之其他"V来"式双音词不能继续衍化发展的直接原因。

② 书面语色彩重。语言作为交际的工具,有口语和书面语两种表达形式。口语是基础,书面语是加工形式。语言演变一般先从口语开始。"算来"一词的使用,由于词源表示"推测、料想"义的"算"的书面语色彩浓重,导致副词"算来"较之"想来"在语料中表现出更强的书面语色彩,从而使"算来"在口语中的更新与扩张受到了极大的限制。而"想来"在得到口语促动后,后来居上逐渐取代"算来"。

1.4 "说来""讲来"的词汇化及语法化

人类在用言语表述自己观点时，会对话语本身的来源、可靠性及准确度有个基本的心理定位与判定，而这种认知活动继而可以外化为相应的语言形式与形态，这类语言表达形式是多种多样的，但其中最直接的表现形式无外乎来源于言说动词本身。其中，"说来""讲来"就属于由言说动词组成的具备认知表达功能的词语形式。现行词典中多未将"说来""讲来"收入，这说明词典对这两个语言单位是否成词还有疑义。本节旨在通过对历时语料中的"说来、讲来"加以分析，追溯"说来、讲来"成词历程及成词后的虚化演变。

1.4.1 "说来"的词汇化及语法化

1.4.1.1 "说来"的成词理据

《说文解字》："说，说释也；一曰谈说。"但"说"在上古时期很少作"说话"讲，而是含有各类限定性义素，如《论语·八佾》："成事不说。"是"解说，说明"义；《国语·吴语》："夫差将死，使人说于子胥曰。"是"告知，告诉"义；《吕氏春秋·怀宠》："必中义然后说，必当义然后议。"是"谈论，议论"义。（汪维辉，2003）

从魏晋开始，"说"有了重要的发展，特别是词义从"解说，论说"引申出了"谈说，讲说"，而且表"谈说，讲说"意义的动词"说"的用法在这一时期渐多，后带宾语类型也更为丰富。如：

（1）此人具说来意，并问此是何处。（西晋《博物志》）

（2）班乃自说："昔辞旷拙，及还家，儿死亡至尽。今恐祸故未已，辄来启白，幸蒙哀救。"（东晋《搜神记》）

在中古时期，虽然"说"的用法与现代汉语非常接近，但是就出现频率来讲还不能与"言"相比，"言"还是主要的言说义动词。例（2）中"说"带直接引语的数量也不能与"曰"和"云"比。"说"约定型于唐宋之际，至迟到宋代，"说"成为言说义语义场中的核心动词（汪维辉，2003）。如：

（3）从上诸圣，只说浊边过患，若无如许多恶觉情见想习之事，譬如秋水澄驶，清净无为，澹宫无碍。（宋《五元灯会》）

（4）记得小苹初见，两重心字罗衣。琵琶弦上说相思。当时明月在，曾照彩云归。（宋《小山词》）

"说"到宋代成为言说义的核心动词，也正是在这一时期"说来"形式开始涌现，不再以孤例形式出现。"说"此前的语义及用法的演变为"说来"成词提供了坚实的基础。

1.4.1.2 言说义动词"说来1"及认知义动词"说来2"的形成

"说"与"来"的连用形式在唐五代只见一例：

（5）暬叟报言娘子：他缘人命致重，如何打他革命耻？有计但知说来，一任与娘子鞭耻。（五代《敦煌变文集新书》）

例中"说"与"来"并不在同一层级，"说"与"知"组构成连动结构，"来"相当于陈述句的句末语气成分，而且"说"的意思是"告知、告诉"。故此，唐代"说"与"来"的连用共现形式并非"说来"的源结构。

宋代以降，"说"与"来"连用形式和相关用法渐增，尤其是宋代后期的语料中大量出现：

（6）**这个道理**，自孔孟既没，便无人理会得。只有韩文公曾说来，又只说到正心、诚意，而遗了格物、致知。（宋《朱子语类》）

(7)古人吹布毛作么生。**与我**说**来**看。僧云。残羹馊饭已有人吃了也。(宋《古尊宿语录》)

(8)盖从一中流出者,无有不善。所以他伊尹**从前面**说来,便有此意。(宋《朱子语类》)

上述例句中的"说"并非一般意义的言说动词,例(6)中的"说"表"解释,说明"义,"韩文公"在解释"这个道理"时,只谈到了"正心、诚意","来"是动态助词,相当于"过";例(7)中"与我说来看"可以变换为"说与我来看","说"解释为"告诉"义,"来"用在两个动作之间,起到顺承的作用;例(8)中"他伊尹"是"说"的主语,"说"表"论说"义,"从前面"表示前有一个论断的起始点,充当状中成分修饰"说","来"的作用是表"说"这一动作的起始。虽然"说"至宋代已处于言说义动词中的核心地位,但是"说"与"来"的连用共现形式中"说"表"谈说"义的用例并没有发现,在句法上的直接表现就是"说"后带直接引语的用法不多见。汪维辉(2003)对唐宋数十种语料进行调查后也得出:在元代以前,"说"后能带直接引语的用法还未得到明显的发展。因此,我们认为宋代出现的"说"与"来"的连用形式也未成词。尽管如此,这一时期为"说"与"来"连用共现的用法高频出现,为其成词提供了可能。

到了元代,在元曲中检索到如下用例:

(9)相公说来:大夫人不许你,许你做第二个夫人。(《全元曲》)

(10)他说来:"则有打死的,无有买休卖休的。"(同上)

(11)(官媒云)学士,小姐说来,他在正堂中做卧房,教你休想到他跟前。(同上)

(12)我昨日不曾说来,阳世间的人,我便断的,阴府神祇,我怎么断的?(同上)

例（9）—（12）中，前两例中"说来"后带直接引语，即说话人自己的言论；后两例中"说来"引带的则是间接引语，即是对别人或者自己以前所说的话进行转述。"说来"已经等同于现代汉语中一般意义的"说"，"来"是动态助词，相当于"了、过"，表言说动作已完成。表一般言说义的"说来"为"说来1"。

言说与人的思维活动是紧密相连，表言说活动的"说"可以在发展过程中从具体的言语行为虚化为抽象的心理活动。表言说义的动词从具体的言说义到抽象的认知义变化在汉语历时发展过程中具有普遍性。

江蓝生（1988）、朱庆之（1990）都曾提出中古、近代汉语有这样一种语言现象："谓、呼、言、云"等言说义动词发展出了"认为"义（转引自李明，2002）。表言说义动词"说来"在高频使用中也产生了新的变化及用法。如：

（13）早知道这般样拆散呵，谁待要赴春闱？便做到腰金衣紫待何如？说来又恐外人知，端的是不如布衣，端的是不如布衣！俺只索要低声啼哭自伤悲。(《全元曲》)

（14）妾的衷肠事，万万千，说来又怕添萦绊。（同上）

上述例句与言说义"说来1"不同之处在于此处的"说来"不再表实际的言说行为，后接成分也不是直接或者间接引语，例中"说来"与后接成分"恐外人知""怕添萦绊"更倾向于表示一种假设关系。说话人不是真要将有关事情说出来，更强调自己"恐""怕"的心理，而且两句中"又"说明前后两个成分的句法性质的等立，都为动词性。我们认为，此处不表言说行为动作的"说来"更倾向于表认知心理的动词，即"说来2"。

1.4.1.3 认知义动词"说来"的语法化

有关"说"构成的副词，《现代汉语词典》中收录了一批"X说"类副词，如"再说、照说、按说、据说"等。前文中在确定"V来"为评注性副词时总结过:1.该类词在句子中的认知主体已经泛化,不能再补出;2.所讨论的词在句子中失去动核地位,基本功能转化为充当高层谓语进行主观评注;3.该类词的句法位置比较灵活,可以出现在句首、句中或者句末。"说来"历经前代的成词衍化,到了明代,基本延续了前代的用法,通过北京大学语料库我们检索到"说来"如下:

(15)韩生道:"说来事涉怪异,不好告诉。"(明《二刻拍案惊奇》)

(16)阴中完了自己姻缘,又替妹子连成婚事,怪怪奇奇,真真假假,说来好听。(同上)

上两例中,"说来"前的认知主体已泛化,若强制补足认知主体,反而使句子不成立。再者,例中句子的核心谓语由"涉怪异""好听"充任,"说来"有了虚化的迹象,到了清代,典型的副词用法"说来"得以产生,即"说来3"。如:

(17)他有一件法宝,为鬼物所最怕。此宝说来却也可笑,乃是一棵柳树。(清《八仙得道》)

(18)王道台道:"这个人说来也好笑。"(清《官场现形记》)

上例中"说来"位于主谓之间,已经不再充当句子的核心谓语,述谓功能基本丧失,充当高层谓语,表示主观评价。

"说来"在元代出现"X(指示代词)+说来,Y"用例。如:

(19)(仁宗云)这等说来,那太子正是寡人。(《全元曲》)

(20)(梅香云)这等说来,想是你看上那秀才了。(同上)

元代X中指示代词仅限于"这等",表示对前者所说内容及依据的回指,进而得出推论Y,"说来"没有实际言说的内容,整个结构强调逻辑推理关系。

到明清时期,指示代词"这么、这样,如此、似此"也能进入该结构,同样表示推论。"说来"与介词结构组成介词框架的用法在明代就有用例。如:

(21)番王道:"两家都不要争,**依我说来**,村神莫对村人说,说起村人村杀神。"(明《三宝太监西洋记》)

(22)宣教不觉踊跃道:"**依你说来**,此番必成好事矣!"
(明《今古奇观》)

(23)包公听了道:"齐泰,**据你说来**甚是有理。"(明《包公案》)

这一时期介词与"说来"构成框架结构的数量逐渐增多,如"依、据、照、按"等。"X(指示代词)+说来"和"P+X+说来"整体作为句首状语,后引带推测的论断。"说来"起到标示依据及认知主体的作用。这个用法的"说来"是准助词,即"说来4"。

在与"看来、想来"构成的介词框架的介引成分比较后我们发现,"说来"作为介词后部准助词的框架不仅能够介引表第一人称的认知主体,如例(21);同样也能介引第二人称的认知主体,如例(22)(23),这表明从"说来"构成的"P+X+V来"介词框架从能表第一人称自述扩充到第二人称转述。

至此,"说来"的词汇化及语法化基本完成,由短语结构到成词,再到虚化为副词及准助词,其轨迹可以归纳为下图:

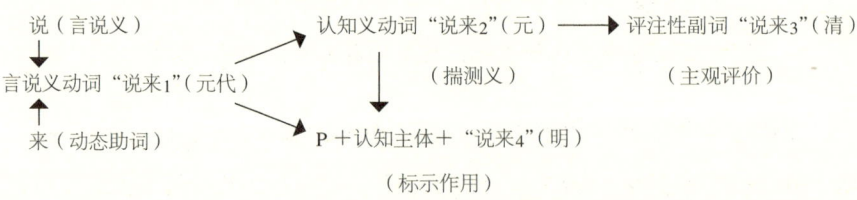

图8 "说来"词汇化及语法化历程

1.4.2 "讲来"的衍化过程

相对"看来""想来""说来","讲来"成词较晚，虚化程度也不高。《说文解字》："讲，和解也。"本义是强调借助较为深入的言语行为使事理、学说、原委等客观事实有一个明确的结论与结果。因此，在古代"讲"常用作"谈论""讲解""商讨"等义，如"讲和""讲道""讲经"等。"讲"与"来"非句法结构的连用形式最早在五代时期的《祖堂集》里出现。如：

（24）皇情未晓志公说，大士金刚已讲来。

例中"讲"义为"讲解"，前句中"志公说"是其受事，"来"是动态助词，等同于"过"。汪维辉（2003）指出，"讲"在元代以前词义尚未扩大到一般的"说话"义。如《元曲选·范子安〈竹叶舟〉》：

（25）行者，你快请他转来，说贫道还有话讲。

尽管"讲"至晚到元代已经可以用作一般言说动词，可是"讲"的言说义用法在元代尚处于萌发阶段，并未得到广泛的使用，这也解释了为何元代的"讲"已经引申出"说话"义的用法，但是在元代语料中，尚未发现"讲"与"来"的连用。直到明代，"说话"义的"讲"与"来"共现才在语料中有所出现。如：

（26）王明道："到你国中，你们番王肯容我么？"地里鬼道："我曾和你讲来，我国王求贤若渴，岂有不容之理！"（明《三宝太监西洋记》）

（27）包公道："有何因由？可细讲来。"（明《包公案》）

上例中"讲"表一般的"说话"义，"来"为动态助词，"讲来"仍然是非句法结构并为固化成词。明代语料中，我们检索到一例格式为"X+讲来，Y"的用例：

（28）王爷道："似此讲来，是个女儿国。"（明《三宝太监西洋记》）

指示代词"似此"表示对前者所说内容及依据的回指，进而得出推论Y，"讲来"没有实际言说的内容，整个结构强调逻辑推理关系。

明代以后，指示代词"这等、这样，如此、似此"也能进入该结构，同样表示推论。而且在指示代词前附介词，构成"P＋X＋讲来"框架也在清代开始出现，可以出现的介词有"据、照"。如：

（29）施公说："**据你讲来**，实是量狭之故，想着官报私仇。"
（清《施公案》）

（30）施公听了此言，不禁怒道："**照此讲来**，全是虚言。"（同上）

"X（指示代词）＋讲来"和"P＋X＋讲来"整体作为句首状语表主观推测，后引带推测的论断。"讲来"起到标示依据及认知主体的作用，可以看作准助词。

1.4.3 "讲来"成词衍化的特殊性

"讲来"成词衍化的特殊性体现在其从非句法结构"讲（言说义）＋来（动态助词）"直接衍化成准助词，不像其他"V来"式双音词从具体实义动词到抽象义动词，再走上虚化的道路。词汇化及语法化是个渐变过程，任何看似突变的语言演变现象，定是受到语言系统其他演变机制的作用。"讲来"的成词衍化应是受到同为言说义动词"说来"成词衍化的规则类推所致。

在言说义动词的聚合群中，"讲"虽然在上古就已经出现，但就文献来看，在元代以前并未被用作"说话"义，直到清代，"讲"在文献中的使用频率还不高，远不能与"说"相提并论，用法十分受限，并带有明显的地域方言色彩。下面我们选取4部明清时期白话小说来比较"说"和"讲"的使用情况。这4部小说代表了明清两代，大致有冀鲁方言、江淮方言和吴方言三种方言色彩，其中前两本是明代作品，后两本是清代作品；《金瓶梅》（崇祯本）代表冀鲁方言，《儒林外史》代表江淮方言，《官场现形记》和《型世言》则带有吴方言色彩。

表 8　4 部白话小说中"说"和"讲"的使用情况（统计前 5 回用例数）

	金瓶梅（明）	型世言（明）	儒林外史（清）	官场现形记（清）
说	283	145	194	227
讲	1	14	6	7

虽然统计的数据有限，但是从上表中不难发现，在使用数量上，明清时期"说"相对于"讲"来说占有绝对的优势。而且从地域来看，江淮方言、吴方言作品中"讲"的用例相对较多。诚如前文所言，至迟到宋代"说"已经成为言说义动词的核心成员，"讲"作为一般言说义动词的演变整体晚于"说"，又由于方言色彩和低频使用的限制，虽然"讲"已经可以表一般的"说话"义，但是作为本义及"讲解"等引申义的"讲"却继续作为它的主要用法。上述原因也导致"讲"失去了在口语广泛使用的现实基础（特别是单用），用法受到限制，尤其是"讲"作为一般"说话"义时，其后很少带直接引语或者间接引语，而这正是言说义"说来"成词的关键所在。所以，"讲来"并没有像"说来"一样经历从实义动词到抽象义动词，最后虚化的衍化道路，而是在"说来"衍化成熟后，通过规则的类推，衍化出用在指示代词后和介词框架后部作为准助词。

1.5　"听来"的词汇化及语法化

1.5.1　听觉义动词"听来1"的成词

"听"与"来"线性连用最早在唐代出现，但是用例并不多。如：

（1）频秋入自边城雪，昨日**听来**岭树猿。(《全唐诗》)

上例中，"听"仍为"用耳朵接受声音"，"来"是趋向动词，表示位移动作。"听"与"来"之间是连动关系，并未有成词。到宋代，动态助词"来"与听觉感官动词"听"开始连用。如：

（2）三更梦断敲荷雨，细**听来**，疏点还歇。(《全宋词》)

上例中"听"虽然还是本义，但是语篇中隐省的认知者在完成听的过程以后，做出自己对所听事物的客观判断"疏点还歇"，"听来"结合较为紧密，有凝固成词的倾向，其中"细"作为状语修饰限定"听来"，我们将其视为听觉感官动词"听来1"。"听来"在元、明两代基本延续前期的用法，用例也不多。如：

（3）我沉吟罢仔细**听来**，原来是唤醒人狂风骤雨。(《全元曲》)
（4）天师仔细**听来**，却是个王神姑的声口。(明《三宝太监西洋记》)

例（3）（4）中出现"听来"的动作发出者"我""天师"，而且后一分句都是在完成"听"这一动作后，动作主体做出的判断或看法，两例中"听来"的受事对象仍然是能听到的有声对象，仍然是听觉动词的用法。

1.5.2 "听来2"的形成及虚化

到清代，发现如下用例：

（5）贾琏走上去说道："……倘或芹儿来了，也不用说明，看他明儿见了老爷怎么样说。"贾政**听来**有理，只得上班去了。(《红楼梦》)

上例中"听来"所关涉的对象是"贾琏所说的话"，仍旧是可以听到的内容，但是"听来"的结论是"有理"，这一结论就内容性质来讲，较之例

(3)(4)的判断具有较强的主观性,"听来"更接近于听到内容后进行的一种主观思维加工行为,并且还能将这里的"听来"用"觉得、认为"来替换。我们将这种用法的"听来"看作认知义动词"听来2"。再如下例:

(6)再如你说,此辈决没好人,杀了他们,也可为地方除害,<u>听来</u>也似有理。(《儿女英雄传》)

例(6)与例(5)同样是清代文献,例(6)中"听来"虽然也是对别人所说的话进行主观评注,但是此例中说话人自己作为认知主体在对话中隐省并未出现,这为认知义动词"听来2"的虚化创造了先要条件。直到现代汉语,才发现"听来"黏附于句子主语后,认知主体泛化为言者主语的用例:

(7)这理论听来也不错,却和这僧犯的是同一种毛病。(《佛法心要》)

(8)上述事例也许听来像是神话,其实,这并非神话。(《又一个神话》)

与其他评注性副词"V来"相比,上例中的"听来"所在句子还存有"听"的内容"这理论",使"听来"保有较强的动词性。虽然把上述例句中的"听来"位移到句首,句子也成立,但是在检索实际语料时发现这种用例极为少见。我们认为,"听来"受到"听"动词基本义的影响,其虚化过程并未完全。这也同时解释了为什么"听来"的衍化整体晚于"看来、想来、说来"。我们将这类"听来"称为评注性准副词"听来3"。"听来"同样可以构成介词框架,这最早出现在清代文献中。如:

(9)这一声,**在别人听来**,只是普普通通的声气,不晓什么道理,一进月英耳朵,就宛如当头棒喝。(《八仙得道》)

(10)**如此听来**,是被鬼弄迷了,元帅休得轻信。(《狄青演义》)

上述用例中"听来"分别位于介词短语后部，作为起标示作用的准助词，标记为"听来4"。至此，"听来"的成词及虚化过程基本完成。列为下图：

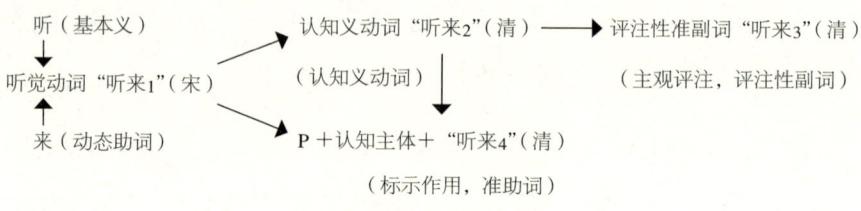

图9 "听来"词汇化及语法化历程

1.6 本章小结

表主观认知义"V来"成词衍化的起点在于"来"通过一系列的衍化，发展出动态助词的用法，而当动态助词"来"位于单音动词"看、想、算、说、讲、听"后，逐渐固定，两者逐渐融合成词。当然，单音动词"V"本身的衍化也影响"V来"的成词演变，尤其是对"V来"成词演变的时间早晚有很大影响，如"看"在宋代就从视觉动词义引申出认知义，认知义动词"看来"也在宋代就已成形，并进而虚化；而"听"在"听来"成词虚化过程中一直保有基本义的用法，这限制了"听来"的进一步虚化，直到现代汉语中作为评注性准副词的"听来"才得以出现。

主观认知义"V来"式双音词大体历经非句法结构词汇化为实义动词，再通过词义衍化，引申出抽象义动词的用法，再虚化为评注性副词甚至准助词的演变过程。"V来"成词的一个显著特点是其成词初期的整体意义比较显豁，这主要与"V来"词义主要由单音动词"V"来承载有关。"V来"在完成词汇化后，开始走上虚化道路，其中"V来"的认知主体泛指化、"V来"与后部谓词性短语（VP）或者小句在竞争核心谓语过程中的失败起了主要的作用。尤为特别的是，介词框架的出现也对限制"V 来"的句法独立性起了相应作用，促使其从词汇词向功能词转变。值得注意的是，能与介词短语构成介词框架的词汇不仅包括感官行为动词"V 来"，也包括认知动词"V 来"。而当"V 来"进入介词框架后，"V 来"的词性及功能又有了新的演变。我们认为介词框架的形成及成型也是汉语词汇形成衍化的一种机制。

综上所言，"V 来"词汇化及语法化体现了一种立体的、多角度的演变模式。

第二章
"V 来"成词和虚化的动因机制及其新变化

前一章描写了表主观认知义"V 来"式双音词形成过程，梳理清楚了双音词"V 来"成词和演变的基本面貌，并总结了表主观认知义"V 来"式双音词演变过程中最为显著的特点和规律："V 来"先历经词汇化的过程，衍化出实义动词的用法，再发生语法化演变。更为重要的是，"V 来"在历时演变过程中产生的一些用法及词性（各个节点）一直保留到现在，这也是共时状态中人们在识解"V 来"词性类属时产生分歧的原因之一。本章将在前文基础上，进一步讨论"V 来"成词、演变的机制和动因，并将"V 来"与相关结构"V 起来"进行比较分析，从而更好地说明"V 来"的现实表现及未来走向。

2.1 "V 来"词汇化动因机制分析

考虑到论述过程的针对性，本节中所讨论的成词动因与机制，主体只涉及表主观认知义"V 来"衍化成实义动词的阶段，除非是总括性的衍化链需要涉及虚化层面。对于"V 来"从实到虚，衍化为评注性副词与准助词阶段的动因机制将在下节中另述。

2.1.1 "V 来"成词动因
2.1.1.1 句法组合条件

"V 来"成词的动因首先是功能词"来"的产生与弱化。张谊生（2000）

指出，诱发汉语实词虚化的句法结构主要有三种：连动结构、动宾结构、联合结构。"V 来"中"来"原是表示位移动作的实义动词，在上古时期，"来"与单音动词并列使用，组构成连动结构，"来"一般居于后部，单音动词与"来"之间的句法界限比较明晰，没有凝结固化的迹象。当位移趋向动词"来"入句格式从"NP + V + V 趋"变为"V + V 趋 + NP"时，NP 的语法角色从主语变为宾语，但只能是"V"的宾语，"NP"这一句法位置的变更，还占据了"V 趋"后原先处所宾语的位置，"来"的句法功能在这一环节中发生了变化，最为显著的就是割裂了"来"与原先后接成分的句法联系，促使"来"发生从及物向不及物转变。如：

（1）a. 弇以尚书教授，躬自耕种。常有黄雀<u>飞来</u>，随弇翱翔。

（晋《续汉书》）

b. <u>飞来</u>双白鹄，乃从西北来。（晋《艳歌何尝行》）

久而久之，"来"就开始倾向于前附，与前一动词的关系变得紧密起来，两者间界限逐渐模糊，"来"功能用法发生变化，衍化出作为前置动词的趋向补语的用法。再当"V"扩容至动词性较弱的类别时，"来"的趋向义也随之失却，虚化为只能表时态的动态助词。

兰盖克（Langacker, 1977）将结构层次变化的类型归纳为三种：（1）取消分界（boundary loss）；（2）改变分界（boundary shift）；（3）增加分界（boundary creation）。一系列衍化让"来"从实词虚化为功能性成分，也使"来"能够作为功能性成分依附于动词之后，"来"的句法独立性逐渐弱化，与前置动词结合更为紧密，分界开始取消，有了与相邻成分黏合成词的可能性，而且"来"在"V 来"发展过程中功能还在继续弱化。我们将"V"与"来"之间的分界取消用公式表达为"A丨B → AB"。

2.1.1.2 助词并入及对前置动词制约

"并入"理论（Incorporation Theory）最早由贝克（Baker）于 1988 年提

出,"并入"的概念界定如下:指一个语义上独立的词进入另一个词的内部,两者合并成一个整体的过程。贝克的"并入"理论主要关注的是生成语法的相关问题,更多强调的是一种共时平面的句法移位的操作规则,与语言的历时演变所言的并入并不全量对等,但是存在诸多相似之处,最显著的相似点是两者都是由非词到词的衍化过程。我们认为"并入"同样适用于对表实义"V 来"式双音动词词汇化动因的解释。

贝克也提到不少语言都存在并入现象,这说明并入现象具有跨语言的共性。对汉语中并入现象研究的已有成果有汤廷池(1991)、冯胜利(2000)、华莎(2003)、王慧兰(2007)等,学者分别对汉语中的动词并入、名词并入及代词并入等进行了介绍和论述。刘红妮(2009b)首次提出汉语非句法结构的词汇化过程中存在"助词并入",如汉语中结构助词并入成为"X 的／地／得"类双音词、动态助词并入成为"X 着／了／过"类双音。张田田(2012)详细考察了汉语中与代词并入相关的双音词词汇化与语法化问题。

我们认为,表主观认知义"V 来"式双音词演变初期从非句法结构衍化为实义动词演变中,最为重要的演变环节即是衍化出动态助词用法的"来"的并入。并且,"来"作为动态助词并入前置单音动词"V"的同时,也对"V"的句法语义属性进行了限定与制约。马庆株(2005)提到,凭借能不能加后缀"着"这一划分标准,可以将汉语动词分为非持续性动词(perfectives)和持续性动词(imperfectives)。句法上非持续性动词与持续性动词在人类认知机制上的典型反映就是"有界—无界"的对立。沈家煊(1995)指出,动作的主要特征是占据时间,在时间轴上,动作有"有界"与"无界"之分。有界动作在时间轴上有起始点和终止点,无界动作则没有起始点和终止点,或者有起始点没有终止点。"V 来"中单音动词"看、想、算、听、讲、说"在句法上隶属于持续性动词,从时间性角度来看具有无界性,也就是说此类单音动词"V"本身表达的动作只有起始点,没有自然终止点,而动态助词"来"通过在句法表层上后置于单音动词"V",在构词过程中为"V"的深层语义限构了一个终止点。通过图示表现如下：

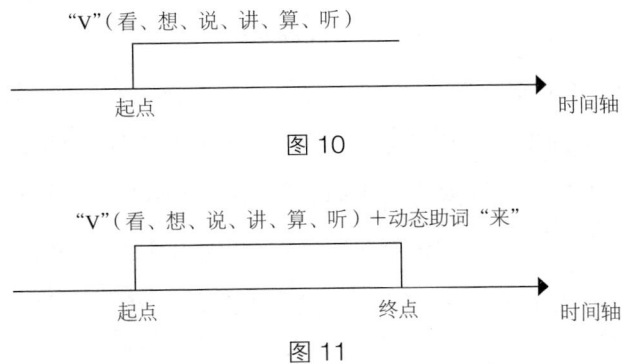

图 10

图 11

图 10 中，"V"代表无界动作，其在时间轴上具有伸缩性，而且动作内部是同质的（homogeneous），即任意截取其中某一时间节点，得到的结果都是一样的。图 11 中，动态助词"来"作为一个时体标记依附在"V"之后，在时间轴上的某一点取消了"V"的伸缩性，"V"与"来"的组构成词形式转化为有界的动作，内部也不再具有同质性。总而言之，"来"作为动态助词并入前置动词，实质上也是一个对单音动词"V"的改造及限定的过程。

2.1.1.3 双音化趋势及韵律化制约

韵律是语言的形式特征之一，它不仅具有生理属性，而且与心理认知也息息相关，是人类语言的一种普遍现象。韵律与语法规则像两只"无形的手"共同塑造着语言的基本面貌。王力（1989）指出，汉语双音词的发展，是汉语语法发展的一大特点。从历时角度来看，汉语词汇从东汉开始加速双音化，而到唐代，双音词为主的词汇系统已经建立，而在近代汉语中双音化的程度得到进一步提高（朱庆之，1990）。实际上，表主观认知义"V 来"式双音词成词过程也是集中在双音化程度较高的近代汉语中实现的，双音化的宏观趋势对"V 来"固化起到了不可小视的促进作用。董秀芳（2002）认为，从历时上看，只有双音的句法单位才有可能词汇化。

韵律节奏中最基本的单位就是韵律词。冯胜利（1998）认为，音节组成的单位是音步，汉语最基本的音步是两个音节，而韵律词又是由音步决定的，由一个音步构成的韵律词是标准的韵律词。"V"+"来"非句法结构原本不构成直接的句法结构关系，但"来"作为助词时，在语音上要求轻读。语法性成分参与构成的结构发生词汇化的一个重要原因是语法性成分在语音上一般都倾向于弱化。（董秀芳，2002）轻读的"来"附在前置动词之后，组成一个音步，从而符合汉语双音节构成音步的韵律要求。并且，我们还观察到，位于句首的"V"与"来"线性连用数量众多。如：

（2）待得再新整顿起来，费多少力！如鸡抱卵，<u>看来</u>抱得有甚暖气，只被他常常恁地抱得成。（《朱子语类》）

（3）（旦云）孩儿有一计，<u>想来</u>只是我与贼汉为妻，庶可免一家儿性命。（《警世通言》）

冯胜利（1996）指出，句首的第一个音步必须是一个"标准韵律词"。上例中位于句首的"看来、想来"都为一个词级单位。总之，在双音化、句首音步限制等韵律促动因素共同作用下，"V"与"来"的非句法结构在符合上述韵律要求的过程中，更容易被当成一个整体来看待，从而有了成词的动力和因由。

2.1.2 "V 来"成词特点和机制

2.1.2.1 附缀化和类推机制

动态助词"来"并入动词"看、想、说、讲、算、听"以后，继而发生"附缀化"（cliticaization）。附缀化既是"V 来"词汇化为实义动词的特点，也是其衍化的机制之一。有关汉语词缀的性质，马庆株（1998）曾指出包括以下四个方面：（1）词缀分布特征是定位的；（2）词缀的语义特征具有范畴性；（3）由词缀构成的词的结构特征具有模糊性，其内部是一种黏附关系；（4）词缀具有易变性。我们认为，"V 来"在衍化初期主要经历词汇化成为实义动词（行为动词和认知义动词）的过程。换个角度来看，这一过程也是动态助词"来"逐渐定位和黏附的附缀化过程："来"完成从动态助词到词缀（或类词缀）的转化。

前文在论述表主观认知义"V来"式双音词词汇化历程时发现，"V来"由于"V"语义基础及发展阶段的不同，其内部成员间成词衍化存在时间上的先后，"V来"中有的成员较早完成词汇化过程，其中动态助词"来"也演变成为词缀（或类词缀）。词缀"来"（或曰准词缀）具备了一定的构词能力，词缀最为鲜明的特点就是能够进行规则性的类推，使已有的结构对现存形式吸引同化。譬如，作为言说义动词的"说"与动态助词"来"成词以后，同样是言说义动词的"讲""道""问""告""论""读"等自身语义发展成熟后，也参与到跟"来"组配行列中，只是由于言说义动词内部成员间语义内涵的差异，导致言说义各动词与"来"成词阶段和衍化程度的差异，而且像其他言说义动词与"来"的组合形式只在现代汉语一些成语及固定搭配中还有遗留，如"娓娓道来""细细道来""细细问来"等。

张谊生（2010）在论述附缀"于"时，提出附缀演化的三条途径及后果：一条是语音弱化以后经重新分析，成为专用附缀"得（de）"；另一条跟"于"相似，由介词而附缀，并脱落走上零形式化的道路，比如，"放在桌子上—放桌子上"；再一条如少数"在/到"保持原读音由分界转移进入词内，如"好在、来到"等双音词。而"来"在与"V"融合以后，从实义动词向虚词演化的过程中遵照的应该是第三条路径，基本与"在/到"相同。也就是说，附缀"来"在"V来"虚化演变中并不是终点，还在继续弱化，直到与"好在、来到"中的"在、到"一样成为词内成分。

2.1.2.2 高频使用促发心理认知组块化

索绪尔在谈述黏合变化得以产生的心理认知机制时指出："当一个复合概念用一串极其惯用并带有意义的单位表达时，人们的心理就会像抄小路一样对它不做分析直接把概念整个附在那组符号上面，使它变成一个单纯的单位。"(高名凯,1980)莱昂斯(1977)也认为,任何按照常规组织起来的表达形式一旦在某种特定的情景下使用,在后来的话语中就可能被同一个说话人或其他的说话人当作一个现成的单位使用,进而说母语的人就越有可能把它储存在记忆中。

从心理学角度来讲,记忆按照不同的识记方式及存储时间长短可分为三类,分别是感觉记忆、短时记忆、长时记忆。人类识解语言的过程是一种信息加工的过程,由于语言交际的时效性等原因,语言加工过程极大地依赖于短时记忆这一信息编码形式。而研究显示,一般人的短时记忆广度均值为 7 ± 2[①],超过这个范围记忆就会发生误漏。故此,人在交际沟通的过程中,都会对所摄取的语言材料进行及时加工,将能够组合的单位尽量合并在一起,这就是认知心理学所说的"组块"(chunk)(陆丙甫,1986)。组块的定义是指将若干较小单位联结成熟悉、较大的单位,其作用是减少短时记忆中的刺激与识记单位,而增加每一个单位所包含的信息含量。

非句法结构的"V"与"来"词化为实义词实质上也是一种由高频使用促发的心理组块化、一体化的过程。当"V"与"来"在线性顺序上相邻且经常共现时,语言使用者就有可能把它们当作整体来加以处理。如:

(4) a. 生处景长静,<u>看来</u>情尽闲。(《全唐诗》)

　　b. <u>看来</u>臣子无说君父不是底道理,此便见得是君臣之义处。(《朱子语类》)

上例中从 a 句到 b 句,"V 来"的后接成分就记忆组块数量来看,有一个明显的提升,由于短时记忆记忆限度的制约作用,说写者更有可能将"V"与"来"一体化识解,而不对其内部结构做细致的分析,这样就使"V"与"来"之间原有的语法距离开始缩短,这一缩略过程直到实义动词"V 来"

[①] 短时记忆中"神秘七加减二"理论由美国心理学家乔治·米勒于 1956 年提出。

从非句法结构中凝固成词为止。成词以后，组块的心理仍会继续起作用，进而使词内部的理据进一步模糊化，融合度也得到提升。石毓智（2001）建立"融合度标（cline）"，用来刻画不同类型的动补结构句法或语义特征，参照这一度标，我们也尝试着设立非句法结构成词到虚化过程中融合度提升的标度，图示如下：

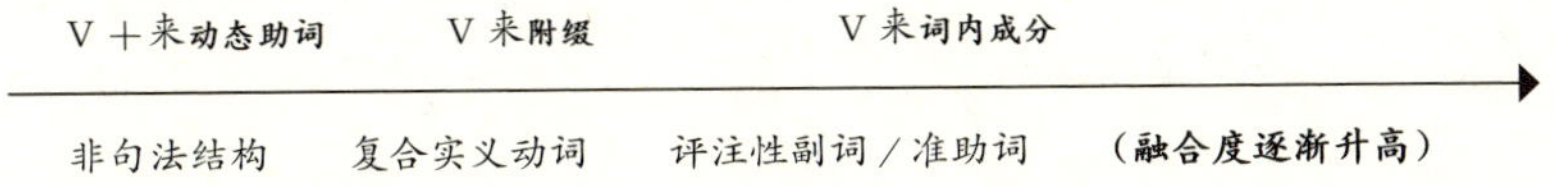

```
V+来动态助词        V来附缀        V来词内成分
─────────────────────────────────────────────▶
非句法结构      复合实义动词    评注性副词/准助词    （融合度逐渐升高）
```

图 12

如图所示，融合度的高低是一个连续递增的过程，横线上是这个连续体的初始、中间和结果三种状态。初始点中"来"为动态助词，中间"来"衍化为附缀成分并与"V"构成实义动词，结果也是实义动词"V来"的虚化结果，"来"伴随"V来"的虚化，"V"与"来"的融合度也在原先基础上得到进一步的提升，"来"最终成为词内成分。

2.2 "V来"语法化动因机制分析

"V来"从实义动词到评注性副词/准助词的语法化过程是两条不同的虚化路径，两种形式的"V来"也是各自不同的句法动因和衍化机制作用的结果。

2.2.1 准助词"V来"形成的动因与机制

2.2.1.1 介词框架形成与规则泛化

陈昌来（2002）提出"介词框架"这一概念，并将"介词框架"定义如下：现代汉语中一些固定格式，介词在前，其他词语（主要是方位词）在后，介词所介引的对象被夹在中间，形成一个框架。介词是介词框架的前部，与介词相搭配的其他词语如方位词，是介词框架的后部。介词框架按照后部成分的情况分为四类：1. 后部是方位词，如"在……上／下／中"；2. 后部是名词性词语的，如"当……的时候／时／之际"；3. 后部是连词、动词、介词的，如"从……到／往／向／至……"；4. 后部是"准助词"的，如"据……看来／说来"。上述四类介词框架中由于构成组件的不同，不仅类与类之间存在较大差异，而且同一类型中介词框架成员的语法意义、句法分布和语用功能也不尽相同。而就形成时间来看，马贝加（2002）指出，"自……以来"这个短语在先秦就有。如：

（1）自有生民以来，未有孔子也。（战国《孟子》）

后部成分是方位词的介词框架在上古时期已经出现。而上古时期介词短语出现在动词后的情况占优势，方位词与介词搭配相应受到较大的限制，直到中古汉语以后，介词短语开始向倾向于出现在动词前发展，这才使后部是方位词的介词框架开始增多。（陈昌来，2002）

这里讨论的"V来"与介词短语构成的介词框架应归属于"后部是'准助词'一类"，根据前一章对"V来"成词过程的考察，"V来"作为后部成分的介词框架是在"V来"成词以后才出现的，换言之，在中古"V来"才能够参与介词框架的组构过程。故此，不难得出介词框架内部不同类别中存在衍化成形的先后顺序，前置词（P）+介引成分（X）+后置词（Y），这一介词框架的规则构造形成以后，框架内部的变量成分〈P, X, Y〉进行着不断扩展。首先被允许进入框架后部成分（Y）的是汉语典型的后置词（即方位词），出于对表达的需要，"V来"通过组构规则的泛化继而也能作为框架的后部成分出现。"V来"由于介词框架后部成分泛化扩容进入框架结构的同时，其自身句法语义属性在框架中发生了变化，这种变化的原因可以看作是相似结构体平行对应成分性质的同化作用，同一结构体不同类别间、内部对应成分间往往会具有同质性，在介词框架后部的"V来"也受到同化作用的影响，从实义词向功能词转化。

2.2.1.2 框架内部层次重构

相同或相似结构体就像"阴影"一般极易遮蔽同一结构体下不同类别的层次搭配方式。这类情况同样存在于介词框架中。而介词框架句法层面的不同对后部成分的类属与功能会产生极大的影响。

从历时角度来看,后部是方位词的介词框架,在组配过程中是方位词作为最后部件后附于介词短语而形成的。而后部是"V来"式准助词的介词框架中,前文已经论证"X+V来"结构成形序列上要早于"P+X+V来",也就是说,在形成方式上这两类介词框架结构存在不同,形成初期的"P+X+V来"结构层次应是"P/X+V来"。但是随着介词框架的固化,框架内部层面结构发生了重构,介词"P"和介引成分"X"转化为同一句法层次,作为介词框架的内层,"V来"逐渐成为后附的功能词,组成介词框架的外层,这时的结构层次变为"P+X/V来"。"P+X+V来"内部层次重新调整组构,使"V来"意义虚化,附着性也随之增强。

陈昌来(2002)从共时层面着眼讨论了后部是准助词的介词框架层次划分问题,并指出,此类介词框架准助词后附于介词短语。理由一是后附的准助词多数是可以自由省去的,而且介词框架的后部即准助词不能单独跟介词的介引对象组合搭配,如"对于孩子来讲——对于孩子们——*孩子们来讲";二是这些词语可以后附在介词构成的联合短语后面,如"就最近的天气和按一般规律来说"。事实上,介词框架内部层次重构说明框架结构在形成过程中不是一成不变的,而应该是一个动态的发展过程,这种动态性体现在介词框架内部层次的调整与重构。与此同时,我们有理由相信后部是"V来"的介词框架成员尚处于"P/X+V来"向"P+X/V来"转变的过程中,这帮助我们解释了为什么不同的表主观认知义"V来"式双音词在组构成介词框架后,框架结构的紧密度和"V来"的虚化度在语感上存在明显的差异,如下例:

（2）a. 须逐一从前面<u>看来</u>，看后面，又推前面去。

（宋《朱子语类》）

b. 从目前<u>看来</u>，2004年亚洲经济增长仍面临一些不确定因素。

（新华网《亚洲经济走向何方》）

例（2）a是介词框架形成初期的情况，其中"看来"还有视觉行为的对象，"看来"的虚化程度不高，可以理解为动词；例（2）b是现代汉语用例，后部成分"看来"不再表示动词的用法，虚化程度明显高于前例。当然层次重构的现象不仅仅存在于"P＋X＋V来"中，同样存在于"P＋X＋后部成分（方位词）"中，值得注意的是后部成分是方位词的介词框架，其内部层次重构的顺序与"P＋X＋V来"正好相反。

2.2.2　评注性副词"V来"形成的认知机制

评注性副词"V来"形成是一个多层级的衍化过程，单一认知机制无法独立承担对评注性副词"V来"的衍化。我们认为，"V来"衍化出副词的用法是隐喻、语用推理、重新分析等多重认知机制共同作用的结果。

2.2.2.1　隐喻模式

隐喻是指从一个认知域（源域）到另一个认知域（目标域）跨概念域的系统映射过程。具体地说，隐喻就是根据一种事物来理解另一种事物，并将具体意义转变为抽象意义的认知过程。隐喻作为一种普遍的人类思维、认知模式同样在词汇意义的发展变化中起到了很大的作用。对人类来讲，身体的感官体验是直接的、客观的、外在的，而思维情感则是间接的、抽象的、内在的。由于自身认知能力的局限性，在表达内在主观的认知思维时需要借助客观的感知。也就是说，动作行为者从自身感觉出发来理解外部世界是一个自然的延伸过程，从具体的感官行为到抽象的思维认知也就是一种隐喻投射。沈家煊（2003）参照斯威策（1990）研究基础上论述了"行、知、言"三域在汉语复句中的反映,"行"是指行为、行状,"知"指知识、认识,"言"则是言语、言说,认为这三个概念域之间的区别和联系在语言的许多方面都有反映,其中语言系统中的词语存在诸多表示这三个概念之间关系的现象。事实上,"行、知、言"三域的转化不仅可以从共时平面的语词环节中得以展现,而且在一个词的历时成词衍化不同阶段也存在这三域间的转化现象。

"V 来"从实义词衍化为评注性副词的虚化过程就是一个概念域转化的过程,其中"V 来"的"行域义"是基本义,"知域义"及"言域义"都是从基本义演变出来的,这一演变的主要途径是"隐喻"。"V 来"的衍化过程可表示为:

V 来(感官实义动词）→ V 来（认知义动词）→ V 来（评注性副词）
a：行域（源域）　　b：知域（目标域1）　　c：言域（目标域2）

阶段 a,实义感官动词"V 来"表示一种具体的感官活动,这种活动与行为动作直接相关,属于行域;阶段 b,认知义动词"V 来"表示抽象的思维活动,与推测或判断等认知行为相关,属于知域;阶段 c,评注性副词"V 来"表示一种主观情态和逻辑推理,更多地强调话语功能,属于言域。从阶段 a 开始的渐变过程,也符合隐喻所遵照的相似原则和顺接原则,遵循了"具体→抽象→更抽象"的衍化路径。

2.2.2.2 语用推理

格赖斯(Grice,1975)提出交谈的"合作原则"就包含"适量准则"(quantity),是指说的话要适量,不能过多也不能过少,即"足量"和"不过量"。由于适量准则的制约,使说话人和听话人之间存有一种紧张关系:说话人不想说得太详细,而听话人又想要得到尽可能多的信息。解决这一问题的办法就是听话人根据语境从有限的话语中推导出实际要传达的意思,即"隐含义"。而当这种隐含义经常在话语中出现时,会发生固化,进而取代原有的意义。在推理过程中,上下文或者语境起着至关重要的作用。

感知义动词"V 来"表示的是人的感知行为动作,而认知义动词"V

来"多表示的是一种揣测,这两个意义之间存在着推导关系:如果一件事能被人感知到,即客观上有发生的可能性,那么主观上多半可以做这样的估测。如"想来"本来是表示确信的认识,而当认知者对后接成分的信息传达内容不肯定或者说话内容内涵有隐含义时,自然而然就推导出表示揣测的用法。

推理机制较为鲜明的特点是一个成分的衍化过程是逐渐完成的,不是一蹴而就的。换言之,在由 A 义向 B 义的转化过程中允许存在一个 A 义和 B 义共存的阶段,如"看来"在衍化过程中视觉感官动词"看来$_0$"到认知义动词"看来$_2$"之间还出现了可以作为双种解释的"看来$_1$"。

2.2.2.3 重新分析

兰盖克(1977)将"重新分析"定义为:一种表达结构的变化,这种变化不包括任何直接或固有的表层显现的修饰关系。一个本来可分析作"(a,b),c"的结构,经过重新分析,变成了"a,(b,c)"。具体地说,就是句子表层结构不改变的情况下,由于不同的理解方式,同一语言形式被赋予新的解读。刘坚等(1995)指出,重新分析按严格意义上来说是一种认知行为,其作用是从认知角度把词义虚化、功能变化的过程以结果(虚词)的形式表现出来,并加以确认,重新分析也意味着一个词汇单位词汇化过程的完成。

相互关联的话语单位组构成为表达完整意义的语段,感知实义动词"V 来"所在的语段中"V 来"与后接成分之间关系囊括了描写、引述、评述等语言行为关系。例如,视觉义动词"看来$_0$"后接成分是对视觉行为动作完成后一种结果的描写刻画,言说义动词"说来$_1$"则多是对直接间接引述的话语内容,听觉义动词"听来$_1$"是对所听内容的一种知觉评述。从单复句角度来看,感知实义动词"V 来"所在语段理应归属于复句范畴。能够独立存在的从句可称之为"核心"(Longacre, 1985),按照这一标准,感知实义动词"V 来"所在的语段中在"V 来"自身为核心的基础上,还有其他附加核心。也就是说,在成词初期的"V来"所在复句是一个多核心的组合。评注性副词"V来"衍化过程可以视为从并置多核心组合到边缘与核心组合的语法关系的重新分析。霍珀和特劳戈特描述了一个从句组合斜坡(Hopper & Traugott,1993):

并列结构＞主从结构＞从属结构

在这个斜坡中,两个从句之间的关系从左至右紧密度逐渐提升。具体到"V来"的语法化过程,我们可以从这一斜坡的衍化更为直观地观察到重新分析这一过程的展开。图示如下①:

并列结构(感知行为动词)——主从结构(认知义动词)——从属结构(评注性副词)

〈相对独立〉　　　　　〈互相依赖〉　　　　　〈完全依赖〉
核心　——————————————————————边缘
最小整体化程度　———————————————最大整体化程度
最大显性连接　———————————————最小显性连接

图 13

"V来"在并列结构和主从结构中都是作为句子的主要动词,是核心成分,后面可以跟接其他附加核心成分。但是从并列结构到主从结构,感知行为动词到认知义动词的转化过程中,前后核心之间的依赖性逐渐提升,到从属结构时,"V来"因为在重新分析的过程中失去了核心地位,被归并到边缘界,降级为句子的修饰性成分,后接成分成为句子的唯一核心成分,而且原先的复句经过重新分析后变为单句,整体化程度也达到了最大,之前复句间的显性连接也逐渐模糊消失。

---
① 这四种属性联系所组成的"布局"之间的区别是由兰盖克(1991)提出的。

2.3 评注性副词"V 来"的句法表现及新发展

2.3.1 评注性副词"V 来"在现代汉语中的句法表现

评注性副词"V 来"在现代汉语中有两种句法位序形式：一种是位于谓语前，即 S＋V 来＋VP/AP/小句；另一种是位于主语前，即 V 来＋S＋VP/AP/小句。

a. S＋V 来＋VP/AP/小句。"V 来"在主谓之间，因为"V 来"与句中其他成分没有直接句法关系，所以如将"V 来"删略，不会改变句子结构和真值语义。句中"V 来"的认知主体已经泛指化，即可以是言谈论域（universe of discourse）中的"任何人"，主要的功用体现在语义情态方面。如：

（1）经济恢复所导致原油需求增加。正因为如此，人为地控制油价<u>看来</u>很困难。

（2）跳痛了肚子的人<u>想来</u>不少，都手按肚子，眉头皱着，一声不响。

（3）真的这世上的因缘<u>说来</u>真怪，我很少看见美妇人不嫁给猴子类牛类水马的丑男人。

（4）学国文的人出洋"深造"<u>听来</u>有些滑稽。

（5）当它们通过共相的简单性而表示出来时，这些规定性真正<u>讲来</u>是通过进一步加在一起的规定才成为特质的。

例（1）（2）中的"看来""想来"所在句子作为一种推测的结论，但是结论的言说者是隐含的，并未出现。例（3）（4）（5）中的"说来""听来""讲来"所在句子是言说者的主观认识与评价。"V 来"后的谓语则没有特殊的限制，但绝大多数前面不是光杆成分，还会带上各类副词，有程度副词、范围副词、否定副词等，进一步加以修饰与限定，如例（3）的"真"、例（4）的"有些"。例句中的"V 来"不仅都能隐省，而且可以变换句法位置,移至句子主语的前面。两种变化形式都不会改变句子基本结构与语义。

b. V 来 + S + VP / AP / 小句。"V 来"位于句首主语前,作用是对所在句子或者分句进行整体管辖。如:

(6)才发现这屋背后全是坟,<u>看来</u>这屋就是铲平坟墓造的。

(7)他怎吃得消七十二位像泡菜那样又酸又辣的娘儿们?<u>听来</u>这七十二个狐狸是一个模子里刻出来的。

(8)<u>想来</u>她不要出集子,否则几十篇文章其实只有一篇,那真是大笑话了。

(9)不要担心,米达麦亚。<u>说来</u>我也还算是个军人。要毁就会毁在剑上,不会毁在女人手里的。

例(6)—(9)中"看来""听来""想来""说来"同样可以移位到"这屋""这七十二个狐狸""她""我"的后面,两种位序的语句表示的真值语义没有太大变化,但是不同位置的"V 来"所强调凸显的内容不同。主语前插入语凸显的是话语主观感觉的"发话人",而主语后插入语"V 来"的认知主语泛指化的程度更高,强调焦点更倾向于句子主语。谓语前的"V 来"可以移至句首,但是在语料中并未检索到"算来""讲来"出现在句首的实例。通过变换分析,"看来""听来""说来"都能够实现如下转换:

A1:人为地控制油价<u>看来</u>很困难→<u>看来</u>人为地控制油价很困难

A2:<u>想来</u>她不要出集子→她<u>想来</u>不要出集子

A3:<u>说来</u>我也还算是个军人→我<u>说来</u>也还算是个军人

如果不考量强调成分的不同,甚至可以把上面两式中的箭头改成双向等号。而"讲来"进行变换时却略有不同。如:

A4：这些规定性真正讲来是通过进一步加在一起的规定才成为特质的。
→真正讲来这些规定性是通过进一步加在一起的规定才成为特质的。

A4 式的变换如果成立，需要在"讲来"后面有语音停顿才可以成立。这一点也说明"V 来"内部成员间在句法分布上并非整齐划一，拥有各自的独特性。

2.3.2　评注性副词"V 来"的进一步发展

据希福林（Schiffrin，1987）的研究，话语标记（discourse marker）是指在序列上划分言语单位的一种依附成分。它只是话语层次上的标记，并不对言语命题的真值性产生影响，基本已经失去概念义。话语标记也能作为言语单位之间的连接成分，指明前后成分之间的序列关系。话语标记也能表明说话主体对所说的话的立场和态度。简言之，话语标记在语篇中起着停顿、过渡、表情等作用，有助于提升语篇的连贯性与条理性，并起到一定的指示与提示作用。"V 来"历经词汇化和语法化历程后成为一类表多种意义的形式，具有主观情态功能，同时也有话语标记的功能。

特劳戈特和达舍尔（Traugott & Dasher，2002）指出从跨语言的演变共性来看，表认知情态的副词发展为话语标记是话语标记形成的一条较普遍的路径。经过前文的分析我们得出，"算来"在演变的过程中逐渐倾向于专职作"推算"义的用法；"讲来"地域色彩较浓，来源于"说来"的类推，使用频率较低；"听来"受限于构词成分"听"强感观动词义，并未完全虚化。由于上述原因，"V 来"式双音词在虚化道路上继续"前行"的成员仅有"看来、想来、说来"。

布里顿（Briton，1996）为衡量一个单位是否演变成为语用标记提出相关标准：1. 从句法上较为稳定的线性位置到没有具体位置限制，2. 从句法上拥有明确的功能地位到功能地位不能确定，3. 从表述客观事实到表达说话人主观感受，4.从具体词汇义到整体格式义的参解，5.从韵律上非独立形式到独立的语调单位。① 充分参照上述标准，我们检索到如下用例：

（10）那些刻骨铭心的山盟海誓，怎么会禁不起这么点风浪。<u>看来</u>，所有的誓言都是靠不住的。

（11）读外国的泰戈尔、川端康成、海明威之文，便至今于起灭转接之间不可测识。<u>说来</u>，还是兄读书太少，觉悟浅薄啊！

（12）光彩的人，就这么挑剔难缠！要怎样对答，才能对他们的胃口呢？<u>想来</u>，我也必是笨的，环绕着我的人，有哪个是善男信女？

在上述用例中，"V 来"处在话语叙述的主线上，后有停顿，通过引进后续小句或句群将话语叙述继续前推，删略句中的"V 来"虽会对表达的连贯性产生一定影响，但也不至于改变句子的基本意义。这里的"V 来"可以看作话语标记。由于位于小句句首位置的成分前有其他语段成分，处于话语衔接段位置，适合标识语句之间的关系，较为容易发展为话语标记。故而，我们认为话语标记"V 来"的直接来源是位于小句句首位置评注性副词"V 来"的高频使用。

方梅（2000）在论述连词弱化为话语标记现象时认为，时间顺序原则在这一过程中起了非常重要的作用。同样，"看来、想来、说来"从句首评注性副词发展到话语标记也适用时间顺序原则。塔伊（Tai，1985）指出，汉语语序结构中最普遍的原则是时间顺序原则，语言结构顺序则是直接反映了相似的时间结构顺序。具体来说，汉语语序与思维流向步调基本一致，句法单位的相对顺序是由它们在概念领域里状态的顺序决定的。主要表现在两点：一是汉语的信息焦点多位于句子后部，一般来说，句子后部传达主要信息内容，与此同时，句首成分的语义负载相对来说较轻，这就为句首的评注性副

---

① 布里顿（1996）提出的衡量一个单位是否成为话语标记的标准，参引自曹秀玲（2010）。

词"V来"继续虚化提供了条件；二是表示结果成分相对于原因成分的语义负载也相对较轻。句首位置的评注性副词"V来"多是在基于前面小句提供信息、依据等表原因内容，得出推测、揣测、判断等论断结果相关的成分。作为结果相关成分的"V来"在话语中有可能被简单理解为按时间顺序发生的时间序列标记成分，即起连接作用的话语标记。

评注性副词"V来"的基本功用是对相关成分进行主观评注，在这一基础上衍生出话语标记的用法，两个演变阶段不同用法间不仅存在一定的功能特点的承继及延续，而且也有各自的个性与差异。首先，话语标记倾向于保持自由的句法地位。评注性副词"V来"在句中表认知情态时本身句法使用位置相对灵活，可以出现在句首、句中，甚至句末等位置，这也正是评注性副词区别于其他功能性成分的外在标准之一，而话语标记在承继的基础上，独立性有了进一步提升，而这一提升的外显特征就是话语标记在韵律上存有停顿，而这又使话语标记很难与其他成分发生黏着化。其次，"V来"作为话语标记用法与评注性副词能表主观情态的不同之处在于：话语标记"V来"虽然在一定程度上也能表达认知情态，但是较之评注性副词来说，其表情功能已经大大弱化，主要功能是使前后句子衔接更为紧密，并且标示读者如何理解话语间蕴含的内在关系。评注性副词"V来"的主观评注只与句中某一叙述内容有单向影响关系，而话语标记"V来"则是充当前后两个叙述内容的联系项，其话语联系是双向的，并着重强调前后话语之间的关系。概括地说，"V来"衍化出话语标记的用法，使其不再表示词汇意义的真值语义，而仅仅表示组织话语的非真值语义联系，这期间涵纳了一个词汇意义消退、篇章功能增强的过程。

2.3.3 "V来"虚化等级序列

表主观认知义"V来"式双音词尽管在来源、成词途径与虚化演变上具有相似性，但是共时平面的结果却不尽相同，即"V来"在成词以后存在一个由低到高的虚化等级序列。

"V 来"虚化程度大致可分为三个等级：1."看来、想来、说来"虚化程度最高。在现代汉语中这三个词已经出现较多作为话语标记的用法。2."听来、讲来"虚化等级次之。"听来"在现代汉语中可以作为评注性准副词使用，但是根据对实际语料的检索，并没有发现其能够作为独立语来使用，"讲来"则是在"说来"的衍化背景下才得以成词的，使用范围受限较大，缺乏继续衍化的基础。3."算来"虚化程度最低。"算来"在现代汉语中作为"推算"义动词的用法占了绝大多数。在历时演变中演化出的副词用法已经消退，极少使用，所以从共时层面来讲，"算来"的虚化程度最低。

从共时平面来看，现代汉语中"V 来"虚化等级序列为（">"读作"程度高于"）：

看来／想来／说来＞听来／讲来＞算来

2.4 "V 来"与"V 起来"的比较

现代汉语中，"看、想、说、听"可以构成"V 来"与"V 起来"两个结构体，虽然学界对两者能够做插入语的观点基本达成共识，但是两者具体使用中的差异却较少有人细致探讨。加之，一些工具书中对"V 来"与"V 起来"的解释也相差无几，甚至采用互释的方式，这更是遮蔽了两者之间的区别与差异。下文将从两个方面来探讨"V 来"与"V 起来"的异同：1.历时演变中"V 来"与"V 起来"形成的先后及推衍关系，2.共时平面中两个结构体在具体语言使用中句法分布与表达功用上的差异及原因理据。

2.4.1 "V 来"与"V 起来"历时溯源

语言演变有个普遍趋势，即较短的语言形式有可能是从较长的同功能语言形式上经过长时间的磨损而发展出来的。因此,有观点认为"起来"可以紧缩为"来","V 来"是"V 起来"的缩略形式。如:

(1) a. 他<u>看来</u>很有想法。　　b. 他<u>看起来</u>很有想法。
　　　家乡<u>想来</u>更漂亮了。　　家乡<u>想起来</u>更漂亮了。
　　　这雨<u>听来</u>十分凄厉。　　这雨<u>听起来</u>十分凄厉。
　　　那人<u>说来</u>奇怪。　　　　那人<u>说起来</u>奇怪。

上述例中"V 来"和"V 起来"都是对句首"NP"对象进行评述,a、b 两组对应例句表意一致。因此,有学者假设"V 来"来自"V 起来"的缩略。

我们认为,主观评述只是"V 来"与"V 起来"衍化过程中获得的其中一种功能用法,仅仅凭这一用法相同就得出"V 起来"缩略得到"V 来"的结论,缺乏必要的论证过程。并且仔细推敲,"他看来很有想法""家乡想来更漂亮了"中的"V 来"有表示主观推测的意味,而"他看起来很有想法""家乡想起来更漂亮了"中的"V 起来"则有表示主观评价的意味,如果互换句子基本语义也相应发生变化。更为重要的是,通过汉籍全文检索系统(第四版)发现,"V 来"结构式比"V 起来"出现的时代总体上要早或者持平,列表如下:

表 9

项目	看	听	想	说
V 来	唐代	宋代	元代	宋代
V 起来	元代	清代	元代	宋代

通过上表可以看出,"V"在唐代就与"来"组构成结构体,早于"V"与"起来"组配。"V 来"要是来自"V 起来"的话,"V 起来"需要在时间链上早于"V 来"出现,并且有一个高频使用的过程来对自身较长的语言表达形式磨损,而历时语料调查的结果并不支持"V 起来"结构式在"V 来"

之前形成这一论断。可见，从历时角度看，"V 来"是"V 起来"缩略而成这一观点有待商榷。"V 来"与"V 起来"两个结构体能够出现相同或者相似的语言环境中，甚至表达功用有相近之处，不是由于两者间存在形态变形或者简化的衍生关系，而是因为共戴的语义承载项"V"同样的语义激活。可见，"V 来"从产生源头上看并不是"V 起来"的语音磨损所得，两者在历时衍化中拥有各自独立的结构式。

需要说明的是，尽管在历时溯源上不支持"V 来"源于"V 起来"的紧缩，但并不否认当"V 起来"和"V 来"结构体形成后，两者在具体使用中存在变形和简化的交叉现象。也就是说，语言使用中确实存在"V 起来"中的"起来"在高频使用中能够缩略简化为"来"，并且"V 来"中的"来"也能变换为"起来"。而这一相互的形态变化过程主要受到语体色彩和语言环境的制约与影响。

2.4.2 "V 来"与"V 起来"共时差异

张谊生（2006）根据充当的句法成分将"看起来"分为：基谓语、泛谓语、兼谓语、插入语四类。参照张文分类标准，由"看、想、说、听"构成的"V 来"和"V 起来"也都具有以上四类句法分布类型。由于两个结构式在基谓语、泛谓语及兼谓语三种句法类型上用法基本类似，因而，本节主要考察"看来、看起来"和"想来、想起来"这两组词语在共时平面上充当插入语的情况。

有关汉语插入语的研究，自 20 世纪七八十年代逐渐受到重视。赵元任（1979）最先指出，插入语是指那些插进去的话和离题的话。吕叔湘（1979）提出"插说"这一概念，并认为这是把一个句子的结构打断，插入一句话进去。后来的学者大多认同前人对插入语的界定，认为插入语不是语义上的必有成分，但也并非可有可无，而且在句法位置上具有灵活性，构成成分也复杂多样。范晓（1996）对传统认识提出异议，指出"插入语是句子中的有机组成部分,与句子中其他成分有关联,它是附加或插加在核心语上的,形成插心结构,但插心结构不是句法结构,而是语用结构。它表示的是一种附加意义(语用意义),即对核心语所反映的事实表示主观的感情和态度"。这样看来,与句中其他成分没有直接句法关系的"V来"与"V起来"就是插入语。

"V来"与"V起来"作为插入语,多位于主谓之间。如:

（2）a1. 我朋友<u>看来</u>不会来了。　b1. 西湖荷花<u>看起来</u>像是一个个美丽花仙子。

a2. 今天<u>想来</u>是不会下雨了。b2. 这些话<u>想起来</u>都不好意思。

我们认为,"V来"与"V起来"两者作为插入语成分使用的差异主要是由其构成成分的各自语义内涵不同导致的。我们先看"想来"与"想起来",例（2）中"想来"表示的是主观推测,"想"在词语中是"猜想"义;"想起来"表示的是"回忆起来"的意思,"想"表示"回忆"。例（2）中"看来"都是表示主观推测,"看"表示"推测"义;"看起来"表示的是主观评价,其中的"看"是视觉动词的用法。

再从认知角度来看,"来"与"起来"各自的语义虚化轨迹也导致了"V来"与"V起来"的用法差别,图示如下:

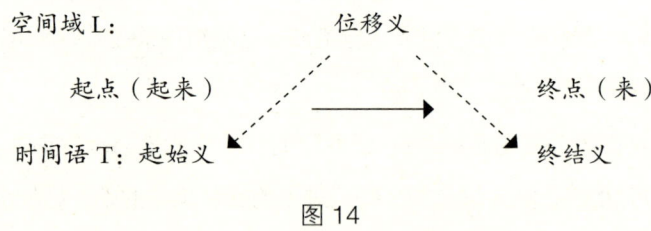

图 14

"来"与"起来"原型义都是位移义,属于"空间域"。当两者在从"空间域"往"时间域"投射时,"起来"语义上对应的是起始义,而"来"语义上对应的是终结义。"V起来"在语义上继承了起始义,表示动作的开始及持续。由于此种语义限制,"V起来"进入谓语前的位置时,只能为对象"NP"的状态展开评价。"V来"在语义上继承了终结义,表示动作的完结,这使"V来"能为对象"NP"的结果进行推测。

2.5 本章小结

本章论述了"V来"成词、虚化的动因机制及其新变化。表主观认知义"V来"式双音词的衍化大致分为两步:一是词汇化为感官动词"V来";二是从实义动词向功能词衍化,即虚化演变。感官实义动词"V来"成词是由句法组合、助词并入、双音化多重动因共同影响的结果,附缀与类推是"V来"衍化初期主要的语言机制。"V来"从实转虚过程的动因机制又可以分为两部分:一是虚化为准助词,其衍化的主要动因机制是介词框架形成及框架内部层次重构;二是虚化为评注性副词"V来",其主要的认知机制包括隐喻、语用推理、重新分析。

本章还探讨了评注性副词"V来"在现代汉语中的具体句法表现,并论述了评注性副词"V来"衍化为话语标记的过程。概括出"V来"虚化等级序列为:看来/想来/说来>听来/讲来>算来。最后,从历时与共时两个角度论述了"V来"与"V起来"本应是各自独立的词语形式,"V来"并不是由于"V起来"使用过程中语音磨损而产生的。而且由于"起来"语义上对应的是起始义,而"来"语义上对应的是终结义,"V起来"在语义上继承了起始义,表示动作的开始及持续,从而只能为对象"NP"的状态展开评价;"V来"在语义上继承了终结义,表示动作的完结,这致使"V来"只能对对象"NP"的结果进行推测。

第三章
现代汉语中介词框架"P + X + V 来"考察

前文厘清了表主观认知义"V 来"式双音词成词衍化过程及相应的动因机制,本章将从共时平面出发,着重探讨在"V 来"成词衍化过程中相伴产生的介词框架结构"P + X + V 来"。该介词框架作为句法组合形式在承继介词短语主要功能特征的同时,也具有框架结构自身的特点。我们将对框架结构中介词"P"的成员种类、"X"的功能类别、"P + X + V 来"句法功能分布及内部构成要素间的语义关系等内容进行全面考察。

3.1 "P + X + V 来"框架的内部构成

在"P + X + V 来"介词框架中,介词 P 和 X 为变量,"V 来"相对来说为常量。本节主要对框架内部中变项介词 P 和介引成分 X 进行描写和归类。

3.1.1 "P + X + V 来"中 P 的范围

介词是现代汉语中一个相对封闭的小类,虽然数量有限,但作用却相当重要。由于收录标准不同等原因,历来各家在收录数量上存在一定差异,侯学超主编的《现代汉语虚词词典》中一共收录介词 116 个,张斌主编的《现代汉语虚词词典》收录介词 70 个,陈昌来(2002)在充分考量介词与动词、连词、助词的兼类现象后,列出"现代汉语介词一览表",共收录介词 159 个。

以陈昌来(2002)的"一览表"为参照,通过考察北京大学语料库的现实语料对能够出现在"P + X + V 来"框架中的介词 P 的数量范围进行了统计，共有 36 个能进入该框架。如：

> 按、按着、按照、鉴于、较、从、对、作为、根据、就、据、拿、围绕（着）、以、依、依着、依照、依据、用、由、照、照着、自、针对（于）、对于、在、于、随着、到、凭、被、让、打、叫、搁、通过

虽然表主观认知义"V 来"中的成员都能与介词连用，但是不同的"V 来"与介词搭配的数量与类别也存在不同。我们对北京大学语料库中"V 来"与介词搭配使用的情况做了详尽的调查，结果如下。

a. 与"看来"搭配的介词：

> 按、按着、按照、从、对、根据、就、据、以、依、依着、依照、依据、用、由、照、照着、自、对于、在、于、随着、凭、被、给、让、打、叫、搁、通过、鉴于、较

b. 与"听来"搭配的介词：

> 让、在、凭、从、打，叫、使

c. 与"想来"搭配的介词：

> 按、按着、在、自、照、照着、按照、依、依着、从

d. 与"说来"搭配的介词：

> 在、就、对、按、按着、按照、对于、照、照着、从、依、依着、于、据、围绕着、鉴于、针对（于）、拿

e. 与"讲来"搭配的介词：

在、按、按着、就、照、照着、对、从、对于、由、围绕着、拿

f. 与"算来"搭配的介词：

照、按照

根据上述分类，可以看出"看来"是这些词中与介词连用最多的一个，基本相当于进入"P＋X＋V来"的介词总和，而能与"算来"搭配的介词数量最少，只能与"照""按照"连用。从介词的音节来说，单音节和双音节的比例相差无几，还有个别是三音节，如"围绕着""针对于"。

上述介词根据介引的语义成分类型可再分为：

主事介词：让、叫、搁、被

凭事介词：按（着）、按照、照、从、由、依照、凭、根据、据、依据、用、以、鉴于、通过、针对（于）

关事介词：对、对于、于、围绕着、就、打、拿、作为、随着、作为、自、在

比事介词：较

观察上述分类情况不难发现，能够同"V来"组构成介词框架的介词主要集中在凭事介词和关事介词两大类，主事介词和比事介词较少。主事介词和比事介词由于自身方言色彩浓厚以及作为介词框架的使用频率不高等原因，暂不列入考察范围内，本节着重分析介词框架前置介词为凭事介词和关事介词的情况。

3.1.2 "X"的构成

陈昌来（2002）指出，介词作为汉语语法词类系统中重要的一类，意义上等同于一般的虚词，没有实在的词汇意义，只具有语法意义，在句法功能

上主要起介引功能。结合语料,"P + X + V 来"中介词所介引的 X 的语义类别如下。

a. 介引认知主体:常用于"在/据/照/依/以……V 来"等框架中。如:

(1) **在他**想来,日本人能打败英国佬,而中国一定能打赢日本。

(2) **在我们**听来,这无疑是个可喜的消息。

(3) **依我**看来,这种价值并不限于宗教,除非此处宗教的含义与前面所说的不同。

(4) **照孟子和儒家中孟子这一派**讲来,宇宙在实质上是道德的宇宙。

(5) 在这样的情况下,中超联赛堪与谁争锋?**以记者**看来,恐怕只有争风吃醋的份儿了。

(6) **在欧美人**看来,汉语方言之间的差别比英语、德语之间的差别还要大。

以上各例中介引论说或认知主体,可以是人称代词,也可以是名词或名词性短语;没有单复数的限制;可以是定指的,也可以是不定指的。如,例(1)—(3)介引的人称代词单复数都有,分别是"他""我们""我";例(4)(5)介引的是名词性短语;相对于前面几例中的认知主体都是定指的,例(6)中"欧美人"则是不定指的集合名词。

b. 介引主观凭由与客观依据:常出现于"在/照/从/依/以/据/按……V 来"框架中。介引此类成分,介词多与"看来"和"讲来"连用。如:

(7) **从哲学的观点**看来,这种谴责完全是不相干的。

(8) **照道理**讲来,意识流小说作家也是诗人。

(9) 这些话**在当时**看来,都是些不合时宜的无稽之谈。然而时过不久,亚洲金融形势突变。

(10)《丑小鸭》《皇帝的新装》在中国已是家喻户晓。**在今天**看来,大师的作品不仅给人无尽灵感，同时也是新创作品的源泉。

像学术观点、理论学说、参考标准等主观性的成分可以认定为主观凭由，如例（7）中的"哲学观点"和例（8）中"道理"。如果介引成分是一些已知的、已然的、固有的参照事物，可将其归为客观依据，如例（9）（10）在"在……看来"框架介引的虽然是时间词"当时""今天"，但实际上是表示两个时间词后都可以补足上"社会环境或者某一领域的实际状况"，这是以客观的社会信息背景作为参照的依据。除此之外，"现在""目前""当前""那时"等也能进入框架，之所以介引的时间词不能是表示"将来"的时间成分，是因为未来的事物是表未然的，不能以未然的事物作为标准对现时的事情做出评断。依据、凭由类的 X 也多是名词或者名词性短语。此外，在介引主客观依据中还有一类，依据成分是以指示代词的形式出现的，主要有"这样、这么、此"等。如：

（11）**由此**看来，正的方法与负的方法并不是矛盾的，倒是相辅相成的。

（12）**照这样**说来，子恺的小品里既是包含着人间隔膜和儿童天真的对照，又常有佛教的观念，似乎，他的小品文尽都是抽象的，枯燥的哲理了。

（13）**照这么**看来，他倒霉的日子似乎还长着哩。

这类介词框架的作用是当言说者需要得出推测与判断时，加以标示是根据前文中已经出现的依据与凭由，而且此类介词框架的逻辑推理作用大大增强。我们发现这种加指示代词的介词框架有两种截然不同的演化趋势，例（11）中的"由此"有代词并入的成词倾向，而例（12）（13）中的介词"照"可以省略而不影响句子的语义与结构。

c. 介引对象、话题、方面：常用介词框架有"对于／对／就／从……V

来"等。如：

(14) 若叫她带着怀念离开我，**对她**说**来**就更加难忍受，**对我**说**来**，也会加深良心上得自责。

(15) **就畏惧感**讲**来**，则一般是对后一种的畏惧较大。

例 (14) 框架中"她、我"是对象成分，例 (15)"畏惧感"是展开论述的话题成分。介引对象、话题等成分的 X 有名词、名词性短语和代词。上述介引成分从性质上来讲，都是体词性成分。谓词性成分也能进入框架。如：

(16) **就拍照**讲**来**，好摄影器材固然重要，但是摄影师的技巧才是决定高质量照片的关键因素。

(17) **据研究**看**来**，一个人的生活环境对其身心有着非常大的影响。

(18) **从防止信息泄露**讲**来**，国内购物网站和通讯服务商做得很糟糕。而缺乏相关的法律法规，加之管理不善，泄露客户个人信息状况正愈演愈烈。

上述例句中，介词框架介引的"拍照""研究""防止信息泄露"单从性质角度来讲，都属于谓词性成分，包括动词和动词性短语。但是不难发现，上述谓词性成分的功能并不是陈述，而是指称某一相关事物，作用相当于体词。张斌（2008）曾指出，介词主要用在名词或者名词性短语前面，也可以用在一些指称性的谓词词语前面。再看下例：

(19) **从他很少说话**看**来**，刚来的新同学性格还是比较内向。

上例中"他很少说话"是主谓短语，可以在它后面补足"这一点"进行复指，这也就说明这一主谓短语同样是指称性成分。在介词介引的句法功能的基础上，介词框架"P + X + V 来"派生出了功能转化作用，将动词、动词性短语或者主谓短语等陈述性成分转化成指称性成分。

总起来看，"V 来"组构的介词框架中，"P＋X＋看来/说来"基本上囊括了上述所有类别的介引成分，其中"P＋X＋看来"以介引认知主体为常，而"P＋X＋说来"较多介引对象成分。"P＋X＋讲来/算来"以介引主客观依据、凭由为常，一般不能介引话题、对象成分，其中"P＋X＋算来"介引的依据成分多以指示代词的形式出现，回指前文出现的依据内容。"P＋X＋想来/听来"以介引认知主体为主，一般不介引对象和话题成分，较少介引依据成分（多以指示代词形式出现）。

3.1.3 "P＋X＋V 来"中的"V 来"隐现机制

介词框架中后部成分"V 来"在语义上没有什么特别的词汇意义，主要是后附在介词短语后起到某种标示作用。因此，后部成分"V 来"除了一部分是必须强制性出现外，大多数情况下使用与否具有相当的自由度。而制约"V 来"隐现的因素比较复杂，既有句法上的，也有语义上的，还有语音上的，更有语用上的。本节主要集中考察由"按、按着、按照、就、拿、对、对于、依、据、从、在"等介词与"V 来"构成的介词框架。之所以选取以上介词及构成的介词框架作为考察对象，是因为这些介词能与多个"V 来"组成介词框架，并且这些介词框架大多能够介引多重成分，这样可以更好地体现介词框架后分"V 来"在使用时的共性特点。

"按/按着/按照……看来/想来/说来/讲来"主要介引两种成分。一种是介引客观依据、主观凭由。如：

（20）a. <u>按传统语法观点</u><u>说来</u>，副词一般只能充当状语成分。

b. <u>按一般规律</u><u>讲来</u>，人都会经历生老病死。

c. <u>按照调查结果</u><u>看来</u>，越来越多的人会上网买东西，特别是年轻人。

d. <u>按着以前的情况</u><u>想来</u>，这次下调油价的幅度也不会太大。

这三个介词中"按着/按照"与"V来"连用更为常见,"按"较多同"说、讲、看、看来等"连用,如"按……说/讲/看/看来"。而"按着/按照"一般不能与单音节后部成分"说/讲/看"构成介词框架。介词框架"按……说/讲/看"中介引的依据、凭由成分还能以零形式出现,使框架结构前后部连结成单说形式"按说、按讲"。上述例句中,框架中后部成分"看来/想来/说来/讲来"的使用是相对自由的,省略不用,句子仍然成立。如:

(21) a′. **按传统语法观点**,副词一般只能充当状语成分。

b′. **按一般规律**,人都会经历生老病死。

c′. **按照调查结果**,越来越多的人会上网买东西,特别是年轻人。

d′. **按着以前的情况**,这次下调油价的幅度也不会太大。

除了介引依据、凭由成分外,该框架结构还能介引认知主体,并且多是单音节介词"按"来组构框架,"按照、按着"两个介词组成的介词框架一般不能介引认知主体。如:

(22) a. **按我**说来,这赛季马刺队重夺NBA总冠军很有希望。

b. **按他**看来,被解雇的麦克·布朗只是球队输球的替罪羊而已。

c. **按马云**讲来,与自己一样从事电子商务的人不是对手,而是榜样。

a′. ***按我**,这赛季马刺队重夺NBA总冠军很有希望。

b′. ***按他**,被解雇的麦克·布朗只是球队输球的替罪羊而已。

c′. ***按马云**,与自己一样从事电子商务的人不是对手,而是榜样。

上例中框架后部成分"V来"必须强制出现,不能隐省。而且"按……V来"介引的认知主体多以人称代词单数形式出现,框架后接内容表示说话人的主观看法或判断。

"就/拿……看来/说来/讲来"这一组介词框架主要介引成分包括话题范围和论说对象。而且在介词框架在介引相关成分时有限制性的意味，框架前还能够出现"仅、只"等副词强化限制性。如：

（23）a. **就这项研究**<u>看来</u>，一天喝一到两杯咖啡有利于人体新陈代谢。

b. **仅就桥梁建筑**<u>讲来</u>，现代中国的建造质量是大大不过关的。

c. **只拿这场比赛**<u>说来</u>，球队整体配合还有待加强。

上述例中，由"就"构成的介词框架，后部的隐现是自由的，而"拿"构成的介词框架后部成分，一般必须出现，不能省略。如：

（24）a′. **就这项研究**，一天喝一到两杯咖啡有利于人体新陈代谢。

b′. **仅就桥梁**，现代中国的建造质量是大大不过关的。

c′. *只拿这场比赛，球队整体配合还有待加强。

"对/对于……看来/说来/讲来"一般以介引看法观点所关涉到的对象成分。如：

（25）a. 新的火车票代售方式**对于不接触网络的人**<u>看来</u>简直是多此一举。

b. 户籍制度**对外来人口**<u>讲来</u>是一道迈不过去的坎。

c. 得分**对于科比**<u>说来</u>是小菜一碟，关键是如何将得分转变为赢球。

上述例中后部成分"看来/说来/讲来"在介引对象时不仅能够隐省，而且隐省后的句式更为接近口语表达，反而更加通顺自然。但是当该介词框架结构前面出现介引成分的主体时，后部准助词一定要出现，而"看来"不太常见。如：

(26) 汤姆·克鲁斯**对**中国观众**说来**还是比较熟悉的。

上例的主客关系是"汤姆·克鲁斯"是客体,"中国观众"是主体。句子表达的意思是"中国观众对影星汤姆·克鲁斯很熟悉",如若将"说来"去掉,主客关系发生颠倒,造成误读,变成"影星汤姆·克鲁斯对中国观众很熟悉"。这说明介词"对/对于"单用时起到的是提示客体的作用,而由"对/对于"构成的介词框架则是起到提示主体的作用,两者在功能上互有分工、形成互补。

"依/据……看来/说来/讲来/想来"主要介引认知主体,后部成分一般必须出现,不能隐省。如:

(27) a. **据**我**看来**,今后的二十年是电商们的黄金期。

b. **据**郎咸平**说来**,中国制造业目前正处于高度产能过剩的危险状况。

c. **据**这次的带队导游**讲来**,原先这里是荒无人烟的乡下。

d. **依**他**想来**,这么好的机会就像天上掉馅饼一样。

上述介词框架介引认知主体,表明后接观点和认识的来源及出处。

"在……看来/说来/讲来/想来/听来"介引成分主要有两类,一类是介引依据、凭由,后部成分一般只用"看来",而且"看来"可以隐省。如:

(28) a. **在**现在(**看来**),中国的经济完全被房地产"绑架"了。

b. **在**目前(**看来**),大学扩招没有从根本上解决就业问题。

介词框架"在……看来"介引成分虽然以时间词"现在""目前"出现,但实际上是指"现在中国经济状况""目前大学生毕业就业情况",都属于相关论断、观点的参照依据。

另一类是介引认知主体,此时框架后部"V来"的使用具有强制性,必须出现。如：

（29）a. **在苹果迷**看来，乔布斯就是科技界的"上帝"。

b. **在他**听来，这次的方案还是没能得到客户的认可。

c. **在业主**说来，小区实际绿化覆盖率远远没有达到开发商宣传那么高，这明显是在欺诈消费者。

"从……看来/说来/讲来"主要介引依据、凭由成分，而且介引的依据、凭由也可以以时间词来指代。如：

（30）a. **从目前**看来，高考还是一种相对公平的竞争机制。

b. **从当前**说来，台湾导演们在将电影艺术与本土文化结合起来这方面上做得非常好。

同样是介引依据、凭由，"在……V 来"框架能够隐省"V 来"，句子仍然成立，而在由"从"构成的介词框架中后部成分"V 来"则是必须出现，不能隐省。

总起来看，作为后部成分的"V 来"在介词框架中具有一定的自由度，但是影响因素是多方面的。句法上，介词框架介引认知主体时，后部成分"V 来"基本上是强制出现的，当介引依据、凭由等成分时，后部成分一般可用可不用；语义关系上，如若介词框架隐省后部成分会致使主客体关系误解或者丧失，此类后部成分"V 来"必须出现；语用上，有部分介词框架隐省"V 来"，句子仍然成立，而且使语句更符合语言的经济性原则，更为口语化。

3.2 "P + X + V 来"的句法特征与功能分布

介词短语的基本句法功能是做状语（包括句首状语），其次部分介词短语还可以做定语。（陈昌来，2002）无论是做状语还是定语，介词短语从句法功能上看属于加词性短语，作用是修饰性的。介词框架"P＋X＋V来"基本承继了介词短语的句法功能，表现为不充当以动词为中心的句法语义结构中的核心成分，而作为外围成分；不是动词的配价成分，是动词的自由说明语或状元。介词框架"P＋X＋V来"句法功能上也属于加词性短语，主要充任状语，起修饰性的作用。介词框架按出现的句法位置可以分为句首、句中、句末三类。本节将分别对三类句式进行描写考察。为了行文简洁，本节将"P＋X＋V来"简化为"PpV来"。

3.2.1 "P＋X＋V来"位于句首

"P＋X＋V来"做句首修饰语出现的句式可以码化为：PpV来，(S)＋Vp。根据介词框架后接句是否是主谓句分为两类：

A1. PpV来，S＋Vp

这一句式是框架后跟主谓句。如：

（1）a. **就目前**看来，这项工程整体进度比预期延后了一个月。
　　　b. **据我**想来，检查组的领导再过一会儿也该到了。
　　　c. **拿 NBA 的球员**说来，他们是世界上最顶级的篮球运动员。
　　　d. **就网站访问量**看来，天猫商城今年访问量开始慢慢接近淘宝网。

上述四例中，a、b中"PpV来"可自由移位到句子主语（S）后作为插入语。如：

（2）a′. 这项工程**就目前**看来整体进步缓慢。
　　　b′. 检查组的领导**据我**想来再过一会儿也该到了。

移位后的句子变为后文中将要谈及的句式 B1，两种句式互为变式。虽然这种移位在语义上并没有什么差别，但是在信息分布上存在较大差别，框架成分后移后，话题成分占据句首位置，得以强调。不过，并不是所有的 A1

句式都可以进行移位操作，例（1）c、d两句中的"PpV来"就不能后移至主语后：

(3) c'. *他们拿NBA的球员说来是世界上最顶级的篮球运动员。

　　d'. *天猫商城今年访问量就网站访问量看来开始慢慢接近淘宝网。

上述例句中"PpV来"中的介引成分X往往和后文中的主宾语存有某种语义上的关联。如c中框架介引成分"NBA的球员"与后句中的主语"他们"在语义上共指，d中介引成分"网站访问量"与主语"天猫商城今年的访问量"在语义上具有上下位关系。实际上，c、d例中介词框架正是介引话题成分，而将介引的话题成分移至主语后，致使主语又变为话题，从而使句子的信息分布出现混乱和冲突。

A2. PpV 来，Vp

这一句式中"PpV来"后跟非主谓句。由于句法层面没有显性的主语，未能提供"PpV来"移位的句法空位。按照介引成分X与Vp的语义关系，可分为两种情况：一种是介引成分X就是Vp的主事论元。如：

(4) a. 对创业者说来，需要对市场有敏锐的洞察力。

　　b. 在做公益的人看来，总希望公益事业得到更多人的关注和参与。

例（4）中"创业者""做公益的人"对后部Vp来说都是动作的发出者，为了避免冗余，后部句子主语往往省略，以非主谓句的形式出现。"P……V来"在这里对介引成分X有提显的作用，使其成为全句的话题。另一种介引成分X不是句子的必有论元，而是Vp的可有论元，可以是凭事状元或关事状元。如：

(5) a. 从他全身上下的名牌看来，可以想象他的家境应该非常不错。

　　b. 对父母说来，更多的是一种感动和欣慰。

例（5）a 句的主语是言者自己，在句中并未出现，但听读者可以直接从语言交际中获取说话人视角信息。b 句中主语是上文已经出现的"孩子帮助做家务的行为"。上述两句中的主语未出现，并且"P……V 来"介引成分都不是 VP 的主语，需要听读者结合上下文和语言交际环境对话语进行识解。

3.2.2 "P + X + V 来"位于句中

"P + X + V 来"以插入语成分居于句中时，句式可记为：S1 + PpV 来 +（S2）+ VP。可以分为三种情况：

B1. S + PpV 来 + VP

S 是谓语成分 VP 中核心动词的主体论元。如果没有语义或者语用上的特殊情况，A1 式与 B1 式之间互为变式，句中插入语"PpV 来"可以移位到 S 前，从而使 S 和 VP 组连成典型的主谓句。如：

（6）a1. 掌握一定的急救知识**在他**看来非常重要。

　　a2. **在他**看来，掌握一定的急救知识非常重要。

　　b1. 跑个 1000 米**对于训练有素的士兵**说来还不是小菜一碟。

　　b2. **对于训练有素的士兵**说来，跑个 1000 米还不是小菜一碟。

　　c1. iPad **据乔布斯**想来应该是改变世界的伟大产品。

　　c2. **据乔布斯**想来，iPad 应该是改变世界的伟大产品。

如若不考量强调成分的不同，上述 A1 和 B1 对应例句间可以划上双向等号。B1 句式按照韵律停顿的不同，又可以分为三种情况：

B1a. S, PpV 来 + VP；　　B1b. S, PpV 来，VP；　　B1c. S + PpV 来，VP

（7）a. 当地的古建筑，**在市民**看来应该得到更好的保护。

　　b. 那一次分离，**在现在**想来，可以说是永别了。

　　c. 同学会**对他们**说来，就是一扇找寻过往美好回忆的窗口。

上述三例分别对照三种不同变化形式，三个例句不同的韵律停顿和语气重音导致信息强调内容的调整。B1a 中在句子主语后出现停顿，将 S 隔离出来进行重读，提升 S 的识别度，例（7）a 中"应该得到更好地保护"不是别的什么，是针对"当地的古建筑"。B1b 中介词框架前后有停顿，并对其重读，强调介引成分 X，例（7）b 中"那一次分离"是在此刻（现在）才被说话人认识到是"永别"。B1c 中在 Vp 前出现停顿，并对其进行隔断重读，强调 VP 的陈述内容，例（7）c 中突出说明"同学会是找寻美好回忆的窗口"。

B2. S1 + PpV 来，S2 + VP

这种句式中，S1 和 S2 存在共指关系，S2 一般以代词形式出现。如：

（8）a. 周末和朋友小聚**在我**想来，这是最最惬意的事了。

b.《1942》**据冯小刚**说来，那是他最想拍的一部电影。

c. 结婚**在许多人**看来，它是人生进入新阶段的一个节点。

例（8）的三个句子，主语 S1 前移，句中留下句法空位，VP 前分别出现代词"这""那""它"对前句中的主语进行复指。S2 的使用能够更加明晰句式中 S1 与 VP 之间的主谓关系，并且 S2 在句中并非强制性出现，可以隐省。介词框架成分作为插入语在这一句式中可以移位至 S1 前，但是移位后代词形式的 S2 与 S1 紧连在一起，此时复指代词的作用更为倾向于对 S1 进行强调。

B3.［PpV 来 +（AP）］+ NP

这一句式和前面的情况不同，"PpV 来"与修饰语 AP 搭配使用，整体作为 NP 的定语成分。如：

（9）a. 为了解决**在消费者**看来很头疼的手机天线问题，斯蒂夫·乔布斯召开了公司紧急会议。

b. 播放过多**对于观众**说来反感的电视广告会影响电视台的收视率。

这种用法在检索到的语料中不多见,甚至介词框架可单独作为定语修饰 NP。如:

(10) a. **对于**欧洲人**说来**的欧债危机并没有我们想象得那么严重。
b. 幸福在每一个人的眼里都是不同的,**在我看来**的"幸福"是内心不浮躁的境界。

介词框架在句中的基本作用是充当插入语或状语,像上述做定语的情况并不常见,本节暂把这类现象记在 B 类。

3.2.3 "P+X+V 来"位于句末

"PpV 来"还可居于句末,可记为 C:S + VP,PpV 来。该句式是出于语用目的对介词框架进行的移位操作,是 A1 和 B1 的变式,在句法结构和语义关系上并未发生变化。如:

(11) a. 董事会做的决议是及时的、正确的,**就**当时事态的紧急情况**看来**。
b. 现在小学生的作业量也非常大,小孩子往往要做到晚上九点以后才能完成当天的作业,**据**部分家长**说来**。

后移的"PpV 来"可以复位到句首和句中位置。如:

(12) a1. **就**当时事态的紧急情况**看来**,董事会做的决议是及时的、正确的。
b1. **据**部分家长**说来**,现在小学生的作业量也非常大,小孩子往往要做到晚上九点以后才能完成当天的作业。
a2. 董事会做的决议**就**当时事态的紧急情况**看来**是及时的、正确的。
b2. 现在小学生的作业量**据**部分家长**说来**也非常大,小孩子往往要做到晚上九点以后才能完成当天的作业。

总的来看，A、B、C 三种句式间绝大部分情况下可以相互变换，只是变换后在语用上存在细微差别。从三类句式在检索到的语料中出现的频率来看，位于句首 A 式的使用频率最高，位于句末的 C 式最不常见，C 式多是对上文内容进行补充、追加或者限制。

3.3 "P + X + V 来"与"P + X + 来 V"的比较

现代汉语中，与"看来""说来""讲来"有一组相对应的词语，分别是"来看""来说""来讲"，可统称为"来 V"。这组词除了不能单独使用外，在使用中与"V 来"存在着相近之处，本节将对这两组词在介词框架中的组合搭配、语义特征、语用功能进行对比研究。

3.3.1 "V 来"与"来 V"的句法特征

"V 来"和"来 V"都可以后附于介词短语形成介词框架，这是两者在搭配上的共同点。但是两者在与介词搭配的能力上存在着不同，这种能力体现在与介词搭配的数量与类型。现代汉语中 150 多个介词与介词组合中有 40 多个可以跟"来 V"进行搭配组成介词框架：

按（着）、按照、本着、比、比较起、比起、比之、比之于、基于、鉴于、较、从、对、作为、根据、较之、较之于、就、据、让、拿、围绕（着）、相比较、相较、相比较于、相较于、相对、相对于、以、依（着）、依照、依据、用、于、由、照（着）、照比、自、针对（着）、针对于、对于

陈昌来（2002）指出，从语义平面来看，介词的语义功能主要是"标记"，介词前置在某种语义成分前面，表示出该成分的语义性质，显示出该语义成分跟动词的语义关系，表明该语义成分在句子语义结构中的地位和价

值。"V来"与介词搭配的数量要少于"来V",并且"V来"不能与绝大部分比事介词连用。在关事介词和凭事介词方面,"V来"不能与大部分的双音介词及三音节的介词词组搭配。我们认为,之所以"V来"不能与比事介词连用,是因为"看来、讲来、说来"构成的介词框架表示言说者的主观认识,这一主观认识在发话之前已构思完全,思维加工过程已完结;而"来看、来讲、来说"构成的介词框架除了直接表述认知者的主观认识之外,还涵盖着过程义,思维加工过程尚未完结。也就是说,两种介词框架构成了已然与未然的对立。已然是当说话时事件已经处于发生或结束的状态;反之,未然就是说话时事件处于未发生或者未结束的状态。"P + X + V来"只能表示已然,而"P + X + 来V"既可以表示已然,也可以表示未然。而比事介词在标示比较对象、范围的同时,需要显化一个比较思考的过程,故此,"V来"一般不能与比事介词连用。如:

(1) 据他将烂泥捏人一点<u>看来</u>,上帝无疑有自然主义的写实作风。
(2) 这次任务相对上次<u>来说</u>,要简单一些。

例(1)中的"看来"也能换成"来看",后句中的"无疑"表示这一认识在发话之前已经形成;例(2)中的"来说"则不能换成"说来",后句中的情态动词"要"也表明这是事前的一种情况。但需要说明的是,两种之间的对立并非是清晰的,是一种较为模糊的对立。

3.3.2 "V来"与"来V"的语义特征

关于"V来"和"来V"构成的介词框架,还有一个有意思的现象:"V来"前的"P + X"可以省略,省略后句子仍然成立;但是"来V"前的"P + X"则不能省略,删略后"来V"一般不能单独使用。如:

(3) (<u>在他</u>)<u>看来</u>,上海还有诸多"细节"不能令人满意。

（4）（**从本次大赛**）来看，俄罗斯队的优势项目绝大部分与我们重叠，这就形成了对抗局面。

例（3）"在他"省略后，"看来"仍然可用，句子成立。但例（4）"从本次大赛"省去后，"来看"不能单独使用。

陈昌来、杨丹毅（2008）指出，历时上"来说"的虚化主要指"来"的虚化，是从"来"表示的具体空间域逐渐向非空间域的隐喻投射，再到后来仅起舒缓音节的功能或逻辑上的过渡作用，从而产生了虚化的动因。同时，"来V"类准助词整体上都具有逻辑上的过渡作用。"来V"中的"来"经历了趋向义、动作义的消退，演变到现在"来"表达的是一种逻辑推导关系。正是这种逻辑推导关系，导致了"来V"类准助词需要有前部成分进行连结与参照。再加之，"V来"显化的是"认识"义，而"来V"则是更强调一种"考虑，思考"过程义。前者是非可控动作，后者是可控动作。可控动作的发出就需要有判断的起点加以限制、控制。正因为"V来"与"来V"不同的语义特征，导致了句法层面的不同呈现。

3.3.3 "V来"与"来V"的语用特征

通过检索北京大学语料库，共随机抽取"P＋X＋V来"与"P＋X＋来V"的用例各100例，对其中的介引成分"X"进行分析统计，结果如下：

表10 "P＋X＋V来"中的"X"

项目 \ X的性质	表人认知主体	表其他主体	对象、范围、工具	表主客观依据
句数	75	5	7	13
所占比例	75%	5%	7%	13%

由上表可以看出，在"P＋X＋V来"中"X"表人认知主体与其他主体一共占了80%，而介引对象、范围、工具、主客观依据等只占了20%。

表11 "P＋X＋来V"中的"X"

X的性质 项目	表人认知主体	表其他主体	对象、范围、工具	表主客观依据
句数	7	3	29	61
所占比例	7%	3%	29%	61%

由上表可以看出,"P＋X＋来V"中"X"的语义成分表"主客观依据"占了六成以上。

通过表10、表11,可以得出"P＋X＋V来"框架的语用功能以引入"认知判断主体"为常,或者说这是该框架的原型用法;而"P＋X＋来V"框架的语用功能则以引入判断的主客观依据为常,有时候也引入一些认知主体成分,引入判断依据是该框架的原型用法。由于两个框架都有些边缘用法,所以在使用中才会造成交叉、混淆。从语用功能角度来看,认知判断主体也可以视为是看问题的视角（perspective）,就是说话人对事件的观察角度,或是客观情状加以叙说的角度,是指从什么人的角度和立场去看待、评论事物。而对象、范围和主、客观依据则是话题成分。可见,"P＋X＋V来"的语用功能凸显看问题的角度为常;"P＋X＋V来"的语用功能则是提取话题为常。

3.4 本章小节

本章对介词框架"P＋X＋V来"进行了全面考察。在构成上,由于"V来"内部成员间的语义差异及虚化程度的不同,能够搭配的介词数量存在不同。其中与"看来"搭配的介词数量最多,基本覆盖了此类介词框架中能够出现的介词种类。其余"V来"按照搭配数量的多少来排列,依次为"说来、讲来、想来、听来、算来"。按照介引成分的语义类别,框架中介词可以分为四类:主事介词、凭事介词、关事介词、比事介词。"P＋X＋V

来"中X的成分可以分为：认知主体、话题范围、依据凭由。进而考察了"按、按着、按照、就、拿、对、对于、依、据、从、在"等介词与"V来"构成的介词框架中"V来"的隐现机制，得出介词框架"P＋X＋V来"后部成分的隐现受到句法、语义、语用及语音上的多重制约影响。

在句法分布和功能上，按照框架在句中分布的位置可形成三种又若干小类句式。三类句式在大部分情况下，可以相互移位变换。从出现频率来看，介词框架位于句首即A式的使用频率最高，位于句末的C式最少，C式多是为了对前面句子内容进行补充、追加或者限制。

在"P＋X＋V来"与"P＋X＋来V"比较中，我们发现两者在句法、语义及语用上存在差异。总起来讲，是三组概念的对立：表已然和表未然、可控和不可控、凸显视角和凸显话题。当然，两个框架在上述三个概念间的对立具有模糊性，更准确地讲，应该是两个结构间各自倾向性的不同。

第四章
"V 来"语用语篇功能分析

从认知义"V 来"成词衍化的历程及用法中,我们看出"V 来"是一个语用语篇功能优先于语义表达的词语,更为注重功能性。本章将"V 来"与"V 来"组成的介词框架放入动态的、联系的、比句子更大的语言体——篇章(text)中进行语用分析,考察"V 来"在信息结构、交际功用及篇章衔接上的特点及作用。

4.1 "V 来"的语用功能

4.1.1 "V 来"的传信功能

说话人在组织与传递信过程中对事件现实性会有不同的认知,不同的认知结果会影响到交际语言的表达形式,这势必关涉到传信(evidentiality)这一语义范畴,传信范畴针对的是客观信息来源的可靠性和真实性,反映了说话人对相关命题和情景的主观感受和态度。张伯江(1997)认为传信表达形式主要有三种:1. 说话人对信息来源的交代;2. 说话人对事件真实性的态度;3. 说话人对事件的确信程度。事实上,上述三种传信表达形式都可以用"V 来"来完成,当然,有时候也需要一些其他辅助手段的配合使用。

4.1.1.1 说话人对信息来源的交代

人类需要通过实践去认识和改造世界,在这一过程中思维和感知也参与到获取提涉自我所需的信息内容实践活动中,再将所得信息通过具体语言的表达形式进行传达,从而构成信息传递的社会网络。换言之,人类自身就是信息的直接或者间接来源之一，而这一信息源倚靠的是有意识的动作和认知行为。"V 来"作为感官行为动词、认知义动词、准助词的用法在组句搭配的同时，也对信息来源做出相应的交代。如：

（1）半幅古濑颜，看来心意闲。(《全唐诗》)
（2）(扬州奴云) 有人说来：扬州奴卖炭，苦恼也。(《全元曲》)
（3）我想来必定前世里合他有甚么仇隙。(明《醒世姻缘传》)
（4）某看来，是要人谨于未发，皆是未交际之先。(宋《朱子语类》)

在所有信息来源中，最为直接最为可靠的信息来自说话者直接经验，即说话者通过过去和现在的视觉和听觉等感官系统等获取的信息，如例（1）（2）中视觉感官动词"看来"和言说义动词"说来"，都是阐明信息来源是来自于直接的视觉和听觉身体感官活动。例（2）中的信息内容是以"说来"的直接引语形式出现的，更为强调"他言性"，即是转述别人所说的话。例（3）（4）中"看来""想来"是认知义动词的用法，后接主观认识，相关命题信息是通过认知主体自身的思维加工而得到的，相比之前通过感官行为动作获取的信息，认知义动词所涵带的信息内容需要倚靠更多内外部因素，如说话者的专业知识、一般社会常识、信息获取的环境等。也就是说，这里的信息是说话者在原有信息基础上再深化加工所得的，但认知义动词"V 来"所引带的信息内容仍是来源于说话人，交代了信息来源，属于传信范畴。再看：

（5）但照一般本地人看来，我们所吃的，可以说是天天在过年。
（6）没把秀莲卖给人当小老婆，在艺人里面说来，已经是场革命了。
（7）在他想来，日本人能打败英国佬，而中国一定打败日本。
（8）我们的很古的古人，对于头发似乎也还看轻。据刑法看来，最要紧的自然是脑袋，所以大辟是上刑。

（9）我们介绍了古典诗词里的一种修辞现象："**按逻辑**说来，'反'包含先有'正'，否定命题总预先假设着肯定命题。"

上述例句中，"V 来"在介词框架中作为准助词，框架成分一般出现在句首位置，表示命题信息的来源，如例（5）—（7）中的"一般本地人""艺人""他"；例（8）（9）中介引表达命题的依据，即根据"刑法""逻辑"所做出的说明，同样属于传信范畴。

4.1.1.2 说话人对事件真实性的态度及确信程度

传信范畴在表示对相关事件的态度及确信程度时，经常与情态（modality）范畴相混淆，所以有必要对传信和情态之间的关系有所了解。

蔡菲（Chafe，1986）从广义上将传信语定义为标记说话者的认知立场，传达其对认知情景所持的态度。蔡菲认为传信范畴与情态范畴基本上是对等的，至少是"在广义层面"上。而更多的学者如莱昂斯（1977）、拜比（Bybee，1985）则认为传信标记语属于认知情态标记中的一部分。我们认为语言本身就是主客观因素结合作用的产物，在语言中必然存在一个信息客观表达与情感主观认识构成的连续体，任何语言形式及其演变方式等都总藏在这一连续体构成的维域内，要将传信与情态截然分开是很难的。传信与情态这两个范畴之间虽然相互纠缠，但是各自的侧重点不同，传信在关注客观信息的同时，具有客观性，而情态范畴主要关注的是说话人对事物的主观感受，更具主观性。[①]"V 来"评注性副词的用法同传信范畴与情态范畴都有密切联系，评注性副词"V 来"在表达对事件真实性的态度只能表示推测，即对事件的结果或发展进行推断估测。如：

（10）五百个钱虽是大数目，可是他**想来**倒还有办法。

（11）在日益紧张的近代社会生活里，这种心理状态**看来**不但无用，

[①] 参见廖秋忠（1989）、张伯江（1997），引自张谊生（2000）。

而且是很不利的。

上述两例中评注性副词"V 来"表示的是一种揣度性的推测，确信程度不高，如若想要表达确定性推测需要借助叠加相关副词来增强确信度。如：

（12）世上真有忏悔，想来一定是从这里出发的吧。
（13）费先生希望能引起读者的兴趣，看来正是为对阿Q的点化。

例（12）(13)中"V 来"后的"一定""正"表示确定的副词提高了说话人命题信息确信度。相应地，叠加副词也能削弱信息的确信度，使"V 来"的揣测性进一步提升。如：

（14）另有石刻的画像，也在这里，想来许是那一幅画所从出；但生气反而差得多。
（15）德瑞克也伸手拔剑，看来两人似乎都遗忘了骑士规章。

4.1.2 "V 来"的话题标记功能

话题是指言语交际所预设的对象，虽然汉语中话题和主语是两个平面上的概念（主语是句法上的，话题是语用上的），但是由于汉语自身的特点是主谓关系相对松散，而且相较有形态变化的语言，汉语主谓之间不要求形态上的严格对应。因此，汉语中处于主语位置的成分往往在语用层面就可以被对照理解成话题成分。有学者认为，汉语在类型学归属上也是一种话题优先的语言，李讷和汤普生的语法类型学模型中将汉语划入注重话题型的语言（刘丹青，1995）。汉语的话题成分除了占据句首位置、停顿等无标记的语言表达形式之外，往往还可以通过语气词、话题标记语等有标记的语言表达形式来提显。徐烈炯、刘丹青（1998）即对话题标记（topic maker）下了定义："用来体现话题功能的语言形式手段。" "V 来"在衍化过程中，可以标示话题，具有话题标记功能。"V 来"标记话题的形式可以分为两类：一类是通过介词框架来介引话题，二是作为独立的语用标记单独承担标记话题的任务。

4.1.2.1 "V 来"独立标记话题

评注性副词"V 来"可以充任话题标记成分，但话题标记功能只是评注性副词"V 来"语用功能中的一种，是对信息结构组织的一种手段。话题标记成分"V 来"在句中的主要作用是将所述话题进行前景化操作。通过检索语料，看出能被用作话题标记的"V 来"只有"看来、想来、说来"。如：

（16）林女士看了，觉得还比较满意，但对萝卜干的长度和粗细提出了一些更高的要求，我们的价格有优势，但是<u>看来</u>加工方面的问题，我们回去还要再研究研究。

（17）<u>想来</u>马基雅弗利这位政略艺术鉴赏家，总要给希特勒的国会纵火案、1934 年的纳粹清党及慕尼黑协定后的背信喝彩叫好吧。

（18）这本书的作者据说是日本著名的汤因比研究者，材料搜集堪称齐全，评论见解也大致可读。<u>说来</u>汤氏对东亚文明的推崇，起源于他对西方现代文明的忧虑。

例（16）—（18）中，"看来""想来""说来"分别置于体词性成分"加工方面的问题""马基雅弗利""汤氏对东亚文明的推崇"之前，而后接小句所述内容都是围绕这些体词性成分展开，这些成分理所当然就是话题。例（16）中话题成分"加工方面的问题"是对前文中"更高的要求"的视角转换，在一般的交易中，买家提出要求，卖家将这些要求视为需要解决的销售问题。"看来"在标记话题成分的同时，也转换了关注话题的视角，由买家转为卖家。例（17）中话题标记"想来"位于句首，"马基雅弗利"从句法上来看是后文中"喝彩叫好"的主语，"想来"的出现使这一主语发生了话题化，话题与主语虽是不同平面上的概念，但是同一成分作为话题的用法在显著度明显高于主语的用法，而显著度的提升缘因话题标记成分"想来"

例(18)"说来"作为话题标记,起到的是激活新话题的作用,将信息焦点重置到"汤氏对东亚文明的推崇"上,并使其占据当前叙述主线,作为后续述题展开的出发点。总而言之,话题标记"看来""想来""说来"在组织信息过程中将话题进行前景化操作,并提升了话题的显著度,重置或者寻回叙述的中心所在。

4.1.2.2 "V 来"与介词组构框架标记话题

陈昌来(2002)指出,话题在语义上和句法形式上往往有一定的标志。从语义上看,话题往往是有定的,已知的;在句法形式上往往是居于句首的,或者有的由介词介引。而由后置词"V 来"构成的介词框架也能标记话题,其中"V 来"主要起到标示话题的作用。经常与"V 来"构成框架介引话题的介词主要有关事介词"对于、对、从、就、在、照"及凭事介词"以、按(着)、按照、据、照、依(着)、由"等。

A. 关事介词+X+V 来。关事是语义结构中动词所关涉的有关对象、方面、范围等成分,虽然这些成分与动词的关系最为松散,但却常以话题成分出现。如:

(19)**对于**仿佛宿命地使自己与《尤利西斯》联系在一起的萧乾<u>说来</u>,在品味心里的温暖的同时,许多历史的提示会在他眼前幻现。
(20)他对四周的生活满不在意。它是卑微的,贫穷的,**从**金钱观点上<u>看来</u>,还是肮脏的,但是他希望自己不会永远住在那儿。
(21)发脾气可以帮助人驱散低落情绪对健康的负面影响,但**就**这项研究<u>看来</u>,过分宣泄自己的情感并不是一件有利于健康的事。

例(19)中介引成分"萧乾"在语义上本是后句动作实行的施事成分,在现实语言环境中,施事主体出于对"萧乾"进行人物特点描写的语用目的,通过介词框架将其话题化,并加上与话题相关的定语修饰语"使自己与《尤利西斯》联系在一起"。例(20)中介词框架介引的是方面成分,说话人首先从"生活境况"这一方面得出"它是卑微的，贫穷的"，当说话人需要转化论述角度时，即通过介词框架介引入新的论述角度，即从"金钱观点"出发来思考问题，后续句的内容及观点都是在这一话题的基础上得到的。例（21）中"过分宣泄情感不利于健康"这一结论包含在"这项研究"范围之内，为了强调所得结果的出处，用"就……看来"将"这项研究"介引为话题。

B. 凭事介词＋X＋V来。此类介词框架标记的话题成分X与后文中的其他成分有着某种语义联系，同样是出于相应语用目的将凭事成分话题化。如：

（22）由这些情形看来，蒋介石仍未取得指挥权。
（23）根据建议的定义说来，建议者应当管的不是自己的利益，而是对方的利益。

例（22）中得出的结论是以"这些情形"为判定依据的，用"由……看来"对凭借依据进行强调，使其话题化。例（23）中后文所述内容是对"建议的定义"进行理解性的阐释，但在阐释之前需要提设相关话题，出于这一目的，才通过"根据……说来"进行话题化操作。

4.2 "V来"的语篇功能

4.2.1 篇章衔接

4.2.1.1 话语标记"V来"的衔接功能及分类

从篇章的构成来看，一段具有连贯性与整体性的篇章离不开衔接成分的连接与组织。在汉语的篇章中，充当衔接成分除了连词、代词、副词等以外，还有一部分可以充当篇章衔接成分正是在连词、代词、副词基础上衍化得来的话语标记。评注性副词"V来"中的"看来、想来、说来"继续衍化即成为话语标记，具备话语标记的特点。在句法上，话语标记"V

来"可以出现在句法结构之外，与句子结合的紧密度明显降低；在语义上，"V 来"极少或者不再表示命题意义。相应地，"V 来"作为话语标记其语篇功能也得到了扩展，而最为显著的功能特征就是能够同时在不同的语言层面上发挥作用。具体来讲，就是话语标记"V 来"能够突破句子层面，关涉到语篇。董秀芳（2007）指出话语标记具有主观性（subjectivity）和程序性（procedural）。话语标记之所以具有主观性，是因为话语标记反映了说话人对话语单位之间关系，或话语单位与语境之间关系的主观认识。而所谓程序性是指话语标记表达的是程序意义（procedural meaning）。程序意义是与概念意义（conceptual meaning）相对的，两者的认知基础是基于表征和运算，编码概念意义的语言形式是影响断言（assertion）的内容；而编码程序意义的语言形式则是表示如何在推理中运用和处理概念表征。话语标记只是影响话语单位之间关系的理解，因此表达的是程序性意义。冯光武（2004）认为话语标记的作用就是突出或点明同一语篇中两个话语单位之间的语义关系。话语标记"V 来"在语篇中作为连接成分，同样具有主观性和程序性，主要的作用是对篇章进行衔接，指明相关单位之间的语义关系。

根据不同的衍化来源，话语标记各自所继承的衔接功能小类也存在着不同，话语标记"V 来"是从评注性副词演化来的，评注性副词"V 来"带有推测、揣测功能，这一功能特点顺承到话语标记时在逻辑关系上的反映就是推论型衔接，这可以被视为是评注性副词"V 来"命题意义的遗留。话语标记"V 来"的衔接方式按照推论形式的不同，可分为总括型推论衔接、因果型推论、估测型推论衔接三类。

A. 总括型推论衔接

某些篇章有时会出现大量的信息内容，而过多的信息会加大理解难度，此时就需要通过衔接方式对前文所叙述的事实和情况加以归纳，总括型推论虽然属于推论范畴，但是它更为强调对前文信息的概括和总结。如：

（1）率先放出此风的是美国驻伊最高行政长官布雷默。他在接见伊拉克迪亚拉省的一个代表团时称，美军不会待在一个不受欢迎的地方。与此同时，在美国参议院的听证会上，一位参议员向拉姆斯菲尔德宣读了一封来自驻伊官员的信，信中说："每个人都盼着尽快结束在伊拉克的日子，赶紧逃离这个鬼地方，忘掉这里的一切。"<u>看来</u>，美国政府在是否继续留伊问题上面临着内外压力。

上例中，话语标记"看来"前面的句子主要分述两块内容，先是阐述了美国驻伊行政长官布雷默声称"美军不会待在一个不受欢迎的地方"，再引用参议员向拉姆斯菲尔德宣读一封驻伊官员的来信说"每个人都盼着尽快结束在伊拉克的日子"。最后"看来"作为总括衔接方式，对分述内容进行总结归纳，并据此得出"美国政府在是否继续留伊问题上面临着内外压力"。"看来"在这里不仅使上下文衔接更为顺畅自然，而且也起到了总括前文的作用。

B. 因果型推论衔接

原因和结果是揭示事物之间前后相继、彼此制约的一对范畴，两者间的关系属于引起与被引起的关系。话语标记"V 来"能够被置于表示原因的主观依据、客观事实与表示结果的看法、结论之间，起到篇章衔接作用。根据因果在篇章中出现先后顺序，"V 来"因果型推论可以分为由因及果型推论和由果及因型推论。由因及果是指表示原因的依据与事实成分在前，表示结果的看法与结论在后，构成"原因—V 来—结果"的形式。如：

（2）伊朗核问题陷入了僵局，似乎找不到一个各方都可以接受的妥协方案。<u>看来</u>，在接下来的两个月里，各方的角力恐怕难分输赢。
（3）她去服务室说一下，换一间房子，轻轻敲了两下门，吴霞没有起来，<u>想来</u>，她已睡熟了。

例（2）"看来"前句提及"伊核问题未找到妥协方案"的客观事实，以此为依照，"看来"后得出"各方恐难分输赢"的结论；例（3）正是因为"敲了门，吴霞没有起来"的事实依据，通过"想来"的衔接得出"她已睡熟了"这一结论判断。当原因结果颠倒过来以后，形成回溯推论，构成形式为"结果—V来—原因"。如：

（4）物质生活的丰足使许多人诘问，谁把我们的大年弄丢了？<u>看来</u>，年味淡的**感觉是因为**现在的生活更加富足了。

（5）读中国的庄子，太白，东坡诗文，读外国的泰戈尔，川端康成，海明威之文，便至今于起灭转接之间不可测识。<u>说来</u>，还是兄读书太少，觉悟浅薄啊！

（6）未能致力于此一重要的社会现象的研究，或许并不仅仅是疏忽。<u>想来</u>，要么是因学术清高而耻于过问，要么是材料浩繁难以爬梳。

上述例句中，"V来"前提及的是表示已然的结果，通过"V来"来衔接原因，而且原因有相应的关联词标示，如"因为""还是""因"。例（4）（5）中一个结果引带一个原因，即"一果一因"；而例（6）"未能致力于此一社会现象的研究"的原因存在两种可能，一是"学术清高而耻于过问"，二是"材料浩繁难以爬梳"，这种可以归纳为"一果多因"。

C. 估测型推论衔接

估测型推论是指作者根据一般常识，做出对事物一种可能性的推想和估计。这种推论最为显著的特点就是参照依据并未在行文中出现，直接在"V来"后引带推论的结果，表示言者的一种主观判断。如：

（7）<u>想来</u>，这只白狐必是去年行猎最出色的战利品之一。

（8）<u>说来</u>，也怪有意思，林道静从农村受到锻炼回到北平后，我在修改本中原来对她的小资产阶级感情仍然改动得不太多。

上述两例中,"V 来"前都没有阐释推论参照的相关依据,而是作者通过一般的常识对所述事物做出的一种可以理解的、合乎情理的估测。

总的来说,话语标记"V 来"在篇章中作为衔接成分以总括型推论、因果型推论、估测型推论三种形式的出现,不仅能使语句更为通顺,衔接更加紧密,而且还能归纳主旨,使结论简明扼要,便于掌握。从篇章涵盖的内容信息来看,这三种推论形式所衔接的相关内容间存在着一个由客观到主观的连续体。总括型推论由于是对客观存在事实的归纳总结,较多地体现客观性,而估测性推论则是对相关事物做出主观估计和推测,更多地体现主观性,而因果型推论在这个连续体中位于中间位置。

4.2.1.2　介词框架"P＋X＋V 来"的衔接功能及分类

"衔接"作为形式联系,是语篇单位之间有顺序的相互联系的方法,也就是说,语篇单位之间存在某种特定的关系,而且不能随意更改单位之间的位序。如此说来,"衔接"这一篇章要素在逻辑上必须符合逻辑关系,逻辑关系的种类也就顺理成章地成为衔接功能分类的形式标准之一。按照两分法的分析原则,篇章中的逻辑关系可以分为两大类:顺接关系和逆接关系。话语标记"V 来"的衔接功能主要集中于顺接关系,而介词框架"P＋X＋V 来"不仅可以体现顺接关系,而且还可以表现逆接关系。需要重申的是,介词框架是作为一个整体框架成分来承担语篇衔接功能,并不是介词框架中任何一个组成成分单独完成的。

A. 顺接关系

顺接是指语义上类似或者有密切关系的分句之间在逻辑上、事实上相承、协调共现。具体可分为以下几个小类:

a. 并列衔接

现代汉语中表示并列关系多是由一些关联词复合使用来表示,介词框架"P＋X＋V 来"可以多个类似结构同时并举,表示一种相互关联的关系,其中介词框架中的介词和后部成分一般相同,不同的是介引成分不同。如:

(9) 为贯彻落实中小学素质教育,教育部门决定在全市中小学实现新的教学改革。**在学校**<u>看来</u>,本次教改是明确基础教育学校职能的契机;**在老师**<u>看来</u>,新教改对自己专业技能提出了更高要求;**在学生及家长**<u>看来</u>,新教改能否改变原先教育成绩评判体系还有待观察。

上例中,通过三个"在……看来"介词框架分别介引"学校""老师""学生及家长",这三者是教育体系中不同的参与者,他们对"新教改"分别持有各自不同的观点、看法。介词框架充任衔接成分,将三个并列分句连贯起来。并列衔接不仅可以衔接上例中相互关联的不同事物,也能是同一事物的不同方面,还可以是同一主体引起的不同动作。

b. 承接衔接

承接衔接是指两个在时间上存在先后关系的动作或事件之间的衔接方式。介词框架可以出现在上下文之间,按照事理逻辑顺势将上下文自然地衔接在一起,起到篇章衔接的语篇作用。如:

(10) 现今国内的钢铁、建材等大宗商品普遍存在非常严重的产能过剩现象。**照经济学原理**<u>讲来</u>,这些都是未能充分遵循市场调节原则的必然结果。

上例中,前一分句提出"产能过剩现象",后一分句以"经济学原理"为参照依据,通过"照……讲来"的衔接,分析得到"未遵循市场调节原则"的结论,与前一句形成承接对应关系。

c. 递进衔接

递进衔接在顺接关系层中表示在意义上更进一层的衔接方式。如:

(11) 很多到过香格里拉的人都说那里是一个风景优美的地方,**在我**<u>看来</u>,那里应该说是一方能让人"洗尽铅华"的净土。

(12) 今年是美国的大选年,奥巴马面对着国内7%的高失业率要争取连任，可谓困难重重。**从眼前全球经济形式**说来，短期内美国失业率不会降低，有可能还会继续增长。

（13）干旱造成的受灾地区越来越大，**据气象部门的观测数据**看来，短期内没有缓解的迹象，受灾范围极有可能进一步扩大。

上述例中涵盖了递进的诸多含义，分别表示程度更深、数量更多、范围更广。

B. 逆接关系

逆接关系是指前后文内容存有意义、逻辑上相互背离、相互对立的关系。现代汉语语篇中表示逆接关系的衔接方式是转折衔接。例如：

（14）今年上半年外向型企业各项经济指标总体趋稳，但**就目前的世界经济整体态势**看来，下半年出口指向型企业并不能高枕无忧，而将面临更为严峻的形势。

按照"就目前的世界经济整体态势看来"前项内容的常规逻辑推理应是，在上半年平稳发展的基础上，下半年出口指向型企业应该会有一个更好的发展契机，但是实际上，下半年由于世界经济整体发展态势疲软，使出口外向型企业面临比上半年更为严峻的形势。这里介词框架处于前后项中间，衔接搭连的是转折逻辑关系。不过，介词框架"P＋X＋V 来"表示的转折逻辑关系有时并不是十分明晰，常需要借用表转折类的连词如上例"但"来加以显化。

4.2.2 管界功能

廖秋忠（1987）指出，管界是指某个管领词语如动词、各种修饰语等所支配、修饰或统领的范围。根据结构关系的地位，可以把篇章管界的管领词语分为句中的与篇章的两大类。前者是句中的某个成分，这种情况下只有当管界用一句话表达不了，需要跨越句子边界时，才构成篇章管界。句中管领词按语法性质可以再细分为三类：1. 谓语动词，2. 状语，3. 连接成分。后者是篇章的组成部分，本身与管界内容不在同一个句子里，而且管界范围也往往超过一个句子长度。按照语义来分可以分为：1. 时间与处所词语，2. 主题/话题或者命题词语。"V 来"可以单独作为篇章的衔接成分，还可以构成介词框架充当衔接成分，而且这两种衔接方式都经常出现在状位，起到的管界作用比较显著，也可归属管领成分。

4.2.2.1 话语标记"V 来"的管界功能

话语标记成分"V 来"所处语篇位置不同，所起到的作用存在差异。当"V 来"出现在两个分句之间时，其更倾向表突出衔接作用；但当"V 来"出现在语篇的开端处，其传信功能则更为明显。但是不管是哪一种功能或作用更为突出明显，不可否认它们都对后接内容具有管界功能，区别在于管界范围大小不一致。话语标记"V 来"的管界功能可分为：全幅管界和局部管界两种。如：

（15）说来，[自从参加工作以来，我大概有三年没有回过老家了，也很少收到老家亲人的消息。]

（16）想来，[那么多人向往大城市，无非是因为想要获得更多机会，像工作、学习、医疗保障。这也就不难理解那些外来者在没能获得期盼的机会时，他们中大多数会选择回家或者到另一个大城市。]

例（15）中"说来"位于句首，后接两个分句分别从两个方面来阐述在过去的三年里与老家联系很少的情况，这两个分句都是说话人从"说来"这一标记开始，都受到"说来"的管辖，"说来"在此处对后面话语是全幅管界。例（16）"想来"管领两个句子，两个句子一起组成说话人对于"城市人口迁移"这一现象的看法，围绕"城市人口迁移"这一主题展开，语义上相互贯通，属于全幅管界。

管界功能具有不固定性，相同的管领词语在不同的篇章中所管界的范围和内容不尽相同。另外，管界延伸性也是有限的。若篇章篇幅过长或者存在多重语义内容，为了不使听读者出现误读现象，篇章中往往会出现其他形式的管界手段。其中最为常见的手段就是同时出现多个管领词语，一个管领词语管界一部分，这就是局部管界产生的基础和条件。如：

（17）**社会学家认为**，[中国在2000年就已经进入老龄化社会，东部沿海地区青壮年就业人口数量呈递减趋势。**另外**，由于中西部地区就业机会逐渐增多，导致就业人口东迁的态势开始趋缓]。**看来**，[我国东部经济发展重要支撑——人口红利将在未来几年消耗殆尽。]**因此**，[适时转变传统经济发展模式应该尽早提上日程。]

上例中语篇开篇以心理动词"认为"作为管领词语，支配后接分句，到第一个句号处，语篇发生局部中断，行文用连接成分"另外"进行串联，使心理动词"认为"的管界作用得以维系。到第二个句号处，说话人根据前文中提到相关依据，得出结论"人口红利将在未来几年消耗殆尽"，在此处"看来"前后句间逻辑上具有顺推的承继关系，但是语义关涉内容并不相同，"看来"开始接替心理动词"认为"作为管领动词。到第三个句号处，"看来"的管界不能再延伸下去了，"因此"又将语篇内容转引至"适时转变传统经济发展模式"。"看来"在上述语篇中不能跨句管辖全部内容，只能管界其中有限的部分，这就是局部管界。相比全幅管界，管领词语用作局部管界的情况应占多数。

4.2.2.2 "P + X + V 来"的管界功能

"P + X + V 来"不仅可以作为句首修饰语，也出现在整个篇章的前端进行修饰限定，居于句首的介词框架对于后部篇章有相应的管界作用。介词框架的管界类型可以根据介引成分的不同分为以下类型：时地管界、认知主体管界、对象管界、依据管界。分别举例如下：

（18）**在**今天**看来**，［林书豪在纽约尼克斯队取得成功，不仅能刺激NBA近期萎靡的球市，也能填补姚明退役后NBA在华人市场的缺失。］

例（18）中，括号中所叙述的内容都是在"今天"这个时间范围内发生，介词框架"在今天看来"一直管控到话语结束。

（19）**在政府看来**，［放开二胎生育能够缓解人口老龄化现状；**在社会学家看来**，允许普通家庭生育二胎能一定程度上防止家庭出现失独等社会问题；］**在房地产商看来**，［人口数量的上升能够加速房地产的开发与销售；］而**在普通老百姓自己看来**，［生育下一代不是一句好或不好、行或者不行就能简单概括的，也不是"指挥棒"指向哪里，我们就要跟到哪里，而是需要综合考虑各方面的因素。］

在例（19）中，出现了四个"在……看来"介词框架，每个介词框架在分别介引"政府""社会学家""房地产商""普通老百姓"认知主体的同时，负责管界不同认知主体对"放开二胎"的看法。

（20）**照**奥运自行车比赛规则**讲来**，［如果在发车中出现撞车、摔倒，那么比赛就需要重新开始。］

"照……讲来"介引依据成分"奥运自行车比赛规则"，后文是对规则的详细介绍，在介词框架的管界范围内。

（21）**对于**大学生**说来**，［大学教育为他们描绘的社会图景往往与他们参加工作后的实际情况不相符，有时候甚至相差很大，这就使一部分大学在进入社会以后表现出迷惘无措，有的迟迟不能找到合适的定位等等问题。］

"对于……说来"介引对象"大学生"，后接内容都是针对大学生这一特定社会人群展开论述的。介词框架的管界功能一直延伸到行文最后。

4.3 本章小结

本章较为集中地讨论了"V来"的语用表现。"V来"及"V来"组构的介词框架在具体的语言运用中最被人熟知和认可的语用功能是传信功能。而在论述"V来"及介词框架的传信表现时，我们发现，虽然传信更多关注信息来源的可靠性和确信度，但是在实际的语言运用中，传信者和受信人都会根据自己的主观判断去传达或者获取相关信息内容，这势必在言语表征中直接或者间接渗透了语言使用者的主观性内容。这就导致传信与情态在功能上往往存在交叉，很难在语言实际运用中将两者截然分开。尤其是评注性副词"V来"表示主观评注时，渗入的主观性较强，与情态功能密切相关。语言运用中存在一个信息客观表达与情感主观认识构成的连续体。

"V来"及介词框架在语用中还能标记话题成分，而且"V来"及介词框架在标记话题的同时，也在语篇组织上起到了重要的作用。这就反映出语用功能之间的交叉性和复杂性。尤其是"V来"组构的介词框架在介引标记话题的同时，在语篇中组织中发挥着话语衔接的作用。另外，"V来"还具有管界功能，这一功能又与话语标记功能密切相关。话语标记"V来"借助语义介入和认知干预等作用，影响着其在语篇中的管界范围及控制力。

第三编

Part Three

趋向类"X 来"式双音词的
词汇化及语法化问题研究

零
引 言

0.1 研究对象

表示趋向的"X来"如"起来、下来、出来、开来、到来"等用法复杂多样,同时也是所有"X来"式双音词中非常重要的一部分。在已有的研究中,从现代汉语共时平面进行探讨的较多,而从历时词汇化及语法化角度进行系统考察的还不多见,某些个案研究的结论还值得商榷和进一步探讨。表示趋向的"X来"形成和演变也是"X来"式双音词词汇化和语法化研究的重点内容之一。

根据表趋向的"X来"式双音词词汇化和语法化的来源、演变路径和结果的不同,可将其分为四小类来考察它们的词汇化和语法化历程及其动因、机制:

A.起来、上来、下来

B.过来、出来、进来、回来

C.开来

D.到来、往来、外来

0.2 相关问题的研究现状

趋向动词在现代汉语中的使用频率高,意义复杂,结构多样,用法多变,历来备受研究者的关注。由于趋向类"X 来"绝大多数都演变为趋向动词,或者由趋向动词进一步虚化,因此,本编首要简要探讨关于趋向动词的相关问题及我们的观点立场,以期为本编的研究打下基础。

对动趋式的研究已取得较多成果,既有对单个动趋式进行个案研究的,也有对动趋式进行总体系统研究的;既有共时研究,也有历时研究;既有对动趋式进行语言事实的描写,也有对动趋式相关语言现象的解释;既关注动趋式句法语义语用问题的考察,也注重汉语教学及汉语信息处理的实用性。但是,由于汉语动趋式本身的复杂多变,因而关于趋向动词的范围、性质、趋向补语的意义,趋向补语的发展等问题还存在不同的认识。

0.2.1 关于"趋向动词"的名称和类属

关于趋向动词的性质、名称和类属,学界历来争论较多。当趋向动词单独做谓语时,大家认识较为一致,即表示趋向的动作动词。但是当这些词后附于其他动词或动词短语(包括形容词)后形成"V+趋向动词"结构时,对其性质和名称的认定则分歧较大,大致可归纳为以下观点:

① 助动词说。黎锦熙(1924、1955)认为是助动词的一种,即后附的助动词,是用来帮助动词的,指出这类词"一离所助的动词,意思就捉摸不定……造句时都是附着动词,不能分立。所以……更类似西文的'动词语尾'"。同时,他也在著作中把部分趋向动词处理为内动词,认为具有时间空间等实际意义的是内动词,而不表示实在的动作义表示趋势的则是助动词。张志公(1953)也认为,趋向动词是表示趋向的辅助性助词,同表示动作态势的能愿动词一样是助动词。黎锦熙、刘世儒(1957)也称其为助动词。

② 词尾说。黎锦熙(1924)还认为它们"一离所助动词,意思就捉摸不定","造句时都是附着动词,不能分立","更类似西文的'动词语尾'"。俞敏(1954)为词尾订立了四个标准,即永远在别的单位后头出现;本身没

有重音，没有显著的调形，所以也不能独立传达意义；能表达附加的意义；说本语言的人能利用它加到别的单位后头去造成新词。他认为"下"类词符合这四个标准，因而他和陆宗达（1954）把它分析为词尾。俞敏（1984）把它列为"动词的变化形态"，认为它一方面本身多少能表达一些方向意思，一方面也给动词加上完成的意思。赵元任（1979）则称之为后缀。

③ 副词说。吕叔湘（1942）认为"'来''去'二字，除单独表动态之外，又常常和别的动态词联合起来用"，表"向上""向下""向内""向外""回转""开合""起事相""先事相""后事相""反复相"，"来、去"等表动态（包括动向和动势）、动相的词属于限制词（即副词）。王力（1943）认为"上""下""进""上来"等词的作用是相当于副词的。陆志韦（1956）认为在动词后面表示变化的方向的"下、上、来、去、上来、上去、下来、下去……"叫作"后附的副词"。并且把表示非实在空间的、从比兴得来的、表示所谓心理的附加词，如"沉下心去"中的附加词，也叫作副词。范继淹（1963）也认为包括"下、下来、下去"的"来类字""上来类字"不能出现在处所宾语前，因而它们只有副词性变体，无介词性变体，故也相当于副词。

④ 介词说。黎锦熙、刘世儒（1957）还认为"由于'上、下'可用为表所向的介词，所以'上、下'和'来、去'之间可以插进一个副位名词"。吕叔湘（1942）称作关系词，如"吃下肚"中的"下"。

⑤ 构词成分说。陆志韦（1957）又提出新的看法，认为"分开、坐下、站起来"之类与一般的动补结构类似，只能限制性地扩展，因此是构词成分的"后补格"，而且补语在中心成分后边表达动作或性质的变化趋向。这样，"开、下、起来"就属于构词成分。黎锦熙（1956）把"Vq"看作一种构词格，该成分（包括"来、去"）缺乏独立的词汇意义。张静（1961）则明确认为，"可以把跟在动词、形容词后头的'来、去'等看作一个词素，与动词、形容词构成一个合成词，而不看作独立的词"。"我们没有理由把'你站

起来'的'起来'叫助动词,而把'你起来'的'起来'叫动词。"

⑥ 形态词说。刘叔新(1985)提出趋向成分的语法意义有多种内涵,可以形成趋向范畴,这个范畴的后随成分,是构形法性质的,可以看作形态词。

⑦ 助词说。房玉清(1980、1981)认为应该把"来、去、下"等分为趋向补语和动态助词。他认为动词或者动词短语后轻读的"凡是不表示动作的趋向,只表示动作的进程(出现、继续、完成等)和状态(集中、固定、变化等)的,叫动态助词",不叫趋向动词。徐静茜(1982)认为这一类词具有下列特征:1.可以列举,是一个封闭的类;2.永远置于动词或动词短语之后,具有单项性的特点;3.活动能力强,出现频率高;4.念成轻声;5.为动词的词汇意义增添一定的附加意义——描写动作的进程和状态特征,这一附加意义是不独立的;6.具有特殊的语法作用,是一种语法手段。根据这些特征,她得出结论:由于轻声和黏附性是汉语助词的主要特点,所以,这一类词是一种助词,跟动态助词"着、了"同属一个范畴,也是"动态助词"。

⑧ "趋向动词"说。这是最为流行的观点。张志公(1956,《暂拟系统》;1959)放弃助动词说,把它定名为"趋向动词",是动词的一个附类,在句中与主要动词共同组成"趋向合成谓语"。"合成谓语"说已不被继承,但"趋向动词"这个名称却由此在一般语法著作或教材中流传下来。丁声树等(1961)在介绍补语时把"来、去"等词叫作表趋向的动词,指出它们"可以单用,也可以做趋向补语用"。洪心衡(1957)也指出"这些表示趋向的动词用在另一个动词后边的时候,如'吃下去、走过来'等也不应该看作是副词","助动词和方位词尾的说法,也不宜采取",因为"助动词这个术语不太明确(这个术语本身就有歧义,究竟是辅助性的动词,还是辅佐动词的词)……这些词既然可以用来表示动作的谓语,算作词尾也未免牵强。不应该以它们的作用来命名(如助动词、副词或介词),而应该以它们所表示的意义来命名,叫作趋向动词"。吕叔湘(1984)认为把"上、下、上来、

下去"等归入助动词、副词或者词尾"都是不圆满的"。他同意黎锦熙的说法，认为这些词具有助词的性质，但是它们有时候的词汇意义很丰富，也难于干脆划归助词。所以"如果不打算管它们叫'动词—助词'，恐怕也还是只能放在动词之内，说明带有助词的性质"。刘世荣（1954）的观点也可归属于"动词说"，但是同时，他认为"走进学校""走出教室""走出去"等不是动补结构，而是"向心结构"。在趋向动词范围方面，宋再前（1981）认为只有"来、去"是趋向动词，而刘叔新（1982）也把包括"来、去"在内的少数几个词看作趋向动词，而其他一般也被认为是趋向动词的词则被看作表情态的助词。

⑨ "多重性"说。在"趋向动词"说流行的同时，也不断有学者对笼统地将这一类词全部命名为"趋向动词"提出异议。段业辉（1990）指出："趋向动词是表示它前面动词的趋向，还是表示趋向动词本身词义表示的趋向，还是二者兼而有之？"他认为"他上了山"中的"上"是趋向动词这种说法不对。"单独做谓语的'上''下'等词和其他表示动作从某一点开始向一定的方向移动的动词一样，不是趋向动词"，只有"V＋上／下"中的"上／下"才是趋向动词。

陈昌来（1994）则指出大多数所谓趋向动词都具有两到三种或以上的意义，不同的意义"动词＋趋向动词"在句中的形式特征是不一样的，是呈现对立的，不具有同一性，应是不同性质的语言单位。"所以我们认为 q（即趋向动词）具有两重性或三重性，甚至三重以上，总之具有多重性。"陈昌来从同一性角度对语法学界给"来、去"一类词的定性问题进行了分析，认为无论归类或定类都必须遵循语言单位的同一性原则。判断某些语言单位的性质、弄清其所属的类别，应遵照两个方面的同一性，一是对外有无同一性，即把某些语言单位归入某类别中去，要考察它们与该类其他成员在意义、形式、功能等方面有无同一性。因而，把"来、去"归为"助动词""副词""词尾""构词成分"都违反了这种同一性。二是对内有无同一性，即确定某些语言单位为单独的类,则要看所定类中各成员之间有无同一性,考察它们性质是否相同或各成员本身性质是否,否则定类就缺乏周延性。把具有几种不同意义的"来、去"总称为表趋向的动词做补语,就缺乏第二种同一性。因而要根据形式和意义相结合的原则,以语言单位的同一性为标准,结合其所在句式,深入全面调查有关语言事实,具体分析它们的意义、形式、功能,才能辨别其性质。

刘广和(1999)认为被称为"趋向补语"的词语有的没有趋向的意味,因而不应笼统地称为"趋向动词"。应该把动词后头的"上、下、来、去"等分成两类,能单独做动词使用的,可以叫作趋向动词;对于那些没有动作趋向,只表示动作行为状态的,已不是实词,宜把它们看成动词的结尾部、词缀或助词。

所谓"趋向动词",确实是意义多样,用法灵活,功能不一,来源和发展路径不尽相同,难以用一个概念来称说,"多重性"说认识到其复杂性的一面。

0.2.2 做补语的趋向动词在动词中的地位——是小类还是附类／次类?

对用在动词后做补语的"上、下、来、去、上来、下去……"等在内的所谓"趋向动词"到底是动词的小类还是附类,学界也有分歧。黎锦熙(1924)就将这类词列为动词中的四小类之一。《中学教学语法系统提要》(1984)也把它作为动词中的一个小类。吕叔湘(1942)称之为动态词,丁声树等(1961)则只说是表示趋向的动词,胡裕树(1979)没有提及小类或者附类的问题。

张志公(1953)则明确地将其放在动词后,用"附"标出。《暂拟系统》也指出它们是动词的附类。洪心衡(1957)也采用这一说法。黎锦熙、刘世儒(1957)将它们看成动词的附类,是后附的助动词。张斌(1998)认为做谓语中心的"趋向动词"是一般动词,做补语的所谓"趋向动词"多少带有虚词性，是动词的附类，而不是小类。

卢英顺（2001）则认为把趋向动词作为动词的附类明显不妥，把它作为动词的次类也存在怎样看的问题，认为在谈趋向动词的时候，别忘了它跟非趋向动词的对立，忽略了这一点而把它看作动词的次类，就会给动词的下位分类造成混乱。

0.2.3 关于趋向补语的意义

孟琮（1987）认为动趋式有两种概括的意义，一种是动作的结果，一种是动作的状态。动作的结果又可分为"趋向""得到""呈现、表露""脱离、除掉""合拢、接触""附着、添加""完成、实现""容纳""成功""持续""超过、胜过"等11种具体含义，并对其中5种进行了穷尽式的探讨。但是，其中有些意义并非趋向补语的意义，而是整个格式或谓语主要动词的意义。

刘月华（1988、1998）对意义相关的趋向补语进行了系统、综合的研究，对其引申途径、意义联系进行了详细的分析。她指出28个趋向动词或动词组合在动词或形容词后面做补语不仅表示趋向意义，还表示其他的意义。她还用图例证明趋向补语之间的趋向意义、结果意义和状态意义是相关的。指出，趋向补语的基本意义是趋向意义，结果意义比趋向意义要虚，状态意义又比结果意义更虚。刘文在考察过程中始终坚持形式和意义的结合，较有说服力。

周永惠（1991）通过对14个复合趋向补语进行分析，总结出6个复合趋向补语的趋向意义和含复合趋向补语的动趋短语的语法形式特点，认为复合趋向补语表示的趋向不是动作本身的趋向，而是人或事物通过动作位移时涉及的趋向，也就是在方向方面达到的一种结果，比如"下来、下去"不表示由上向下的具体方向。

陈昌来（1994）指出Vq（q代表趋向补语）中的q至少能表示三种意义：趋向意义、结果意义、动态意义。趋向意义是每个q都有的；从抽象、概括角度说，大多数 q 也有结果意义。

目前多数学者认可趋向补语具有多种语法意义，但对不同意义之间的联系和相互制约尚有不同的看法，值得进一步思考。

0.2.4 关于趋向补语的起源及产生时代问题

对于趋向补语的起源及产生时代，到目前为止，结论还不是很一致。主要有这样几种观点：

① 先秦说。尹玉（1957）、周迟明（1957）、余健萍（1957）、杨建国（1959）、何乐士（1982）等认为动趋式起源于先秦时期，但是广泛使用则是在汉代。不过，多数学者并没有对具体的单个趋向动词的产生年代做出推断。潘允中（1980、1982）认为"动＋单趋补"和"动＋单趋补＋宾"起源于先秦，而盛于汉代，并由此派生了"动＋复趋补"和"动＋宾＋单趋补"，而"动＋复趋补前＋宾＋复趋补后"则是近代才产生的。尹玉（1957）认为从唐代开始，趋向补语已有了表出现、时间的延续、使物分离、动作的完成等引申的用法。潘允中（1980、1982）将《诗经》中的"鸡栖于埘。日之夕矣，羊牛下来"的"下来"和《战国策·齐策》中的"燕将攻下聊城"的"攻下"都看成是动趋式的例子。

② 汉代说。王力（1954）认为趋向补语产生于汉代，扩展于南北朝，普遍应用于唐代。支持"汉代说"的还有祝敏彻（1958）。魏丽君（1996）则认为动趋式的产生不是突变的，而是渐变的，应该说萌芽阶段在两汉时期，南北朝时期大量出现。程湘清（1992）认为《史记》中出现的"攻下聊城""驰下峻山"等结构一样，"下"在句中做趋向补语。

③ 南北朝说。孙锡信（1992）、史佩信（2000）认为南北朝是动趋式形成的时期。志村良治（1984）认为产生于中古时期（魏晋南北朝到唐末）。

④ 唐宋说。王力（1944）曾经认为"大约最晚在唐代口语里已有了"。太田辰夫（1958）和梅祖麟（1991）也持这一观点。太田辰夫（1958）认为

单音趋向补语的发达是在唐代，复合趋向补语的发达是在宋以后，并指出"动词+趋向动词"格式并不一定就是动趋式。

⑤ 近现代说。杨伯峻（1956）则认为"在文言文中，不用趋向补语"。当然，将他的观点归入近现代说可能不是很科学，他只是说文言文里面没有出现，没有谈及古代口语里的情况。

王力（1980）把趋向动词看成是使成式的一种，认为由致动发展为使成式是汉语的一大进步，他没有具体讨论单个趋向动词的起源，但是认为复合式趋向动词中间插入宾语始于宋代。王国栓（2003）认为趋向动词"来"做补语始于《史记》，而"去"做补语则是始于东汉时期。

0.2.5　趋向动词的演变到底属于词汇化还是语法化？

由上可见，关于趋向动词的名称、类属、地位、意义、起源及产生时代等都存在不同的看法，由此，还牵涉到另一个问题："起来"类做补语的趋向动词的演变到底是词汇化还是语法化？

汉语中的动补结构是词汇结构还是句法结构，一直是一个有争议的问题，这主要是因为不同的学者对词的认识不同。不但是在汉语的共时研究领域，而且在汉语的历时研究领域，虽然有一些学者将带宾语的动补结构看作词，但是已有的很多汉语史方面的研究基本还是把动补结构在历史上的产生看作句法方面的变化，放在句法部分来考察（董秀芳，2007）。相应地，由动补结构词汇化形成的"起来"类趋向动词的演变过程也常被看作是语法化过程。而董秀芳（2007）认为从词汇化角度看动补结构融合成词是词汇化过程。

其实，关于词汇化和语法化的关系和界限，不管是英语还是汉语，国外还是国内，目前学界有各种不同的观点（刘红妮，2009；王静，2010）。趋向动词的演变过程也存在这样的问题。如果按照演变结果来看，有的可能会认为不管单独做谓语还是做补语，趋向动词都是动词，形成的是实词，那么它们应该属于词汇化；有的则可能会认为单独做谓语语义较实，而做补语则语义较虚，那么应该属于语法化。

0.3 我们的观点和立场

为不引起争议以及讨论方便，本书采取如下观点：

关于相应的名称、类属、意义等问题，采用"趋向动词"说，采用"趋向动词"的名称，是表示趋向的动词，如果虚化程度高，则具体问题具体分析；在语法意义上，则认为其意义至少能表示三种意义：趋向意义、结果意义和状态意义。基于这一认识，我们把"起来、下来、出来、到来"等"X来"式双音词统称"趋向类"，而跟另外两类"X来"式双音词区别开来。

关于趋向补语的起源和产生时代，我们认为，趋向动词是有限的较为封闭且内部一致性较强的系统，在做谓语动词时，由于其位移性特征反映了人们对空间观念的较为对称的认识，所以其产生年代应大体一致。但是对于"动词＋趋向动词"的形成时代则不能够一概而论，因为趋向补语的用法发展至今，其内部差异性较大，那么其形成时期也不可能整齐划一，这是其一；其二，如果仅仅是其中的少数词有一些不太常用的类似趋向补语的用法，那么据此认为趋向补语由此产生，这是不可靠的。所以应该对趋向动词的产生及其发展做个案性的梳理和研究，这也正是本编要考察的重点所在。

关于趋向动词的演变归属词汇化还是语法化，我们不打算讨论已有观点的优劣对错，而是以求同存异和避免争议为出发点。我们认为如果按照演变过程来看，它们先是形成语义比较实在的单独做谓语的动词，而后进一步演变为语义较为虚化的做补语的趋向动词，也就是说存在一个先词汇化再语法化的过程。词汇化和语法化是语言演变的两条主要路径，词汇化和语法化虽然角度不同，但常常交织在一起（陈昌来、朱峰，2009；王静，2010）。趋向词的演化也是两条路径交织演进，尽管这些趋向词的复合式演化程度不尽相同。具体来说,我们认为 A 类"起来、上来、下来"和 B 类"出来、过来、回来、进来、开来"都是先词汇化后语法化;而 C 类"到来、往来、外来"都只发生了词汇化。

本编的讨论都是基于上述前提。下文将对四小类"趋向类""X 来"的词汇化和语法化问题进行具体考察。

第一章
"起来、下来、上来"的词汇化及语法化

1.1 "起来"的词汇化和语法化

1.1.1 有关"起来"的研究

"起来"是趋向类"X来"中语义和用法最为复杂的一个,过去对"起来"的研究也取得不少成绩,主要有以下几个方面。

其一,关于"起来"的性质。黎锦熙(1924)在把表示"方开始的持续"意义的"起来"归在后附的助动词里,即帮助动词的后附助词,指出一旦"起来"离开所助的动词,意思就捉摸不定,造句时都是附着动词,不能分立。赵元任(1968)认为"飞起来"中的"起来"是动词,"哭起来"中的"起来"是动态后缀。吴洁敏(1984)称用在动词和形容词后面不单独充当谓语的"起来"为"非谓语动词'起来'"。吴文认为,用在动词后表动作由下向上运动的"起来"是表趋向的动词;用在动词或形容词后表动作、性状发展变化的"起来"是表情态的动词;用在动词或形容词后起连接或加强语气作用的"起来"是助词。房玉清(1992)认为现代汉语里"起来"已分化为两类,一类还保留着动词的特点,可以做谓语或补语,另一类已经虚化,变成跟"了""着"等类似的助词,黏附在动词或形容词后表示动作的进程、状态及动作造成的结果,后一类"起来"被统称为动态助词,即表进程、状态和结果。可见,学者们对动后"起来"的性质分类存在着一定的差异。

其二,关于"起来"前的 V 或 A。房玉清(1992)认为"动词+起来"

的表义功能取决于前头动词的词义,"起来"的作用是以前头动词的词义为根据,从趋向或动态等方面加以补充,即"起来"因动词词义不同或语境不同而表义功能也有所不同。房玉清(1992)把"起来"前的动词分为趋向性动词和非趋向性动词两类,"V1＋起来"表示由下而上的趋向,则 V1 为趋向性动词,"V2＋起来"不表示趋向,而表示动作的进程、状态或结果,则 V2 为非趋向性动词。邢福义(1994)讨论了现代汉语里形容词动态化的三种趋向态模式,即"A 起来""A 下来""A 下去",认为"A 起来"是形容词动态化的兴发态模式,文章对"起来"前的形容词 A 及"A＋起来"格式进行了详细的描写和分析。

其三,关于"起来"带宾语的相关格式。"起来"带宾语时,根据宾语的位置可形成四种语序,不同的语境中采用不同的语序。范继淹(1963)在统计大量语料的基础上,对带趋向性后置成分句子的各种结构进行了细致描写,指出"动趋式"所带的宾语有一般宾语、处所宾语、存现宾语三种。宾语的类型影响它在"动趋式"里的位置:处所宾语不能在整个"动趋式"之后,存现宾语不能在主要动词之后,趋向动词之前。吕叔湘(1980)对"动趋式"带宾语的情况也有所分析,认为动趋式后表事物的名词可以有三种位置:a.动趋式之后;b.趋1 和趋2 之间;c.主要动词之后,趋向动词之前。加上用"把"字把它提前的格式共四种格式,还指出动趋式带"了"或"得、不"又带宾语时,有好几种可能的语序。范继淹(1963)、陈信春(1982)、吕叔湘(1980)等大都局限于对句子格式的描写,缺乏相应的解释。张伯江(1991)、陆俭明(2002)、郭春贵(2003)也对动趋式带宾语的语序进行了考察。如张伯江(1991)详细分析了动趋式带宾语的四种语序,试图从历史发展的角度探讨现代汉语 VNC1C2 式排斥状态意义和结果意义的原因,他还从语用的角度考察了"VC1C2N""VC1NC2",把"NVC1C2"式在实际运用中存在的倾向,该文的研究对象是所有的动趋式,带有宏观性和整体性,对研究趋向词"起来"带宾语的四种语序有很好的参考价值。

其四，关于"起来"的语法化。过去对"起来"历时研究的论著并不多见，主要有钟兆华（1985）、吴锡根（2001）等。前者主要对近代汉语中"起来"的用法做了细致的描述，后者则在定量分析的基础上，把《金瓶梅》中由"起来"构成的句子归纳为"S＋V＋起来""S＋V＋O＋起来""S＋V＋起＋O＋来""S＋把（将）＋O＋V＋起来""S＋被（乞）＋O1＋V＋（O2）＋起来"五种下位句式，并对这五种下位句式进行了描述。以上研究都在一定程度上揭示了"起来"在特定历史时段里的历时用法。王国栓（2004）在其博士论文《趋向问题研究》中对"起来"的历时用法进行了较为系统的研究，由于其论文涉及范围为所有趋向动词，所以对"起来"的历时研究还是不够深入系统。唐正大（2005）探讨了"起来"从独立动词到话题标记这一语法化模式的理据性，对"起来"的语法化模式进行了合理的描写和解释。齐沪扬和曾传禄（2009）探讨了"V起来"的语义分化及相关问题。但以上两文都主要是从现代汉语共时平面进行探讨，而不是从历时语法化角度。另外，近来对"起去"历时演变及比较研究颇受关注，尤其对"起来"和"起去"的不对称问题及"起去"在近代汉语和方言中的表现给予了较多的讨论，如王灿龙（2004）等。近几年来，一些硕博士论文涉及了"起来"的历时演变，比如许刚（2006）、高艳（2007）、刘芳（2009）、杨宇枫（2013）等，有一定的可取之处，但是，他们多是从各个历史层面做了一些描述，系统性不够，且有些结论还值得商榷。

综上所述，在已有成果中，从共时平面对"起来"的探讨较多，从历时角度探讨相对较少，而且即使从历时角度进行的研究，因为各自研究角度、重点和目的不同，没有对"起来"的历时用法及"起来"的语法化进行系统全面的研究，也没有指出其历时用法和现代汉语中的用法有何区别，又有何联系。本章拟在过去研究的基础上，对"起来"的词汇化和语法化进行进一步的探讨。

1.1.2 从动词连用到单一动词"起来"的词汇化

"起"在上古时期是动词,《说文解字》曰:"起,立也,从走,已声。古文'起'从足。"动词"起"在先秦文献中已经很常见。如:

(1) 侍饮于长者,酒进则<u>起</u>,拜受于尊所,长者辞,少者反席而饮,长者举未釂,少者不敢饮,长者赐,少者贱者不敢辞。(《礼记》)

(2) 楚子闻之,投袂而<u>起</u>。(《左传》)

(3) 今有人于此,负粟息于路侧,欲<u>起</u>而不能。(《墨子》)

这里的"起"均是其最初的本义,即"起立、站起"之义。

进一步引申,则为竖起、竖立、凸出,表示物体自下向上运动,扶持、起用、起床等义。如:

(4) 鸟<u>起</u>者,伏也。(《孙子·行军》)(张预注:"鸟适平飞,至彼忽高起者,下有伏也。")

(5) 叔熊逃难于濮而蛮,季纻是立,薳氏将<u>起</u>之,祸又不克。(《国语》)

至于动词"来",《尔雅·释古》曰:"来,至也。"表示"由彼及此,由远到近"之义,与"去""往"相对。如:

(6) 易谓坎离者,乾坤二用。二用无爻位,周流行六虚,往<u>来</u>既不定,上下亦无常,幽潜沦匿,变化于中,包囊万物。(《周易》)

(7) 终风且霾,惠然肯<u>来</u>,莫往莫<u>来</u>,悠悠我思。(《国风》)

(8) 南山在其东南。自此山<u>来</u>,虫为蛇,蛇号为鱼。(《山海经》)

"起来"一词显然是由表示人体起立动作的"起"与往来的"来"组合而成的。据王灿龙(2004),"起来"最初连用在东汉至魏晋时译经中才出现。如:

（9）今我用经法起来，师入在内，我义不可卧、不可坐，须我师来，出上高座，说般若波罗蜜，乐乃坐耳。

（东汉·支娄迦谶译《道行般若经》）

（10）比丘先自思量有如是等力，又此净事起来未久，此人心调软，净事易可灭。此比丘尔时应作灭净。

（东晋·佛驮跋陀罗与法显共译《摩诃僧祇律》）

但是最初文本中的"起""来"连用并不是作为一个词使用的，而是表示"起"与"来"两个动作连续发生。更为明显的是下例：

（11）使云雨之气如武帝之心，虽知土龙非真，然犹爱好感起而来。
（《论衡》）

"起来"作为一个动词使用大约在唐代，《敦煌变文集》是较早出现"起来"作为一个词使用的文本。如：

（12）（目连）良久而死，复乃重苏，两手按地起来，整顿衣裳，腾空往至世尊处。（《敦煌变文集》）

（13）郭欢无神灵覆荫，遂即见身，从灵床上起来，具说委由，向侯光父母兄弟，遂即将侯周送县，一问即口承如法。（同上）

例（12）指目连"复苏"后在地上由躺的姿态转为站立的姿态，随后整顿衣裳；例（13）指郭欢"无神灵覆荫，遂即见身"，由原来在灵床上坐着的姿态转为站立的姿态。前文中"欢疑，遂共相随而去。神鬼覆荫，生人不见，须臾之间，引入灵床上坐"一句即是例证。这两例都属于"起来"基本义的用法，即指人从卧、坐、趴、伏的状态转为站立的状态。

在《敦煌变文集》中还有两例可做双重分析的句子：

（14）是时慈母闻唤数声，抬身强强起来，状似破车无异，于是牛头把棒,狱卒擎叉。

(15)佛以他心通,遥知金刚丑女焚香发愿。遂于丑女居处街前,从地踊出,亲垂加被,丑女忽见大圣世尊,碎身街前,魂挫自扑,起来礼拜,哽咽悲涕。

例(14)中既可理解为目连的母亲听到目连的"哀恳"声,勉强站起来,又可理解为站起并向目连的方向走来,由于在地狱里受到摧残,行动不便,行走的样子像"破车"一样。例(15)中"起来"后接动词"礼拜"。"礼拜"是古时一种见面的礼仪,双腿长跪在地,身体向前倾。因此,此句既可理解为"丑女忽见大圣世尊","魂挫自扑(扑在地上)",又站起来向"大圣世尊"行礼拜;还可理解为"丑女""魂挫自扑(扑在地上)",又站起,前来行礼拜。因此,以上例(14)(15)中的"起来"既可理解为"起动+来动",也可理解为动词"起来"。

除《敦煌变文集》外,唐代传奇、诗歌、史书中也有"起来"用例。如:

(16)以手承其项曰:"起!"遂起来,与立合为一,遂能行。(《玄怪录》)

(17)帘开明月独窥人,欹枕钗横云鬓乱。起来琼户寂无声,时见疏星渡河汉。(《避暑摩诃池上作》)

(18)江山十日雪,雪深江雾浓。起来望樊山,但见群玉峰。(《元次山居武昌之樊山》)

(19)又有谣曰:"大风蓬勃扬尘埃,八井三刀卒起来,四海鼎沸中山颓,惟有德人据三台。"(《晋书》)

不过,动词"起来"在唐代的用例并不多见,仅检索到20多例。

1.1.3 "起来"语法化的第一阶段——趋向义补语

"起来"成词后,又进一步发生语法化,句法功能由做谓语变为补语,语义也越来越虚化。

"起来"成词后在相当长一段时间内，只限于作为动词使用，而且其基本义用法占绝对优势。这一时期，"起来"不仅用于简单述谓结构，单独做句子谓语，而且还常常和其他谓词性结构一起构成谓语，即用在连动结构中。"起来"与其他谓词性词语一起构成连动结构做谓语时，有两种语序：

A. S ＋起来＋V（VP）

B. S ＋V（VP）＋起来

这时动词"起来"和另一谓词成分 V（VP）只是在动作或时间上有先后之分，在句法上处于平等地位，属于两个并列的语法成分。其中主语 S 都是施事，是动作的执行者。也就是说，"起来"的语义指向主语（施事）S。如：

（20）师翁起来手舞足蹈。（《古尊宿语录》）

（21）叫了一回没人答应，却待挣扎起来，酒尚未醒，不觉又睡了去。（《错斩崔宁》）

需要指出的是，由于实际上存在以上 A、B 两种语序，而 B 式中"起来"位于前一谓词结构之后（如例［21］），这种语法位置本身就为"起来"的语法化提供了一种可能。

五代时期的《祖堂集》中"起来"共有 20 例，且出现了第一例"起来"做补语的用例：

（22）师见沩山。因夜深来参次，师云："你与我拨开火。"沩山云："无火。"师云："我适来见有。"自起来拨开。见一星火，夹起来云："这个不是火是什摩？"沩山便悟。（《祖堂集》）

这一例句中"夹"语义指向主语（施事）"师"，而"起来"不再指向施事，指向语义上的宾语即施事支配的对象——受事"星火"，"起来"补充说明"夹"的结果。这时,"起来"语义上仍表示一种由下向上的移动趋向,还有一定的实在义,但在用法、语义指向上已经和做谓语动词时有了明显的区别。这可以说是"起来"的语法化迈出了关键的第一步。

到宋代,"起来"做补语已经比较普遍。如:

（23）十字街头醉翁子。扶起来与伊系丙。(《古尊宿语录》)
（24）先生顾义刚云:"公前日看'知我者,其天乎',说得也未分晓。这个只管去思量不得,须时复把起来看。若不晓,又且放下。"(《朱子语类》)

从做谓语动词到做动词补语表趋向,"起来"语法地位发生了重大变化。做谓语动词时,"起来"是整个述谓结构的表义核心,而做补语的"起来"失去了这个核心地位,整个述谓结构的核心落在了"起来"前的动词上。这时,可以将"V（VP）+起来"结构进行重新分析（reanalysis）,由原来的连动结构重新分析为述补结构,"起来"重新分析为V（VP）的结果补语,其功能是对V（VP）动作的结果进行补充说明。

1.1.4 "起来"语法化第二阶段——"起来"意义的虚化及语法化特征

由于使用频率增高,"起来"做补语又出现了以下几种新的用法,这是"起来"语法化的第二步。

1.1.4.1 出现新的句式、语序

"起来"开始做补语时,只用于主要动词之后,补充说明前面动作执行的结果。其句式一般只限于"S + V（VP）+起来补",动作的受事只在上下文涉及,"起来"句中不含宾语。宋及以后,开始出现"V +起+ O +来"式。如:

（25）师接住棒一送送倒,蓦呼维那:"扶起我来。"(《五灯会元》)
（26）曰:"如何是宾中主?"师曰:"卷起帘来无可睹。"(同上)

(27) 扶起此心来斗!(《朱子语类》)

这一时期还出现了"V+O+起来"式。如:

(28) 念佛起来懒开口。(《罗湖野录》)

(29) 眼前事,才拈一件起来勘当着所在,便不成模样!(《朱子语类》)

(30) 又得个唐太宗起来,整得略略地,后又不好了。(同上)

1.1.4.2 "起来"的意义开始虚化

在语法化的第一阶段,"起来"无论做谓语还是做补语,都表示由较低的空间到较高空间的移动,表示一种实际的趋向,其语义要么指向主语(施事),要么指向语义宾语(受事),其意义都是实在的。稍后,"起来"除了表示实在趋向义外,还逐渐出现了意义更虚化的用法。如:

(31) 如颜子"克己复礼"工夫,却是从头做起来,是先要见得后却做去,大要着手脚。(《朱子语类》)

(32) 这般事若能追念起来,在己之德既厚,而民心亦有所兴起。(《朱子语类》)

(33) 我夜来错记了,今日再想起来,有三十里多地。(《老乞大》)

以上句子中的"起来"已经没有实在的空间趋向位移义,只是表示动作、状态上的一种情状,在具体词汇上已没有词汇意义,只是对前面的V(VP)进行某种意义上的补说。在句法上,"起来"由原来的和V(VP)等值地位完全变为V(VP)的附属成分。

1.1.4.3 "起来"的语义所指之物由实而虚

在"起来"由自身做谓语动词发展到做其他动词补语的过程中,其语义所指对象也发生了一定的变化。"起来"做谓语动词时,其语义指向对象即动作的发出者是人或其他生物,是可以看到、可以触摸到的具体个体。其语义特征可标记为［＋施事］［＋有生］［＋可视］［＋可触］［＋具体］。如：

（34）是伊掀倒绳床了。何不下去。须待夹山（人名）起来。
（《联灯会要》）

（35）仰山起来打四藤杖。(《景德传灯录》)

有时即使主语在句子没有出现，通过上下文也可以补出，诗、词中即使没有上下文，但总是可以感觉出"起来"动作发出者的存在。如：

（36）不觉朝已晏，起来望青天。四体一舒散，情性亦忻然。
(《全唐诗》)

（37）春禽飞下，帘外日三竿。起来云鬓乱，不妆红粉，下阶且上秋千。(《全宋词》)

在"起来"语法化的第一阶段即做趋向义补语阶段，"起来"的语义所指不再是动作发出者，而是动作发出者所支配的另外一个对象，这个对象可以是人，也可以是其他生物，还可以是非生物，但还是具体可见的，其语义特征可标记为［－施事］(［＋受事］)［±有生］［＋可视］［＋可触］［＋具体］。如：

（38）见一星火，夹起来云："这个不是火是什摩？"沩山便悟。
(《祖堂集》)

（39）我教与你：将洒子提起来，离水面摆动倒，撞入水去，便吃水也。(《老乞大》)

"起来"进一步语法化后，其语义所指对象逐步由具体、可见、可触的事物发展为抽象、不可见、不可触的事物，其语义特征可标记为［－具体］(［＋抽象］)［－可视］［－可触］。如：

（40）看过了后，无时无候，又把起来思量一遍。十分思量不透，又且放下，待意思好时，又把起来看。(《朱子语类》)

（41）因说知止至能得，上云"止于至善"矣，此又提起来说。言能知止，则有所定。(《朱子语类》)

以上两例是说把前面在书上看过的话又"把"起来思量一番、"提"起来讨论，这里的"把""提"并不是真正的实际的、具体可见的动作，"把起来""提起来"的对象"话"也不是具体可见、可触的事物。

最后，直至"起来"没有语义所指对象，只是附在动词后面补充说明动作的结果或存在的一种状态。如：

（42）我问赛卢医讨银子去，他赚我到无人去处，行起凶来，要勒死我。(《窦娥冤》)

"起来"语法化为可表示事件的状态时，也就可以跟在形容词后表人或物的状态、情状等，如：

（43）云："观山之象以惩忿，是如何？"曰："人怒时，自是恁突兀起来。"(《朱子语类》)

（44）说罢，老李听了恼燥起来，便要打杀那媳妇。(《朴事通》)

"起来"语法化过程中，其语义指向对象的语义特征变化如下表所示：

表 12

语法化进程			语义指向对象语义特征	施事	具体	可视	可见	可触	拟人
谓语动词				+	+	+	+	+	+
动后补语	语法化第一步	趋向义		−	+	+	+	+	±
	进一步语法化			−	−	−	−	−	−
	最后语法化	结果义状态义		○	○	○	○	○	○

注："+"表示具有这项特征；"−"表示不具有这项特征；"○"表示没有语义指向，也无所谓语义特征。

"起来"是在与动词并列的连动结构中逐渐语法化为补语的,当"起来"做补语的语法功能逐步稳固后,前面就可以出现标示补语的标记"得"。如:

(45)南极不见。是南边自有一老人星,南极高时,解浮得起来。(《朱子语类》)

(46)"黄帝曰:'地有凭乎?'岐伯曰:'火气乘之。'"是说那气浮得那地起来。(同上)

大约在宋元时期,出现"把"字"起来"句,这时介词"把"和"将"并行使用,"把"字句和"将"字句并存,直到最终"把"战胜并取代"将"。如:

(47)他说到那险处时,又却不说破,却又将那虚处说起来。(《朱子语类》)

(48)盖有厌卑近之意,故须将日用常行底事装荷起来。(同上)

(49)咳,今日热气蒸人里,把这帘子都卷起来,把这窗儿都支起着。(《朴事通》)

例(47)"将"可理解为动词也可理解为介词,属于"将"字从动词向介词语法化的两可用例,例(48)已明显是介词了。

1.1.5 "起来"语法化第三阶段——"起来"前位成分组合的多样化

元代,特别是明代后,"起来"用在动词后做补语的用法逐渐丰富起来,做补语的用频甚至已经超过了原来最基本的做动词的使用频率;随之,"起来"用在形容词、形容词短语后表示情态、情状的用法也更为普遍。如:

(50)那妇人揭起被来,见了武大咬牙切齿,七窍流血,怕将起来,只得跳下床来,敲那壁子。(《金瓶梅》)

（51）洒家不省那两句，焦躁起来。(《水浒传》)

还出现了四字形容词性成语或四字动词性成语后接"起来"的用法。如：

（52）东山呆了半响，捶胸跌足起来道："银钱失去也罢，叫我如何做人？"(《初刻拍案惊奇》)

（53）有了一百二百银子，又好去风流撒漫起来。(同上)

（54）这多是该中的话了。若是不该中，也会千奇万怪起来。(同上)

（55）那掌管禽鸟的校尉喝道："这厮好不知法度，这是什么所在，如此大惊小怪起来！"(《喻世明言》)

形容词与"起来"之间，有时还可以插入"的"字。

（56）我吃下这汤去，怎觉昏昏沉沉的起来？(《窦娥冤》)

（57）说得那马氏满面通红一腔热烘烘的起来，半日无话。(《封神演义》)

（58）正唱着，月娘便道："怎的这一回子恁凉凄凄的起来？"(《金瓶梅》)

钟兆华（1985）认为这些"的"字，不同于"红的""白的"中的"的"，和趋向动词"起来"本身没有必然关系，作用似乎是给词组以肯定和强调的意味。

"起来"还可以用在某些代词后面，构成"代词+起来"格式，表示发生这样或那样的情形。常用的代词有：恁地、这等、这样、那样、那地等。如：

（59）他和我三家村里结生死之交，书到便当依允，如何恁地起来？(《水浒传》)

（60）袭人道："菩萨，能几日不见荤，馋的这样起来？"(《红楼梦》)

（61）倘然这班门弟子都要这等起来，如苍生何！(《儿女英雄传》)

第一例"恁地"指的是祝家庄兄弟三人不理睬李应要求释放时迁的请求,"反焦躁起来,书也不回,人也不放,定要解上州去"这么一种情况。第二例中"这样"指的是宝玉在桌上迫不及待地喝汤的行为,连说"好烫!"第三例"这等"代指樊迟"'请学稼''请学圃'起来,夫子深恐他走入长沮、桀溺之一路"这样一种情况。可见,"恁地""这样""这等"等代词在实际上下文中是有所指的,指代某种行为或状态,或者说代替谓词性词语,所以能后接"起来"。

到元代,"起来"句最明显的一个特点是在动词和"起来"中间插入"将"字。如:

(62)具服的官人们烧香等后的其间,地气正往上的时节,那灰忽然飞<u>将起来</u>。(《朴事通》)

(63)我则道是平安家信,原来是一封休书,把那小姐气死了,梅香又打了我一顿。想<u>将起来</u>,都是俺爷不是了!(《倩女离魂》)

"动(形)+将+起来"格式在明代曾大量使用,其中动词或形容词大都为单音节。到清代,"动(形)+将+起来"格式逐渐衰落,"将"字脱落。下表是这一现象在元明清文献里使用情况的统计:

表13

文献名称	格式出现比例	V/A 将起来(单/双)	V 了起来/V 起来了
元代	《窦娥冤》	0(0/0)	0/0
	《朴事通》	1(1/0)	0/0
	《老乞大》	0(0/0)	0/0
	《元曲300首》	0(0/0)	0/0
	《西厢记》	0(0/0)	0/0
	《倩女离魂》	1(1/0)	0/0

续 表

文献名称		格式出现比例 V/A 将起来（单/双）	V 了起来／V 起来了
元代	《墙头马上》	0（0/0）	0/0
	《汉宫秋》	0（0/0）	0/0
	《燕丹子》	0（0/0）	0/0
	《赵飞燕外传》	0（0/0）	0/0
	《张养浩元曲全集》	0（0/0）	0/0
明代	《封神演义》	14（14/0）	0/0
	《金瓶梅》	1（1/0）	2/12
	《三国演义》	1（1/0）	0/0
	《醒世恒言》	1（1/0）	2/2
	《二刻拍案惊奇》	2（2/0）	0/0
	《初刻拍案惊奇》	49（48/1）	5/1
	《警世通言》	18（18/0）	0/1
	《八段锦》	7（7/0）	0/3
	《陶庵梦忆》	0（0/0）	0/0
	《借竹楼记》	0（0/0）	0/0
清代	《儿女英雄传》	12（12/0）	10/44
	《红楼梦》	8（8/0）	10/85
	《儒林外史》	5（5/0）	12/9
	《老残游记》	0（0/0）	0/9
	《海上花列传》	6（6/0）	0/1
	《镜花缘》	0（0/0）	0/0
	《蒲松龄全集》	0（0/0）	0/0
	《风月梦》	0（0/0）	2/5

从"起来"句语序来说，自从"V＋起＋O＋来"语序出现以来，曾在宋、元、明一段时间里和"V＋O＋起来"并行使用，但"V＋起＋O＋来"一直处于优势，尤其是在明代，"V＋起＋O＋来"的使用频率远远超出"V＋O＋起来"。从明代几部小说的语料中可以证明：

表 14

作品 \ 语序	V＋起＋O＋来	V＋O＋起来
《金瓶梅》	108	11
《醒世恒言》	2	2
《封神演义》	26	3①

清代"V＋O＋起来"用法更加衰微，使用频率更低。一种语言格式的兴盛或消失，可能有多种因素。"V＋O＋起来"格式使用率减少的一个原因，就是原来属于动宾式短语的"V＋O"，其中一部分动词 V 和宾语 O 都是单音节形式，V 和 O 的结合变得紧密，以至于不再是短语，形成一个支配式合成词，这样，原来属于"(V＋O)短语"的格式变成了"V(A)支配式合成词＋起来"，于是，"V＋O＋起来"格式在数量上减少了许多。其中最为典型、常见的一种情况是"V＋起＋O＋来"中的 V 和 O 是动宾关系，其中宾语 O 位于"起来"之间，随着 V 和 O 的动宾关系组配、结合频繁，V 和 O 的关系日趋紧密，宾语 O 就越过"起"，前移到紧邻 V 后的位置。于是，"V＋起＋O＋来"就变为"V(A)＋起来"。这种演化在明代已初见端倪。在明代的一些小说里，同一篇小说中已经有"V＋O＋起来"和"V＋起＋O＋来"混用的形式。如下例中的"叫屈""叫苦""伤心"：

（64）鲁学曾又叫屈起来，御史喝住了。(《喻世明言》)

（65）和尚大怒，扯了吴山便走，到楼梯边，吴山叫起屈来，被和尚尽力一推，望楼梯下面倒撞下来。(同上)

（66）只听得五军屯塞住了，众人都叫苦起来。(《水浒传》)

（67）顾大嫂听罢，一片声叫起苦来，便叫火家："快去寻得二哥家来说话！"(同上)

---

① 这里的 3 例也不属于典型的"V＋O＋起来"，3 例中的"起来"均有实际趋向义，更像兼语式。如：命宜生扶贤士起来，子牙躬身而立。

(68) 那么着，为什么这么伤心起来。(《红楼梦》)

(69) 黛玉见他二人。不免又伤起心来：因又转念想起梦中。(同上)

根据语法化的并存原则，一种新形式出现以后，旧形式并不消失，因此有新旧形式并存阶段。以上例子就可以看作是"叫屈""伤心""叫苦"等从短语向词演变的过渡阶段，现在"叫屈""叫苦""伤心"已经成为词。

需要指出的是这种情况也限于 V 和 O 都是单音节的形式。可见，在"起来"的各种句式兴衰及"起来"语法化、VO 式合成词词汇化的过程中，音节和谐是一个重要的语法化动因和机制。也许，音节和谐可以从另一角度解释为什么"V＋起＋O＋来"句式处于一种优势语序，而"V＋O＋起来"经过一段时间的使用后，从人们的口语中消失。比较以下句子：

(70) 难道我惧怕老公，重新奉承他起来不成？(《醒世恒言》)

(71) 潘金莲自此一力抬举他起来，不令他上锅抹灶，只叫他在房中铺床叠被，递茶水，衣服首饰拣心爱的与他，缠得两只脚小小的。(《金瓶梅》)

以上两个"V＋O＋起来"式句子，虽然不如"V＋起＋O＋来"式句子使用活跃，但在明代都属于合法的句子。但在现代汉语里则都不说了，但一旦把它们稍做变换，改为以下两个句子，就可以说了：

(70′) 难道我惧怕老公，重新奉承起他来不成？

(71′) 潘金莲自此一力抬举起他来……

改后的句子无疑在音节、韵律上更为和谐。

到此时最早做谓语动词的"起来"发展到可以做补语表趋向、结果和状态了。而表示准话题标记"起来"也在清代开始出现。如：

(72) 据这样看起来，这人不止是甚么给强盗作眼线的，莫不竟是

个大盗，从京里就跟了下来？（《儿女英雄传》）

（73）至于这个杀人的，看起来也不是图财害命，也不是挟仇故杀……（同上）

（74）一时祭罢祠堂，回到自己屋里，便是一起一起的人来客往，算起来还是穿草鞋的多。（《官场现形记》）

这些句子中的"V 起来"虚化程度更高了，已经很难指出到底是谁执行了"V 起来"这个动作，而且更多的是也没有必要指出是谁执行"V 起来"这个动作。其中后两例中的"V 起来"已经移位到句子前面做状语了。

1.1.6 小结

"起来"原本是"起"和"来"两个动词连用，后来词汇化为一个单一动词，主要用作谓语。成词后，进一步语法化，句法功能由做谓语变为补语，语义也越来越虚化，其语法化可分为三个阶段：最初是表示动作趋向，表示由较低的空间到较高空间的移动；而后"起来"除了表示实在趋向义外，还出现了意义虚化的用法，只是附在动词后面补充说明动作的结果或存在的一种状态；随着"起来"前位成分的多样化，"起来"用在形容词、形容词短语后表示情态、情状的用法也多了起来；最后，表示准话题标记的"起来"在清朝代开始出现。"起来"词汇化的主要原因是动补短语的融合，而"起来"语法化的主要原因是"起来"由表示空间趋向到表示非空间趋向。推动"起来"从空间域发展为时间域的一个重要机制就是认知语言学上的隐喻模式，而"起来"的语义发生泛化是导致"起来"语法化的一个重要动因。

1.2 "下来"的词汇化与语法化

1.2.1 引言

在由"上、下、进、出、回、过、开、起"和"来、去"组成的复合趋向动词中,"下来"是其中比较复杂的一个,主要表现在:句法上,它既可以作为主要动词,也可以用在动词、形容词和时间名词之后;语义上,作为主要动词和趋向动词都是多义的,以《现代汉语词典》为例,都分别有多个义项。在已有研究中,主要是从整个趋向补语的特点或者从现代汉语共时平面来探讨"下来"的句法、语义或性质等,并且经常与"下去"进行对比。代表性成果如杉村博文(1983)、徐静茜(1985)、孟琮(1987)、刘月华(1988)、邢福义(1995)、吕叔湘(1996)、马庆株(1997)、卢英顺(2001)、杨德峰(2003)等。但涉及"下来"如何成词及虚化的历时考察较少,主要有韩蓉(2004)、高艳(2007)、杨宇枫(2013)等,这些研究多还不够系统,有些结论还值得商榷。如韩蓉(2004)主要统计考察了"下来""下去"在唐至清代一些代表作品中各断代的用法,但没有将其整个成词和虚化过程作为一个有机的整体联系起来,对其词汇化的具体路径以及进一步语法化的分阶段过程考察还不太清晰,部分结论还值得商榷。本节将在已有研究的基础上,进一步详细探讨"下来"的词汇化与语法化历程。

1.2.2 "下来"的词汇化:从复合谓语到动趋短语再到一般动词

《现代汉语八百词》《现代汉语词典》都收录了"下来"。《现代汉语八百词》列有5个义项:1. 由高处到低处来,2. 从较高部门到较低部门,3. 从前线到后方、从前台到后台,4. 表示谷物、水果、蔬菜等成熟或收获,5. 表示一段时间终结。而《现代汉语词典》把第1项、第2项归为一个义项,这实际上是由于义项2是由义项1隐喻而来;《现代汉语词典》没有收录第3项,义项3中"下"的"方向义"即"由高到低"已经演化为水平方向,也是由义项1隐喻来的;义项4和5与《现代汉语八百词》相同。

以《现代汉语词典》为标准,将《现代汉语八百词》的义项1、2、3都归并为一个义项,认为其一,一般动词"下来"有3个义项:1. 由高处到低处来("他从山坡上下来了");2. 表示谷物、水果、蔬菜等成熟或收获("再有半个月，桃就下来了"）；3.表示一段时间终结（"几年下来，兄弟俩创下百万资产"）；其二，这些纷杂的义项又实际上都和义项1密切相关。

下面将主要探讨动词"下来"词汇化过程。另外，因为这些不同的义项都直接或间接来源于义项1，是义项1的隐喻引申，因此将着重探讨"由高处到低处来"的"下来"的形成过程。

"下"，《说文》："下，底也。"本是指事字，本义为下面，位置在下，为方位名词，与"上"相对。如：

（1）溥天之下，莫非王土。（《诗·小雅·北山》）

（2）民归之，由水之就下，沛然谁能御之？（《孟子·梁惠王上》）

后引申为从高处到低处的动词"降下；降落""下来"，《尔雅》："下，落也。"如：

（3）君子无所争，必也射乎？揖让而升，下而饮，其争也君子。《礼记·射义》

郑玄注："下，降也。"孔颖达疏："言将饮射爵之时，揖让而升堂，又揖让而降下，而饮此罚爵。"再如：

（4）下，视其辙，登，轼而望之。（《左传》）

"来"做动词表示"由彼及此，由远到近"之义，与"去""往"相对。《尔雅·释古》曰："来，至也。"如：

（5）二用无爻位，周流行六虚，往来既不定，上下亦无常，幽潜沦匿，变化于中，包囊万物。（《周易》）

"下来"连用最早出现于先秦，实为两个表位移的实义动词连用。如：

（6）鸡栖于埘，日之夕矣，羊牛下来。君子于役，如之何勿思！（《诗经·王风·君子于役》）

这里的"下来"是连动短语,是动词"下"和动词"来"的连用。

"来"到魏晋南北朝时期才开始由实义动词发展为趋向补语(曹广顺,1995),也就是说,至魏晋南北朝时期"下+来"才有可能变为"动+补"结构。如:

(7)是诸天子闻是教已。即下来至阎浮提中。寻于其夜种种庄严是阎浮园。(《大悲莲华经》)

(8)仙人玉女,下来翱游。(曹操《气出唱》)

(9)周群父未亡时,数言西南有黄气,立数十丈,而景云祥风从璇玑下来应之。如《图》《书》,必有天子出。(《华阳国志》)

(10)臣父群未亡时,言西南数有黄气,直立数丈,见来积年,时时有景云祥风,从璿玑下来应之,此为异瑞。(《三国志·刘备传》)

约至唐代,随着动趋式"下来"使用频率的增加,动补短语"下来"便逐渐词汇化为一个单一的一般动词"下来",表示"由高处到低处来"。"下来"发生了本质性的变化,"来"依附在"下"之后,各自不再单独表达一定的意义,边界消失,语义融合。这与动补式的融合有关。董秀芳(2011)曾提到补语的可预测性越高,述补短语越容易成词。当述语语义中蕴含了补语的语义,也就是补语可预测性最高。比如,"扩大","扩"本来就蕴含结果"大",补语缺乏足够的独立性因而容易与述语黏合成词。拜比(1985)指出,在语义上与动词相关性越大的语素越容易与动词融合(fuse)或变得依附于动词。而"来"由最初与"下"并列,到语义上依附于"下"共同表示复合趋向,到最后与"下"融合,也是由于与"下"紧密的相关性。

动词"下来"主要做句子的谓语,细分有以下几种情况①:

---

① 还有一种"方位名词'下'+动词'来'",其中"下"与前一成分在同一句法层次上。例如:"席卷英豪天下来"(《李白诗全集》);"从帐下来犹未醒,乱然何曾识姓名"(《敦煌变文选》)。这种组合与动词"下来"无关。

A. "下来"单独做主句或小句的谓语。如：

（11）师便去问。声未绝，黄檗便打。师下来。首座云："问话作么生？"(《镇州临济慧照禅师语录》)

（12）符吊下来过此处，今朝弟子是名官。(《敦煌变文选》)

（13）复有万二千天帝，亦从余四天下来诣佛所而听法。(《敦煌变文集新书》)

还有相应的否定形式"不下来"。如：

（14）儿答："亲贤明镜近门台，直为桥（娇）多不下来，只有绫罗千万匹，不要胡伤（觞）数百杯。"(《敦煌变文集新书》)

B. "下来"前有状语修饰。如：

（15）目连闻语，启言将军："将军报言和尚，一切罪人皆从王边断决，然始下来。目连贫道阿娘缘何不见王面？"(《敦煌变文选》)

（16）擎乐器，又吹嗍，菀（宛）转云头渐下来。(《敦煌变文集新书》)

（17）[将军]报言和尚："一切罪人皆从王边断决，然始下来。"(同上)

（18）小儿选（旋）即下来，天下所有问者，皆得知之，三才俱晓。(同上)

（19）汝几般饭食，但一时下来。(《祖堂集》)

（20）师不肯，便下来吐出云："肚里吃不净洁物。"(同上)

用作连动结构的前项。如：

（21）师在堂中睡。黄檗下来见，以拄杖打板头一下。(《镇州临济慧照禅师语录》)

（22）牛下来见，乃问，夫宾主相见，各具威仪。
（《镇州临济慧照禅师语录》）

（23）师果然是下来乞钱，赵州便出来把驻云："久响投子。莫只这个便是也无？"（《祖堂集》）

（24）赵州便下来一直走，师教沙弥："你去问他我意作摩生。"（同上）

（25）华问父曰："患来梦恶何事？"父曰："吾梦见天人下来取我，语曰：'汝欲得活，时得瓜食之一顿，即活君也。'"（《敦煌变文集新书》）

用作连动结构的后项。如：

（26）须臾之间，敢得帝释化身下来，作一个崔相公使下，直至口马行头。（《敦煌变文选》）

（27）祖师一跳下来，抚背曰："善哉，善哉！有手执干戈。"（《祖堂集》）

还有用作定语的用例。如：

（28）他忽然下来时作摩生？（《祖堂集》）

（29）高山云："在楚州亲见从船上下来人云：有二僧人，专为请益僧，就船来到。今遇僧难，裹头在云云。"（《入唐求法巡礼行记》）

这表明"下来"已经成词无疑。到宋代，单一动词"下来"的用法进一步成熟。《朱子语类》中有很多用例。如：

（30）错综是两样；错，是往来交错之义；综，如织底综，一个上去，一个下来。阳上去做阴，阴下来做阳，如综相似。

（31）六下来，便是五生数了，也去不得，所以却去做七。

第一章 "起来、下来、上来"的词汇化及语法化 | 303

（32）天上有仙人下来吃，见好后，只管来吃，吃得身重，遂上去不得，世间方又有人种。

（33）他之说，却是使人先见得这一个物事了，方下来做工夫，却是上达而下学，与圣人"下学上达"都不相似。

（34）从他原头下来，自然有个春夏秋冬，金木水火土。

（35）源头若见得偏了，便彻底是偏；源头若知得周匝，便下来十全而无亏。

（36）自上面下来，到那去不得处，便是险；自下而上，上到那去不得处，便是阻。

（37）所谓涂辙，即是所由之路。如父之慈，子之孝，只是一条路从源头下来。

自此以后，独立做谓语的动词"下来"的用法一直在现代汉语中保留着：

（38）忽觉此身飘浮，直出帐顶，又升屋角，渐渐下来，恣行旷野。（《二刻拍案惊奇》）

（39）安太太合姑娘下来，等张太太母女到齐，便让姑娘先走。（《儿女英雄传》）

（40）他刚从楼上下来。

另外，动词"下来"除了单独做第一谓语外，还可以做兼谓语。所谓"兼谓语"，也就是充当致使结构中兼语后面的谓语。兼谓语是基谓语发展到插入语过程中的一个种特定的结构形式和表达方式。（张谊生，2006）做兼谓语的"下来"的形式为"VO下来"，始现于宋代。如：

（41）凡用"纶"处，便是伦理底义。"统"字是上面垂一个物事下来，下面有一个人接着，便谓之"统"，但看"垂"字便可见。（《朱子语类》）

（42）又如修缉礼书，亦是学者之一事。学者须要穷其源本，放得大水下来，则如海潮之至，大船小船莫不浮泛。(《朱子语类》)

至元明用例增多，《全元杂剧》出现5例，明末"三言"出现16例，其共同特点为：第一个动词为致移动词，补充说明兼语的致移结果，表示具体或抽象的空间义，可以称之为致移结构。如：

（43）老者脱了衣服，跳入灶中，把刀在铁柱上，刮得些药末下来，教子春吃了，遂打发下山。(《醒世恒言》)

（44）是吃我盘到你房门前，揭起学书纸，把小锯儿锯将两条窗栅下来，我便挨身而入，到你床边，偷了包儿。(《喻世明言》)

（45）若是屠岸贾拿住老宰辅，你怎熬的这三推六问，少不得指攀我程婴下来。(《全元杂剧》)

上例中的"下来"作为一个整体，表示前面动作发生后产生的结果，表示一定的空间位移，动作性消失，结果义增强。"下来"的题元角色是第一谓语的受事，不可自移，这里的"下来"语义发生一定的弱化，还可以经过隐喻表达一种抽象空间的位移。

曹广顺（1995）谈到，不同区域之间在语言发展有时并不同步，"下来"做兼谓语更加常见于南方，《朱子语类》及"三言"的作者籍贯属江浙一带，北方作品中的语例较南方少见。张伯江（2001）通过考察，也认为如此。

单一动词"下来"词汇化后，又发生了进一步的词汇化，施事由[＋有生][＋可自移]，位移起点和方式可补出，逐渐发展为[－有生][－可自移]，位移起点隐含或者不可补出。如：

（46）有人报和尚，和尚便下来，拈起猫儿云："有人道得摩？有人道得摩？若有人道得，救这个猫儿。"(《祖堂集》)

（47）大雨了，罢了，罢了，水发了，山水下来了，好大雨，水淹

将上来了呀,大水冲了房子也。(《全元杂剧·庞居士误放来生债》)

(48)我这裙带里这都是白矾,到那里望眼里则一抹,眼泪便下来。(《全元杂剧·庞居士误放来生债》)

通过隐喻,分别表示"从较高部门到较低部门"和"作物成熟"。如:

(49)今日旨意下来,御断此事,只得先报乐天知道。(《全元杂剧·庞居士误放来生债》)

(50)你把才下来的茄子把皮籤了,只要净肉,切成碎钉子,用鸡油炸了,再用鸡脯子肉并香菌、新笋、蘑菇、五香腐干、各色干果子……用炒的鸡瓜一拌就是。(《红楼梦》)

例(46)"下来"的主语"和尚"为有生,并且可以自移;例(47)"下来"的主语"山水"虽非有生,但还可以自移,位移起点为"山上",位移方式是"流";例(48)"下来"的主语"眼泪"已为[-有生][-自移],但至少可以找出位移起点是"眼眶",位移方式是"流";而例(49)"下来"的主语"旨意"已经找不出具体的位移起点,位移方式很模糊;例(49)(50)"下来"的施事则无法找到位移起点或方式。主语生命度等级的降低起到了关键作用。

在此基础上,晚清小说中还出现了表示一段时间终结的"下来",一般用在表示时段的数量短语之后,下文须交代某段时间结束后的结果。如:

(51)如此者应酬了一个月下来,居然有些人上他的吊,报效一万银子的有三个,八千银子的有四个,六千银子的有十来个。(《官场现形记》)

(52)他做了几个月下来,那位制军奉旨调到两江去了,本省巡抚坐升了总督,藩台坐升了抚台,剩下藩台的缺,却调了福建藩台来做。(《二十年目睹之怪现状》)

(53) 且说刘大停子自从吃胡镜孙的丸药，三个月下来，烟瘾居然挡住，但是脸色发青，好像病过一场似的。(《官场现形记》)

(54) 就以我们这个翰林院衙门而论，几千年下来，一直干干净净的，如今跑进来这些不伦不类的人，不被他们闹糟了吗？(同上)

这类"下来"既可以在"V+时间短语+下来"中，也可以直接出现在时间短语后，实际上是表空间域的"下来"在时间域的映射，由表空间的"下来"隐喻而来。

1.2.3 "下来"语法化的起始阶段：表动作趋向"下来"的产生

唐代"下来"词汇化后，除了单独做谓语，还可以用作连动结构的后项，当"下来"越来越多地用于"V下来"结构，并且V多为单音动词时，句法位置的变化带来句法性质的改变，"下来"从谓语演变为趋向补语，用在动词后，表示动作趋向从高处到低处。这一变化也发生在唐代，至宋代进一步成熟。

这种表示动作趋向的"V下来"中的V多是移动义动词，包括自移和他移动词。二者的区别是一个是自己位移，而另一个是致使位移。前者如"走、跑、跳、飞"等，后者如"抱、取、牵、放"等。如：

(55) 才三门前，和尚望见道吾，便走下来，引接道吾上法堂。(《祖堂集》)

(56) 师忽然见个猪母子从山上走下来，恰到师面前，师便指云："在猪母背上。"(同上)

(57) 南泉［走弗］跳下来，抚背云："虽是后生，敢有雕啄之分。"(同上)

(58) 干叶不待黄，索索飞下来。(白居易《谕友》)

(59) 九天宫上圣，降世共昭回。万汇须亭毓，群仙送下来。(《全唐诗》)

（60）古碑在云巅，备载置寺由。魏家移下来，后人始增修。(《全唐诗》)

（61）此州好手非一国，一国东西尽南北。除却天上化下来，若向人间实难得。(同上)

（62）高柳莫遮寒月落，空桑不放夜风回。如何住在猿声里，却被蝉吟引下来。(同上)

至宋代，"V下来"数量增多，在《朱子语类》中出现多例[①]，可以充当"下来"前的V有自移动词"飞、行、流、跳、漂流、落、顺、直、贯、揲退"等，下面以《朱子语类》诸例为证：

（63）水又成沫，地自生五谷，天上人自飞下来吃，复成世界。

（64）后来忽又行下来云："助米人称进士，未委是何处几时请到文解？还是乡贡？"

（65）张子只是说性与气皆从上面流下来。

（66）曾子是就源头上面流下来，子贡是就下面推上去。

（67）如人临悬崖之上，若说不怕险，要跳下来，必跌杀。

（68）此是说山上之土为水漂流下来，山便瘦，泽便高。

（69）一似果实，文王待他十分黄熟自落下来，武王却是生拍破一般。

（70）此章重处只在自得后，其势自然顺下来，才恁地，便恁地，但其间自不无节次。

（71）恶不可谓从善中直下来，只是不能善，则偏于一边，为恶。

（72）须是寻到顶头，却从上贯下来。

[①]《朱子语类》中还有一类表示"随后；后来"的"下来"，例如《朱子语类》卷二十二："与人交际，当谨之于始，若其人下来不可宗主，则今日莫要亲他。"这与动词"下来"无关。

(73) 当其未揲，也都不知揲下来底是阴是阳，是老是少，便是"知来"底意思。

(74) 这都是趱向上去，更无退下来。

他移动词"移、牵、放"等。如：

(75) 上面底，却弃置事物为陈迹，便只说个无形影底道理；然若还被他放下来，更就事上理会，又却易。

(76) 如无妄"刚自外来而为主于内"，只是初刚自讼二移下来。

(77) 我要上，他牵下来；我要前，他拖教去后。

自此之后，这种用法一直发展到现代。可以用在"起来"前的动词逐渐增多，趋向补语"起来"的用法也日渐成熟。如：

(78) 挈起一根折木头，去那金刚腿上便打。簌簌的泥和颜色都脱下来。（《水浒传》）

(79) 只这一句话头，武帝听了，就如提一桶冷水，从顶门上浇下来，遍身苏麻。（《喻世明言》）

(80) 脚底下一个蹲不稳，便咕碌碌从房上直滚下来，咕咚，跌在地下，手里的瓦，一片声响，摔了一地。（《儿女英雄传》）

(81) 把屋子收拾了，撂下一扇纱屉，看那大燕子回来，把帘子放下来，拿狮子倚住，烧了香就把炉罩上。（《红楼梦》）

(82) 他好象是忽然由天上掉下来的一个没有民族、没有社会的独身汉。（《四世同堂》）

随着表动作趋向的趋向补语"起来"的形成，与此相关的一些格式也产生了。主要有分离式"V下O来"、能述式"V+得／不+下来"，还有"V+将+下来""V+了+下来"格式。它们都约在明代产生。

第一章 "起来、下来、上来"的词汇化及语法化

"V下O来"例：

（83）说罢，便去女儿头上取下一支金凤钗来，递与郗公。（《今古奇观》）

（84）鹿皮大仙说道："这个贼婢是有些作怪，待我取下伞来，看他再躲到那里去！"（《三宝太监西洋记》）

元明时期，"下来"可以出现在"V得C""V不C"格式中。

"V+得/不+下来"例：

（85）我赵令史，正在司房里趱造文书，相公呼唤我，必是有告状的，又断不下来，请我去帮他哩。（李行甫《包待制智赚灰栏记》）

（86）可怎生洗不下来？将肥皂来。（郑廷玉《布袋和尚忍字记》）

（87）愧见仁兄！今日折了许多本钱，分文也不曾卖得下来。（《封神演义》）

（88）贫道这一幅画恰是活的，要长就长，要短就短，人物都是叫得下来的，只怕大人府中没有俺这样一幅。（《韩湘子全传》）

"V+将+下来"例：

（89）这妇人不听便罢，听了由不的那里眼中泪珠儿，顺着香腮流将下来。（《全元杂剧》）

（90）胡美正躲得稳，却被张四哥一手拖将下来，就把麻绳缚住，骂道："害人贼！银子藏在那里？"（《醒世恒言》）

"V+了+下来"例：

（91）刚下口，只见酒从头顶涌出，把一个小道士冠儿涌得歪在头上，跌了下来。（《初刻拍案惊奇》）

（92）贾琏一面接了茶吃茶，一面暗将自己带的一个汉玉九龙佩解了下来，拴在手绢上，趁丫鬟回头时，仍撂了过去。（《红楼梦》程乙本）

曹广顺（1995）认为，源于"携带"义的"将"于唐代发生虚化后附于动词，与动词一起带宾，对动词的"时体"进行补充确认，到了晚唐五代则开始主要出现在"动＋将＋趋向补语"中。清代，动态助词"了"逐渐替代动后"将"。

1.2.4 "下来"语法化的发展阶段：表动作完成"下来"的形成

"下来"语法化的进程与动词的类关系密切。当"下来"前的动词由自移或他移动词扩展为表脱离义动词时，它就由表示动作趋向语法化为表示动作完成义的趋向补语。

脱离义动词也有致使位移的语义特征，不过它们与"下来"共现更强调位移后的结果。这种用法最初在《朱子语类》中出现，其中表脱离义的动词有"劈、生"等，其中"生下来"较多。《朱子语类》用例如：

（93）西铭有个劈下来底道理，有个横截断底道理。

（94）生之谓性，是生下来唤做性底，便有气禀夹杂，便不是理底性了。

（95）有人生下来便自少物欲者，看来私欲是气质中一事。

（96）人之性皆善。然而有生下来善底，有生下来便恶底，此是气禀不同。

（97）豪杰质美，生下来便见这道理，何用费力。

明清时代，表完成的用法进一步成熟，出现了"褪、拿、剪、摘"等动词，并一直沿袭到现代。如：

（98）智深把皂直裰褪膊下来。（《水浒传》）

（99）到得傍晚，已自在贾家门首探头探脑，恨不得就将那话儿拿下来，望门内撩了进去。(《初刻拍案惊奇》)

（100）正是一言既出，驷马难追。此时便把舌头剪了下来，嘴唇缝了拢去，也没一毫用处。(《二刻拍案惊奇》)

（101）说着，就把弹弓褪下来递将过去。(《儿女英雄传》)

（102）没有别的，且把帽子摘下来，让我打你几个脑凿子再讲，竟顾不得你那新人怎的个怜卿爱卿了！(同上)

（103）随后，义县解放，锦州也拿下来。

另外，这种表完成的"下来"后面还可以带宾语。在《喻世明言》中，出现了一例"V下来＋O"的句子：

（104）吃我先在屋上，学一和老鼠，脱下来屋尘，便是我的作怪药，撒在你眼里鼻里，教你打几个喷涕。(《喻世明言》)

该格式自出现一直用例不多，直到"五四"以后，才渐渐多起来，现代汉语里"VC₁C₂O"很有发展的势头。（吕叔湘，1985；转引自张伯江，2001）

陈前瑞（2008）比较了"VC₁OC₂"和"VC₁C₂O"两式，选取北京大学语料库中这两式的语料统计分析，得出的结论支持了张伯江（2001）的观点，"VC₁OC₂"有较强的话题启后性，倾向于延展同一话题，"VC₁C₂O"有比较明显的话题转折性，倾向于引入新的话题。我们认为，"V了下来"式的发展以及"下来"在句法层面的词汇化，影响了"V下来O"的产生。"下来"变为语法词后，只能表示参照时间在说话时间之前，"V下来O"只能理解为叙述句（吕叔湘，1977；转引自张伯江，2001），也就是陈前瑞（2008）所说的后续句的话题发生转换，"V下来O"有结句作用。张伯江（2001）认为"VC₁C₂〔　〕O"以不带"了₁"为常，即使带了，意思也看不出有什么区别。如：

（105）一位大嫂泼下来[了]一盆水。

（106）他脱下来[了]身上的衣服，慢慢走着，脚步是那么平匀，缓慢，他渐渐的仿佛困倦起来。

1.2.5 "下来"语法化的深化阶段：表动作或状态持续的"下来"

"下来"进一步的语法化是由表示空间范畴的趋向义演化为表示时间范畴的延续，演变为表示时间范畴内延续的体标记：表示动作或状态的持续。关于"下来"是怎样从动词演变为体标记的，高顺全（2001）认为"下来""下去"的基本意义是空间位置的移动，随着语法化的发展，"下来""下去"由表示空间转喻为表示时间，由一个独立的动作动词虚化为补语。这一虚化过程中"下来""下去"自上而下的纵向移动的空间意义仍是基本的，然后引申为表示横向的运动，同时仍表示运动的方向，最后才失去空间方向意义，只表示时间意义。

关于"下来""下去"作为体标记，张国宪（1999）认为，在时间结构上，"下来"表示继续，属于前续结构，没有起始点，但可以有终止点；"下去"表示延续，属于后续结构，既无起始点又无终止点。卢英顺（1999）认为，在表示延续体时，如果着眼于从"开始"到"现在"的延续，用"下来"，如果着眼于从"现在"到"将来"的延续，则用"下去"。这种"下来"，不再表示动作趋近或完成，而是最初是用在动词后，表示动作从过去继续到现在。后来进一步扩展到用在形容词后，表示状态开始出现，并继续发展。

郭锐（1993）认为过程性结构的差异取决于起点、终点、续段的有无和强弱，并根据六条标准把汉语动词的过程结构分为无限结构、前限结构、双限结构、后限结构和点限结构等五大类，而且指出这五类过程结构呈过渡状态。无限结构指的是无始无终的过程，也就是非过程结构，类似于兰盖克的 imprefectives，沈家煊译为"持续动词"。前限结构指有起点有续段的结构过程，双限结构则指起点、终点、续段皆有的结构过程，后限结构指有续段有终点的过程，点限结构为起点、终点重合的结构，突出变化义，类似常说的变化动词。根据郭锐的分类，以《朱子语类》为例，其中"V下来"中的V可以分为两类，一类是有终点的结构，包括有起点的双限结构和无起点的后限结构，可称之为终点结构，比如自移动词、他移动词、表脱离义的动词；另一类则是有起点而无终点的结构，主要指前限结构，可称之为起点结构，比如表接续义的动词。

"下来"与终点结构结合后关注某个事件的完成性，或表示某种结果的达成，"下来"与起点结构结合后，虽然是先达成某种结果或某种状态，但之后处于某种状态中。这样，实际上可以把"下来"分成两类，与动词组配后表有界的"下来"和与动词组配后表"无界"的"下来"。"下来"表示时间范畴的体标记是用在持续义动词后。"只有在该动词明显不具备空间意义以及与之有关的隐喻意义时，或者该动词的动作意义弱于事件意义时，'下来''下去'的时间意义才可能得到充分的体现。"（高顺全，2011）马庆株（1981）曾提出持续性动词和非持续性动词，认为动词的类与意义有关。确实，当"下来"前出现持续义动词时，其意义就发生质的变化，表示时间范畴的持续。《朱子语类》中最初出现表示动作持续的"下来"。主要有以下两类：

其一，"下来"前是很明显的本身语义就是表接续义的动词"相传、相续、传袭"等，还有的有"一直""一气"等副词，表持续义非常明显。如：

（107）然奉祭祀者既是他子孙，必竟只是这一气相传下来，若能极其诚敬，则亦有感通之理。

（108）律是刑统，此书甚好，疑是历代所有传袭下来。

（109）天地之化，儱侗相续下来，圣人便截作段子。

（110）然这天理本是儱侗一直下来，圣人就其中立个界限，分成段子。

（111）此所以为尽其诚也。盖子孙既是祖宗相传一气下来，气类固已感格。

其二，表示延续义的动词，比如"做、合、梳理、比、看、说"等语义抽象的持续动词。其中"说下来"较多。如：

（112）大凡为学有两样：一者是自下面做上去，一者是自上面做下来。

（113）有人不因集义，合下来便恁地刚勇，如何？

（114）某尝谓，天下事不是从中做起，须得结子头是当，然后从上梳理下来，方见次序。

（115）比底只是从头比下来，不说破。兴、比相近，却不同。

（116）就"见义不为"上看，回见得知之而不能为；若从源头上看下来，乃是知之未至，所以为之不力。

（117）自阴阳上看下来，仁礼属阳，义智属阴；仁礼是用，义智是体。

（118）程子说"荀子极偏驳，扬子虽少过"，此等语，皆是就分金秤上说下来。

（119）到得"震惊百里"时，也"不丧匕鬯"。这个相连做一串说下来。

（120）圣人说一句话，便是恁地阔，便是从头说下来。

（121）盖致知、格物是末梢尖处，须用自上说下来，方为有序也。

（122）它从上头说下来，只是此意。

（123）圣人言语，自上说下来，也恁地；自下说上去，也恁地。

明清和民国的用例，有一部分沿袭宋代，表示持续的"下来"前的动词主要是自身语义就表示持续义的动词，如"祖传、流传、传、相传"等。如：

(124) 佛前那张供卓,原是祖传下来的,年深月久,漆都剥落了,一向要换,没有个施主。(《醒世恒言》)

(125) 原来他拿定了一个死主意,说是那东西既是千百年前相传下来的,没有完全之理;若是完全的,便是假货。(《二十年目睹之怪现状》)

(126) 但是有一件不能不说,在先也是本庙里传下来的规矩,因为这比丘尼本应该是童贞女的事,不应该沾染红尘。(《老残游记续》)

(127) 鱼鼓简板也是历古相传,听得老年人说道,这是汉朝一个钟离祖师传下来的。(同上)

(128) 现在人们结婚还有拿扇子的风俗习惯,这就是从那时流传下来的。(民国《古今情海》)

及至现代汉语,体标记"下来"前的动词有了进一步的扩展,除了"流传"等动词外,还有"过、接"等动词。"下来"表示时间的用法进一步成熟。如:

(129) 以后呢,依旧是非常平静的又过下来了。(丁玲《梦珂》)

(130) 接下来的事情是最幻异不过的。(徐迟《狂欢之夜》)

后来,随着语言的发展,到明代开始出现"形容词+下来"形式,表示某种状态开始出现,并继续发展。如"黑、昏黑、湿、萧条、消乏"等在这个时期都可以出现在"下来"前,这也证明"形容词的体在时间层次上晚于动词"(张国宪,1998)。如:

(131) 天色有些黑下来了,思量走回,一时忘了来路。(《二刻拍案惊奇》)

(132) 外面任君用看见天黑下来,正在那里探头探脑,伺候声响。(同上)

(133) 一递一句,说了一回,天色早黑将下来。(《初刻拍案惊奇》)

(134) 天昏黑下来,心里有些着急,又想了仙书。(同上)

（135）杨化骑一步，受一受，几番要湿下来。(《初刻拍案惊奇》)

（136）若还家道消乏下来，只苦得你年幼的。(《醒世恒言》)

（137）自经此一番横事之后，家计萧条下来。(《二刻拍案惊奇》)

清代的用例较明代更多一些，使用范围更广。如：

（138）纵有旺腾腾的好时运，也不怕不重新败坏下来；齐整整的好家园，也不怕不重新萧条下来。(《儿女英雄传》)

（139）便是有了罪，凡物可入官，这祭祀产业连官也不入的。便败落下来，子孙回家读书务农，也有个退步，祭祀又可永继。(《红楼梦》)

（140）里头有点不对，便把从前要靠赵温走他老师这条门路的心，也就淡了下来。(《官场现形记》)

（141）急的贾桌台忙跑到老太太身后，又捶了一回背，方渐渐的平复下来。(同上)

这种用法一直沿袭到现代。如：

（142）他们没有时间多想，在渐渐黑下来的地里，又弯下腰仔细的去锄草。(丁玲《太阳照在桑干河上》)

（143）韩长脖原先还阔，往后才穷下来的。(周立波《暴风骤雨》)

从用在动词后表示动作持续扩展到用在形容词后表示状态持续，是"下来"体标记的成熟和语法化的深化。

1.2.6 "下来"的进一步语法化：用于话题标记的"下来"

在现代汉语中，还出现"数量短语＋V＋下来"格式。如：

（144）一顿饭吃下来花我了八十块。

（145）几本书看下来，他对这个领域已经有所了解。

（146）几天短工打下来已经是腰酸腿痛。

这几个句子中的"下来"已经不表空间义，而表示一种时间义，表示前面动作结束，并且还具有一定的情态评价义。句子主语（施事）一般隐含，"V下来"不仅与句子主语相关，也与言者主语相连，表达了言者主语对事件的主观评价义。"数量短语＋V＋下来"要紧跟一个表示结果的小句，"V下来"在这里衍生出了兼表句法关联的功能，类似一个短语词。"下"和"来"虽然还各自保留一定的时间义，但已经不能分开来解释，因而，已成为"V下来"话题标记的构件。

另外，"数量短语＋V＋下来"格式中的V有时会脱落，如果V前的数量短语具有一定的事件性，V就可以脱落。如：

（144′）一顿饭下来花我了八十块。

（145′）＊几本书下来，他对这个领域已经有所了解。

（146′）几天短工下来已经是腰酸腿痛。

"一顿饭"会激活"吃饭"的行为／事件，"几天短工"会激活"干"的行为／事件，而"几本书"因不确定性太强，以致省掉动词就不知到底要说什么了。

1.2.7 小结

"下来"原本是两个动词连用，唐代由动趋式而动补短语融合成词，成为单一动词，做主要谓语，也可做兼谓语。单一动词"下来"词汇化后，又进一步语法化，通过隐喻，分别引申为"从较高部门到较低部门"和"作物成熟"，主语生命度等级的降低起到了关键作用。在此基础上，晚清还出现了表示一段时间终结的"下来"，这也是由表空间的"下来"隐喻而来的。唐宋时期"下来"出现了更多的用在移动义动词后面的用例,表趋向义,"下来"已由一般动词虚化为趋向动词。宋代,"下来"前的动词又扩展到脱离义动词,进一步语法化为表动作完成的结果义"下来"。表趋向和结果的"下来"还都是空间范畴的位移,而宋代当其前动词为延续义动词时,"下来"语法化更为深入,变为表时间范畴的动作持续,继而扩展到位于形容词之后,表示状态的持续。现代汉语中"下来"产生了用于话题标记的用法,发生进一步语法化。"下来"前动词的类和"下来"意义的虚化及"下来"的语法化关系密不可分,"下来"历时演变在认知上的原因则是从空间域到时间域的隐喻。

1.3 "上来"的词汇化和语法化

1.3.1 引言

现代汉语中,"上来"可以作为一般动词单独使用,也可以作为谓语后趋向补语使用。与"起来""下来"相比,已有成果对"上来"的研究相对较少,并且主要是从整个趋向补语的特点,或者从现代汉语共时平面来探讨"上来"的句法、语义特点,代表性的论著前者如刘月华(1988),后者如郭家翔等(2002)。已有研究认为"上来"可以表示趋向义、结果义和状态义。从历时演变的角度探讨"上来"的不多,主要有高艳(2007)、张艳(2011)及杨宇枫(2013)等学位论文有所涉及,但前两者只是简单罗列了唐宋之后"上来"做补语的一些使用情况,后者则仅描写了晚唐五代产生的"上来"做趋向补语的情况。过去的研究较少涉及其词汇化的具体过程,有些观点还值得商榷。本节将在已有研究的基础上,进一步探讨"上来"的成词与虚化问题。

1.3.2 动词"上"和"来"连用的基础

"上来"词汇化的来源是动词"上"＋动词"来"。历时上动词"上"有很多义项，但其中表示"空间位置上的由低到高"的动词"上"才与"上来"有关。"上"的用法自古以来就较为多样，在现代汉语中，"上"可以做方位词、一般动词和趋向动词等。这些"上"的用法都是有一定联系的，而且大都是从方位词"上"发展而来的。"上"，原本是一个指事字，《说文》："上，高也。"本义就是高处；上面。原本是方位名词。如：

（1）宛丘之上兮。(《诗·陈风·宛丘》)
（2）施于松上。(《诗·小雅·頍弁》)

在先秦早期的语料中，"上"基本上做方位名词用，多用来表示空间位置，常常与"中""下"等词对举出现。如：

（3）厥田惟上下，厥赋中上。(《今文尚书》)
（4）困乎上者必反下，故受之以井。(《周易》)
（5）期我乎桑中，要我乎上宫，送我乎淇之上矣。(《诗经》)

方位词"上"发展为动词。先秦时期，"上"也可用作动词，表示"由低处到高处的移动"，先秦早期这种用法不多见，以下仅有的两例均出自《周易》：

（6）火动而上，泽动而下。
（7）聚而上者谓之升，故受之以升。

这两例中，"上"的意义都是由低处到高处的移动，"上"分别和"动""聚"并列构成连动结构，是连动结构中的第二位动词。

稍后春秋战国时期，"上"的用法有了进一步的发展，除名词用法外，

动词的用例及义项也更加丰富。表现在:

"上"单独使用表示由低位移向高位,这是动词"上"的传统用法。如:

(8)鹏之徙于南冥也,水击三千里,抟扶摇而上者九万里,去以六月息者也。(《庄子》)

(9)我腾跃而上,不过数仞而下,翱翔蓬蒿之间,此亦飞之至也。(同上)

"上"在表示从下到上的位移时,后面可以直接带宾语,多为处所,表明"上"的终点。如:

(10)孔子再拜趋走,出门上车,执辔三失,目芒然无见,色若死灰,据轼低头,不能出气。(《庄子》)

(11)王乃牵而上殿。(同上)

(12)从长者而上丘陵,则必乡长者所视。(《礼记》)

(13)东风解冻,蛰虫始振,鱼上冰,獭祭鱼,候雁北。(《逸周书》)

有时,"上""下"不是某物在空间上"由低处到高处"或者是"由高处到低处",其位移的高低位置变化并不明显,如"从流下而忘反谓之流,从流上而忘反谓之连,从兽无厌谓之荒,乐酒无厌谓之亡"(《孟子》)。或者某物的变化不是空间位置上,而是对空间位置的隐喻,表示抽象的"升"和"降"。如"是故德成而上,艺成而下;行成而先,事成而后"(《礼记》)。

汉魏六朝时期,"上"用作不及物动词的用法减少,而用作及物动词的用法增多,即"上"做谓语动词时,多数后接宾语。

后接处所宾语的用例如:

(14)驱车上东门,遥望郭北墓。(《古诗十九首》)

还有如"上马骑""上骑""上泰山""上殿""上车""上城""上天""上太

行""上楼"等用例。

有时宾语提前,或者宾语显现于句中其他位置,仍能从上下文中找出其具体宾语。如:

(15)毛遂按剑,历阶而上。(《史记》)
(16)诸郎中执兵,皆陈殿下,非有诏不得上。(《战国策》)

"上"在句中都是有宾语或意念宾语的,例(15)意念宾语为"阶",例(16)意念宾语为"殿"。

后接对象宾语的用例如:

(17)承事恭敬,以家所有,贡进上之。(《太平经》)
(18)如此,则不得上药,不能救也。(《抱朴子》)

例(17)宾语"之"复指"家所有",例(18)宾语"药",都是对象宾语。

另外,中古时期,表示空间位置上的由低到高的动词"上"可以和其他动词直接相连使用,构成连动式。根据"上"在连动式的前项还是后项位置的不同,发展成两种形式,一种是"V上"形式,一种是"上V"形式。其中"上"多数用在主要动词后面,即"V上"式占绝大多数。如:

(19)齐襄公与鲁君饮,醉之,使力士彭生抱上鲁君车,因拉杀鲁桓公,桓公下车则死矣。(《史记》)
(20)楚王英宫楼未成,鹿走上阶,其后果薨。(《论衡》)

这一时期"V+上"用例已大量出现,不仅可以和动作动词连用表示实际空间位置的变化,而且出现了丰富复杂的引申义,性质也发生变化,从连动式演变为动趋式。据王国栓(2003)考察,在先秦汉语中,"上"不及物动词的使动用法很多,后来使动用法逐渐衰微,"上"的使动用法从先秦时期的 33% 减少到汉代的 11%，到南北朝时期为 0。"使动用法的衰微，意味着自动词做补语的开始，换句话说，自动词做补语始于汉代。"在"V1 + V2 + O"结构中，当"V2"是及物动词时，为连动结构，"O"是"V1"和"V2"的宾语；"V2"固定为不及物动词以后，则为动补结构，"O"是"V1 + V2"的宾语，"V2"经历了及物动词的"不及物化"过程。这样，"V2"也就由主要谓语动词演变为补语了。

例（19）（20）两例中，"上"很明显是作为趋向动词使用，表示"由低处移向高处"，如例（19）的结果是：鲁君由车下被抱到车上。可以说在汉魏六朝时期动趋式"V＋上"已经产生、发展至成熟。

而"上"用在连动式前项的"上 V"式用例则少见，并且常常要带上宾语。如下例的"上石"与"立之"构成连动式。

（21）东上泰山，山之草木叶未生，乃令人上石立之泰山颠。（《史记·孝武本纪》）

（22）景公出猎，上山见虎，下泽见蛇。（《晏子春秋》）

由此可见，先秦和汉魏六朝时期的"上"既可以单独使用，多数用作及物动词，同时也可以用在别的动词前或者动词后，其中用在动词后形成"V上"连动式为常，这就为动词"上"和"来"的连用打下了基础。

1.3.3 "上＋来"的连用与一般动词"上来"的形成

约至唐代时，"上"和"来"出现连用，主要有三种形式，其中前两种与动词"上来"无关。

其一是方位名词"上"＋动词"来"，这与动词性"上来"无关。"上"是方位名词，与前面的结构成分直接组合，"上来"属于跨层结构。如：

（23）行如雨，动如雷，似月团团海上来。（《敦煌变文选》）

（24）君不见，黄河之水天上来，奔流到海不复回。（李白《将进酒》）

（25）师又时举起杖云："从上来皆留此一路方便接人。"僧云："和尚犹是从头起也。"（《祖堂集》）

（26）问："如何是从上来事？"师云："从上提不起。"（同上）

其二"上来"表示"以上，上述"的意思，应是由"方位名词'上'＋助词'来'"演变而来。也与"上来"无关。如：

（27）上来十类，各各不同，更若有疑，任相公所问。（《敦煌变文选》）

（28）上来总是十八住处门中，且有六段经文，于色已竟，今当第六心具足者。（同上）

（29）上来言语，总是共汝作剧，汝也莫生颇我之心，吾也不见汝过。（同上）

（30）惠明问云："上来密意，即这个是，为当别更有意旨？"（《祖堂集》）

（31）印慧能云："此衣钵从上来分付，切须得人。我今什汝，努力将去。二十年勿弘吾教，当有难起。"（同上）

（32）沩山闻说叹曰："大好。此亦是从上来宗门牙爪。"（同上）

（33）非久之间，普化自上来林际，林际便欢喜。（同上）

这样的"上来"在以后偶有用例。如：

（34）上来三事，所谓遮拨国家，然期望有政府者，亦非因是而被障碍。（章炳麟《国家论》）

（35）上来所举之外，尚有不知作者之《李卫公别传》《李林甫外传》，郭湜之《高力士外传》，姚汝能之《安禄山事迹》等。（鲁迅《中国小说史略》）

其三，才确是动词"上"和"来"的连用并进而成词，主要是在《祖堂集》中。如：

（36）峰云："不用一日三度五度上来，但知山里燎火底树橦子相似，息却身心，远则十年，中则七年，近则三年，必有来由。"（《祖堂集》）

不过，"来"作为趋向动词至迟在唐代已经相当成熟，这里的"上来"与其说是动词连用，不如说是由动词连用到动趋式并进而已经成词，表示"由低处走到高处；由远处走到近处"。这里的"上来"已不太能拆开理解。"上来"从动趋式演变为单一动词的词汇化主要和动补式的融合有关。

做主要谓语的单一动词"上来"主要有以下几种用法。

"上来"在全句或小句中单独做谓语的用例如：

（37）舞裙香不暖，酒色上来迟。（李贺《花游曲》）

（38）师见僧上来云："破也。""什摩处是破处？"师云："破也。"临济见僧上来便喝。（《祖堂集》）

（39）雪峰往福州卓庵，过沙汰后，忽有两个纳僧来礼拜和尚。和尚才见上来，以手托木庵门，放身出外，云："是什摩？"（同上）

（40）问："巧妙之说，又涉三寸，不喷上来，若为指示。"师云："我不责你上来。"（同上）

（41）问："学人上来未尽其机，请师尽其机！"师良久，学人礼拜。（同上）

还有相应的否定形式。如：

（42）后具威仪，始欲上法堂，师云："已相见了，不要上来！"（《祖堂集》）

（43）学云："与摩则不假上来。"师云："不假上来，也且从。汝向

什摩处会?"(《祖堂集》)

"上来"做谓语前有状语修饰。如：

（44）阖院一齐上来，于和尚前收过。(《祖堂集》)
（45）师教侍者唤其沙弥，沙弥便上来。（同上）
（46）有人报和尚处，和尚便唤来，师便上来。（同上）

值得注意的是，动词"上来"还可用于连动结构中，有的在后项，形成"VP上来"。如：

（47）大众喜不自胜，打钟上来。(《祖堂集》)
（48）后大众一齐高声啼哭上来，请师上堂。（同上）
（49）汝若把旗上来，我则钉柯相对。汝若横吞巨海，我则背挟须弥。（同上）

有的在前项，形成"上来VP"。如：

（50）师却去东廊下挂锡，具威仪，便上礼谢，默然击目而出，便去僧堂参众，却上来辞。(《祖堂集》)
（51）当日初夜后，师教侍者唤从上座，上座便上来侍立。（同上）
（52）师一日见僧上来立次，竖起物问："你道这个与那个别不别？"（同上）
（53）侍者便唤他，新到一际上来隔窗礼拜问："咫尺之间为什摩不睹尊颜？"（同上）

连动结构"VP上来"的出现又为趋向补语"上来"的形成打下基础。如：

（54）侍者到于半路，逢见涅盘堂主着纳衣走上来，侍者云："和尚教专甲看涅盘堂里有一人死也无。"(《祖堂集》)

例（54）中的动词是单音动词"走"，与例（47）—（49）连动式前项为多音结构不同，"走上来"既可以理解为连动结构，又可以理解为动补结构，"上来"用在动词后，词汇语义减弱，不再单独表示由低处到高处或由远处到近处，而倾向于表示"走"的动作由低处到高处。

1.3.4 表趋向义的趋向动词"上来"的形成

继唐代仅一例"走上来"之后（例[54]），宋代"上来"用在动词后面的用例越来越多，表趋向义，表示动作由低处到高处。"VP 上来"已演变为动趋式，"上来"已由一般动词虚化为趋向动词。

以《朱子语类》为例，其中的"上来"可以分为几类。

一类是与"上来"无关的"上＋来"，或表示"上述、上面"的"上来"。如：

（55）不是如此底，亦压从这理上来。

（56）这工夫忙不得。只常将上来思量，自能有见。

一类是唐代已经词汇化的单独用作主要谓语的一般动词"上来"。如：

（57）因论"泄迩、忘远"，老苏说乖，曰："圣人心如潮水上来，湾坳浦漵，一时皆得，无有远迩。"

（58）如用仁，则义礼智如何上来得？

（59）干气上来时，坤便开从两边去，如两扇门相似，正如扇之运风，甑之蒸饭。

（60）巽在坎下，便是木在下面，涨得水上上来。

（61）南轩见幄外皆是宫人，深惧所言皆为彼闻之矣。少顷上来，忘其文字。

（62）江面虽阔，都是下去船。你但望见有逆水上来底船，便是给事船。

第一章 "起来、下来、上来"的词汇化及语法化

另一类便是很明显用在别的动词后面做补语的趋向动词"上来"。与唐代的一例"走上来"相比，宋代"VP上来"出现次数更多、范围更广。除了"走上来"，还有"进上来、生上来、汲上来、引上来、透上来"等。语义也更为虚化，比如除了跟在明显的位移动词"走"之外，还跟在"进、引、透、生"等位移相对不太明显的动词之后。但大都表示动作由低处到高处。还以《朱子语类》为例：

（63）觉公意思尚放许多不下，说几句又渐渐走<u>上来</u>，如车水相似，又滚将去。

（64）地虽一块物在天之中，其中实虚，容得天之气进<u>上来</u>。

（65）"有陨自天"，言能回造化，则阳气复自天而陨，复生<u>上来</u>，都换了这时节。

（66）"木上有水"便如井中之水。水本在井底，却能汲<u>上来</u>给人之食，故取象如此。

（67）上蔡过高，多说人行不得底说话。杨氏援引十件，也要做十件引<u>上来</u>。

（68）气之至也，分寸不差，便是这气都在地中透<u>上来</u>。

"进、生、汲、透、引"等动词与"上来"连用，既可表示具体的向上的位移，又可表示由里向外表现出来的抽象空间上的位移，表示一个从无到有的产生过程。

另外，还有用在双音非位移动词之后的情况。如：

（69）小畜但能畜得九三一爻而已。九三是迫近他底，那两爻自牵连<u>上来</u>。

（70）人称进士，未委是何处几时请到文解？还是乡贡？如何，仰一一牒问<u>上来</u>。

同时代其他文献的用例：

（71）你若衣钵下坐，缚杀你。你若走上来，走杀你。
（《古尊宿语录》）

（72）学人一面琴，不是凡间木。今朝捧上来，请师弹一曲。（同上）

（73）有一无弦琴，不是世间木。今朝负上来，请师弹一曲。
（《五灯会元》）

此外，还有一例否定可能式"VP不上来"的用例，表示动作不能完成。如：

（74）问："古佛舍利为什么拈不上来？"师云："家藏利器盗者息心。"（《古尊宿语录》）

这一切都表明"上来"已经彻底由普通动词语法化为趋向动词。

1.3.5　趋向动词"上来"表状态义的产生

明清两代，趋向动词"上来"发生进一步语法化，用在动词后面，除了表示动作的趋向义外，还表示结果义。另外，还可用在形容词后，表示程度的增加，可以说是表状态义。其中明代最主要的特征是表状态义"起来"的产生。

明代，趋向动词"上来"主要有以下几个方面的发展。

一是，表趋向义的趋向补语"上来"发展更为迅速。主要表现在"V上来"使用范围更为广泛。动词除了一般动作动词"提"外，还有"拿、进、搂、涌"及"拥、围"等。表示动作由远处到近处，在水平空间上的由远至近。如：

（75）内中有一个勉强的小妖，把瓶提上来道："你看这不轻了？"
（《西游记》）

（76）那班部中乱拜的是个夷人，是那里来的？拿上来！（同上）

第一章 "起来、下来、上来"的词汇化及语法化 | 329

（77）一国挨一国，照序儿进上来，我和你传达上。
（《三宝太监西洋记》）

（78）好大圣，就把身搂上来，打个滚，依然一个身子，掣棒劈头就打。（《西游记》）

（79）王四相别了回庄，一面走着，被山风一吹，酒却涌上来，踉踉跄跄，一步一撅。（《水浒全传》）

（80）众人都拥上来看，却被李逵鼻中冲出一阵热气，把那雪花儿冲灭了。（同上）

（81）这里徐宁力敌孙琪、聂新二将，被北军围裹上来，正是寡不敌众，看看围在垓心。（同上）

二是，出现"V将上来"的用法。如：

（82）那妇女被宋四公把两只衫袖掩了面，走将上来。
（《喻世明言》）

（83）婆子央两个丫鬟搬将上来，摆做一桌子。（同上）

（84）操大惊，急回马时，东吴大将韩当、周泰两骑马直冲将上来。
（《三国演义》）

（85）那土地又跛也跛的跛将上来。（《三宝太监西洋记》）

（86）只听得有人叫骂索马，他按不住心中火发，急纵身跃浪翻波，跳将上来道："是那个敢在这里海口伤吾？"（《西游记》）

（87）一股子黑气，骨都都的冒将上来。（同上）

还有"V上O来"形式。（高艳，2007）如：

（88）武大自去央了间壁王婆安排端正了，都搬上楼来，摆在桌上，无非是些鱼肉果菜之类，随即烫酒上来。（《水浒传》）

（89）就同了竹林，一行三个一头说，一头笑，踱上山来。
（《二刻拍案惊奇》）

（90）秦明转怒，引领四五十马军，跑上山来。只见山上树林内，乱箭射将下来，又射伤了些军士。(《水浒传》)

三是，表示动作状态开始产生，并持续发展下去的状态义出现。一般认为"上来"在现代汉语中表状态义有一个条件，即"用在形容词后面，表示程度的增加"(《现代汉语词典》)，表示趋向和结果义则是用在动词之后。但我们发现，"上来"刚开始用作状态义时更多是用在动词后，表示动作开始产生并持续。如：

（91）不想小肚子一阵疼，滚将上来，一块儿蹲到在地上。(《喻世明言》)

（92）况且又是清早空心，乘饿头上，又吃得多了，热茶下去，发作上来，如何当得？(《初刻拍案惊奇》)

（93）饮酒至二更时分，醉将上来，忍不住胡为，跳起身大笑一声，现了本相，陡发凶心，伸开簸箕大手。(《西游记》)

（94）你先下去，到那城中与妖精交战，许败不许胜。败上来，我自收他。(同上)

（95）赛儿红着脸，气塞上来，舌滞声涩。(《初刻拍案惊奇》)

（96）李逵这时多饮了几杯酒，酣醉上来，一头与众人说着话，眼皮儿却渐渐合拢来。(《水浒全传》)

（97）说到痛切，又发昏上来。(《初刻拍案惊奇》)

这里的"VP上来"都是"开始VP并持续"的意思。例如"发昏上来"就是"开始发昏"。"滚、发作、醉、败、气塞、发昏"等加上"上来"都不能理解为表示动作由低到高或由远及近。

还有的是陈述性的名词。如：

（98）心口相问，不觉潸然泪下，郁抑不快，呵欠上来，也不脱衣服，倒头便睡。(《二刻拍案惊奇》)

（99）等到三更，月色已高，烟雾四合，王生酒意已醒，看看渴睡上来，伸伸腰，打个呵欠。(《初刻拍案惊奇》)

（100）我有些儿寒湿气的病，要他腾腾。这会子反冷气上来了。(《西游记》)

用在形容词后的，反倒还比较少。如：

（101）古道："酒乱性，色迷人。"那妇人三杯酒落肚，便觉有些朦朦胧胧上来，口里嘈道："师兄，你只顾央我吃酒做甚么？"(《水浒全传》)

（102）说不多几时，昏沉上来，早已绝气。(《二刻拍案惊奇》)

因此，可以认为现代汉语中表示状态产生、程度增加的"AP上来"是表示动作产生并持续的"VP上来"用法的扩展和类推而形成的。只不过到现代汉语中，"AP上来"占优势，而表示动作产生并持续的"VP上来"的用法则基本消亡，二者形成明显的分工。

四是，少量的"V不上来"。如：

（103）罢了，罢了！见自肚别腰松，担子沉重，挑不上来，又弄我奔奔波波的赶马！(《西游记》)

1.3.6 "上来"表结果义的产生和表状态义的发展

清代，趋向动词"上来"的各种用法都有了长足的发展，最为明显的是表状态义的发展和表结果义的产生。

清代，"上来"主要有以下几个特点：

一是，表趋向义的趋向补语"上来"发展更为迅速，"V上来"中各种空间和抽象空间的位移动词非常多，例如"作上来、劝上来"等，都是认知上的抽象空间的从无到有，从空间领域逐渐引申到非空间领域。如：

（104）大家挠钩绳索的揪上来，又得了一个。（《儿女英雄传》）

（105）也不用讲甚么麦秋不麦秋，那天催齐了，赶紧就交上来。（同上）

（106）正为这桩事一个人为难了半天，那一肚子墨水儿不差甚么憋得都要漾上来了，那里还禁得起旁边儿再有人去晃荡他？（同上）

（107）公子羞的两颊绯红，只想要跑，那几个少年也围上来。（同上）

（108）你们时常叫他出去作诗作文，难道他都没作上来么。（《红楼梦》）

（109）别说是妈，便是旁人来劝你，也为你好，倒把你的性子劝上来了。（同上）

同时，与表动作由低到高或由远及近的趋向义"V上来"相关的"V将上来"使用较少，出现了较多的"V了上来"。如：

（110）王举人吩咐家人道："天已黑了，雨又不住，你们把船上的食盒挑了上来，叫和尚拿升米做饭。"（《儒林外史》）

（111）后面一个穿一件元色直裰，两个袖子破的晃晃荡荡的，走了上来。（同上）

（112）郭孝子从坑里扒了上来，自心里想道："这业障虽然去了，必定是还要回来吃我，如何了得？"（同上）

（113）那日谁知我失了脚掉下去，几乎没淹死，好容易救了上来，到底被那木钉把头碰破了。（《红楼梦》）

（114）俩都赞平儿，便疑平儿素日背地里自然也有愤怨语了，那酒越发涌了上来，也并不忖夺，回身把平儿先打了两下，一脚踢开门进去，也不容分说，抓着鲍二家的撕打一顿。（同上）

（115）贾琏深为奇怪，忙伸马迎了<u>上来</u>，大家一齐相见，说些别后寒温，大家便入酒店歇下，叙谈叙谈。(《红楼梦》)

如果有宾语时，则还出现了"V了O上来"形式。如：

（116）少时端了丸子<u>上来</u>，乃是胖子先要的。(《济公全传》)

二是，趋向补语"上来"表结果义的产生。"上来"还可用在动词后，表示动作完成，成功地完成某事。一般认为现代汉语中这种表示动作完成的"上来"多用于言语类动词，比如"说、背"等。但通过历时考察，我们认为这种用法也是由一般表趋向义的趋向动词的否定可能式"V不上来"扩展而来的。如：

（117）这等束装，正恐自己也须改装，这一改，两只脚蹭蹭蹭蹭的，倒走不<u>上来</u>，今听如此说，自是放心。(《儿女英雄传》)

这里的"走不上来"和宋代、明代的"拈不上来、挑不上来"都是表示动作不能完成。只不过之前的用例非常少，而到了清代，则主要是用于言语类动词，并且否定式要远远多于肯定式。这种用法一直延续到现代汉语。如：

（118）他认得字，字儿比我深，还写得<u>上来</u>呢。(《儿女英雄传》)

（119）母亲可不要再着急伤心了。不然，儿子心里一乱，益发说不<u>上来</u>了。(同上)

（120）这个官名儿我学说不<u>上来</u>。戴爷在外头解包袱拿家信呢，就进来。(同上)

（121）苦的是仍不能说一句话，但见她努力把头一抬，一口气接不<u>上来</u>，顿时双足一挺，归天去了。(《八仙得道》)

（122）横竖形容不出，是那么一种格局，怎样的考究华美，总之一句也说不<u>上来</u>。(同上)

（123）咱们家中除了二奶奶，头一宗他当家没有空儿，二宗他也写

不上来，其余会写字的，不论写得多少，连东府珍大奶奶姨娘们都分了去。(《红楼梦》)

(124) 他没有天天念书么，为什么对不上来？对不上来就叫你儒大爷爷打他的嘴巴子，看他臊不臊。(同上)

(125) 媳妇也有劝他说，不该做这没行止之事，也有报怨说，正经更还坐不上来，又弄个贼来给我们看，倘或眼不见寻了死，逃走了，都是我们不是。(同上)

(126) 他的话多，奴才也学不上来，记得是拈了个赏人东西的"赏"字。(同上)

(127) 说到这里，气又接不上来。(同上)

(128) 黛玉便拿那绢子指着箱子，又喘成一处，说不上来，闭了眼。(同上)

(129) 我唱不上来的，我说个笑话儿罢。(同上)

(130) 你又来算计我了，我那里说得上来。(同上)

三是，"上来"表状态义的发展。比较清初期《儒林外史》和中后期《儿女英雄传》《红楼梦》可以看出，"上来"在《儒林外史》中还是表示动作开始并持续（头晕、微醉），这显然是明代的遗留；在《儿女英雄传》中，是过渡性的、陈述性的"红晕上来"；到了《红楼梦》中则更多是"AP 上来"（好、冷），偏重用在形容词后，表示状态开始产生并持续发展下去，换言之，表示程度的增加。如：

(131) 将到了高要县，不过二三十里路了，严贡生坐在船上，忽然一时头晕上来，两眼昏花，口里作恶心，呕出许多清痰来。(《儒林外史》)

(132) 又吃了几杯酒，杜慎卿微醉上来，不觉长叹了一口气道："苇兄，自古及今，人都打不破的是个'情'。"(同上)

（133）见他把这许多年憋成的一张冷森森煞气横纵的面孔，早连腮带耳红晕上来，站起身形，望前走了一步。(《儿女英雄传》)

（134）原要这样才有趣。必至兴尽了，反无后味了，昨儿都好上来了，晴雯连臊也忘了，我记得他还唱了一个。(《红楼梦》)

（135）因这年秋尽冬初，天气冷将上来，家中冬事未办，狗儿未免心中烦躁，吃了几杯闷酒，在家里闲寻气恼。（同上）

而到现代汉语中，这一用法基本是用在形容词后。如：

（136）天色黑上来了。

1.3.7 小结

"上来"原本是动词连用到动趋式，进而成词，词汇化为作主要谓语的单一动词"上来"，表示"由低处走到高处；由远处走到近处"。"上来"的词汇化主要和动补式的融合有关。宋代，"上来"出现了更多的用在动词后面的用例，表趋向义，表示动作由低处到高处或由远处到近处。"上来"已由一般动词虚化为趋向动词。明清两代，趋向动词"上来"发生进一步语法化，用在动词后面，除了表示动作的趋向义外，还表示结果义。另外，还可用在形容词后面，表示程度的增加，可以说是表状态义。其中明代最主要的特征是"上来"表状态义的产生，而清代，趋向动词"上来"在各种用法上都有了长足的发展，最为明显的是表结果义的产生和表状态义的发展。"上来"表示状态和结果义都是表趋向义用法的扩展和类推。

第二章
"过来、出来、进来、回来、开来"的词汇化及语法化

2.1 "过来"的词汇化

关于"过来"在已有研究中,有学者对其意义和用法做了分类归纳,或给予较为细致的描写,如吕叔湘(1999)、刘月华(1998)等,近来还有从认知角做出一些新的解释。但是,相比之下,从历时角度探讨"过来"成词及演化的研究还比较少,或比较简略。太田辰夫(1958)曾提到"过来"从五代、宋开始作为补语使用,王国栓(2005)涉及"过来"的历时变化。高艳(2007)、张慧(2009)、白美雪(2012)、杨宇枫(2013)等在相关研究中涉及"过来"的演变问题,但还不够系统,语料的鉴别、具体的描写及某些结论等还值得进一步商榷。本节将在已有研究基础上详细探讨"过来"的历时词汇化。

2.1.1 "过"和"来"

"过",《说文》:"过,度也。从辵呙声。"《玉篇》:"度也,越也。"《正韵》:"超也。""过"原本是一个形声字,从辵,表示与行走有关,呙声。本为动词,义为走过,经过。如:

(1)子击磬于卫,有荷蒉而过孔氏门者。(《论语·宪问》)

(2)禹八年于外,三过其门而不入。(《孟子·滕文公上》)

第二章 "过来、出来、进来、回来、开来"的词汇化及语法化 | 337

"来",前文已经介绍,做动词时表示"由彼及此,由远到近"之义。如:

(3)出入无疾,朋<u>来</u>无咎。(《易·复》)

2.1.2 从连动短语到动补短语"过来"再到单一动词"过来"

就文献看,"过"和"来"在同一个句子中共现发生在唐代,共有三种形式。① 其中第二种形式和"过来"的词汇化密切相关。

其一,是分离式的"过+NP+来"连动结构,这表明"过""来"开始连用原本应是连动式,表示"过"与"来"两个动作连续发生。(张慧,2009)如:

(4)主人<u>过桥来</u>,双童扶一叟。(白居易《泛春池》)
(5)师答曰:"任你哭声哀,终不<u>过山来</u>。"(《祖堂集》)

其二,唐代更多的一种形式是NP省略的"过(+NP)+来"。它又分为两种内在性质不同的"过来":一种是动补式的"过来",还有一种是单一动词"过来",后者正是在前者的基础上衍生而成的。

据吴福祥(1997)的研究,在汉魏六朝时"来"处于连动格式的后一动词位置,即"V(+NP)+来",这一频繁使用的格式为它虚化为趋向补语提供了条件。在汉魏六朝时,"来"由连动式的后一动词变为谓语动词的趋向补语。如:

(6)而敕之言:"好甜美者,汝当<u>买来</u>。"(《百喻经·尝庵婆罗果喻》)

具体到"过来","过(+NP)+来"这种NP省略式使"过"和"来"在形式上直接连用,"来"作为"过"的补语发生在唐代。如:

---

① 还有一种"过来"是动词"过"和助词"来"的连用,例如:师曰"阇黎什么处人?"云:"邓州人。"师曰:"老僧行脚时,曾往<u>过来</u>。"(《筠州洞山悟本禅师语录》)这种"过来"连用与动词"过来"词汇化无关。

（7）师与密师伯过木桥，师先过了，拈起木桥曰："过来。"
（《筠州洞山悟本禅师语录》）

可以明显地看出，上例是连动式"过（桥）来"到动补式"过来"的过渡。

（8）债主暂过来，征我夫妻泪。（《王梵志诗》）
（9）天竺国王太子舍荣出家，呼为达摩大师，传佛心印，特置十万八千里过来。（《祖堂集》）

上述两例的"过来"，动词"过"和"来"已不是一前一后的关系，而是动补关系，"来"的具体动词义减弱，表示"过"的移动方向是由此及彼，由远及近。用在动词后面，表示动作的趋向，已虚化为趋向补语。要注意的是，作为动补短语的"过来"，NP还可以补出。

正是在动补短语"过来"形成的基础上，当"过（＋NP）＋来"中的NP被提到句子前面，NP不能补出时，在紧邻的句法环境和语义等因素的作用下，通过重新分析使两个动词之间的边界消失，融合成一个句法单位（石毓智，2004），动补短语"过来"就词汇化为单一动词，表示"从另一个地点向说话人（或叙述的对象）所在地来"。如：

（10）师曰："老僧日前也向人家屋檐下过来。"
（《筠州洞山悟本禅师语录》）
（11）见译语有人报云：同从日本国过来船两双，到江南常州界著岸。（《入唐求法巡礼行记》）

这两例的"过来"中间均不能补出NP。NP"人家屋檐下"和"日本国"分别用介词"向"和"从"介引构成介词短语"向人家屋檐下""从日本国"，并前提到"过来"前做状语。

试比较：

（12）四祖乃往庵前，过来过去，谓曰："善男子莫入甚深三昧。"（《祖堂集》）（动补式"过来"）

（13）师到石霜，将锹子向法堂前过来过去。（同上）（单一动词"过来"）

另外，还出现了否定形式"不过来"。如：

（14）进曰："既得遇得逢，为什摩却成屈？"师云："千劫不过来。"（《祖堂集》）

（15）问："如何是法身主？"师云："不过来。"（同上）

（16）达摩不过来，二祖不传持。（同上）

这也说明"过来"成词无疑。因为如果是动补式"过来"，它的否定形式应为"过不来"。现在是"不过来"正说明是单一动词"过来"的否定形式。

"过来"的词汇化过程为：连动短语→动补短语→单一动词。

可以看到，刚开始单一动词"过来"的句法功能主要是谓语。

其三，在唐代，随着单一动词"过来"词汇化的发生并完成，还出现了少数"过来"用在另一个动词后做补语的"V过来"用法。太田辰夫（1958）曾指出："V过来"结构从五代、宋开始使用。如：

（17）还缘知道贡明主，多少龙神送过来。（《敦煌变文集新书》）

但这种用法还非常少，最常见的是第二种用法。

2.1.3 从一般动词到表趋向的趋向动词"过来"

如果说唐代是主要做谓语的单一动词"过来"成词的主要阶段，而宋代则是做补语表趋向的趋向动词"过来"形成的主要阶段。宋代,"过来"主要有两种用法。一种是在句中做谓语的单一动词"过来"的成熟。如:

(18) 云:"如何是石桥?"师云:"过来,过来。"(《古尊宿语录》)

(19) 大众:"如何即是?"良久曰:"水自竹边流去冷,风从花里过来香。"(同上)

(20) 天地之气与物相通,只借从人躯壳里过来。(《朱子语类》)

(21) 便是这气须从人身上过来。今以五行枝干推算人命,与夫地理家推择山林向背,皆是此理。(同上)

(22) 老阳过去交阴,老阴过来交阳,便是兑艮第三画。(同上)

(23) 后来是达磨过来,初见梁武,武帝不晓其说,只从事于因果,遂去面壁九年。(同上)

(24) 虏人是破了潭州后,过来分队至诸州,皆是缘港上来。(同上)

(25) 渡扬州时,煞杀了人,那不得过来底切骨怨。(同上)

有的"过来"可单用,用于祈使句中。如:

(26) 又僧问:"如何是石桥?"师曰:"过来!过来!"(《五灯会元》)

(27) 问:"如何是应物现形?"师曰:"与我拈床子过来。"
(《景德传灯录》)

例(18)其实和例(26)一样。

第二种用法是,继唐代"V 过来"零星的使用后,宋代出现更多的"V 过来"用例,"过来"用在其他动词后表示动作趋向,表示人或事物随动作从一处到另一处,通过一段空间距离来到自己所在的地方,成为复合趋向补语,如在《朱子语类》中,"过来"用在"占、侵、横"等单音动作动词之后，表示空间趋近义，《朱子语类》①的用例如：

（28）这边功夫多，那边不到占过来。若这边功夫少，那边必侵过来。

（29）高宗以其有才，荐过来。

（30）某人夜行淮甸间，忽见明灭之火横过来当路头。

2.1.4 表示结果义"过来"的产生与发展

刘月华（1998）把"过来"的意义分为趋向意义和结果意义两大类。一种是趋向意义：趋向意义是趋向补语的基本意义，也就是作为趋向补语的趋向动词本身所表示的意义。趋向意义是方向意义，表示人或物体通过动作在空间的移动方向：表示通过动作使人或物体（经过空间的某一点）向立足点趋近；表示通过动作使人或物体向立足点的方向转动，如"跳过来""甩过来""承受过来"等。一种是结果意义：指趋向补语表示动作有结果或达到了

---

① 在《朱子语类》中还有几例"经历过来、理会过来"等形式。关于这几例，已有研究中有的学者比如王国栓（2003）认为"过来"是做补语，是抽象位移的用法；张慧（2009）认为仍是补语，表示时间趋近义。二者的观点实则一致。我们认为这并不是单一动词"过来"，而是助词"过"和助词"来"连用的"过十来"，与之前我们曾说过的唐代的"老僧行脚时，曾往过来"的"过十来"一样的。"经历过来、理会过来"的句法结构不是"经历／过来、理会／过来"，而是"经历过／来、理会过／来"，不是"V／过来"，而是"V过／来"。这种用在句尾的助词"来"是魏晋时期产生的，表示一个事件或一个过程是曾经发生过的。助词"来"在唐、五代后广泛使用。这其中有的例子在刘坚等（1995）、曹广顺（1995）等也被认为是"V过／来"。如：

子问中间丧礼之变，曲折无不详尽，便可见曾子当时功夫是一一理会过来。(《朱子语类》)
孔子一生贫贱，事事都去理会过来。(同上)
若以比王仲淹，则不似其细密。他却事事理会过来。(同上)
文王时，世变不好，古来未曾有底事都有了，他一一经历这崎岖万变过来，所以说出那卦辞。(同上)
如果我们对比上下文，就可以看得更为清楚。如：
稼陶渔，也事事去做来，所以人无缘及得圣人。圣人事事从手头更历过来，所以都晓得。而今人事事都不会。(同上)
盖为自家虽有这道理，须是经历过，方得。圣人说底，是他曾经历过来。(同上)
故此，我们认为《朱子语类》中这几例不是表示虚化的，表示抽象或时间义的复合趋向补语的"过来"，而是助词"过"和助词"来"连用的"过十来"，与单一动词"过来"无关。

目的。结果意义又可分为两类：基本结果意义和非基本结果意义，或者表示度过一段艰难的时期或难关，如"熬过来了"；或者表示恢复到正常、积极的状态，如"清醒过来"；或表示尽数地完成，如"一口气还没喘过来""别恨啦，疼还疼不过来呢"。

我们采用刘月华（1998）的观点，将"过来"的意义分为趋向和结果两种。宋代"占过来、侵过来、横过来"中的"过来"都是表示动作趋向。到了明代，一方面，表示动作趋向的"过来"使用更为广泛，可以出现在很多常用的动作动词后面，表示人或事物随动作从一处到另一处，表示动作趋近。如：

（31）所有老爹爹在日给你的饭米衣服，我们照帐按月送过来与你，与在日一般。(《二刻拍案惊奇》)
（32）吕布不等他列阵，便挺戟跃马，麾军直冲过来。(《三国演义》)
（33）只见钱氏在前，陈林众人在后，一齐走过来。(《初刻拍案惊奇》)

另一方面，表示动作趋向的动词补语"过来"又进一步演变和虚化。这主要体现在两点。一是表示动作趋向的"过来"不仅可以表示通过动作使人或物体（经过空间的某一点）向立足点趋近，还出现了表示通过动作使人或物体向立足点方向转动的引申用法。主要是"过来"放在"翻、转、扳"等动词后，表示物体随动作改变方向。如：

（34）拿着这一个在手里，口儿里念上几声，手儿里捻上几下，把个九环锡杖照着地平板上扑地的响一声，闭了眼，入了定。一会儿转过来，说道："王明，你去请元帅开船罢！"(《三宝太监西洋记》)
（35）袖儿里放出一个金睛玉面神猫来，一爪一个，抓翻过来。(同上)
（36）那波皮溜撒，急把其妻番过来，早在臀脊上受了一杖。(《二刻拍案惊奇》)

（37）滴珠叹了口气，缩做一团，被吴大郎甜言媚语，轻轻款款，扳将过来，腾的跨上去，滴珠颤笃笃的承受了。(《初刻拍案惊奇》)

（38）翻过来看时，果然红线缝着顶。(《喻世明言》)

（39）我就放出个翻江搅海的风，却连你这金眼国都翻他过来。(《三宝太监西洋记》)

其次更重要的是，"过来"还可用在"醒、惊醒、更变、熬炼"等非动作趋近或转动的动词后，演变为表示动作的实现或结果的结果义补语"过来"，不再表示动作的趋向，意义更为虚化，表示回到原来的、正常的或较好的状态，或者表示度过一段艰难的时期或难关。如：

（40）国师手里一声铃响，众位瞌睡的一齐醒过来。(《三宝太监西洋记》)

（41）张狼牙恰像个睡梦里面醒将过来。(同上)

（42）马尚书道："不消费这等的事罢，莫若待他自家醒过来，他决有个妙处。"(同上)

（43）天师醒过来，心上有些疑惑。(同上)

（44）番总兵正在睡梦之中，一惊惊醒过来。(同上)

（45）如今说一个妓家故事，虽比不得李亚仙、梁夫人恁般大才，却也在千辛百苦中熬炼过来，助夫成家。(《警世通言》)

（46）把父亲所做所为尽更变过来，将药炉、丹灶之类打得粉碎，一意做人家。(《二刻拍案惊奇》)

另外，还出现了一些新形式，如"V了过来"。如：

（47）赛儿夫死后，旷了这几时，怎不动火？恨不得抢了过来。(《初刻拍案惊奇》)

（48）两个说得投机，就把苏氏娶了过来。(《二刻拍案惊奇》)

（49）滴珠父母误听媒人之言，道他是好人家，把一块心头的肉嫁了<u>过来</u>。(《初刻拍案惊奇》)

（50）枢密拣个黄道吉日，行礼到朱大夫家，娶了<u>过来</u>。(《二刻拍案惊奇》)

（51）死后半年，铁生央媒把门氏娶了<u>过来</u>，做了续弦。(《初刻拍案惊奇》)

再如"V将过来"。曹广顺（1990）认为这里的"将"放在动词和"过来"之间有加强语气、调节音节的作用。如：

（52）早惊动了隔壁一个人，走将<u>过来</u>道："谁人如此啼哭？"
(《二刻拍案惊奇》)

（53）入得庙门，再把门掩上，傍边止有一块大石头，掇将<u>过来</u>，靠了门。(《水浒全传》)

（54）来与公子说了，将着财礼银五十两，取将<u>过来</u>为妾。
(《二刻拍案惊奇》)

（55）林冲看岸上时，两边都是合抱的大树，半山里一座断金亭子。再转将<u>过来</u>，见座大关，关前摆着枪刀剑戟弓弩戈矛，四边都是擂木炮石。(《水浒全传》)

（56）金角大仙走到丹墀里面，一个筋头，翻将<u>过来</u>。
(《三宝太监西洋记》)

又如"VO过来"。如：

（57）林冲回头<u>过来</u>看时，见了那人，有分教：林冲火烟堆里，争些断送余生，风雪途中，几被伤残性命。(《水浒全传》)

（58）公子哭道："经了若干苦楚<u>过来</u>，今受了岳丈深恩，若再不晓得省改，真猪狗不值了！"(《二刻拍案惊奇》)

到清代，用在动词后表示动作趋向和动作结果的"过来"使用更为广泛，用法更为成熟，出现了新的用法。主要体现在以下三点。

一是表示动作趋向的"过来"用法持续发展。不管是表示通过动作使人或物体向立足点的方向趋近，还是表示方向转动的引申用法，发展都较为明显，可以搭配的动词比原先范围更广。表示趋近的如：

（59）王冕接过来看，才晓得危素归降之后，妄自尊大，在太祖面前，自称老臣。（《儒林外史》）

（60）又把魏好古的卷子取过来，填了第二十名。（同上）

（61）连忙将地下的戳灯挪过来，又将里外间屋的灯拿了三四盏看时，只见宝玉满脸满头都是油。（《红楼梦》）

表示通过动作使人或物体向立足点方向转动的，明代主要是把"过来"放在"翻、转"等动词后，而清代还出现"掉、舒、圈"等动词。如：

（62）却说那贼转过来。从窗棂上解下那根绳，待要往下系那横闩，早觉得那绳子轻飘飘的脱了窗。（《儿女英雄传》）

（63）到了床上，哎哟了一声，一睁眼，镜子从手里掉过来，仍是反面立着一个骷髅。（《红楼梦》）

（64）屠户把银子攥在手里紧紧的，把拳头舒过来道："这个你且收着，我原是贺你的，怎好又拿了回去？"（《儒林外史》）

（65）那跑堂儿的见问，一手把开水壶搁在灰台儿上扶着，又把那只胳膊圈过来，抱了那壶梁儿。（《儿女英雄传》）

二是表示结果义的"过来"用法发展得更为成熟。明代主要是用在"醒、惊醒、更变、熬炼"等少数动词后，清代动词范围扩展，如"喘息、明白、醒悟、苏醒、回转、活、缓、想、好"等，甚至还有"热、红晕"等非动词后。如：

(66)众邻居一齐上前,替他抹胸口、捶背心,舞了半日,渐渐喘息过来,眼睛明亮,不疯了。(《儒林外史》)

(67)宝玉也自悔言语冒撞,前去俯就,那黛玉方渐渐的回转过来。(《红楼梦》)

(68)鲍廷玺慌了,忙叫两个丫头拿姜汤灌了半日。灌醒过来,大哭大喊,满地乱滚,滚散头发。(《儒林外史》)

(69)彼时赵嬷嬷已听呆了话,平儿忙笑推他,他才醒悟过来。(《红楼梦》)

(70)忽朦胧睡去,遇见贾芸要拉他,却回身一跑,被门槛绊了一跤,唬醒过来,方知是梦。(同上)

(71)俄延了半晌,忽然灵机一动,心中悟将过来。(《儿女英雄传》)

(72)及至听得铜旋子掉在石头上,镗的一声响亮,倒惊得苏醒过来。(同上)

(73)本是个机警不过的人,如此一层层的往里追究进去,心里早一时大悟过来。(同上)

(74)紫鹃这才明白过来,要那块题诗的旧帕。(《红楼梦》)

(75)心中细想宝玉此时光景,或者醒悟过来了。(同上)

(76)头至尾看了一遍,撂在桌儿上,把张一团青白煞气的脸,渐渐的红晕过来,两手扶了膝盖儿。(《儿女英雄传》)

(77)及至念出口来,自己耳轮中一听,心里忽然悟过来。(同上)

(78)今黛玉见了这里许多事情不合家中之式,不得不随的,少不得一一改过来,因而接了茶。(《红楼梦》)

(79)我前儿闹了一夜,今儿还没有歇过来,浑身酸疼。(同上)

(80)次日,只见那华忠睡了半夜,缓过来了,只是动弹不得。(《儿女英雄传》)

(81)如今活过来了,这就是老天的慈悲。(同上)

（82）愁的是这姑娘好容易把条冷肠子热过来了，这一左性，可怕又左出个岔儿来。(《儿女英雄传》)

（83）直弄的周身紫烂浑青，打出一身的黑紫包来，他的手脚才渐渐的热了过来。(同上)

（84）且说那张金凤整好衣裙，仍同十三妹回到西间坐下，此时气儿也缓过来了，脸儿也有红似白的了。(同上)

（85）他吓急了，便哭喊起来。老爷知他醒过来了，连忙调治，渐渐的好了。(《红楼梦》)

（86）阿弥陀佛！好容易讲四书似的才讲过来了！(同上)

（87）宝玉怔了半天，方解过来了，是薛蟠哄他出来。(同上)

（88）太太这才想过来，说："是呀，真真的，我也是叫你们唬糊涂了！"(《儿女英雄传》)

（89）宝玉回过来了，头里原是心迷住了，如今说出话来，不用备办后事了。(《红楼梦》)

（90）便爬着吃了一碗，渐渐的神气果然好过来了，便要坐起来。(同上)

另外，表示趋向"过来"的分离形式"V了过来"大量出现，而在明代大量出现的"V将过来"则趋于衰落。如：

（91）知县正走着，远远的有个牧童倒骑水牯牛，从山嘴边转了过来。(《儒林外史》)

（92）我看见人头这样大，身子这样粗，泡的实在可怕，所以才赶着跑了过来。(《红楼梦》)

（93）后来见宝玉醒了过来，方才放心。(同上)

三是更重要的是，出现了可能式"V＋得／的（不）＋过来"这一新形式,肯定和否定形式都出现了,表示能(不能)周到地完成,常涉及时间、空间、数量等因素,受事一般都放在前边。肯定式"V+得/的+过来"的用例如:

(94)这也是公子哥儿的常情,怕上学,也是小孩子的常情,都还治的过来。(《红楼梦》)

(95)就是这几个雇工儿人,这么个大地方儿,也得这些人才照应的过来。(《儿女英雄传》)

(96)这么些书,也不知有多少本儿,二十天的工夫,一个人儿那儿念的过来呀?这要累着呢!(同上)

否定式"V+不+过来",否定式在数量上多于肯定式。如:

(97)自己看时,把个巴掌仰着,再也弯不过来。(《儒林外史》)

(98)你连自己的徒弟还管不过来,在灌田地方闹出那等大事,还有闲工夫替我留心这些事情咧!(《八仙得道》)

(99)打的这个形象,疼还顾不过来,还是这样细心,怕得罪了人,可见在我们身上也算是用心了。(《红楼梦》)

(100)薛姨妈听到那里,说道:"这不是救不过来了么。这怎么好呢!"(同上)

(101)紫鹃等看去,只有一息奄奄,明知劝不过来,惟有守着流泪,天天三四趟去告诉贾母。(同上)

(102)贾芸听了,便知是那回看家的时候起的念头,想来是劝不过来的了。(同上)

(103)什么依不依,横竖一个人的主意定了,那也扭不过来的。可是宝玉说的也是一定的了。(同上)

在否定式中，还出现了重复动词的"V＋也／还 V 不＋过来"形式。如：

（104）人家心里正在那里一团的天理人情，感激还感激不过来呢，旁边儿的人只一个劲儿的问他说有甚么委屈，这句话却叫他怎的个。(《儿女英雄传》)

（105）我见了他，心眼儿里爱还爱不过来，那里还说的上话来？(《红楼梦》)

（106）这些人走这样的长道儿，乏也乏不过来，怎么会有这等的高兴？(《儿女英雄传》)

肯定式和否定式并列"V 得过来 V 不过来"形式。如：

（107）念的过来念不过来，累的着累不着，干卿何事？(《儿女英雄传》)

至此，"过来"的用法已和现代汉语基本一样了。

2.1.5 小结

"过来"原本是一个连动短语，后发展为动补短语，进而词汇化为一个单一动词，在句中做主要谓语，唐代是主要做谓语的单一动词"过来"成词的主要阶段；再后来"过来"用在动词后形成"V 过来"格式，"过来"则演变为趋向动词，宋代是做补语表动作趋向的趋向动词"过来"形成的主要阶段；明代，"过来"出现了一系列新用法，表示动作趋向的"过来"不但可以表示动作趋近，还可以表示动作转向；"过来"还用在非趋近或转向的动词后，由表示动作趋向进一步虚化为表示动作结果；清代，"过来"表示动作趋向和结果的用法都持续并迅速发展，特别是出现了可能式的肯定和否定形式，表示能不能周到地完成，其用法已和现代汉语无异。

2.2 "出来"的词汇化和语法化

2.2.1 引言

"出来"虽是趋向动词中使用频率较高的一个,但相对而言过去的研究并不深入系统,已有相关研究大多是着眼于共时平面的,较少有历时角度的研究。孟琮等《汉语动词用法词典》(2003)涉及"进(出)"类相关的趋向补语的意义及其与动词搭配规律,刘月华《趋向补语通释》(1998)描写了"出来"的意义和结构特点,吕叔湘(1999)《现代汉语八百词》等也涉及对"出来"的描写。近年来一些硕博士论文则对"出来"做了一些较为具体的研究,如周珊(2010)探讨了"出来"在共时平面的句法语义问题,高艳(2007)、杨宇枫(2013)等涉及"出来"的历时发展问题。下文将在已有研究的基础上,对"出来"的词汇化和语法化过程进行进一步的探讨。

2.2.2 一般动词"出来"的词汇化和进一步词汇化

"出",《说文》:"进也。象艸木益滋,上出达也。"段玉裁注:"进也。本谓艸木。引申为凡生长之称。又凡言外出为内入之反。"本是"艸木进也",引申为所有事物生长。如:

(1)句者毕出,萌者尽达。(《礼记·月令·季春》)
(2)万物出乎震。(《易·说》)

后"出"引申为自内而外,与"入""进"相对。如:

(3)乐正子春下堂而伤其足,数月不出。(《礼记·祭义》)
(4)出自北门。(《诗·邶风·北门》)

"出来"是"出"与"来"的结合体。"出"是表示从内到外的趋向,

第二章 "过来、出来、进来、回来、开来"的词汇化及语法化

"来"表示趋向叙述者的主观心理位置。"出"和"来"结合成"出来",最早在六朝出现。但这个时期"出来"还是两个动词,在结构上并没有凝固。如:

(5)昔有一人……即截他妇鼻,持来归家,急唤其妇:"汝速出来,与汝好鼻。"其妇出来,即割其鼻,寻以他鼻著妇面上。
(《百喻经·为妇贸鼻喻》)

中古时期,正是"来"从一般动词虚化为趋向动词的时期(吴福祥,1997),这时的"出来"既可以理解为两个一般动词的连用,也可以理解为动补式。

及至唐代,"出来"连用大量出现。在高频使用推动下,动补式短语"出来"词汇化为一个单一的一般动词"出来",表示"从里面到外面来"。唐代"出来"的使用主要有以下几种情况。

一是单独用作谓语。如:

(6)善贤出来。(《祖堂集》)

(7)言语未定,燕子即迴,踏地叫唤,雀儿出来,不问好恶,拔拳即差,左推右笮,剜耳掴腮,儿捻拽脚。(《敦煌变文集新书》)

(8)两脚出来如露柱,一双可髀似盆橡。(同上)

有的主语省略。如:

(9)出来形狀堪惊恐,见者皆言业障重。(《敦煌变文集新书》)

(10)芦中之仕,何故潜身?出来此处相看,吾乃终无恶意,不须疑虑,莫作二难。(同上)

(11)出来好个面貌,只是有些些舌短云云。(同上)

有的是用在兼语句或连动句中。如:

（12）仙人见太子<u>出来</u>，流泪满目，手拭眼泪，口赞希嗟。（《敦煌变文集新书》）

（13）新妇<u>出来</u>见王郎，都缘面貌多不强。（同上）

（14）有僧<u>出来</u>，两三则语举似师。（《祖堂集》）

（15）有一老婢<u>出来</u>迎，布施如来一团饭。（《敦煌变文集新书》）

（16）是你怨（冤）家有言，不得使我银钱，若用我银钱者，<u>出来</u>报官，浑家不残性命？（同上）

（17）师<u>出来</u>礼拜云："请师征起。"（《祖堂集》）

"出来"还可单用，表示祈使。如：

（18）师复审之云："我适来只闻汝声，不见汝身。<u>出来</u>，我要见汝。"（《祖堂集》）

（19）今日众中，还有堪任继踵底人摩？<u>出来</u>！（同上）

（20）师晚际上堂曰："今日有僧决疑，在什摩处？<u>出来</u>！"（同上）

可用于否定式"不出来"。如：

（21）譬如长天有月，被浮云障翳不<u>出来</u>。（《敦煌变文集新书》）

（22）肚裹儿虽是一数，而不<u>出来</u>，索得饭食时，与谁吃乎？（《入唐求法巡礼行记》）

（23）院中数十僧不<u>出来</u>者不得见。（同上）

唐代已有"出＋O＋来"形式（杨宇枫，2013）。如：

（24）才出河来逢长者，广铺草座结良缘。（《敦煌变文集》）

（25）撒星拔剑出营来，早见五星竞交错。（同上）

二是用作主要谓语，前有副词或介宾短语做状语。如：

第二章 "过来、出来、进来、回来、开来"的词汇化及语法化

(26) 千呼万唤始<u>出来</u>，犹抱琵琶半遮面。(白居易《琵琶行》)

(27) 弟子布施一索分难之时，愿平善孩儿早<u>出来</u>。
(《敦煌变文集新书》)

(28) 才（残）云被狂风吹散去，月影长空便<u>出来</u>。(同上)

(29) 我要汝父，事必相见。即便<u>出来</u>，共相慰问。(同上)

(30) 若诸朝官赴我筵会，小娘子事须<u>出来</u>相见，我耻此事，所以忧愁，怨恨自身，寻相不乐。(同上)

(31) 寻光来处，从寺西当岩底<u>出来</u>，每夜照室及寺院。
(《入唐求法巡礼行记》)

(32) 行至一长者家门前，见一黑狗身，从宅里<u>出来</u>，便捉目连袈裟。(《敦煌变文集新书》)

从"出来"所在的多种句式可以看出，唐代单一动词"出来"已经较为成熟，这种用法一直延续到现代。如：

(33) 不知<u>出来</u>与人相应接少顷，有甚辛苦处？(《朱子语类》)

(34) 梳妆完了，正待<u>出来</u>见表兄。(《二刻拍案惊奇》)

(35) 安公子见那女子进了屋子，便走向前去把那门上的布帘儿挂起，自己倒闪在一旁，想着好让他<u>出来</u>。(《儿女英雄传》)

(36) 正在凝神，看护妇已<u>出来</u>将我的床从廊上慢慢推到屋里。
(冰心《寄小读者》)

表示"从里面到外面来"的"出来"形成之后，又进一步词汇化，引申为"出现；产生"义的"出来"。这种变化最初出现在宋代。如：

(37) 如苏颢着力要变，变不得。直至韩文公<u>出来</u>，尽扫去了，方做成古文……文气衰弱，直至五代，竟无能变。到尹师鲁欧公几人<u>出来</u>，一向变了。(《朱子语类》)

（38）当时事急，且要速得一好人出来救之，只是出得来不济事耳。（《朱子语类》）

（39）亦不可一向如此说，只是无人。一人出来，须得许多人大家合力做。（同上）

（40）北朝若待皇帝好，则二王为人臣；若待皇帝不是，即便别有皇帝出来。（文天祥《二王》诗序）

之所以发生进一步词汇化，是因为"出来"的语义不再是表示实在的具体空间位移，而是引申指抽象的事物的位移。比如例（39）"一人出来"不是指"一个人从外面到里面"，而是指"这个人出现"。隐喻是主要的推动力。

表示"出现"的"出来"的主语除了是生命度高的人之外，还扩展至生命度低或无生命度的事物上来。如：

（41）人心平铺着便好，若做弄，便有鬼怪出来。（《朱子语类》）

（42）比及大郎疑心了，便觉满生饮酒之间，没心没想，言语参差，好些破绽出来。（《二刻拍案惊奇》）

（43）经过讨论，出来两种不同的意见。

2.2.3 从一般动词到表趋向的趋向动词"出来"的形成及其发展

表示"从里面到外面来"的"出来"形成之后，除了引申表"出现"义外，还可以用在另一个动词之后即补语位置，形成"V 出来"结构，这时"出来"发生语法化，虚化为趋向动词。用在动词后，表示人或物随动作由里向外。这种变化最初发生在唐代，表示从里到外的趋向动词前面的动词多是移动义动词，包括自移动词和他移动词，不管是自己位移，如"流"，还是致使位移，如"搬运"，都包含有位移义。如：

（44）寺中有甚钱帛衣物，速须搬运出来！（《敦煌变文集新书》）

（45）暂托寄出来，欲似相便贷。(《王梵志诗》)

之后，其语义所指对象逐步由具体、可见、可触的事物发展为抽象、不可见、不可触的事物。如下例中"流"不是真正的物理意义上的流动，而是一种抽象和隐喻用法。可见，唐代除了具体的空间位移外，还有抽象位移的用法。如：

（46）师云："他时后日若欲得播扬大教去，一一个个从自己胸襟间流将出来，与他盖天盖地去摩？"(《祖堂集》)

但唐代"出来"做趋向补语的用例并不多，宋代后大量出现。如《朱子语类》中就有不少属于趋向补语的用例，而且许多"V出来"的V并不表示具体的空间位移，而是抽象的空间位移。略举《朱子语类》的用例如下：

（47）宗杲云："如载一车兵器，逐件取出来弄，弄了一件又弄一件，便不是杀人手段。我只有寸铁，便可杀人！"

（48）譬如煎药：先猛火煎，教百沸大鹗，直至涌坌出来，然后却可以慢火养之。

（49）观一般花树，朝日照曜之时，欣欣向荣，有这生意，皮包不住，自迸出来；若枯枝老叶，便觉憔悴，盖气行已过也。

（50）只是从大原中流出来，模样似恁地，不是真有为之赋予者。

（51）才思量着，便这个骨子透出来。

（52）想他当时发出来，心下必不安稳。

（53）不是如此，自是他里面有这个道理，得他兄感动发出来，得一个物事承接得在耳。

（54）魄是一点精气，气交时便有这神。魂是发扬出来底，如气之出入息。

（55）公只是硬要去强捺，如水恁地滚出来，却硬要将泥去塞它，如何塞得住！

可见，表趋向的补语"出来"在宋代已经成熟，并一直延续到现代。如：

（56）小姐就把景家女子所和之诗，拿出来与子中看。
（《二刻拍案惊奇》）

（57）一家人一齐跑出来说道："不好了！快些搬！"（《儒林外史》）

（58）屋里的人也被推出来了，都拦在那一个小门口。

随着表趋向的趋向动词的成熟，明代又发生进一步隐喻化和抽象化，从"由内到外"引申指"人或物由隐蔽到显露"，其前的动词主要是"看、听、认、猜"等，形成"看出来、听出来、认出来、猜出来"等。"看出来"产生于明代。如：

（59）好奶奶，就有房里人，那个是成头脑的？我说是谎，你过去就看出来。（《金瓶梅》崇祯本）

（60）两个在暗地里调情顽耍，众人倒不曾看出来。（同上）

（61）我心里不自在。陈老哥，你就看出来了么？（《醒世姻缘传》）

（62）天也不容他！叫老公看出来了，还不认罪，还敢合老公顶嘴，这不是寻死么！（同上）

（63）你要给人，叫人看出来，一个屁也不值了。（同上）

清代出现了"听出来"，如：

（64）太太定睛一看，才看出是公子来，及至看出来，倒唬了一跳。（《儿女英雄传》）

（65）若早去，恐行宫里未曾睡静，给他们看出来，反为不美，所谓画虎不成，反被犬害。（《七剑十三侠》）

（66）你这话，我听出来了，想是不知我说的是个甚么人家儿，甚么人物儿。我索性明明白白的。（《儿女英雄传》）

（67）你这话我听出来了，一定是你已经定下亲事了！这又何妨？（《儿女英雄传》）

（68）这话你们可听出来了？人家本主儿是放了你们了，没人家的事。（同上）

这种用法一直延续到现代汉语。如：

（69）她把别人的说谎处，假情处，浅薄的可怜处，都裸露的看了出来。

（70）老人的眼睛也并不完全视而不见的睁着，他看出来瑞丰的行动是怎样越来越下贱。

2.2.4 趋向动词"出来"的进一步语法化：从表趋向到表完成及其发展

随着趋向动词"出来"语法化的成熟，又发生进一步语法化，用在动词后，由表示动作趋向演变为表示动作完成或实现。它们大都是抽象位移，但更强调位移后的结果。这种用法最初零星出现在唐代。如：

（71）不是鸟身受业报，并是弥陀化出来。(《敦煌变文集新书》)

（72）续续生出来，世间无处坐。(《王梵志诗》)

到了宋代，表示完成的"出来"已非常普遍。一种是其前是脱离义动词"生、分、摆脱"等，它们也有致使位移的特征，但更强调动作的结果。以下为《朱子语类》用例：

（73）且如只说个仁义礼智是性，世间却有生出来便无状底，是如何？

（74）天地那里说我特地要生个圣贤出来！也只是气数到那里，恰相凑着，所以生出圣贤。

（75）大抵天地间只一理，随其到处，分许多名字出来。

（76）但常常以此两端体察，若见得时，自须猛省，急摆脱出来！

其前动词也可以是"养、推（推断）、发、做、变、体验、说、解释、理会"等。以下为《朱子语类》用例：

（77）圣人言虽不多，推出来便有许多说话，在人细看之耳。

（78）然一物又各具五行之理，不可不知。康节却细推出来。

（79）蔽锢少者，发出来天理胜；蔽锢多者，则私欲胜，便见得本原之性无有不善。

（80）尧老，逊位与舜，教舜做。及舜做出来，只与尧一般，此所谓真同也。

（81）后世所谓文武之舞，亦是就韶武舞变出来。

（82）孟子所谓性，却须从"克己复礼"中寻究仁在何处，亲切贴身体验出来，不须向外处求。

（83）先生道理精熟，容易说出来，须至极。

（84）一阳之复，乃是纯阴养得出来。

（85）为学勿责无人为自家剖析出来，须是自家去里面讲究做工夫，要自见得。

（86）要之，理会出来，亦不是差异底事。不知如何理会个得恁少，看他自是甘于无知了。

（87）解经谓之解者，只要解释出来。将圣贤之语解开了，庶易读。

（88）但当于安静深固中涵养出来。此以静应动，湖南以动应动。

因为强调动作的实现或完成，强调结果，因此，有"V得/不出来"的相应格式。如：

第二章 "过来、出来、进来、回来、开来"的词汇化及语法化 | 359

（89）若此心一放，只是人欲私心做得出来，安得有序，安得有和！

（90）阴阳是气，五行是质。有这质，所以做得物事出来。

这种表示动作完成的"出来"用法从宋以后一直延续到现代汉语。如：

（91）太太便将安老爷下场的考篮，号帘，装吃食的口袋，盒子，衣帽等物打点出来。(《儿女英雄传》)

（92）《新小说》社记者接到死里逃生的手书和九死一生的笔记，展开看了一遍，不忍埋没，就将他逐期刊布出来。(《二十年目睹之怪现状》)

（93）这方法也亏那表哥想得出来。

《现代汉语词典》和《现代汉语八百词》都认为趋向动词"出来"有表动作趋向，表动作由隐蔽到显露及表完成的三种用法。吕叔湘（1999）认为趋向动词"出来"还有一种用法是表示动作使人或物在某一方面获得某种好的能力或性能。如"我这两条腿走出来了（变得善于走路了）/他的嗓子练出来了/这镰刀已经使出来了"。这种用法是表完成的"出来"进一步隐喻化和构式化的结果。它具有特定的句法格式（"NP + V 出来了"，其中 NP 是无生名词）和特定的句式义（"变得善于 AP 了"）。现代汉语这种特定的构式可能来源于清代一种特定句式的表达变异"NP 是 V 出来的"，出现较多的是"练出来"用例。如：

（94）老掌柜一定爱惜姑娘，传授姑娘武功，这疙疸是练出来的。(《三侠剑》)

（95）气力是练出来的，武艺功夫，你肯专心，无有不成。(《乾隆南巡记》)

（96）我们三个人的本事，都是跟师叔练出来的。(《续小五义》)

当其从断言变为叙述变化时,"NP 是 V 出来的"就变为"NP + V 出来了"。后来的"走出来""使出来"都是"练出来"扩展而来。归根结底它们的整个句式义都表示一种本领和能力的提高。

2.2.5 "出来"演变过程中补语和宾语位置的系列发展

趋向动词做补语时,补语和宾语的位置关系也是非常重要的一个问题。"出来"演变过程中补语和宾语的位置格式及其发展主要有以下几点。

① 无宾式的发展。"出来"直接在动词后做补语,并且不带宾语构成无宾式,这种句式最早出现在晚唐时期。如:

(97)是你寺中有甚钱帛衣物,速须般运<u>出来</u>!(《冕公远山话》)

到了南宋,"出来"做趋向补语的例子增多,而且意义也得到发展,不仅可以表示趋向意义,而且可以表示结果意义。在形式上则产生了可能式和否定式,并出现"动词+将+出来"格式。如:

(98)但常常以此两端体察,若见得时,自须猛省,急摆脱<u>出来</u>。(《朱子语类》)

(99)如载一车兵器,逐件取<u>出来</u>弄,弄了一件又弄一件,便不是杀人手段。(同上)

(100)道理固本有,用知,方发得<u>出来</u>。(同上)

(101)若不融,一句在肚里,如何发得<u>出来</u>。(同上)

(102)点不<u>出来</u>,未有参学眼在,切须辨取。(《五灯会元》)

(103)此是真个事急了,不觉说将<u>出来</u>。(《朱子语类》)

(104)你是个阿公,便叫将<u>出来</u>,说他几句,怕甚么。(《快嘴李翠莲记》)

到了明代,无宾式在形式上有了新的发展,出现"动词+了+出来"形式。之后,无宾式的发展基本上完成。如:

（105）快开了橱赶了出来！（《二刻拍案惊奇》）

② 前宾式的发展。"动词＋（将）＋宾语＋进来"最早是出现在宋代，多表示趋向意义。如：

（106）那时换了一个新任府尹，才得半月，正值陛厅，左右捉将那叫屈的妇人进来。（《错斩崔宁》）

（107）唤伊出来。（《古尊宿语录》）

前一例是"动词＋（将）＋宾语＋进来"形式，后一例是"动词＋宾语＋出来"形式，"将"似乎可要可不要，表示的都是具体的趋向意义。

明代以后，"动词＋宾语＋出来"中一般不出现"将"。前宾式的发展也基本上完成。如：

（108）主人道："你等一等，我便叫他出来。"（《白娘子永镇雷峰塔》）

（109）人家容留不得，多则一年，少则半载，依旧放他出来，为娼接客。（《卖油郎独占花魁》）

③ 中宾式的发展。"出＋宾语＋来"形式最早出现在唐代，当时并不是用作补语，而是用作一般动词。如：

（110）强处出头来，不须曹主唤。（《王梵志诗》）

（111）何似龙骧出峡来。（《李白诗全集》）

（112）龙门横野断，驿树出城来。（杜甫诗）

"动词＋出＋宾语＋来"中的趋向词最早用作补语是在宋代。这个时期此结构中的趋向词可以表示具体的趋向意义，也可以表示抽象的结果意义。如：

（113）天气和融，拟举个时节因缘与诸人商量，却被帝释梵王在门外柳眼中努出头来。(《五灯会元》)

（114）刘官人不舍，抢出门来，一径赶到厨房里，恰待声张邻舍起来捉贼。(《错斩崔宁》)

（115）只见妈妈拿出钞来，翠莲接过手。(《快嘴李翠莲记》)

（116）想见当时被管叔做出这事来，骚动许多百姓，想见也怕人。(《朱子语类》)

（117）至于做出此诗来，使读者有所愧耻而以为戒耳。(同上)

明代"动＋出＋宾语＋来"格式成熟，并出现了否定式。如：

（118）老汉也怕他做出事来，连累不便，因此在前官手里告了执凭文帖，在此存照。(《水浒传》)

（119）况兼这人贪赌，倘或将些出去赌时，他便惹出事来，不当稳便，金子切不可与他。(同上)

（120）李逵吃跌得头破额裂，半响说不出话来。(同上)

（121）那张四气的眼大睁着，半晌说不出话来。(《金瓶梅》)

（122）西门庆促忙促急攒造不出床来，就把孟玉楼陪来的一张南京描金彩漆拔步床陪了大姐。(同上)

此后"动词＋出＋宾语＋来"格式基本上没有变化。

④ 后宾式的发展。"动词＋出来＋宾语"格式最早见于宋代，"出来"既用于趋向意义，也用于结果意义。不过用例很少。如：

（123）缘他器小，所以做出来事皆如此。(《朱子语类》)

（124）在它人看见是没紧要言语，它做出来多少大一件事！(同上)

不过，就实际语料来看，宋以后并未发现后宾式的用例，直到现代汉语里后宾式才增多。

⑤"把"字式的发展。"把+宾语+动词+出来"最早出现在元代。如：

（125）火伴你把料捞<u>出来</u>。(《老乞大新释》)

明代出现"把+宾语+动词+将+出来"和"把+宾语+动词+了+出来"用例。如：

（126）把道袍鞋袜慢慢的逐件搬将<u>出来</u>，无非要延捱时刻，误其美事。(《陈御史巧勘金钗钿》)

（127）就假做了狗，爬墙越壁，快捷如飞，果然把狐白裘偷了<u>出来</u>。(《二刻拍案惊奇》)

这两种结构共同使用了很长时间，最终后者取代了前者。

"出来"的相关格式出现年代归纳如下：

表 15

出现年代 趋向词 \ 格式	无宾式	有宾式			
		前宾式	中宾式	后宾式	把字式
出来	唐末	宋代	宋代	宋代	元代

2.2.6 小结

"出来"在六朝连用，既可以理解为两个一般动词的连用，也可以理解为动补式。一方面，唐代，出现大量"出来"连用例，在高频使用推动下，动补式短语"出来"词汇化为一个单一的一般动词"出来"，表示"从里面到外面来"。后来经过隐喻，发生进一步词汇化，演变为表示"出现"的一般动词"出来"。另一方面，唐宋时期，表示"从里面到外面来"的"出来"形成之后，当其不再处于谓语位置，而是在另一个动词之后即补语位置，形成"V出来"结构时,"出来"发生语法化,演变为表动作"由内到外"趋向的趋向动词,随着表趋向的趋向动词的成熟,明代又发生进一步隐喻化和抽象化,从"由内到外"引申指"人或物由隐蔽到显露",其前的动词主要是"看、听"等;同时,随着趋向动词"出来"语法化的成熟,唐宋时候又进一步语法化,用在动词后,由表示动作趋向演变为表示动作完成或实现。这种用法最初零星出现在唐代,至宋代成熟。之后,表完成的"出来"进一步隐喻化和构式化,形成了现代汉语中的特定构式"NP + V 出来了",表示动作使人或物在某一方面获得某种好的能力或性能,我们认为这是清代"NP是 V(练)出来的"的隐喻和构式变异。"出来"演变过程中补语和宾语的位置不同演变成不同格式。

"出来"的词汇化和语法化可归纳如下:

> 连动短语→动补短语→一般动词"出来"("由内到外"义→"出现义")
> 一般动词"出来"("由内到外"义)→趋向动词(V)"出来"(表动作趋向义→"人或物由隐蔽到显露")→趋向动词(V)"出来"(表动作完成义→"动作使人或物在某一方面获得某种好的能力或性能")

2.3 "进来"的词汇化和语法化

2.3.1 引言

"进来"可以作一般动词用,也可以放在动词后做趋向动词。关于"进来"的研究成果相对较少,已有研究中,吕叔湘(1999)、刘月华(1998)等对"进来"的意义和用法做了一些分类归纳;历时演变研究方面,王国栓(2004)、高艳(2007)等在其研究中涉及"进来"的演变情况,但比较简略。下文将在过去研究的基础上,重点探讨"进来"的词汇化和语法化问题。

第二章 "过来、出来、进来、回来、开来"的词汇化及语法化 | 365

2.3.2 复合趋向词"进来"的词汇化

"进",《说文》:"进,登也。"本义是向前,向上移动,与"退"相对。如:

(1)人亦有言,<u>进</u>退维谷。(《诗经》)

(2)车徒皆作,遂鼓行,徒衔枚而<u>进</u>。(《周礼·夏官·大司马》)

(郑玄注:"进,行也。")

(3)<u>进</u>则引之,退则策之。(《韩非子·外储说右下》)

此外,在先秦"进"还有"推荐、引进;进奏、进言;进献"等引申义。直到魏晋,"进"才表示类似现代汉语常用义的"进入,从外面到里面"义,与"出"相对。如:

(4)[有人身长十尺]云欲见秦王子婴,阍者许<u>进</u>焉。

(晋·王嘉《拾遗记·秦始皇》)

而后,"进"逐渐取代了"入"表示"进入"义,这一用法的"进"一直沿用到现代。如:

(5)一前一后赶着牵着似的,两位女士<u>进</u>了公园了。

当中古"进"表示"进入,从外面到里面"的意思后,大约到宋代①,动

---

① 唐代出现了几例"进来",但这里的"进来"中的"进"似都是"进献"的意思,故与"进入"义的"进来"无关。如:(1)脱下御衣先赐着,进来龙马每教骑。(王建《赠王枢密》)(2)后节度使必遣人搜殿,见此汗衫子,必差人进来。(《敦煌变文集新书》)(3)假面胡人假狮子,刻木为头丝作尾。金镀眼睛银贴齿,奋迅毛衣摆双耳。如从流沙来万里,紫髯深目两胡儿。跳舞梁前来致辞,应似凉州未陷日。安西都护进来时。(白居易《西凉传》)(4)神龙中追入,乃上诗曰:"无事向容山,今日向东都。陛下敕进来,令作右金吾。"又为《喜雨诗》曰:"暗去也没雨,明来也没云。"(《野朝佥载》)宋代也有这样的例子,如:(1)胡曰:"只有几卷家集。"上曰:"可进来。"遂进之。后秦桧问胡曰:"先丈文字进了?"连说"先丈好议论。"(《朱子语类》)(2)尝见韩无咎说高丽入贡时,神宗谕其进先秦古书。及进来,内有六经不曾焚者。(《朱子语类》)

词"进"与"来"连用出现"进来"。最初"进来"应是连动结构,"进"表示从外到内的趋向,"来"表示趋向叙述者的主观心理位置。随着"来"在中古从普通动词演变为趋向动词,"进来"就可被理解为动补式,再经动补融合词汇化为单一的一般动词,表示"从外面到里面来"。宋代时"进来"即已成词。如:

(6)如屋相似,<u>进来</u>处虽不同,入到里面,只是共这屋。(《朱子语类》)

(7)介甫固不是,但教东坡作宰相时,引得秦少游黄鲁直一队<u>进来</u>,坏得更猛。(同上)

(8)小娘子,郡王教你<u>进来</u>。(《碾玉观音》)

宋代出现的"进来"确乎已经成词,是从"从外面到里面来"的"进来"。

之后,主要做谓语的一般动词"进来"一直沿用到现代。如:

(9)青衣道:"宋星主,从此间<u>进来</u>。"(《水浒传》)

(10)那后面便是新郎,蟒袍补服,缓步安详<u>进来</u>。(《儿女英雄传》)

(11)你不能等他们<u>进来</u>,你打开门出去,叫他们滚蛋。

2.3.3　表趋向的趋向动词"进来"的语法化历程

在宋代单一动词"进来"形成的基础上,元代出现"V 进来"结构,"进来"虚化为趋向补语,用在动词后,表示动作趋向"到里面来"。

按照"进来"做补语时出现的年代早晚以及和宾语的位置关系,可将其分为以下几种形式。

① 前宾式及其发展。"进来"作为补语最早出现在宋代,且是"动词+将+宾语+进来"的前宾式形式,表示趋向意义。如:

（12）那时换了一个新任府尹，才得半月，正值陞厅，左右捉将那叫屈的妇人进来。(《错斩崔宁》王国栓［2004］例)

明代出现"动词+宾语+进来"形式，也表示趋向意义。如：

（13）孟夫人忍着疼痛，传话请公子进来。(《陈御史巧勘金钗钿》)
（14）也不消你行聘，择个吉日良时，招你进来，入门为赘。(《金瓶梅》)

清代"动词+将+宾语+进来"形式渐少，"动词+宾语+进来"形式渐多，而且出现"动词+了+宾语+进来"形式，仍表示趋向意义。如：

（15）只见两三个后门口的老嬷嬷带了一个大夫进来。(《红楼梦》)

② 无宾式及其发展。"动词+进来"构成动趋式最早出现在宋末元初，表示趋向意义。一开始是没有宾语的。如：

（16）见众人蜂拥进来，下列着许多赃物，说是床脚下瓦楞内搜出。(《宋四公大闹禁魂张》)
（17）怎么教刀斧手将我簇拥进来，此何礼也？(尚仲贤《气英布》)
（18）行李都搬进来。(《老乞大新释》)

明代出现"动词+将+进来""动词+了+进来"、肯定的可能式"动词+得+进来"和否定的可能式"动词+不+进来"等四种结构。在所检索的语料中都是表示趋向意义的，没有发现表示结果意义的用例。如：

（19）我睡着在床上，不知他怎地走将进来，把我骗了。(《金海陵纵欲亡身》)
（20）便是那人来，也有个女待诏做牵头，小妮子做脚力，才走得进来。(同上)

（21）内营沙尘也飞不进来，那有奸细得入。(《封神演义》)

（22）西门庆送了进来，宽去衣裳。(《金瓶梅》)

清代和现代的"无宾式"在形式和意义上都没有新的发展。如：

（23）一连叫了两三声，方见两三个老婆子走进来。(《红楼梦》)

（24）她走进来。

③ 中宾式及其发展。"动词＋进＋宾语＋来"最早见于明代，明初开始形成，用例不多。如：

（25）次日起个清早，只推有事讨些凉水梳洗，取了一百两银子、两大锭金子，急急的跑进城来。(《蒋兴哥重会珍珠衫》)

（26）这里婆子捉个空，招着陈大郎，一溜，溜进门来，先引他在楼梯背后空处伏着。(同上)

明代中后期，"动词＋进＋宾语＋来"式用例就普遍了，是较成熟的结构。不仅可以带处所宾语、受事宾语，而且可以用"把、将"等把宾语提前。如：

（27）妇人且不梳头，迎春拿进粥来，只陪着西门庆吃了半盏粥儿。(《金瓶梅》)

（28）西门庆正在上房吃饭，玳安儿拿进帖来，上写着："王皇庙小道吴宗哲顿首拜。"(同上)

（29）西门庆把月娘一手拖进房来。(同上)

（30）命黄巾力士将李靖拿进洞来。(《封神演义》)

清代，中宾式的意义、格式和明代一样，没有什么大的变化，并一直延续到现代。如：

（31）我刚看见从外面走进一个人来。

④"进来"用在"把"字句中及其发展。"把＋宾语＋动词＋进来"最早出现在明代，可以表示趋向意义，也可以表示结果意义。如：

（32）为今之计，不如把这位先生招他进来，有何不可？（《金瓶梅》）

（33）还付与来保，吩咐把礼抬进来，到二门里首伺候。（同上）

前一例比较特殊，使用"把"将宾语提前，动词后又用代词复指宾语。清代及以后"把"字式在形式和意义上都没有新的发展。

2.3.4 "进来"在现代汉语的发展

"进来"在现代汉语的发展主要有两点：

一是后宾式的发展。清代以前的语料中没有检索到后宾式"动词＋进来＋宾语"用例，这一格式似是在现代汉语中发展出来的。如：

（34）门外走进来一个东北大汉。

（35）今天一天万龙公司买进来十多个产权。

二是"进来"抽象位移用法的出现。据高艳（2007）考察，一直到了现代汉语，"进来"产生了表示抽象事物在人的主观感觉上发生了"位移"，例如"引进来""考虑进来""吸收进来""发展进来"等。"进来"由本义"从外而内"隐喻表示领有关系或占有关系由外向内改变。如：

（36）你是有才华的人，我们要将你发展进来——反正不能让你闲着。

（37）含糊就含糊点，含糊有含糊的好处，一是别人不好判断出好歹，二是含义丰富外延无限你说什么都能给归进来，会利于团结各阶层人士。

"进来"类趋向动词及其相关格式的出现年代及发展归纳如下：

表 16

位移方式 出现年代 趋向 格式	具体位移					抽象位移
	无宾式	有宾式				现代
		前宾式	中宾式	把字式	后宾式	
进来	宋末元初	宋代	明代	明代	现代	

2.3.5 小结

"进来"原是一个动补短语，后词汇化为一个单一动词，在句中做主要谓语；而当其处于补语位置时，进一步虚化为表示动作趋向的趋向动词，形成"V 进来"格式。其中 V 以表示位移的动作动词为主，后随着"进来"趋向补语用法的成熟，现代汉语中 V 还扩展为抽象类动词，这是具体位移用法的隐喻扩展所致。

2.4 "回来"的词汇化和语法化

过去从历时角度对"回来"的研究较少，仅如高艳（2007）有所涉及。

2.4.1 关于"回"和"来"

"回"，《说文·囗部》："回，转也。从囗，中像回转形。"本是象形字，甲骨文像渊水回旋之形，本义是"旋转；回旋"。如：

(1) 倬彼云汉，昭回于天。(《诗·大雅·云汉》)(毛传："回，转也。"郑玄笺："精光转运于天。")

(2) 圆渊九回以悬腾，溢流雷响而电激。(晋·郭璞《江赋》)

而"来"，前文已经说过，先秦时基本义是"(由别处）至"，做动词表示"由彼及此，由远到近"之义。如：

第二章 "过来、出来、进来、回来、开来"的词汇化及语法化

（3）出入无疾，朋来无咎。(《易·复》)

2.4.2 从动补短语到单一动词"回来"

"回"和"来"原本应是两个单音动词连用形成的连动短语"回＋来"。"回"是动词，"来"是接着"回"之后的另一个动作动词。据吴福祥（1997）考察，在汉魏六朝时，"来"由连动式的后一动词变为谓语动词的趋向补语，如：

（4）而敕之言："好甜美者，汝当买<u>来</u>。"(《百喻经·尝庵婆罗果喻》)

但就所检索的语料看，并没发现"回"和"来"在汉魏六朝时连用的用例。"回"和"来"最初连用约在唐代，此时，"回来"已经为动补式短语，"回"为动词，"来"为趋向补语。如：

（5）师回首问侍者："汝又作么生？"侍者便喝。师送座主，<u>回来</u>遂问侍者："适来是汝喝老僧？"（唐《镇州临济慧照禅师语录》）

但从"回＋来"到"回来"的词汇化过程并不明显，也没有历经很长的时间，唐代更多的用例是似乎已经成词的单一动词"回来"，表示"从别处到原来的地方来；归来"。一种用法是用在副词（如"却、便、即便、趁、良久"）之后做句子的主要谓语。如：

（6）采果汲水却<u>回来</u>，忽向道中逢猛兽。(《敦煌变文集新书》)

（7）努力向鹫峰修圣道，新妇莫慵谗不擎却<u>回来</u>。（同上）

（8）［断］夫人受戒却<u>回来</u>，七日身修（休）掩夜台。（同上）

（9）向前任料理，难见却<u>回来</u>。(《王梵志诗》)

（10）汝去入石室里许，莫只与摩便<u>回来</u>。(《祖堂集》)

（11）驱将见明府，打脊趁<u>回来</u>。(《王梵志诗》)

（12）探得军机，即便回来。(《敦煌变文集新书》)

（13）耽源便出去，良久回来。(《祖堂集》)

另一种用法是用在连动结构的前项，这表明"回来"确乎成词。如：

（14）座主不在意，便出。才下阶大悟，回来礼谢。(《祖堂集》)

（15）死去虽更生，回来尽不记。(《王梵志诗》)

（16）合村送就旷野，回来只见空床。(同上)

（17）行后浑家死，回来觅不得。(同上)

（18）早是入吾师位，待我拜谢相公，回来与汝宣扬政（正）法。(《敦煌变文集新书》)

（19）恐见失恩人旧院，回来忆着五弦声。(王建《宫词》)

宋代，作为单一动词"回来"的用法和唐代用法基本一致。如：

（20）颜子也在屋里，只有时误行出门外，然便觉不是他住处，便回来。(《朱子语类》)

（21）唯过之者，便不肯复回来耳。(同上)

（22）盖有人资质合下便在乐与好礼地位，不可更回来做无谄无骄底工夫。(同上)

（23）荆公初作江东提刑，回来奏事，上万言书。(同上)

（24）回来索酒公应厌，京口新传作客经。(苏轼《和人见赠》)

元明时出现表否定的"不回来"等用法。如：

（25）前日晚夕，奶奶睡了，我见姐姐和红娘烧香，半晌不回来，我家去睡了。(《西厢记杂剧》)

（26）还了房钱、饭钱，余下不多，不能够回来。(《二刻拍案惊奇》)

（27）大夫到建康探亲去了，两个月还未回来，正不知几时到家。（同上）

清代则出现"回不/得来"用法。如：

（28）今生今世，胜英你回不来了。(《三侠剑》)

（29）那可不行，我非得面见，大概明天可以回得来回不来？(《小五义》)

（30）老员外说："要给送信，明天晚上回得来，回不来？"从人说："回不来。要是连夜赶骑着快马可行咧！"（同上）

（31）家下人也不敢不拉，大家用力一拉桥，八家太保此时要回来也回不来了。(《彭公案》)

清代，"回来"前出现表示动作起点的"从NP"，形成"从NP回来"。如：

（32）王冕正从母亲坟上拜扫回来。(《儒林外史》)

（33）那张进宝从庙里回来，进门先给舅太太请了安。(《儿女英雄传》)

还有"回NP来"格式，可看作是"回来"的分列式。如：

（34）薛三省娘子再三挥摄着到了婆婆屋里，使性蹦气的磕了两个头，回自己的房里来了，吃了晚饭，睡了一夜。(《醒世姻缘传》)

（35）说定明日汇了银子，由秋谷经手付与书玉，又数说了厚卿几句，便回自己房间里来。(《九尾龟》)

成词之后的动词"回来"经常和其他动词一起构成连动短语，用作连动式的后项。如：

（36）好教万岁爷爷得知，奴婢等昨晚随侍赏灯回来，在东华门外拾得一个失落的孩子，领进宫来。(《二刻拍案惊奇》)

（37）剑客将他捆上，左手提着虎尾三节棍，右手提着朱甘棠，转身回来，将朱甘棠向地下一扔。(《三侠剑》)

上述格式的出现都表明动词"回来"的用法日益成熟。这些用法也一直沿袭到现代。如：

（38）他刚从外地回来。

（39）他刚出去，一时半会还回不来。

2.4.3 从一般动词到趋向动词"回来"

"回来"在唐代从动补短语词汇化为单一动词"回来"，之后又发生进一步的演变，语法化为趋向动词"回来"，用在另一个动词后面做补语，表示"到原来的地方来"，表动作趋向。不过，在唐代只检索到极少的用例。如：

（40）送回来，男女闹，为分财物不停怀愕（懊）恼。
(《敦煌变文集新书》)

在宋代，如《朱子语类》等文献中就有不少单音动词后用"回来"的用例，形成"V回来"。如：

（41）不是如一件物事，放去了又收回来。(《朱子语类》)

（42）九上更去不得了，只得变回来做八。(同上)

（43）这个也不须苦苦与他为敌。但才觉得此心随这物事去，便与他唤回来，便都没事。(同上)

（44）阳不可过，则不能及六五，却反回来六二上面。(同上)

（45）谓如方推原其始初，却折转一折来，如回头之义，是反回来观其终也。(同上)

（46）待我取回来，即向你道。(《古尊宿语录》)

明清时期"V回来"使用普遍,其中动词V一般为表示位移的动作动词,如"走、跑、奔、绕、飞"等,形成"飞回来、跑回来、送回来","回来"表示趋向的意义非常明显。如:

(47)黄凤仙心生巧计,兜转马走回来。(《三宝太监西洋记》)

(48)不多时,见自实复走回来,脚步懒慢。(《初刻拍案惊奇》)

(49)王家家僮们在县里打听消息,得知家主已在监中,唬得两耳雪白,奔回来报与主母。(同上)

(50)直到次日晌午,那程师爷才赶回来。(《儿女英雄传》)

(51)公子得了这句话,上了驴儿又跑回来。(同上)

(52)舅太太年前忙忙的回家走了一荡,料理毕了年事,便赶回来。(同上)

(53)我都要去见识见识,一直逛到香山,再看看燕台八景,从盘山一路绕回来,撒和撒和。(同上)

(54)小的有个哥哥,叫霍士端,在外头当长随,新近落了,逃回来了。(同上)

"回来"做趋向补语时前面的动词多是单音动词,也有少量双音动词,或动词短语带趋向补语"回来"的用例。但这种用法在现代汉语中近乎消亡。如:

(55)求放心,不是别有一物在外,旋去收拾回来。(《朱子语类》)

(56)太宗惊醒回来,原来是个南柯一梦。(《三宝太监西洋记》)

(57)一会儿丞相醒将回来,看见个太宗皇帝陪他坐着,就吓得他浑身是汗,遍体生津。(同上)

(58)蜀中张氏之子,果收拾回来,此乃数年绝望之后从天降下来的,岂非天锡?(《二刻拍案惊奇》)

明清时期，出现"V了回来"格式。如：

（59）襄敏送了回来，合家欢庆。（《二刻拍案惊奇》）
（60）你等去未多时，如何一齐跑了回来？（同上）
（61）主人一瘸一簸把客送了回来。（《儒林外史》）
（62）我便探身往山涧下一望，也不得些情形，只得顺着牲口的脚踪找了回来，见那牲口脚踪儿踹的散乱，直奔了这庙里来。（《儿女英雄传》）

还出现"V回O来"格式。如：

（63）又且见有许多官券拿回家来，问其来历，说道是太守助的花烛之费，一发支持有余，十分快活。（《二刻拍案惊奇》）
（64）我把选书的九十几两银子给了他，才买回这个东西来。（《儒林外史》）

这种表达方式一直到现代汉语还用。如：

（65）买回一本书来。

另外，清代随着"回来"趋向动词用法的扩展，趋向补语"回来"前面还可以是隐含位移义的买卖类动词，如"买、兑、赎"等。如上例（64），再如：

（66）进宝便把外间的事情分拨已定，请公子在那借约上画了押，把银子兑回来。（《儿女英雄传》）
（67）我们眼下就要赎的，此时查明白了，日后庄佃一概不动；不然，等赎回来，我家却要另自派人招佃。（同上）

清代以后"V回来"中的动词V还可以是言说义动词"说"，形成"说回来""话又说回来"等。如：

（68）是我抹着良心说话，你逼我老师打菊花村，老师名誉从此付流水。再说回来，胜英手下能人甚多，还未必胜。(《三侠剑》)

（69）且想想，我们而今是什么门第？不自羞辱，还要想做官儿咧！话又说回来，做官原不当论门第。(《宋代十八朝宫廷艳史》)

（70）今天刚升为教师，立刻有人前来寻问，世态炎凉娴！话可又说回来了，求人者常畏人，受人求者常骄人。(《雍正剑侠图》)

（71）这孩子自幼儿一出世，就仰仗着师门，将来在绿林道不好混呐！再又说回来了，有愚兄在这镇着，谁敢？(同上)

（72）必须请我二叔，求老爷子帮帮忙，这事才能好办。话又说回来了，您是个出家人，虽说七星山是您的近山、近邻，您也不能拿过来。(同上)

（73）大爷，为我师父的事情，担点风险也不要紧。话说回来，两国相争不伤来使，何况我们武林同道的规矩呢！(同上)

这主要是因为买卖类或言说类动词虽然不是直接表示位移，但都有一个物品或信息转移的过程，都可以说是一种特殊的位移，这是位移动词的一种隐喻扩展。实际上，"说回来""话又说回来"等已具有话语标记的性质。

2.4.4　小结

"回来"原本是一个动补短语，后来词汇化为一个单一动词，在句中作主要谓语，成词后用法有所发展；而当其前面再出现一个语义较实的动词时，句法位置的变化及语义等原因促使其进一步语法化为趋向动词，形成"V回来"。其中V大多是单音动词，以表示位移的动作动词为主，后来随着"回来"趋向补语用法的扩展，V还扩展为买卖类或言说类动词，"回来"进一步虚化，这主要是其位移用法的隐喻扩展所致。

2.5 "开来"的词汇化和语法化

2.5.1 引言

"开来"是否属于趋向动词，有不同的观点，赵元任（1979）、朱德熙（1982）、刘月华（1998）、吕叔湘（1999）等的趋向动词包括"开来"；丁声树（2002）的趋向动词中不含"开来"。《现代汉语词典》（2005）第5版没有收录"开来"，而《现代汉语词典》（2012）第6版之后则收录"开来"。可见，此前人们对"开来"作为词的地位及性质有不同看法。我们认为"开来"可用在动词后做补语，可以看作是趋向动词。根据对北京大学语料库的检索发现，"开来""开去"用于动词后面做补语的用例不在少数，所以有必要承认其为独立的词。

"起来、上来、下来、过来、出来、进来、回来"等既有一般动词的用法，又有趋向动词的用法，后者是在前者的基础上演变而来的，而"开来"作为词没有一般动词的用法，只有趋向动词的用法（《现代汉语词典》第6版）。

关于趋向动词"开来"的语法意义，《现代汉语八百词》（1999）认为其用在动词后表示分开、展开意义，而《现代汉语词典》（第6版）指出其除了表示分开、扩散、放开外，还可表示开始并继续下去。我们认为"开来"既有趋向义、结果义，还有状态义。下文主要考察"开来"的形成及语法化过程。

2.5.2 类推促使"开来"语法化为表趋向的趋向补语

《说文》："开，张也。"本义是开门，后引申泛指开启、打开。如：

（1）以<u>开</u>百室，百室盈止，妇子宁止。（《诗·周颂·良耜》）

第二章 "过来、出来、进来、回来、开来"的词汇化及语法化

"开来"最初连用在唐代。① 如：

（2）合惧马门阗地开来，放出大军。(《敦煌变文集新书》)

这里的"开来"似乎已是由动补短语词汇化而形成的单一普通动词"开来"，表"打开"义。但因为这样的用法并不多见，之后也没有延续下来。

据考察，"开来"用作趋向动词，始于北宋话本，但用例很少，仅见两例：

（3）却说魏生接书，拆开来看了，并无一句闲言闲语。(《错斩崔宁》)

（4）若是蓄积处多，忽然爆开来时，自然所得者大，易所谓"何天之衢亨"，是也。(《朱子语类》)

在宋代的语料中，虽然只检索到两例"V＋开来"，但是"开来"可认为是趋向补语，理由有二：

一是复合趋向动词在这个时期发展得相当迅速，而且，这一时期已经出现比较多的"V＋开去"用法，所以"V＋开来"可以认为是类推的结果；

二是从这两个用例本身分析，"拆开来"中动词"拆"表示把信封分开并使得"信"展现出来，"爆开来"则有"从一点到多方位"的空间扩展意味。这些搭配在句法语义上都是较为和谐的。

2.5.3 "开来"趋向补语用法的发展与成熟：结果义和状态义

在明代小说中，"开来"做趋向补语已成熟，与之结合的动词也更加多样，如"拉、扯、打、站、劈、排、展、分、睁（眼睛）、张（口）、铺、

---

① 在六朝《全梁文》中有一例"开来"："后有外国沙门释法开来，称彼国众圣所记，云东方有二石像，及阿育王塔，若能恭往礼觐……"但这里的"开来"是"动词＋名词"的动宾短语，与趋向动词"开来"无关。

取、推、挖、撬、揭、锯、解、传播、走、放、搭配、剪、抖、炸裂"等。如：

（5）看官听说，若是此时说话的在旁边一把把那将军扯了开来，让他每讲一程话，叙一程阔，岂不是凑趣的事？（《二刻拍案惊奇》）

（6）把个桃树桩按乾、坎、艮、震、巽、离、坤、兑的八卦方位摆开来，用八个青童，头上贴着甲马，手里拿着槌儿不住的打。（《三宝太监西洋记》）

（7）忙将这片小毡揭将开来，正要藏身进去，猛可里一个人在洞里钻将出来，那一惊可也不小。（《二刻拍案惊奇》）

（8）贫僧把这个数珠儿散开来，大约以四只船为率，每四只船共一颗珠儿，各教以取水之法，俟回朝之日付还贫僧。（《三宝太监西洋记》）

例（5）"把将军扯了开来"，意思就是使将军离开原来的位置；例（6）"把……摆开来"表示这些受事按照一定的顺序铺展开来，使其在空间上有所扩展；例（7）通过"揭"把原本隐藏东西的"洞"显现出来；例（8）"散"也代表了一类词，和"开来"结合表示使原本在一起的东西向不同的方向扩散出去。

这时的"V＋开来"不仅可以表示趋向位移，而且还可以表示结果。如：

（9）人静之后，使君悄悄起身，把自己船舱里窗轻推开来。（《二刻拍案惊奇》）

（10）司法把门推推，推不开来；用手敲着两下，里头虽有些声响，却不开出来。（同上）

例（9）通过动作"推"使得原本闭合的"船舱里窗"开了，有位移义特征；例（10）则表示的是"推"的结果，没能把门打开。

这一时期 V 和"开来"的结合还呈现出更多形式，如它们之间有时还有宾语。如：

（11）解开来，只见一团绵裹着寸许大一颗夜明珠，光彩夺目。（《今古奇观》）

（12）我且解他的衣服开来，虽是死的，也弄他一下，还此心愿，不枉把性命赔他。（《二刻拍案惊奇》）

（13）左右虞候看见本官发怒，乱棒打来，只得闪了身子开来，一句话也不说得，有气无力的，仍旧走回下处闷坐。（《今古奇观》）

第（11）中动补结合得紧；例（12）则之间插了宾语，而且还是个短语结构；例（13）也是有名词宾语在其中。事实上，像后两例的用法在现代汉语中很少见，现代一般用"把""使"等词语把宾语提到动词前面。

到清代，"v+开来"的使用范围较前朝进一步扩展，出现"摊、崩裂、传染、施展、松"等以前没有的动词，和现代汉语已经没有什么区别。如：

（14）说着便把桌子上的那一大卷钞票，一张一张的摊了开来，给阿小妹看，一古脑儿统统是五十块的。(《九尾龟》)

（15）他不曾提防，忽向后面一个坐地跌落下去，就此伤动五脏，所有心、肝、脾、胃、肾，全个儿崩裂开来，登时就死于非命。（《乾隆南巡记》）

（16）这放爆竹是湖南的风气，这里湖南人住的多了，这风气就传染开来了。(《二十年目睹之怪现状》)

（17）却说铁拐先生施法，将孟姜女的碎肉先凝聚成块，再把它分析开来，化成无数洁白细长的小鱼，齐齐对着铁拐先生点头而散。（《八仙得道》）

（18）马玉龙气往上撞，这才把八仙剑的门路施展开来，走到七、八个照面，一剑把曹泰的判官笔削断。（《彭公案》）

清代"开来"用在动词后边表示结果更加普遍,有了肯定形式和否定形式这样的可能式。如:

(19)一连三日,街上堆积四五尺高,连门都开不开来。
(《七剑十三侠》)
(20)出了花园,向东转去,只一箭之遥,进了月洞门,顺手转弯,见一带屋宇,中间的墙壁是假的,可以推得开来,进去就是了。(同上)

清代以后,"V+开来"相较以前没有太大的变化,只是和"开来"同现的动词更加多样,出现"散步、传布、舒展、翻掀、凿、传播、四散、分散、吵吵嚷嚷、蔓延、传"等。如:

(21)天刚拂晓,马士良见从五色云中下来一位仙女,走到水滨,用金槌玉版,连扣数下,水中立刻有青莲涌出,每叶都舒展开来。(《古今情海》)
(22)单是几座大山,凿它开来,工程已不小呢!(《上古秘史》)
(23)小太监们便在街市上挂出了纱灯,又令那乐工、宫人等扮作耍杂技的、唱戏的,店铺主人等各种人,吵吵嚷嚷开来。(《武宗逸史》)

这时出现"开来"放在某些动词之后,表示动作的开始并持续,如:

(24)立刚被伯宁一说,心花又怒放开来了。(《明代宫闱史》)
(25)如果张永知道马肚带被割,必然疑心于我,细查开来,自会露马脚。(《武宗逸史》)

及至现代汉语中,"开来"除了后附动词表示状态出现并延续外,还可扩展至某些形容词的后面,表示一种状态的出现和延续。如:

(26)妈妈一大早就忙活开来了。

（27）听完电话她又不由自主地乐开来了。

（28）再也不会被孤独纠缠，我也时常欢喜开来。

（29）这些网络流行语近来也就流行开来了。

通过对语料的检索，出现诸如"松散开来、疏远开来、膨胀开来、荡漾开来、涣散开来、明朗开来、散漫开来、蓬松开来"等搭配。

2.5.4 小结

关于"开来"是否属于趋向动词，有不同的看法。我们认为"开来"可归入趋向动词，只是它在现代汉语里没有一般动词的用法，只有趋向动词的用法。宋代"V开来"中的"开来"已成为趋向补语，这很可能是受其他趋向动词语法化类推的结果。明代以后，趋向补语"开来"不仅可表趋向，还可表结果义。到清代和现代，"开来"还可用在某些动词或形容词后，表示状态义。

第三章

"到来、往来、外来"的词汇化

3.1 引言

汉语中表示趋向义的趋向动词"来",除了可以和同样表示趋向的动词"上、下、进、出、回、过、起、开"等结合构成双音趋向动词"上来、下来、进来、出来、回来、过来、起来、开来"等外,还构成诸如"到来、往来、外来"等并不表示趋向的双音"X 来",而只是词汇化为普通的动词或形容词,其中"到来、往来"可看作一般动词,在句中主要做谓语,而不像"起来"等可做趋向补语,"外来"则为形容词或区别词、属性词,主要做定语。这一小类"X 来"的词汇化尚未见详细研究。

3.2 "到来"的词汇化

3.2.1 "到""来"连用形成同义并列的动词性短语"到来"

《说文》:"到,至也。从至刀声。都悼切。"本义为"来到;到达"。《尔雅·释诂》:"到,至也。"《疏》:到者,自远而至也。《诗·大雅》:"靡国不到。"如:

(1)民到于今称之。(《论语·季氏》)
(2)蹶父孔武,靡国不到。(《诗·大雅·韩奕》)

而"来"在先秦的基本义也是"至",《尔雅·释诂》:"来,至也。""来"

的含义是"（由别处而）至"，做动词表示"由彼及此，由远到近"之义。如：

（3）出入无疾，朋来无咎。（《易·复》）

因为"到"和"来"在"至"义上相同，最初连用的"到来"是一个同义并列的动词性短语，在句中做谓语。如：

（4）父母诸弟衰绖到来迎丧，去精舍数里，遇汉直与诸生十余人相追。（应劭《风俗通义》）
（5）菩萨不作罪亦不畏罪，宿命到来怨家债主至。（《佛说菩萨内戒经》）

因"到来"是同义并列，语形还不固定，还有同素异序的"来到"。如：

（6）纲带文剑，被羽衣，从士百余人来到。（《后汉书》）
（7）真人但安坐深幽室闲处，念心思神，神悉自来到。（《太平经合校》）
（8）上皇气悉来到，助德君治矣，□□不负六真人也。（同上）

清代也偶见这样的用例：

（9）有朋自远方来到。久闻仁兄，善与人交。
（《白雪遗音·马头调·四书注》）

在随后的语言发展中，"到来"和"来到"分别词汇化为单一动词，语义基本接近，都表示"来临"之义，在现代汉语中都使用，但却在语法功能上有了具体分工的不同："到来"词汇化为不及物动词，后面一般不能带宾语，一般用在句子末尾，形成"NP 到来"结构；而"来到"则为及物动词，后面一般要带处所宾语，形成"NP 来到 NL"结构。

3.2.2　动词"到来"的形成与发展

及至唐代，"NP 到来"使用频率明显增加，在多种文体中都有出现，这为它词汇化打下了基础。如：

（10）为求五台供，就李德船却归日本去，年年将供料到来。
（《入唐求法巡礼行记》）

（11）前遣楚州取文书功德等使，大使家人高山到来，得楚州译语刘慎言书。(同上)

（12）十一月七日。睿山上座仲晓、师僧慈睿、僧玄皎到来，云：特来迎接。（同上）

（13）为子取食到来，何故不相就食?（《敦煌变文选》）

（14）王陵心口思惟：莫遭项羽毒手？道由未竟，灌婴到来。（同上）

（15）陵亲见庐官到来，拔霸王剑自刎身终。（同上）

（16）菩萨到来不逢，便是采莲人去。（《敦煌变文集新书》）

（17）天王及其眷属，座前合掌，听法闻经，忽见居士到来，尽被他家呵责。（同上）

（18）火宅门前化诸子，到来齐上天牛车。（同上）

（19）师云："驴使未了，马使到来。"（《祖堂集》）

（20）三五日间，有大菩萨人到来，为和尚说法。（同上）

（21）唯有老到来，人间无避处。（《白居易诗全集》）

（22）今到普照游，到来复何别？（李白《普照寺》）

与此同时，"NP到来"中"到来"前还出现大量做状语的副词"既、忽、总、尽、早"等，形成"NP＋副词＋到来"，这些都促使"到来"词汇化。如：

（23）替人既到来，条录相分付。（《王梵志诗》）

（24）无常忽到来，知身在何处？（同上）

（25）忽然智惠（慧）风吹了，万种分身总到来。（《敦煌变文集新书》）

（26）多异事，实奇哉，蠢动含灵尽到来。(《敦煌变文集新书》)

（27）门外忽闻啼哭也，慈母奔波早到来。(同上)

除了单音副词外，还有双音副词"悉皆、忽尔"等。如：

（28）云务陡暗，应是山间鬼神，悉皆到来。(《敦煌变文选》)

（29）死王忽尔到来，前路有何次第。(《敦煌变文集新书》)

还出现否定副词"不"。如：

（30）"和尚为什摩不知？"云："春秋不到来。"(《祖堂集》)

至此"到来"已词汇化为一个单一动词，表示"来临"。

宋代，"到来"词汇化进一步成熟，主要体现在两点，一是处于谓语位置的"到来"广泛使用。如：

（31）时有僧问："生死到来，如何免得？"(《五灯会元》)

（32）问忽遇禅师到来，向伊道什么。(《古尊宿语录》)

（33）但得雪消去自然春到来，莫道日出东方夜落西。(同上)

更重要的一点是"到来"功能进一步扩展，由谓语中心转移为可做定语，主要是用在时间名词"时"之前，形成"到来时"及"到来后"。如：

（34）问头头到来时如何。(《古尊宿语录》)

（35）问："学人未到来时如何。"师云："疑杀老僧。"进云："到来后如何。"(同上)

（36）问："生死到来时如何。"师曰："青布裁衫招犬吠。"(同上)

（37）问："生死到来时，还免得否。"师云："饥时吃饭，寒则著衣。"(同上)

(38)问:"无常迅速不与人期,忽若到来时如何?"师云:"速问速问。"(《古尊宿语录》)

这种用法的"到来"一直延续到现代汉语,成为"到来"的用法之一。

之后,从元到清代"到来"主要做谓语,但有两点较大变化。一是较之唐宋,所在的句子格局更为复杂,由原先主要用在单句或简单句全句句末结句变为可用在复杂句的前一小句,后面多有后续句。如:

(39)忽然喊声后起,乃刘繇接应军到来,约有千余。(《三国演义》)

(40)将军可命军士伏于瓮城边,只作接他,待马到来,一刀斩之;某在城上射住后军,大事济矣。(同上)

(41)六老雇了两个人,抬了这具棺材到来,盛殓了妈妈。(《初刻拍案惊奇》)

(42)有人答道:"殷家大公子到来,留住吃饭,故此忙。"(同上)

(43)贾秀才邀李生饮酒。李生到来,心下怏怏不乐。(同上)

(44)不知老爷到来,多有得罪。(《儒林外史》)

(45)先是贾琏、贾蔷到来,先看了各处的座位(《红楼梦》)

(46)板儿心里喜欢,便要回去,又见好几匹马到来,在门前下马。(同上)

(47)他一到来,到处蜂围蝶绕,他也乐得来者不拒。(《孽海花》)

(48)行踪已在无意中探得,又接到了党中要电,醉翁之意不在酒,但既已到来,也只好招呼摆起台面,照例的欢呼畅饮。(同上)

二是仍是和原先一样,主要用在单句或简单句句末,但是动词"到来"并不直接结句,后面还出现结句的语气助词"了",形成"到来了"。如:

（49）两人正说着，门上的进来回道："江南甄老爷到来了。"（《红楼梦》）

这种变化也体现在当时对一些口语会话书的注释上。如：

（50）咱们疾快行动著，比及到那里寻了店时，那两个到来了也。（《老乞大谚解》）

（51）这个朋友就是那个，昨儿个才到来了。(《老乞大新释》）

（52）咱们快快走罢，比及到那里寻了店，后头的那两个也好到来了。（同上）

（53）咱们买些甚么回货去好，你看这涿州去，做买卖的火伴已到来了。（同上）

及至现代汉语，这些用法都基本保留。如：

（54）女儿上小学时，每当这些节日到来，学校都会安排学生们在课堂上制作节日礼物。

（55）这一天终于到来了。

3.2.3　现代汉语中动词"到来"指称性的增强

除用作谓语表示较强的陈述性外，在现代汉语中，"到来"的指称性也在某种程度上有所增强，主要是用在"NP的到来"中，做句子的主语和宾语。如：

（56）这个继母的到来，使佐川清的生活发生了彻底的变化。

（57）李小龙的这次到来在好莱坞引起了不小的轰动。

（58）知识经济的到来，社会经济的发展增强了对劳动者知识的依赖。

以上是做主语。

（59）社会对化学科学发展的作用的产物，对化学本身而言是一个新阶段的<u>到来</u>。

（60）他们这时还是保持着那农人特有的镇静去做着防御那大的灾难的<u>到来</u>。

（61）她对考试总是有着一种冲动，总是盼着考试日期的<u>到来</u>。

以上是做动词宾语。

（62）随着一个欣欣向荣的财富时代的<u>到来</u>，这成了许多人想知道并感兴趣的话题。

（63）李小龙对严镜海的<u>到来</u>并没有感到太大的压力，而是淋漓尽致地将自己的功夫展示出来。

（64）为巩固、发展社会主义事业，争取共产主义社会的<u>到来</u>而努力奋斗。

以上是做介词宾语。

"到来"构成的短语做定语的比例也有所增长。随着汉语的发展，主要由古代的"到来时"变为"到来的时候"。如：

（65）每次期末大考<u>到来</u>的时候，不少同学都紧张得要命。

（66）有一段时间熊市<u>到来</u>的时候，大家不看成长而看价值。

（67）每当考试<u>到来</u>的时候，她们一起制定复习攻关计划。

另有"到来之时、到来之前"等用法。如：

（68）每次期末大考<u>到来</u>之时，别的同学紧张得要命，她却开心得喜出望外。

（69）每次期末大考到来之前，她都会到我家和女儿一起复习。

3.2.4 "到来"与"来到"的竞争分工

值得注意的是，"到来"在词汇化过程中，曾一度出现及物动词的用法，"到来"可带名词性宾语，主要是表示处所的词语。如：

（70）侍儿夜间房中并没有人说话，只侍儿与养娘们闲消遣，却有甚人到来这里！（《醒世恒言》）

（71）今上皇帝差个洪太尉赍擎丹诏御香，到来山中。（《水浒传》）

（72）行非一日，不觉到来三叉路口。（《封神演义》）

（73）先一日，就诸老先生到来祠中斋戒一宿，以便行礼。（《儒林外史》）

（74）说起方才的话来，便有新近到来最善大棋的一个王尔调说道……（《红楼梦》）

但这种可带宾语（主要是处所宾语）的用法在现代汉语中并没有延续下来。究其原因，可能是跟"来到"竞争分工的结果。"来到"最初也是并列短语，和"到来"功能基本一样，二者最初可以互换。如：

（75）章到，乃设飨会，而延谒纲。纲带文剑，被羽衣，从士百余人来到。（《后汉书》）

但"来到"后来发展为可带宾语。如：

（76）豫州刺史郭贡率兵数万来到城下，求见彧。（《后汉书》）

随着使用频率的增加，"来到"词汇化为一个及物动词，这就和"到来"词汇化为不及物动词有了明显的分工，二者再不能互换。如：

(77)理既尽之后,谓如一物初不曾识,来到面前,便识得此物,尽吾心之理。(《朱子语类》)

(78)一似汉唐之衰,弄得来到那极弊大坏时,所以言"元亨"。(同上)

(79)万一房人来到面前,无以应之,不若退避耳。(同上)

(80)我没有来到这里就晓得你们兴国州的百姓健讼!(《官场现形记》)

一直到现代汉语,"到来"和"来到"的这种区分都非常明显。如:

(81)于是婉婉曲曲修了一封书,差自己的大儿子趁了船一直来到湖北省城。

(82)在阔客人来的第二天下午,大老杨也骑着马来到我们的店里。

3.3 "往来"的词汇化

3.3.1 反义并列的动词性短语"往来"

《说文》:"往,之也。"《玉篇》:"往,行也,去也。"如:

(1)素履往无咎。(《易·履》)

(2)汝往哉。(《书·舜典》)

"往"是"去"之义,由此至彼,由近到远;"来"是由彼至此,由远到近,与"去""往"相对。因此,"往"和"来"在语义上正好相反,二者往往并列对举。最初连用的"往来"是一个反义并列的动词性短语,表示"去和来"。如:

(3)憧憧往来,朋从尔思。(《易·咸》)

(4)礼尚往来。往而不来,非礼也。来而不往,亦非礼也。(《礼·曲礼》)

（5）夫是故阖户谓之坤，辟户谓之乾，一阖一辟谓之变，<u>往来</u>不穷谓之通。(《易·系辞上》)

（6）牧协职，工协革，场协入，廪协出，是则少多、死生、出入、<u>往来</u>者皆可知也。(《国语》)

（7）怯勇无常，倏忽<u>往来</u>，而莫知其方，惟圣人独见其所由然。(《吕氏春秋》)

（8）楚公子弃疾如晋，报韩子也……<u>往来</u>如是，郑三卿皆知其将为王也。(《左传》)

（9）荏染柔木，君子树之。<u>往来</u>行言，心焉数之。(《诗经》)

这里的"往来"都是"一往（和）一来"的意思。

"往"和"来"还可构成同素异序的动词短语"来往"。如：

（10）精交接以<u>来往</u>兮，心凯康以乐欢。（宋玉《神女赋》）

不过，"往来"比"来往"出现得要早，而且使用频率更高一些，即便到现代汉语中，也是如此。

3.3.2 单一动词"往来"的形成

随着"往来"使用频率的增加，语义上很自然地由部分的动作义"一去和一来"演变为表示整体的事件"来去，往返"义，通过整体指代部分的转喻，动词性短语"往来"就词汇化为单一动词"往来"。如：

（11）贤人之不远海内之路，而时<u>往来</u>乎王公之朝，非以要利也，以民为务故也。(《吕氏春秋》)

（12）特相会，<u>往来</u>称地，让事也。(《左传》)

（13）身在乎秦，所亲爱在于齐，死而志气不安，精或<u>往来</u>也。(《吕氏春秋》)

（14）又有君大夫之远使于巴越齐荆，往来及否，未可识也。(《墨子》)
（15）里中父老小不举守之事及会计者，分里以为四部，部一长，以苛往来不以时行、行而不他异者，以得其奸。(同上)
（16）空队、要塞之人所往来者，令可口迹者无下里三人，平而迹。(同上)
（17）有鼠窜，为之户及关龠独顺，得往来行亓中。(同上)

以上"往来"都是"来去，往返"义，而不是"一往和一来"义，可以是多次或习惯性往来。这一用法沿袭至后世。如：

（18）是时府在西成，去家七百余里，休谒往来，转景即至。(《隶释·汉仙人唐公房碑》)
（19）惆怅羸骖往来惯，每经门巷亦长嘶。(温庭筠《经李征君故居》)
（20）还是快点印出的好，否则，邮件往来，又是许多日子。

之后，经过进一步从具体到抽象的隐喻，从"来去，往返"义动词又演变为更为抽象的"交往，交际"义动词。如：

（21）邻国相望，鸡犬之声相闻，民至老死不相往来。(《老子》)
（22）独与天地精神往来，而不敖倪于万物。(《庄子》)
（23）若舍郑以为东道主，行李之往来，共其乏困，君亦无所害。(《左传》)
（24）交贽往来，道路无壅；谋其不协，而讨不庭。(同上)

这种用法也沿袭至今。如：

（25）高肇之盛及清河王怿为宰辅，廞皆与其子侄交游往来。(《魏书·刘廞传》)
（26）衡山甚好，只是与人没往来。(明·何良俊《四友斋丛说·史四》)

（27）祖父偶尔也跟唱小旦的戏子往来。

3.3.3 转喻和隐喻在"往来"词汇化中的作用

可以看出，在"往来"词汇化的过程中，从反义并列短语到单一动词，从"往和来"到"来往，往返"再到"交往，交际"，语义也由具体变为抽象。这其中的认知机制主要是转喻和隐喻在起作用。从短语"往来"到"来往，往返"义动词"往来"主要是转喻机制，从"来往，往返"义动词"往来"再到"交往，交际"义动词"往来"主要是隐喻机制。

因为"往"和"来"是反义关系，这两个语素可以构成一个完整的语义场，正好都处在一个语义场的两端或两面，因而很容易被推向极端，从而概括整个语义场。转喻是基于相关性从一个认知域到另一个认知域的过渡。正是通过整体指代部分的转喻机制，从短语"往来"词汇化为"来往，往返"义动词"往来"。

隐喻是基于相似性从一个认知域到另一个认知域的投射。当"来往，往返"义动词"往来"形成后，正是通过从具体到抽象的隐喻过程，再进一步词汇化为"交往，交际"义动词"往来"。

3.3.4 "往来"和"来往"词汇化基本一致

"往来"和"来往"词汇化的过程并没有形成同素异序词对立，它们的演变过程和路径基本一致，用法也基本一致。"来往"后来也演变为"来去，往返"义动词。如：

（28）大章按步以来往，夸父振策而奔走。（李白《大猎赋》）

（29）昔与雁同归，今来雁北飞。殷勤祝过雁，来往莫相违。（刘基《途中见去雁》）

（30）天空腾起更多小燕子，来往回旋，每架后尾都拖着道白烟。

并且之后也进一步演化为表示"交往,交际"义动词"来往"。如:

(31) 与之语,虽不尽解,要自胸中无滞碍,以为难得,因与来往。(韩愈《与孟尚书书》)
(32) 贾政听了,心想:"和老赵并无来往,怎么也来?"(《红楼梦》)
(33) 我不明白你为什么跟这种东西来往?

二者在用法及使用上并不像"到来"和"来到"那样有非常明显的差异,而是基本一致。要说二者最大的不同,就在于使用频率的高低上。因为"往来"成词早于"来往",使用频率也高于"来往",在现代汉语中表示同样意义的"往来"比"来往"使用范围更多更广一些。据北京大学语料库统计,二者在古代和现代的用例分别为 8090∶2447 和 11560∶5616。

3.4 "外来"的词汇化

3.4.1 最初的"由/从外来"

《说文》:"外,远也。卜尚平旦,今夕卜,于事外矣。"原本是会意字,从夕,从卜。通常在白天占卜,如在夜里占卜,表明边疆(外)有事。《礼记·曲礼》:"凡卜筮日旬之外曰远。""外"本是方位名词,本义是外面,外部,与"内"相对。如:

(1) 义以方外。(《易·坤卦文言》)
(2) 礼也者,动于外者也。(《礼·祭义》)
(3) 六合之外,圣人存而不论。(《庄子·齐物论》)

方位名词"外"与趋向动词"来"组合最初是在"由外来""自外来""从外来"等结构中,其中"由外、自外、从外"分别组成介宾短语做动

词"来"的状语,"来"是句子的主要谓语。"外"与"来"虽形式紧邻,却不在一个层面。先秦时的用例如:

(4) 或益之。自<u>外来</u>也。(《周易》)

(5) 善不由<u>外来</u>兮,名不可以虚作。(《楚辞》)

(6) 食自<u>外来</u>者,不可不试也。(《穀梁传·僖公》)

(7) 主人在东方,由<u>外来</u>者在西方。(《礼记·丧大记》)

(8) 杜蒉自<u>外来</u>。(《礼记·檀弓下》)

(9) 其妻问之曰:"公从<u>外来</u>而有不乐之色何也。"(《韩非子·十过》)

(10) 而良人未之知也,施施从<u>外来</u>,骄其妻妾。(《孟子·离娄章句下》)

还有"道外来",其实也是"从外来"的意思。如:

(11) 候者望见乘车若骑卒道<u>外来</u>者。(《墨子》)(《墨子间诂》:"道,亦从也。")

先秦直到六朝中古时期,大多都是这种格局。如:

(12) 旦[九]日客从<u>外来</u>,与坐谈。(《战国策》)

(13) 一者夫从<u>外来</u>,当起迎之。(《佛说尸迦罗越六方礼经》)

(14) 君子之累害,与彼不育之物、不御之饭同一实也。俱由<u>外来</u>,故为累害。(王充《论衡》)

(15) 桓式年少,从<u>外来</u>,云:"向从阁下过,见令史受杖,上捎云根,下拂地足。"(《世说新语》)

(16) 昔有一人与他妇通,交通未竟,夫从<u>外来</u>,即便觉之。(《百喻经》)

3.4.2 介词"从"的省缩与短语"外来"的形成

因为"从外来"长期连用,逐渐形成一个比较固定的结构。另外,"外"本身语义是"外面,外部",与"内"相对,语义本身就隐含了处所来源,因此表示介引处所来源的介词"从"就可能省略,形式上成为"外来"。在六朝时出现少量的用例。如:

(17)臣闻声问过情,孟轲所耻,况声非外来,问由己出。(《全刘宋文》)

(18)并时物之可怀,虽外来而非假。(《全梁文》)

这里的"外来"似仍是短语,还没有凝固成词,在语法功能上和"(从)外来"一致,"来"仍是动词,"外来"在句中做谓语。唐宋时的用例如:

(19)愚人忽悟真说,智人不是外来。(《祖堂集》)

(20)旬时,士儒又张灯,见一妇人外来,戏烛下,复为士儒擒焉。(《太平广记》)

(21)后闻鬼外来,发盆取糜。(同上)

(22)亦学似浣垢衣。衣是本有,垢是外来。(《古尊宿语录》)

(23)僧问:"和尚是善知识,为什么有尘?"州云:"外来底。"(同上)

3.4.3 句法位置和功能的变化与形容词(属性词)"外来"的形成发展

及至唐代,随着"外来"的固化,其句法位置和功能也出现变化和扩展,从谓语中心移至名词之前定语位置,由"NP 外来"演变为"外来 NP"。"外来"这种本质性的功能变化为它词汇化奠定了基础。如:

(24)药山曰:"大奇大奇,外来青风冻杀人。"(《祖堂集》)

(25) 且太伯外来之君，非其地人也。若以外来言之，则大禹亦巡于此而葬之矣。(《三国志》裴注)

宋代，"外来 NP"的使用频率越来越高，原先做谓语的用法反而不常见。"外来"逐渐词汇化为一个单一的形容词，表示属性，语义由原先的"从外来"演变为"从外来的"。如：

(26) 缘这道理，不是外来物事，只是自家本来合有底，只是常常要点检。(《朱子语类》)

(27) 此皆外来意。凡立说须宽，方流转，不得局定。(同上)

另外，"外来"与所修饰的名词之间还可以加上结构助词"底(的)"，形成"外来底 NP"，而"底(的)"最主要的功能之一便是用在定语后面，标明定语和中心词之间是领属关系。这更表明"外来"已成为一个单一的形容词，表示"从外地、外族或外国来的；非固有的"。如：

(28) 敬是守门户之人，克己则是拒盗，致知却是去推察自家与外来底事。(《朱子语类》)

(29) 惟圣人能提出此心，使之光明，外来底物欲皆不足以动我，内中发出底又不陷了。(同上)

明清时期，"外来"词汇化更加成熟，有进一步发展。"外来 NP"和"外来的 NP"越来越多。如：

(30) 然不是生成的，恰似有外来妨碍，原可趋避。(《初刻拍案惊奇》)

(31) 小子是外来的人，不敢不让本国的体面，所以故意输与他，岂是棋力不敌？(《二刻拍案惊奇》)

(32) 那快手合主人家岂有不怕本官上司，倒奉承你这两个外来的

穷老?(《醒世姻缘传》)

(33)我侧近边曾不见有你这人,若是<u>外来</u>的远人,如何得来的恁蚤?(同上)

(34)我们二人是九龙山的寨主,<u>外来</u>的船不许奔闸口,你在此处等候,不许远离。(《三侠剑》)

(35)我是个姑娘,焉能在山内跟<u>外来</u>男子说话呢?(同上)

(36)近日此地有一<u>外来</u>恶棍,姓雷,名洪,混名雷老虎。(《乾隆南巡记》)

(37)前月有个<u>外来</u>的知县,肯送千金给他师傅,要他陪睡一夜。(《孽海花》)

另外还有"外来的朋友、外来的武生、外来的贼、外来流棍、外来僧人、外来魔障"等说法。《现代汉语词典》收录"外来",标注为形容词,属性词,表示从外地、外族或外国来的,非固有的。

3.4.4 "外来"从形容词进一步演变为构词语素

"外来"成词后还和一些单音名词组合,形成"外来户、外来客、外来信"等新的名词,进一步进入词汇层面,"外来"也进一步成为构词语素。如:

(38)这件事倒不要紧,还有一件要紧的事情,黄昆是<u>外来</u>户,此处也没有亲戚当门家族,咱们俩人之事,不能有人干涉。(《三侠剑》)

(39)这个买卖人又是<u>外来</u>客怕事,哪受过他们这群土棍威吓?(同上)

(40)其未裱者,带回亦可送人,家信及<u>外来</u>信,粘在本子上者,皆宜带回,地舆图三副,皆宜昔回。(《曾国藩家书》)

近代以来,还产生"外来语"(现多称"外来词")一词。如:

（41）如外来语，既破国语之纯粹，亦害理解；有时势所逼迫，非他语可以佣代，则用之可也。（章炳麟《文学说例》）

《现代汉语词典》收录了"外来户"，标注为名词，表示"从别的地方迁移过来的人家"。如：

（42）村里居民大体上东头是坐地户……西头是外来户。

近年来随着农民工进城以及人口流动，"外来妹"一词逐渐流行，泛指异地女子，一般多形容家庭保姆、工厂务工等的女子。有电视剧《外来妹》，电影《外来者》等，其他像"外来剧、外来种、外来物种、外来果蔬、外来人口、外来人员、外来车辆、外来文化、外来食品"及"外来务工人员、外来从业人员、外来农民工子女"等也常常使用。

"外来"词汇化的路径可总结如下：

"［由／从外］来"→"外＋来"（偏正短语）→"外来"（形容词）→"外来"（语素）

不过，近年来，"外来"出现了单独使用做宾语的用例。如：

（43）建构中国特色哲学社会科学要坚持不忘本来、吸收外来、面向未来。

3.5 本章小结

表示趋向义的"来"形成的非趋向动词有三个："到来""往来""外来"，三者的词汇化路径和演变结果各不相同。其中"到来"由同义并列式短语词汇化为一般动词，在演变过程中与同素异序词"来到"形成分工："到来"为不及物动词，主要做谓语，还可做主语、宾语、定语，指称性增加；而

"来到"为及物动词,主要做谓语;"往来"由反义并列式短语词汇化为一般动词,进而发生隐喻引申,语义由具体变为抽象,在演变过程中与同素异序词"来往"未形成明显分工,意义和用法都比较接近;"外来"原本是"由/自/从外来"结构,其中"外"是方位名词,"来"是趋向动词,后来介词"由/自/从"省略,变为"名+动"偏正短语"外来",并由此发生词汇化,演变为形容词(属性词)"外来",主要做定语,又进而成为构词语素,产生新词。

第四章

趋向类"X来"词汇化和语法化的特点、动因和机制

4.1 趋向类"X来"词汇化和语法化的特点

4.1.1 共性与个性特点

前文说过,趋向类"X来"包括以下四类:

A. 起来、上来、下来

B. 过来、出来、进来、回来

C. 开来

D. 到来、往来、外来

它们的历时演变具有一个共性特点,即都演变为表示趋向的双音词。

个性方面,同样是表示动作的趋向,从演变的结果看,A类和B类都由动词演变为趋向动词,可做趋向补语,其中A类词汇化和虚化程度比B类高,语义分化更为多样;而C类也演变为趋向动词,但并没有明显的从做谓语的普通动词到做补语的趋向动词的过程,它用作补语可能是前两类的扩展或类推;而D类则没有演变为趋向动词,即不可做趋向补语,只是普通动词或形容词。A类和B类词汇化的来源比较相近,D类不同。当然每小类的内部既有共性也有个性。

从演变的来源和路径看,A类和B类等大多数"X来"的来源都是由连动式而到动补式,后经动补短语融合为一个单一的动词。以其中比较典型的"起来"为例,"起"和"来"最初是两个动词的连用,而连动式的发展

结果之一就是动补结构，蒋绍愚（1996）、石毓智（2004）等都认为动补结构是从连动或者连谓结构发展来的。在汉魏六朝时，"来"由连动式的后一动词变为谓语动词的趋向补语（吴福祥，1997），这样，"起来"就由连动式演变为动补式，正是在动补短语"起来"形成的基础上，动补短语"起来"就词汇化为单一动词，表示"人从卧、坐、趴、伏的状态转为站立的状态"。它们既有词汇化过程，也经历了语法化过程，二者相继发生，其演变路径为：词汇化（连动式→动补式短语→普通动词"X来"）→语法化（趋向动词［V］"X来"）；而C类一出现就是做补语，似由A类和B类类推扩展而来，只有语法化过程，没有明显词汇化过程；D类的"到来"由同义并列式短语词汇化为一般动词，"往来"由反义并列式短语词汇化为一般动词，"外来"原本是"由／自／从外来"式偏正（状中）结构，其中"外"是方位名词，"来"是趋向动词，后来介词"由／自／从"省略，变为"名＋动"偏正短语"外来"，并由此发生词汇化，演变为形容词（属性词）"外来"。它们都只有普通动词的用法，而没有趋向动词的用法，即只经历了词汇化过程，而没有语法化过程。

另外，从词汇化和语法化等级来看，A类词汇化和虚化程度最高，"起来、下来、上来"均可表示趋向意义、结果意义和状态意义，还出现话题标记等更加虚化的用法；B类可分为两个等级，其中"过来、出来"可表示趋向意义和结果意义，"进来、回来"则大多只表示趋向意义；C类虽然是否属于趋向动词还有争议，但也有表趋向、结果和状态义的用法。

4.1.2 "来"的语法化对趋向类"X来"词汇化的影响

趋向类"X来"的词汇化都跟"来"的演变有关，本节拟进一步探讨"来"对趋向类"X来"词汇化的影响。

趋向动词非常复杂，相关研究也备受关注。过去每谈及趋向动词，必定涉及有关"来、去"的问题，因而"来、去"的研究非常丰富。不过，综观近百年关于"来、去"问题的研究,学者们在许多问题上并没有取得一致的看法,因而有必要梳理一下过去的相关研究,以期对进一步的研究提供帮助。①

其一,关于"来、去"的语义。

有关趋向动词争论最多的是语义问题,对"来、去"语义的讨论也颇多,归纳起来主要有如下一些认识:

趋向意义。表示"趋向"是"来、去"最基本的意义,学者们都同意"来、去"首先具有趋向意义。

引申和虚化意义。"来、去"除了具有趋向意义外,还带有或多或少别的意义。陆志韦(1957)认为除了表达动作的变化趋向以外也表达性质的变化趋向。房玉清(1981)认为除了表示动作的趋向以外,还常常表示动态。徐静茜(1982)认为"来、去"还可以表示动作进程或描写状态特征。徐静茜(1983)还认为"来、去"兼有成句功能。俞敏(1984)认为一方面本身多少能表达方向的意思,一方面也给动词加上完成的意思。孟琮(1987)细分了"来、去"的引申义,认为"来"可引申为"得到","去"则引申为"脱离、除掉、消失"等义。岳中奇(1996)认为动后的"去"是表示完成体的"体助词"。刘月华(1998)认为除了趋向意义之外,还有结果意义,其中"来"的结果意义包括"表示'醒'的状态""表示是否融洽""表示会不会或习惯不习惯做某事"及一些特殊用法;"去"的结果意义包括表示"去除""脱离",表示"死""睡"的状态成为事实。

其二,关于"来/去+VP""VP+来/去"和"V+来/去+O"句式的语法意义。

木村英树(1984)认为"V+O+来/去"和"V+来/去+O"这两种结构有"时貌"上的对立,前者表示动作貌,而后者则表示结果貌(即表动作结果的静态貌),并将这一对立归因于结构成分次序在功能上的差别。

---

① 本文主要涉及"来",但因为前人探讨时往往"来"和"去"并提,故在此将其放在一起探讨。

陆俭明（1985）认为"去＋VP"和"VP＋去"都是连谓结构，并在句法结构和语义上对二者进行区分。"去＋VP"与"VP"和"去"都说明同一施动者的"VP＋去"句式在一定条件下可以互换，二者大体有一种分工：前者意在强调施动者从事什么事，而不再强调施动者的位移，后者则意在强调施动者的位移，因此其中的"去"表运动趋向性的意思较强。岳中奇（1994）认为"V去O"和"VO去"这两种句式中由于"去"的语法意义的作用，呈现出"完成"和"未完成"两种体貌特征。岳中奇（1996）进一步认为"V去O"中的"去"是一个表示"实现转移的体助词"。陈前瑞（2003）运用语料库和数据分析支持了木村英树（1984）的观点，即"V＋O＋来／去"侧重点在于一个事件的进行过程上，"V＋来／去＋O"则适合于描绘动作完成后所带来的某种静止状态是正确的，但同时否定了木村英树的另一观点，即"V＋来／去＋O"所表示的行为是在说话环境本身内部完成的，而"V＋来／去＋O"所体现的行为是在说话环境形成之前完成的。同时他还认为"V＋来／去＋O"多用于陈述事件客观的结果，而"V＋O＋来／去"则具有较强的话题启后性，陈述的事件在当时的言语环境中对听话人和上下文具有较强的相关性。

上述研究成果表明，"来、去"确实表示一定的体范畴意义，无怪乎徐静茜（1982a、1982b）谈到用在主要动词后面，表示趋向的"来、去"等词与"了、着"有不少相同之处，应看作"动态助词"。

其三，关于"来""去"的参照点。

因为"来、去"所表达的语义不是绝对的，而是相对的，因而灵活多变，不易把握，因此，有关这方面的讨论比较多。很多学者都赞同"来"是向着说话人移动，"去"是向着说话人做反方向的移动。太田辰夫（1958）认为"来"表示动作向说话者的方向施行，"去"表示动作远离说话者而去，立足点是"说话人"。赵元任（1979）认为"来、去"表示朝着说话人方向或背着说话人方向。吕叔湘（1980）和《现代汉语八百词》认为"来"表示从别的地方到说话人所在的地方,"去"表示从说话人所在的地方到别的地方。不少学者对"参照点"提出新的看法。张发明(1981)提出"来、去"的参照物,分为主观位置参照物和客观位置参照物。主观位置参照物即说话人以自己的位置或说话人的位置为参照物,句子不明确指出;而客观位置参照物则指句子中明确指出(或在上下文中指出)的参照物,不以说话人为参照物。刘月华(1998)认为在对话中,或以第一人称叙述时,说话人所在的位置是立足点;以第三人称叙述时,立足点可能是正在叙述中的人物、事物及处所位置;立足点可能在"局外"。居红(1992)认为刘月华区分的立足点把问题复杂化了,在没有任何语境或上下文的提示时,各种言语活动中的说话人确定用"来"还是"去"有相当大的灵活性、自主性,因而要密切联系语境来确定"来、去"的选择。齐沪扬(1996)区分空间位移中主观参照"来/去"的语用含义。根据空间位移的物体与说话人的不同关系,"来/去"所指示的参照位置可以分为"实在位置"和"虚拟位置"两种;根据说话时间与空间位移时间的不同关系,把"来/去"所指示的参照位置分为"当前位置"和"遥远位置";根据说话人与听话人的不同关系,把"来/去"所指示的参照位置分为"自身位置"和"他身位置"。其中,"实在位置"表现出的语用意义是"来/去"表示空间中某一物体向着说话人所处位置的方向做近向或远向的移动。"虚拟位置"表现出的语用意义是"来/去"表示空间中某一物体向着假设的说话人所处位置的方向做近向或远向的移动。"当前位置"表现出的语用意义是"来/去"表示空间中某一物体向着说话人说话时候所处位置的方向做近向或远向的移动。"遥远位置"表现出的语用意义是"来/去"表示空间中某一物体向着说话人在某一参考时点所处位置的方向做近向或远向的移动。"自身位置"和"他身位置"表现出的语用意义是"来/去"表示空间中某一物体向着听话人听话时所处位置或非听话时所处位置做近向或远向的移动。蒋国辉(1988)认为"来、去"在话语的句法—语义结构中,并不是叙述平面(第一主体平面)中的成分,它们属于话语的第二主体平面。它们并不表示客观存在的动作本身,而是表示做动作时在话语第二主体平面中给出的空间参考点所呈现的特殊性质。所谓空间参考点,就是说话人的位置,但不是他在说话时刻的实际位置,而是他在想象中将自己放在同动作有关的某个位置,来对动作的实际方向做某种评价。动作的实质及其方向并不受参考点的有无或参考点位置不同的影响。马庆株(1997)认为"来、去"是汉语表现主观范畴的方式之一,说话人主观上觉得是否可以看到或者感觉到决定了对"来、去"的选择。卢英顺(1999)认为,把"来""去"的参照点理解为"说话人的心理空间所在位置"更为符合汉语实际。肖双荣(2000)把"来、去"看成是趋向结构中的主观参照,具有冗余性和不自足性,所以必须有客观参照的支持。张正石(2003)指出"来"的方向在实际语言中很灵活,但在词典释义中,不必加入方向变化,应向英语词典学习,略去有关"方向"的解释。

可见,不少学者对"来、去"的参照点问题进行了多方面多角度的研究。但是,"来、去"单独做动作动词与在句中充当补语时,不管是语义,还是参照点等都还是有区别的,"来、去"从单独做谓语到开始充当补语就意味着其虚化道路的开始。当它们不再表示向度义时,自身语义中的方向性演化为主观范畴中的趋向或趋势。

下文将在过去研究的基础上简要梳理一下"来"的演变。

"来",《说文·来部》:"周所受瑞麦来麰。一来二缝,像芒束之形。天所来也,故为行来之来。"原本是一个象形字,本义为"麦(小麦)",本为名词。如:

(1)诒我来麰。(《诗经》)
(2)今天下育民人者,稻居什七,而来、牟、黍、稷居什三。(明·宋应星《天工开物·乃粒》)(钟广言注:"来,小麦。")

后由名词"来(小麦)"演变为动词"行来之来"的"来"。《尔雅·释

诂》:"来,至也。""来"做动作动词表示"由彼及此,由远到近"之义。与"去""往"相对。如:

(3)出入无疾,朋来无咎。(《易·复》)
(4)终风且霾,惠然肯来。(《诗经·邶风·终风》)

动词"来"最初在句中主要做谓语,这种用法一直沿用至今。如:

(5)乾坤易简,则宛转相承;日月往来,则隔行悬合。(南朝·梁 刘勰《文心雕龙·丽辞》)
(6)秦树浮天去,巴江带雪来。(元·马祖常《送董仁甫之西台幕》)
(7)野求来得正好,野求知道钱家的一切。

一般动词"来"后来语法化为趋向动词,主要用在动词后面做趋向补语,表示动作的趋向或结果等,这是"来"的主要用法之一。如:

(8)兰陵美酒郁金香,玉碗盛来琥珀光。(《李太白全集·客中行》)
(9)上去下来船不定,自飞自语燕争忙。(梅尧臣《绝句》之二)
(10)前辈有此说,看来理或有之。(《朱子语类》)
(11)正眼观来,一场笑具。(《五灯会元·法海立禅师》)

可以看出,"来"的演变路径大致如下:名词→动作动词→趋向动词。(当然,"来"还进一步演变为表示时间的词缀、事态助词等,例[10]和例[11]的"来"已经不是典型的表趋向的"来")已有研究中关于趋向动词"来"及其历时发展过程还存在许多争议。本节只重点关注跟趋向类"X来"演化相关的"来"。

首先,毫无疑问,趋向类"X来"词汇化来源中的"来"与名词"来"无关,而与动词"来"有关。其次,趋向类"X来"词汇化来源中的"来"是不同的。上文曾将趋向类"X来"分为四类,A类"起来、上来、下来"

和 B 类"出来、过来、回来、进来、开来"等词汇化来源中的"来"起初都是动作动词"来",后来演变为趋向动词"来",它们词汇化的来源也由并列式/连动式演变为动补式/动趋式短语;C 类"开来"是 A 类和 B 类类推而来,其来源直接是趋向动词"来";而 D 类"到来、往来、外来"词汇化来源中的"来"无一例外且一直都是动作动词"来"。在某种程度上,演变来源的不同影响到演变路径和演变结果的差异,正因为如此,A 类和 B 类的"X 来"在词汇化为单一的动词后又基本上都接着发生了语法化,而 D 类"X来"都只发生了词汇化而没有发生进一步的语法化,这是它们之间的一个重要不同。

另外,特别值得注意的是,在 A 类和 B 类中,"来"从动词语法化为趋向补语,使得连动结构分析为述补结构,由此才进而重新分析融合发生词汇化,"来"的语法化对"X 来"词汇化的影响可见一斑。

4.1.3 趋向类"X 来"语法化的句法位置和语义基础

趋向类"X 来"语法化的发生具有一定适宜的句法位置和语义基础。

先看句法位置方面。

当"X 来"从动补短语词汇化为单一的普通动词后,它一般是独立用作句子的主要成分谓语。如果没有句法位置的变化,则它进一步的语法化就无从发生。只有当它的句法位置发生变化,从独立做谓语到位于另一个动词之后,形成"V + X 来"结构,处于补语的位置时,它才有可能发生语法化。

"X 来"位于另一动词后就发生语法化为趋向补语,这主要是受到"唯一核心动词"机制的句法限制作用。法国语言学家泰尼埃尔(Lucien Tesnière)在《结构句法基础》中指出,句子是一个有组织的整体,同一句子中的词跟词之间存在着联系;正是这些联系构成了句子的框架,成为人们理解句子意义的一个重要的线索。如果没有这种联系、光有这两个单词,那么就不成其为句子。"联系"(connexion)是句子的根本成分,它赋予句子以有机性和生命力。"联系"是作为整个结构句法的基础。每项联系原则上把一个上项（叫支配词）和一个下项（从属词）连接起来。从属词从属于支配词，支配词控制从属词。泰尼埃尔还认为，句子的结构表现为各个构成成分（即联系结［noeud］）之间的一层层的从属关系，它的顶端就成为一个支配所有成分的"结中结"或"中心结"。中心结在绝大多数情况下是动词，即动词是句子的中心。泰尼埃尔的"动词中心说"确定了动词在句子中的核心地位。动词在一个由各种"联系"的依存性句法序列中处于结构的上项位置，是语法连接的中心，其他成分居于从属地位。泰尼埃尔的"动词中心说"对于只有一个动词的句子来说具有很强的解释力。但是当句子中有两个或两个以上的动词时，哪个动词是句子的中心，或者，是不是每个动词都是句子的中心，泰尼埃尔的"动词中心说"似乎遇到挑战，不能完善地回答这个问题。但是只要对泰尼埃尔的"动词中心说"进行进一步的发展，我们就可以得到一个更为合理、更具有解释力的句法机制——"唯一核心动词"机制。"唯一核心动词"机制认为句子的中心只有一个，句子的中心只能有一个核心动词。一个核心动词理论上可以生成一个句子。即使句子中有两个或两个以上的动词（含动词性成分，下同）也只能有一个核心动词，其他动词处于次要地位。核心动词承担起组织句子句法的主要任务。句子的句法重心聚合在核心动词上，次要动词和其他成分表示次要的、附加的成分。如：

（12）小李喝了一瓶啤酒。

（13）小王给了我一支香烟。

动词"喝""给"是句子的核心动词，承担了组织句子句法、语义、信息的主要功能。在语义深层，上例的动词"喝"是二价动词，就预设了施事"小李"和受事"一瓶啤酒"，动词"给"是三价动词，就预设了施事"小王"、与事"我"和受事"一支香烟"，并且将这种预设映射到句法表层，这些名词性成分受动词语义和句法的双重控制，从而使后者处于核心地位。

即使一个句子中含有两个或两个以上的动词，也只能有一个动词居于核心位置，其他的动词往往成为伴随性成分，而且往往位于核心动词前面，表示附加的或次要的语义。如：

（14）小张躺着看电视。

（15）小李穿着运动衫开会。

（16）我下了班去踢足球。

（17）他陪妻子拜访亲戚。

（18）小张坐邮轮旅行。

这几个例子中都不止一个动词，但是句子的核心动词只有一个，分别是"看、开会、踢、拜访、旅行"，其他动词都是伴随性成分，往往是起修饰核心动词的作用。可见，核心动词才是句子的信息中心。在句子中承担组织起句子的句法结构的主要任务。反之，句子的句法核心自然而然落在核心动词身上，其他动词作为伴随性成分，一般表示某种附加的语义。

"唯一核心动词"机制对汉语动词句的句法限制作用是显而易见的。"唯一核心动词"机制使汉语的动词句不仅以动词为核心，而且只能以一个动词作为整个句子的核心主导，而其他动词居于次要从属地位。由于"唯一核心动词"的信息焦点的强制作用，位于核心动词前的动词逐渐丧失独立地位，具有状语化倾向；位于核心动词后的动词具有补语化倾向。"唯一核心动词"机制不仅制约现代汉语的句法结构，而且也制约语言发展的漫长历史。特别是"X来"类动趋式的虚化发展受"唯一核心动词"机制的制约更为明显。从前文的描写分析中，可以看到"X来"类动趋式是从连动结构虚化发展而来的。连动句是动趋式语法化的语法环境。正是由于"唯一核心动词"机制的强制作用使连动结构中核心动词后面的趋向词的语义稳定性减弱，空灵性增强，句法独立性减弱，依附性增强，进而导致了趋向词语义的虚化，导致了连动结构在语法结构上的解体，最后形成了"X来"类动趋式。

沈家煊（2003）认为汉语的动补结构最主要的是以下两种：

　　动趋式：瓶子漂出岩洞。

　　动结式：妈妈晾干了衣裳。

从历史上看，动结式应该是从双核心的连动式和并动式通过后核心的弱化演变而来的。连动式或并动式"动1＋动2"中的动2功能衰退，造成动补结构（梅祖麟，1991；志村良治，1995 等）。现代汉语的动补结构，动词是核心语，补语是附加语，现代汉语基本属于"附加语构架语言"。不惟是动结式，动趋式也是如此。

再看语义基础方面。

正是"唯一核心动词"机制使"X 来"类连动结构解体，形成"X 来"类动趋式。但是仅仅有"唯一核心动词"机制的制约还不足以促使"X 来"类连动结构向"X 来"类动趋式的转变。"唯一核心动词"机制必须在一定的语义基础上才可以发挥作用。这个语义基础就是"X 来"类动趋式中趋向词表示的语义是前面动词所指动作的趋向、结果或状态，承担的是前面动词所指动作的附加语义。而附加的、补充的意义与前面动词的意义相比稳固性更差，灵活性更强，因而在应用的过程中更容易发生变化，语法化的倾向性和可能性更大。在这个语义基础上"唯一核心动词"机制的强制制约作用强化并固定了趋向词语义的虚化和句法功能的依附性，并最终完成了语法化，实现了从"X 来"类连动结构向"X 来"类动趋式的转变。

"V＋X 来"的变化轨迹大致如下。"X 来"开始是作为一个核心动词在句子中做谓语，语义实在。由于"X 来"所指动作是前面动词所指动作的方向，起补充说明前面动词动作的作用。在"唯一核心动词"机制的作用下，随着时间的推移，"X 来"的语义更加虚化，句法功能的独立性也逐渐丧失，最终"X 来"由谓语动词转变成附加成分。也就是说"X 来"的深层语法结构由最初的连动结构转变成为动趋式。实际上，所有"X 来"类动趋式都经历了这个由最初的连动结构向动趋式转变的过程，只不过时间上可能存在先后的差别。"X 来"类动趋式的语法化可以这么描述：由于其中的"X 来"趋向词表示的语义是前面动词所指动作的趋向或结果，承担的是前面动词所指动作的附加、补充的语义，而附加的、补充的意义与前面动词的意义相比稳固性更差，灵活性更强，"唯一核心动词"机制的强制作用刚好强化了前面动词的稳固性，同时也强化了后面"X 来"类趋向词的灵活性。这样，"X 来"类趋向词的意义也逐渐虚化，整个结构在深层语法层次上也实现了连动式解体到动趋式建立的蜕变。

以"起来"为例，"起来"的语义发生泛化是导致"起来"语法化的一个重要动因。"起来"做谓语动词时其语义是固定的，只表示主体发生由下而上的位移。而在"起来"开始语法化的过程中，包括从做补语表趋向到做补语表非趋向，"起来"的语义发生泛化，表现为由表趋向到表非趋向，由空间概念转为时间概念。同时，其具体实在的意义成分逐步减少，抽象虚化的意义成分逐步扩大。"起来"的语义发生泛化从做谓语补语开始，语义泛化最终导致"起来"在实际使用中的词序（word order）固化，进而发生词汇化，即"起来"的表达（lexical expression）失去了透明度（transparency），从而演化到不能从字面意义推测其真正意义。

4.1.4 "X 来"类趋向补语意义的演变与动词的类相关

"X 来"类趋向补语的意义演变与动词的类密切相关。当其前面出现某一类动词时，则会表示不同的意义，或趋向，或结果，或状态。

趋向补语的语义和人类对空间范畴的认知有关，需要指出的是趋向补语所表现的时空不是一个点上的静止空间，而是在一定时间里的延伸空间。但是趋向成分本身不能导致时空关系的延伸，它只是一定动作行为的趋向、结果或动态，这在句法上就表现为趋向成分跟在动词之后做补语，动词在句法上是整个动词短语的核心。动词可分为不同的小类。如：

A. 表示实体自身移动或动作的动词：[＋移动][＋具体][＋自移]。如：

奔、跑、飞、赶、逛、爬、站、追、走、钻……

这组动词表示动作主体自身的移动或动作。基本上不能带受事宾语，和复杂趋向补语结合后可以带处所宾语和存现宾语。处所宾语只能出现在趋1和趋2之间，动词表示的是完成趋向的方式，例如：冲进一伙人来。带存现宾语的是存现句，表示人、事物或现象的出现、消失等，一般存现宾语是无定的名词性成分，例如：门外走进来一群人。

B. 表示身体部位的移动或动作的动词：[＋移动][＋具体][－自移]。如：

昂（头）、伸、缩、张（嘴）、直（腰）、睁（眼）、扬（眉毛）……

这组动词是由动作主体发出的，作用在某个身体部位上，即动作的作用并未离开动作者本身。动词和身体部位之间的搭配基本上是固定的，在与复杂趋向补语结合时，一般要求动词和受事同现，受事成分可以出现在主语、动词宾语（趋1、趋2之间）或介词的宾语位置上（"把"字句）。复杂趋向补语在和这类有明确方向的身体部位动作动词搭配时，表示的是身体部位实际的移动，即采用趋向补语的趋向意义；如果动词表示的身体部位的移动方向不明确，如"挥（手）、摇（头）、招（手）"等动词就没有明确的方向性，趋向补语与它们结合使用，用的只是趋向补语的动态意义，如"把手挥起来""把头摇起来"。

C. 表示通过动作使客体实体发生移动的动词：[＋移动][＋具体][－自移]。这类动作由主体发出，作用在主体以外的客体上，这类动词基本上是及物动词。所表示的位移可能有两个方面：如果是实体位移，那么趋向补语是趋向意义的，如"召集、动员、派遣、邀请、推荐"；如果动词指的是抽象的所有权的转移，那么趋向补语是趋向意义的比喻用法，如"偿还、夺取、割让、购买"。

D. 表示抽象意义的位移或移动的动词：[＋移动][－具体]。

E. 其他可与复杂趋向补语组合的动词：[－移动]。

D 类、E 类动词是开放的，无法穷尽列举。这两类动词都不能带处所宾语，一般也不带存现宾语。

实际上，"X 来"语法化程度的加深与动词类从[＋位移]到[－移动]的变化有一定的关系。以"下来"为例，根据它的语法化演变，历时上它的趋向补语意义和动词类的扩展有密切关系。根据"下来"的意义变化和历时上动词出现的顺序，可以给动词进行如下分类（韩蓉，2004）：

移动义动词：语义特征是[＋位移]和[－定向]，像"走、跑、跳、爬、飞、流、坐、跪、躺、落"等。它们一般能带"下来"做补语，确定位移的方向。

活动义动词和致使义动词：语义特征是[＋致使位移]和[－定向]，像"请、吃、救、吩咐、打、射、取、抱、领、背"等。这类动词带"下来"做补语，动作主体（发出者）致使移动主体产生位移。

脱离分离义动词：语义特征是[＋分离]，像"脱、摘、生、解、剥、劈、剪、册、扯、割"等。其实这类动词也有[＋致使位移]的语义特征，不过它们与"下来"共现更强调位移后的结果。

接续义动词：包括接连义和延续义动词，它们共同的语义特征是[＋持续]。像"相续、相袭、维持、传流、保留、做、办、看、说、积攒、耽搁"等语义抽象的动作动词。

前三类动词表示的是空间范畴内的位移，接续义动词表示动作在时间范畴内的延续。

再以"进来"为例。"进来"的趋向意义表示移动主体通过动作由外向里纳入某个具体物理空间界限范围，包含在空间界限范围之内。"进、进来、进去"表示[位移]和[方向]的语义成分都很明显。和"进来"结合形成动趋式表示趋向意义的动词并不一定都具有[位移]义，但是整个动趋式一定含有［位移］义。根据位移的方式可把动词划分成以下几个类型：

A. 表示躯体、肢体或物体自身运动的动词。如：

走、跑、跨、迈、跳、驶、踏、钻、冲、闪、爬、陷、躲、挤、拐、扑、奔、退、栽、拱、坐、流、滚、洒、传、照、掉、透、落、射、沉、住、混……

这些动词都含有［位移］义，其施事都是移动主体，即自移动词。

B. 表示可使物体位移的动作行为动词。如：

搬、抬、挑、拉、拖、推、抱、撒、抢、装、捅、盛、插、安、扫、埋、抓、锁、关、押、摔、刺、抛、砸、扔、丢、吞、吃、请、带、送、迎……

这些动词本身不一定有［位移］义，但是都有［致使］义。所以动词的施事不是移动主体，即他移动词。

趋向补语"进来"的结果意义表示由某种群体范围、社会范围等抽象的界限范围之外纳入之内，表示动作有了效果。

和"进来"构成动趋式表示结果意义的动词并不太多。主要有表示领属关系或占有关系改变的动词如"收、买"等。表示心理活动的感悟动词如"看、听"等及"写、参加、算"等。这些动词本身没有［位移］义。

再看看"出来"的意义及动词的类。和趋向补语"出来"结合形成动趋式表示趋向意义的动词并不一定都具有［位移］义，但是整个动趋式一定含有［位移］义。根据位移的方式可以把动词划分成以下几个类型：

A. 表示躯体、肢体或物体自身运动的动词。如：

走、追、钻、飞、探、跑、蹦、跃、奔、爬、迈、溜、挤、放、流、涌、淌、滚、冲、拐……

这些动词都含有［位移］义，施事都是移动主体，即自移动词。
B. 表示可使物体位移的动作行为动词。如：

> 端、搬、抬、掏、拉、扯、拖、拽、推、抓、捧、抛、掷、挑、开、传、取、拿……

这些动词本身不一定有［位移］义，但是都有［致使］语义，施事不是移动主体，即他移动词。

和"出来"构成动趋式表示结果意义的动词主要有如下一些小类：
A. 表示心理活动的感知动词。如：

> 看、听、查、觉、觉察、分辨、尝、测量、瞧、嗅、闻、打听、推算、分析、研究、比较、猜、想……

这些动词表示人的感官的感知活动或表示通过某种方式手段方法使感官感知。

B. 表示"制作"的动词。如：

> 做、干、制造、画、照、编、打、标……

C. 表示"生长"的动词。如：

> 产生、长、养、发……

D. 表示"呈现"的动词。如：

> 露、显露、现、表现、表示……

E. 其他动词。如：

> 列、哭、笑、教、敲……

这些动词表示从无到有、由隐蔽到显露。

最后,再看"开来"。能和"开来"组合的动词可以分为几类:

分切类动词:这类动词表示"使整体事物变成几部分或使联在一起的事物离开",具有"一变多"的语义特征。检索到的实际用例中的动词如:

> 分、分割、分散、分离、区分、分裂、分隔、分化、分解、脱离、辨别、裂、崩裂、炸裂、爆裂、断裂、撕裂、割裂、劈、剥、切、拆、裁、断、切割、肢解、剪、弄、挑、孤立、独立、挖掘、剜、挖、掘、捅、睁(眼睛)……

由这些动词构成的句子中,"V+开来"具有如下的句法语义特征:

1. 一般用于"把"字句。2. "V+开来"一般不带宾语。3. 这类动词具有"使动义"特征。4. 可以是肯定句也可以是否定句。5. 事物被分开或者使连在一起的事物离开之后,与原来的事物形成整体和部分的关系。6. 动词如果是单音节的,则需和体态助词组合,然后再和"开来"搭配;若是双音节的,则无须这样,可以直接组合成合适的韵律结构。

散射类动词:这类动词具有"源点"的语义特征,表示事物从某一点开始在空间上多方位、多角度的扩展。这一点和"上来、上去、下来、下去"等表示方向单一的趋向动词则有所不同。如:

> 辐射、释放、喷射、迸射、放射、飘散、扩散、分散、发散、拆散、散落、冲散、失散、涣散、疏散、消散、退散、溃散、逃散、散播、播撒、爆炸、飞溅、溅、爆发、迸、飘、浮、浮想、飘溢、(消息)飞、飞窜、飞迸……

流传类动词:这类词具有"传递性"的语义特征,表示事物主体范围的扩大和程度的加深。如:

传播、流行、流传、盛行、传、推广、传唱、宣扬、发扬、传抄、传导、传递、弥漫、蔓延、泛滥、洋溢、回荡、沸腾、渲染、传染、普及、波及、分布、散布（消息）、推行、席卷、繁殖、流淌、繁衍、衍生、渗透、引发、发挥、演绎、引申、引发……

铺展类动词：这类词具有"展示""扩展"或"显现"义。如：

摆、排、平铺、摊、摊放、摆放、摊平、扩展、铺展、排列、拓展、舒展、展、施展、发展、伸展、伸、延伸、扩张、施展、放大、伸张、生发、展示、排列、张、扩张、展现、放、绽放、奔放……

叫说类动词：这类词是与口有关的动作。如：

叫、说、议论、交谈、大骂、说、讲、骂、嘶叫、介绍、讲、宣泄、嚷嚷、吃……

其中有的表示结果意义；有的表示某个动作开始并持续，这种意义特征正和"起来"的义项之一相吻合，所以也可以用"起来"来代替。

运行类动词：这类动词和"开来"结合，表示的是这个动作开始进行。如：

运用、使用、促销、实施、进行、试行、涌动、运转、抡、酝酿、复习……

这类动词本身的空间义特征并不明显，然而动作义较强："运转"表示转动、行动，"进行"总是用在持续性的和正式、严肃的行为，"抡"指用力挥动，"酝酿"比喻做准备工作，"复习"表示重新学习（学过的东西）。它们和"开来"组合是表示动作的开始。"开来"都可以换作"起来"，表示动作开始并继续进行。

避让类动词：这类词具有"离开"或"使离开"的语义特征。如：

逃、避、躲、奔逃、闪、远离、疏远、移、转移、驱赶、退让、退、跳、脱、挣脱、撤离、弹、反弹、逃窜、跑……

与分切类动词相同，避让类动词也具有"离开"的语义特点，但是这些动词属于自动动词，是动作主体通过这个具体的动作离开了原来的位置。这个位置可以是客观的空间位置，也可以是主观世界的空间位置；动作的主体一般都具有自控能力。

松散类形容词：这类词是能够和"开来"结合的为数不多的形容词。如：

松、松解、松弛、松散、松懈、松散、膨胀、破碎、明朗……

此类词本来就具有"不紧密""不明显"等特征，和"开来"结合凸显出某种性质或状态逐渐变化的过程。以"破碎开来"为例，"破碎"本为"破成碎块"之义，表示一种状况，若和"开来"组合则显现出来的是"由完整到破碎"这么一个变化的过程。

总之，"X来"类趋向补语的意义与动词的类密切相关。不仅现代汉语如此，历时的演变也是如此。

4.1.5 双音趋向动词语义演变由趋向义到结果义和状态义

"X来"趋向动词的词汇化和语法化的语义演变路径为：趋向意义→结果意义→状态意义。

学界对趋向动词的语义分类是按照趋向动词充当补语时的语义来分类的。这种分类方法又分为两种，第一类是对某一个或某一组趋向动词进行语义分类，如卢英顺（2000）将"下去"分为"下去位移""下去延续""下去消失"和"下去状态"，这样分类的好处是便于具体掌握某一个趋向动词的具体用法，但按此分类方法，有可能造成一词一分，缺乏系统性。第二种分类把所有的趋向动词做补语时的用法归纳为几类，如陈昌来（1994a）把做补语的趋向动词分为"趋向意义""结果意义"和"动态意义"三类,刘月华《趋向补语通释》(简称《通释》)将其分为"趋向意义""结果意义""状态意义"和"熟语"几类,这样的办法系统性较前一种好。

《通释》对几类意义各有说明。如"趋向意义:趋向意义是趋向补语的基本意义,也就是作为趋向补语的趋向动词本身所表示的意义。趋向意义是方向意义,表示人或物体通过动作在空间的移动方向"。如:

(19)河水明明亮亮的,打西山边上流<u>下来</u>。

(20)冯老兰一见到冯贵堂,他的老脸就耷拉<u>下来</u>。

(21)车上人纷纷跳了下去,把我也推了<u>下来</u>。

"结果意义:指趋向补语表示动作有结果或达到了目的。"结果意义又可分为两类:基本结果意义和非基本结果意义。基本结果意义一般说来是每个具有结果意义的趋向补语所必有的,它通常表示动作的一种自然结果,与其趋向意义有内在联系;非基本结果意义是指基本结果意义以外的结果意义。实际上,刘月华只是在"总述"中将结果意义进行了二分,而具体到每一个趋向补语的分述中,并未将这种分类贯彻下去,而是根据趋向补语前面动词的意义进行分类。表示结果意义的例句:

(22)a.那个青年从日记簿上撕<u>下</u>一块纸来给队长开了个单子。

　　b.挡板全揭了<u>下去</u>。

(23)临到头,因为成分不好,他被刷<u>下来</u>了。

(24)不几天,脸瘦<u>下来</u>,眼窝也塌<u>下去</u>。

(25)但是陈文良几年观察<u>下来</u>,他们两个始终是联在一起的。

(26)拍拍胸脯答应<u>下来</u>。

(27)这台冲天炉必须在这个月底拿<u>下来</u>。

"状态意义:表示动作或状态在时间上的展开、延伸,与空间无关。状态意义可分为两类，一类表示进入新的状态，一类表示已进行的动作或已存在的状态继续。"进入"新的状态"的用例：

（28）那辆朱红色小车拐了个急弯，吱一声停<u>下来</u>。
（29）走到县城东南角，传单散完了她的心才放<u>下来</u>。
（30）过了许久，沸腾的会场才安静<u>下来</u>。

"状态继续"的用例：

（31）嫂嫂看了他一眼，哭声低了<u>下去</u>。
（32）有的人就高声咳嗽起来，他们才渐渐安静<u>下去</u>。
（33）你说<u>下去</u>呀！
（34）事在人为，努力干<u>下去</u>，总会看到胜利。

从上面论述及例句可以看出，趋向意义只用于空间，状态意义只用于时间，结果意义涉及空间、抽象关系和时间三个方面。从兰盖克的流程来看，这三种意义与空间、时间都有关系，只是凸显的程度有所不同。其实，更进一步，可以认为，趋向动词做补语时一般具有两种意义，空间意义和时间意义。空间意义是趋向动词的基本意义，是由其做谓语时的基本用法而产生的，而时间意义则是空间意义在补语位置上引申的结果。如"下来"这一复合趋向动词中，可以细分出"具体空间意义""抽象空间意义""完成意义"和"持续意义"等四种不同的语义细类。根据兰盖克对"位移"（Motion）的解释，"下来"的各种意义都可以用"位移"这个概念来理解，当它表示空间意义时，位移凸显的是空间不同位置（l_1、l_2、l_3……）的序列，当它表示时间意义时，位移凸显的是不同时间点的序列（t_1、t_2、t_3……）。由此可见，"空间意义"表示的是人或物的具体位移，而"时间意义"表示的是一种趋势或状态的延续。"抽象关系"也是空间的位移意义，如"他这个班长被撤下来了"等。只不过这里的"空间"是经过隐喻后的心理上的空间（抽象空间），仍有位置高低之分。

刘月华（1988、1998）对意义相关的趋向补语进行了较为系统综合的考察，对其引申途径、意义联系进行了详细的分析。她指出28个趋向动词或动词组合在动词或形容词后面做补语不仅表示趋向意义，还表示其他的意义。她还用图例证明趋向补语之间的趋向意义、结果意义和状态意义是相关的，指出趋向补语的基本意义是趋向意义，结果意义比趋向意义要虚，状态意义又比结果意义更虚。

通过对趋向类"X来"词汇化和语法化的考察，我们发现"X来"式趋向动词的词汇化和语法化演变的程度也是如此：状态意义＞结果意义＞趋向意义。较高层级语义所具备的语法形式蕴涵着较低层级语义所具备的语法形式。趋向成分的语义包含三个层级：趋向意义、结果意义和状态意义。它们在做复杂趋向补语时，有这样的蕴涵关系：状态意义＞结果意义＞趋向意义。因为相对于状态意义和结果意义，趋向意义是更为实在的，在语法上的自由度较大，而状态意义较为虚化，语法上的自由度较小，功能接近时态助词。

对同一个趋向补语而言，与动词组合的能力表现为：状态意义＞趋向意义＞结果意义。状态意义的语法功能接近于时态助词，因此可以和较多动词结合，因为动词本身和时间过程有着天然的联系。趋向意义和空间有关，凡是和空间位置变化有关的动词在语义上都存在与趋向补语结合的可能，如果句法语义搭配规则允许，动词和补语就能组合。而结果意义往往是趋向意义在某一方面的发展、抽象，所以总是要和具有一定语义特征的动词搭配后才能表现出来的。

4.2 趋向类"X来"词汇化和语法化的动因

趋向类"X来"词汇化和语法化的动因都是语用动因，尤其是语用推理驱动的隐喻和转喻。隐喻和转喻传统上被认为是语义过程，不过近来有学者认为它们更适合看作语用过程（Hopper & Traugott，2008），隐喻属于语用的范畴。

趋向类"X来"词汇化和语法化的过程都涉及语义演变，霍珀和特劳戈特（2008）等认为语法化语义的演变和语用推理有关，认为语义演变即源于语用推理：说话人创新、利用一个会话隐含义，促使听话人把它推导出来。这个隐含义如果被听话人也接受利用，那么，如此反复，它就可能在社团中使用开来，甚至最终固定下来，隐喻和转喻都是语用推理驱动的。

先看"X来"从短语到普通动词的词汇化。

趋向类"X来"类词汇化都是短语的词汇化。其中"起来、上来、下来，出来、过来、进来"等大多数"X来"的来源都是连动式而到动补式，最后经动补短语的融合为一个单一的动词。以其中比较典型的"起来"为例，"起"和"来"最初是两个动词的连用，而连动式的发展结果之一就是动补结构，蒋绍愚（1996）、石毓智（2004）等都认为动补结构是从连动或连谓结构发展而来的。在汉魏六朝时，"来"由连动式的后一动词变为谓语动词的趋向补语（吴福祥，1997），这样，"起来"就由连动式演变为动补式，正是在动补短语"起来"形成的基础上，动补短语"起来"就词汇化为单一动词，表示"人从卧、坐、趴、伏的状态转为站立的状态"。

再如"到来""往来""外来"，"到来"由同义并列式短语词汇化为一般动词，"往来"由反义并列式短语词汇化为一般动词，"外来"原本是"由／自／从外来"结构，其中"外"是方位名词，"来"是趋向动词，后来介词"由／自／从"省略，变为"名＋动"偏正短语"外来"，后来由此发生词汇化，演变为形容词"外来"。

也就是说，趋向类"X来"类词汇化是动补短语、并列短语及偏正短语等各类短语词汇化而来，董秀芳（2002）认为"导致短语词汇化的原因"在于认知上的"隐喻"和"转喻"。这是基于不同事物之间的相似性和相关性进行操作的。趋向类"X来"类词汇化是短语的词汇化，其动因也符合所有普通短语的词汇化动因。

　　再看"X来"从普通动词到趋向动词的语法化。

　　趋向类"X来"语法化过程中有标志意义的里程碑是由表示空间趋向到表示非空间，直至时间趋向。以"起来"为例，做谓语动词，"起来"表示由下而上的、由低到高的空间位移趋向，且这种空间位移趋向是"起来"这个动作本身导致的。做动词补语之初，"起来"仍表示一种由下而上的位移趋向，但这种趋向不是"起来"致使的，"起来"只是对某一动作结果的描述，这时"起来"已降级到做补语。这两种情况下的"起来"在词汇上都是有意义的，但做补语时的词汇意义显然已不如做谓语动词时的意义实在。两者相通之处是同是表示位移趋向，是表达空间范畴的概念。而一旦"起来"的词汇意义虚化，不再表示空间趋向，就跃出了空间范畴，进而成为一种表示时间范畴的概念。实际上，空间范畴和时间范畴虽然是两个范畴，但又是紧密联系的。这两者之间的联系便是运动，任何运动包括广义的运动、狭义的运动都要占据一定的时间和空间。认知科学证明，人类的认知领域总是从空间域发展到时间域。

　　而推动"起来"从空间域概念发展为时间域概念的一个重要机制就是隐喻模式。"起来"在表空间范畴和表时体范畴上具有一定的象似性，这种象似性就是，"起来"表示随着时间的延续，某物在空间上发生由低而高的位移（如图 15）。"起来"意义虚化表时体范畴后，多表示动作发生并继续发生着（延续），或表示一种状态从无到有，并一直持续着（如图 16）。"起来"在表空间和状态上都占据着一定的时间（x 轴），在空间或状态上（y 轴）上的变化都是从小量增长到大量，从理论上来讲可以是 0→∞（无限大）。

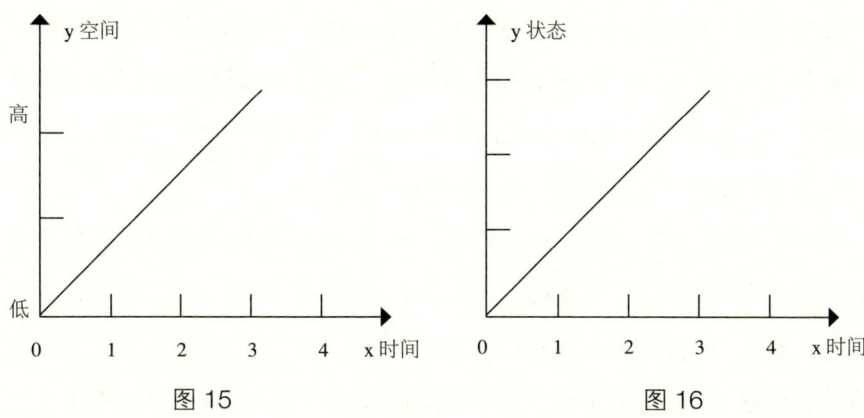

图 15　　　　　　　　　　图 16

可见，隐喻在"起来"的语法化过程中有着重要的推动作用。隐喻本身就是人类认知的一种重要方式。

"转喻"则指的是同一个认知域内概念之间的过渡（transition），即从一个概念过渡到另一个与之相关的概念（沈家煊，2004）。一个现象是隐喻还是转喻，可以取决于观察的角度。霍珀和特劳戈特（2003）等认为如果只注意演变的结果，那么语义演变如"空间＞时间"自然像是隐喻（metaphor）；但是，如果考虑演变的过程和环境，那么，就会发现从语境中产生的联想（association），即转喻——是演变的主要力量。

因此，趋向类"X 来"词汇化和语法化的动因都是语用动因，尤其是语用推理驱动的隐喻和转喻。

4.3　趋向类"X 来"词汇化和语法化的机制

词汇化和语法化既有不同，又有相同。趋向类"X 来"词汇化和语法化都有一个相同的机制：重新分析（reanalysis）。

兰盖克（1977）指出："虽然在句法领域并非所有的历时发展都涉及重新分析，但重新分析无疑是句法演变的主要机制，如果我们想要知道句法演变为什么发生以及如何发生,那么我们应该对重新分析有深入的了解。"一般而言,重新分析是指改变了一个句法模式的底层结构,但不涉及该句法模式表层形式的任何或内在的改变(Harris & Campbell,1995;吴福祥,2005、2013)。

先看"X 来"从短语到单词的词汇化。

"今天的词法曾是昨天的句法"(Givón,1971);"仂语的凝固化是复音词产生的主要方式"(王力,1957)。这说明,汉语很多双音词是由短语黏合而来的。趋向类"X 来"类词汇化产生的都是双音词,其主要是短语的融合/黏合,而融合/黏合最主要的就是取消分界,其背后是重新分析的推手在起作用。

其中"起来、上来、下来、出来、过来、进来"等大多数"X 来"词来源都是连动式而到动补式,结构已经可以重新分析为动趋式,最后经动补短语的融合为一个单一的动词。动补短语在紧邻的句法环境和语义等因素的作用下,通过重新分析使两个动词之间的边界消失,融合成一个句法单位(石毓智,2004),动补短语就词汇化为单一动词。"动补结构形成的本质是谓语中心动词与结果成分由两个独立的句法成分融合成一个单一的句法单位。"(石毓智,2002)

再看"X 来"的语法化。

以"起来"为例,第一阶段,从做谓语动词到做动词补语表趋向,"起来"的语法地位发生重大的变化。做谓语动词时,"起来"是整个述谓结构的表义核心,而做动词补语后"起来"失去了这个核心地位,整个述谓结构的核心落在了"起来"前的动词上。这时,可以将"V+起来"结构进行重新分析,由原来的连动结构重新分析为述补结构,"起来"重新分析为 V 的补语,其功能是对 V 的结果进行补充说明。

第二阶段是从表趋向到表结果再到状态等语法化,这其中,"起来"的表层结构都是"V 起来",但是意义却可以有表趋向、表结果、表状态的变化,而一般而言,重新分析是指改变了一个句法模式的底层结构,但不涉及该句法模式表层形式的任何或内在的改变，因此，这正是重新分析的典型表现。

另外，趋向类"X来"词汇化和语法化还各有一个不同的机制：其中其词汇化主要是"组块（chunking）"机制，而其语法化则主要是"扩展"（extension）机制（相当于以前所说的"类推"[analogy]）。

趋向类"X来"词汇化属于双音词的衍生，双音词衍生主要通过"组块"这一认知机制完成。这是一个把两个成分看作一体加以整体处理的过程。（董秀芳，2002）

趋向类"X来"语法化的机制除了重新分析之外，还有"扩展"机制。一般认为，语法化分两个步骤，先重新分析，然后类推（或称扩展[extension]）。重新分析存在于言语个体的大脑之中，然后通过类推（这里的类推即是词所在句法结构的扩展），重新分析的结果才能外现（李明等，2012）。扩展是对一种规则的推广。这种机制导致一种句法模式表层形式发生改变，但不涉及底层结构直接或内在的改变。（Harris & Campbell，1995；吴福祥，2013）

趋向类"X来"的扩展主要体现在其前动词V类范畴的扩展。以"下来"为例，它的语法化及进一步语法化是动词类范畴的扩展导致的。"V下来"的V最初是语义特征为[＋位移]的移动义动词，表示趋向义，后来V扩展至致使义动词，再后来扩展为脱离义动词，"下来"就表示结果义，强调位移后的结果。而后，V又扩展为接续义动词，"下来"就表示动作在时间范畴内的延续。V从[＋位移]到[－位移]的扩展过程，也正是"下来"从表空间到时间的演变历程。

另一方面，趋向类"X来"的扩展还体现在其前成分从动词到形容词的扩展。"起来""下来"等发展到最后，无一不是从动词扩展到形容词，从表示动作持续扩展为状态的持续。

此外，趋向类"X 来"的扩展还体现在已有形式对新形式的扩展和类推。这主要体现在"开来"的语法化中。"V 开来"的用法是"起来"等趋向类"X 来"趋向补语的语法化类推的结果。

参考文献

白美雪　2012　《"过来"源流考》,《语文学刊》第 5 期。
鲍尔·J. 霍珀、伊丽莎白·克劳丝·特劳戈特　2008　《语法化学说》,梁银峰译,复旦大学出版社。
曹广顺　1995　《近代汉语助词》,语文出版社。
曹秀玲　2010　《从主谓结构到话语标记——"我／你 V"的语法化及相关问题》,《汉语学习》第 5 期。
晁　瑞　2006　《方言词"敢说"的词汇化与话语主语的零形式》,《语言科学》第 4 期。
———　2007　《"容易"的词汇化与"容"表"许可"义》,《汉语学习》第 1 期。
陈昌来　1994a　《论动后趋向动词的性质——兼谈趋向动词研究的方法》,《烟台师范学院学报》第 4 期。
———　1994b　《动后趋向动词性质研究述评》,《汉语学习》第 2 期。
———　1997　《汉语处所价语的初步考察》,《语言教学与研究》第 3 期。
———　2002a　《现代汉语动词的句法语义属性研究》,学林出版社。
———　2002b　《介词与介引功能》,安徽教育出版社。
———　2003a　《现代汉语介词框架的考察》,《中国语言学报》第 11 期。
———　2003b　《现代汉语语义平面问题研究》,学林出版社。
———　2005　《现代汉语三维语法论》,学林出版社。
———　2011　《由代动词"来"构成的述宾结构及数量词的功能》,《河南

　　　　　　　大学学报》第 1 期。

——　　2013　《"近来"类双音时间词演化的系统性及其相关问题》，《上海师范大学学报》第 5 期。

——　　2014a　《"一贯"的词汇化和语法化及相关问题》，《上海师范大学学报》第 1 期。

——　　2014b　《汉语"介词框架"研究》，商务印书馆。

——　　2015　《副词"一直"的词汇化和语法化及相关问题》，《河南大学学报》第 2 期。

——　　杨丹毅　2009　《介词框架"对／对于……来说／而言"的形成和语法化机制》，《华东师范大学学报》第 1 期。

——　　朱　峰　2009　《"除"类介词及"除"类介词框架的产生和发展》，《上海师范大学学报》第 2 期。

——　　张长永　2009　《"后来"的词汇化及相关问题》，《汉语学习》第 4 期。

　　——　　——　2010a　《"由来"的词汇化及其相关问题》，《世界汉语教学》第 2 期。

　　——　　——　2010b　《时间词"将来"的词汇化历程及其指称化机制》，《鲁东大学学报》第 5 期。

——　　李传军　2012　《现代汉语类固定短语研究》，学林出版社。

陈宁萍　1987　《现代汉语名词类的扩大——现代汉语动词和名词分界线的考察》，《中国语文》第 5 期。

陈　平　1994　《试论汉语中三种句子成分与语义成分的配位原则》，《中国语文》第 3 期。

陈前瑞　2003　《现实相关性与复合趋向补语中的"来"》，《语法化与语法化研究（一）》，商务印书馆。

——　　2008　《汉语体貌研究的类型学视野》，商务印书馆。

陈信春　1982　《同复合趋向补语并见的宾语的位置》，《中国语文通讯》第 5 期。

陈永莉 2006 《形式动词后带宾语的多角度研究》,《安徽教育学院学报》第 3 期。

程湘清 2003 《汉语史专书复音词研究》,商务印书馆。

崔达送 2005 《中古汉语位移动词研究》,安徽大学出版社。

邓守信 1985 《汉语动词的时间结构》,《语言教学与研究》第 4 期。

刁晏斌 2004 《试论现代汉语中形式动词的功能》,《宁夏大学学报》第 3 期。

—— 2004 《现代汉语虚义动词研究》,辽宁师范大学出版社。

丁声树等 1961 《现代汉语语法讲话》,商务印书馆。

丁喜霞 2008 《"最近"的词汇化过程探析》,《语言研究》第 3 期。

董秀芳 1997 《跨层结构的形成和语言系统的调整》,《河北师范大学学报》第 2 期。

—— 1998a 《古代汉语介词位置上的零形回指及其演变》,《当代语言学》第 4 期。

—— 1998b 《述补带宾句式中的韵律制约》,《语言研究》第 1 期。

—— 2002a 《词汇化：汉语双音词的衍生与发展》,四川民族出版社。

—— 2002b 《论句法结构的词汇化》,《语言研究》第 3 期。

—— 2003a 《"X 说"的词汇化》,《语言科学》第 2 期。

—— 2003b 《"不"与所修饰的中心词的粘合现象》,《当代语言学》第 1 期。

—— 2004a 《汉语的词库与词法》,北京大学出版社。

—— 2004b 《"是"的进一步语法化：由虚词到词内成分》,《当代语言学》第 1 期。

—— 2005 《汉语词缀的性质与汉语词法特点》,《汉语学习》第 6 期。

—— 2006 《词汇化与语法化的联系与区别——以汉语中的一些词汇化为例》,《21 世纪的中国语言学》,商务印书馆。

—— 2007a 《词汇化与话语标记的形成》,《世界汉语教学》第 1 期。

—— 2007b 《从词汇化的角度看粘合式动补结构的性质》,《语言科学》第 1 期。

―――― 2011 《词汇化：汉语双音词的衍生与发展》，商务印书馆。

董祥冬 2009 《"V＋有"的词汇化进程》，《湖北社会科学》第 1 期。

段业辉 1990 《论"V＋上／下"结构中的"上"和"下"》，《南京师范大学学报》第 2 期。

范　晓 1996 《三个平面的语法观》，北京语言学院出版社。

―――― 张豫峰等 2008 《语法理论纲要》（修订版），上海译文出版社。

范继淹 1963 《动词和趋向性后置成分的结构分析》，《中国语文》第 2 期。

方　梅 2000 《自然口语中弱化连词的话语标记功能》，《中国语文》第 5 期。

方一新 1994 《〈世说新语〉词语拾诂》，《杭州大学学报》第 1 期。

―――― 1996 《东汉语料与词汇史研究刍议》，《中国语文》第 2 期。

―――― 1997 《东汉魏晋南北朝史书词语笺释》，黄山书社。

―――― 2000 《东汉六朝佛经词语札记》，《语言研究》第 2 期。

―――― 雷东平 2006 《近代汉语"看来"的词汇化和主观化》，《周口师范学院学报》第 3 期。

房玉清 1980 《从外国学生的病句看现代汉语的动态范畴》，《语言教学与研究》第 3 期。

―――― 1981 《助词的语法特征及其分类》，《语言教学与研究》第 4 期。

―――― 1992 《"起来"的分布和语义特征》，《世界汉语教学》第 1 期。

冯胜利 1996 《论汉语的"韵律词"》，《中国社会科学》第 1 期。

―――― 1998 《论汉语的"自然音步"》，《中国语文》第 1 期。

―――― 2000 《"写毛笔"与韵律促发的动词并入》，《语言教学与研究》第 1 期。

―――― 2001 《从韵律看汉语"词""语"分流之大界》，《中国语文》第 1 期。

―――― 2002 《韵律构词与韵律句法之间的交互作用》，《中国语文》第 6 期。

高　磊 2006 《"从来""始终""永远"的语法意义辨析》，《语言文字应用》第 2 期。

高顺全 2001 《体标记"下来""下去"补议》，《汉语学习》第 3 期。

高　艳　2007　《复合趋向补语不对称现象研究》，首都师范大学硕士学位论文。

葛文杰、张　静　2004　《"从来"句的语义语用分析》，《江西教育学院学报》第4期。

郭春贵　2003　《复合趋向补语与非处所宾语的位置问题补议》，《世界汉语教学》第3期。

郭家翔　2002　《说"上来"》，《语言研究》特刊。

郭　锐　1993　《汉语动词的过程结构》，《中国语文》第6期。

——　2008　《语义结构和汉语虚词语义分析》，《世界汉语教学》第4期。

韩　蓉　2004　《"下来""下去"语法化过程考察》，北京语言大学硕士学位论文。

汉语大词典编辑委员会、汉语大词典编纂处　1993　《汉语大词典》，汉语大词典出版社。

汉语大字典编辑委员会　1986　《汉语大字典》，四川辞书出版社。

何　亮　2007　《中古汉语时点时段表达研究》，巴蜀书社。

——　2015　《中古汉语双音节"X来"式时间语再考察》，《励耘语言学刊》第1辑。

何乐士等　1985　《古汉语虚词通释》，北京出版社。

——　2000　《从〈左传〉和〈史记〉的比较看〈史记〉的动补式》，《古汉语语法研究论文集》，商务印书馆。

洪心衡　1957　《能愿动词、趋向动词、判断动词》，上海教育出版社。

侯学超　1998　《现代汉语虚词词典》，北京大学出版社。

胡明扬　1996　《词类问题考察》，北京语言学院出版社。

胡裕树　1981　《现代汉语》，上海教育出版社。

——　1985　《现代汉语》，上海教育出版社。

——　范　晓　1995　《动词研究》，河南大学出版社。

华　莎　2003　《名词并入与述宾式离合词》，《解放军外国语学院学报》第4期。

黄伯荣　1998　《动词分类和研究文献目录总览》，高等教育出版社。

黄盛璋　1956　《助动词和动词等的界限问题》，《语文学习》第 12 期。

蒋海莉　2006　《试析"所以"的词汇化路程》，《黑龙江教育学院学报》第 4 期。

蒋绍愚　1989　《古汉语词汇纲要》，北京大学出版社。

——　1996　《近代汉语研究概况》，北京大学出版社。

——　吴福祥　1997　《近代汉语纲要》，湖北教育出版社。

蒋宗许　2009　《汉语词缀研究》，巴蜀书社。

江蓝生　1988　《魏晋南北朝小说词语汇释》，语文出版社。

——　2000　《近代汉语探源》，商务印书馆。

——　2004　《跨层非短语结构"的话"的词汇化》，《中国语文》第 5 期。

金昌吉　1996　《谈动词向介词的虚化》，《汉语学习》第 2 期。

——　2010　《关于话语标记来源研究的两点看法——从"我说"类话语标记的来源说起》，《世界汉语教学》第 2 期。

居　红　1992　《汉语趋向动词及动趋短语的语义和语法特点》，《世界汉语教学》第 4 期。

匡鹏飞　2010　《时间副词"从来"的词汇化及相关问题》，《古汉语研究》第 3 期。

蓝卡佳　2002　《V+（一）个+后续成分的语义特征及语值考察》，《贵州文史丛刊》第 4 期。

兰小云　2007　《试析"目前"的词汇化过程》，《遵义师范学院学报》第 6 期。

黎锦熙　1924　《新著国语文法》，商务印书馆。

——　刘世儒　1957　《中国语法教材》，五十年代出版社。

黎渝林　2008　《修辞现象词汇化的拓展分析》，《百色学院学报》第 2 期。

李　斌　2005　《含"进、出"趋向动词的动趋式分析》，上海师范大学硕士学位论文。

李金满、王同顺　2008　《词汇化和语法化的接口——"X 门儿"的演变》，《当代语言学》第 1 期。

李进学 2007 《动宾复合词的词汇化的原因和机制的分析》,《社会科学论坛》第 10 期。

李　慧 2007 《现代汉语双音节词组词汇化基本特征探析》,《语言教学与研究》第 2 期。

李　琳 2005 《趋向动词"起来"的相关格式及其语法化研究》,上海师范大学硕士学位论文。

李　明 2002 《试谈言说动词向认知动词的引申》,第十届全国近代汉语学术研讨会论文,浙江宁波。

—— 姜先周 2013 《试谈"类推"在语义演变中的地位》,《汉语史学报》第十二辑,上海教育出版社。

李行健 2005 《现代汉语规范词典》,外语教学与研究出版社。

李宗江 2004 《说"完了"》,《汉语学习》第 5 期。

—— 2006 《"回头"的词汇化与主观性》,《语言科学》第 4 期。

—— 2008 《说"想来""看来""说来"的虚化和主观化》,《汉语史学报》第 7 辑。

—— 王慧兰 2011 《汉语新虚词》,上海教育出版社。

李佐丰 2004 《古代汉语语法》,商务印书馆。

梁银峰 2004 《汉语事态助词"来"产生的时代及其来源》,《中国语文》第 4 期。

—— 2005 《汉语动相补语"来""去"的形成过程》,《语言科学》第 6 期。

—— 2007 《汉语趋向动词的语法化》,学林出版社。

—— 2009 《现代汉语"X 来"式合成词溯源》,《语言科学》第 4 期。

廖秋忠 1987 《篇章中的管界问题》,《中国语文》第 6 期。

—— 1989 《〈语气与情态〉评介》,《国外语言学》第 4 期。

刘　斌 2006 《古代汉语谓词性成分指称化方式和原因探究》,《语文学刊》第 12 期。

刘楚群 2009 《"看起来"与"看上去""看来"差异浅析——兼论趋向短语

的语法化》,《江西师范大学学报》第 4 期。

刘大为 2004 《比喻词汇化的四个阶段》,《福建师范大学学报》第 6 期。

刘丹青 1995 《语义优先还是语用优先——汉语语法学体系建设断想》,《语文研究》第 2 期。

—— 2001 《语法化中的更新、强化、叠加》,《语言研究》第 2 期。

—— 2003 《语序类型学与介词理论》,商务印书馆。

—— 2007 《话题标记走向何处?——兼谈广义历时语法化的三个领域》,《语法化与语法研究(三)》,商务印书馆。

—— 2009 《语法化理论与汉语方言语法研究》,《方言》第 2 期。

刘东升 潘志刚 2008 《论"附近"的词汇化》,《汉语学报》第 2 期。

刘 芳 2009 《几组趋向动词演变研究》,福建师范大学博士学位论文。

刘广和 1999 《说"上2、下2……起来2"——兼谈趋向补语、动趋式》,《汉语学习》第 2 期。

刘红妮 2007 《非句法结构"算了"的词汇化与语法化》,《语言科学》第 6 期。

—— 2008 《"以免"的词汇化》,《楚雄师范学院学报》第 5 期。

—— 2009a 《"则已"的词汇化和构式语法化》,《古汉语研究》第 2 期。

—— 2009b 《汉语非句法结构的词汇化》,上海师范大学博士论文。

—— 2010 《词汇化与语法化》,《当代语言学》第 1 期。

刘 坚、曹广顺、吴福祥 1995 《论诱发汉语词汇语法化的若干因素》,《中国语文》第 3 期。

—— 江蓝生主编 1997 《唐五代语言词典》,上海教育出版社。

刘 利 1997 《先秦汉语的复音副词"不过"》,《中国语文》第 1 期。

—— 2004 《"不过"的词汇化问题补议》,《陕西师范大学学报》第 5 期。

—— 2005 《上古汉语的双音节连词"然而"》,《中国语文》第 2 期。

—— 2008 《"然而"的词汇化过程及其动因》,《北京师范大学学报》第 5 期。

刘世荣 1954 《关于动补结构问题》,《中国语文》第 6 期。

刘叔新　1982　《论现代汉语助词的划分》,《天津社会科学》第 2 期。

——　　1985　《试论趋向范畴》,《语法研究和探索》(三),北京大学出版社。

刘　顺　2003　《现代汉语名词的多角度研究》,学林出版社。

刘晓然　2006　《汉语量词短语的词汇化》,《语言研究》第 1 期。

——　　2007　《双音短语的词汇化》,四川大学硕士学位论文。

刘月华　1983　《动词重叠的表达功能及可重叠动词的范围》,《中国语文》第 1 期。

——　　1988　《几组意义相关的趋向补语语义分析》,《语言研究》第 1 期。

——　　1998　《趋向补语通释》,北京语言文化大学出版社。

——　　2001　《实用现代汉语语法》,商务印书馆。

刘云峰　2005　《形式动词及其宾语》,《西南民族大学学报》第 5 期。

刘　茁　2005　《词汇化程度的英汉对比分析》,《深圳大学学报》第 4 期。

陆丙甫　1986　《语句理解的同步组块过程及数量描写》,《中国语文》第 2 期。

陆俭明　1985　《关于"去＋VP"和"VP＋去"句式》,《语言教学与研究》第 4 期。

——　　1988　《现代汉语中数量词的作用》,《语法研究和探索》(四),北京大学出版社。

——　　2002　《动词后趋向补语和宾语的位置问题》,《世界汉语教学》第 1 期。

陆志韦　1956　《北京话单音节词词汇》,科学出版社。

——　　1957　《汉语构词法》,科学出版社。

卢　莉　2006　《"下"的语法化过程及相关句法语义问题研究》,上海师范大学硕士学位论文。

卢英顺　2001　《论趋向动词问题》,《徐州师范大学学报》第 1 期。

——　　2006　《"下来"的句法、语义探析》,《宁夏大学学报》第 5 期。

卢优卫　1998　《试说现代汉语中的"个"与"一个"》,《宁波大学学报》第 3 期。

吕叔湘　1942　《中国文法要略》,商务印书馆。

——　　1979　《汉语语法分析问题》,商务印书馆。

———　　1984　《汉语语法论文集》(增订本)，商务印书馆。

———　　1999　《现代汉语八百词》(增订本)，商务印书馆。

罗思明等　2007　《当代词汇化研究综合考察》，《现代外语》第 4 期。

马贝加　2002　《近代汉语介词》，中华书局。

马庆株　1981　《时量宾语和动词的类》，《中国语文》第 2 期。

———　　1997　《"来／去"与现代汉语动词的主观范畴》，《语文研究》第 3 期。

———　　1998　《汉语语义语法范畴问题》，北京语言文化大学出版社。

———　　2005　《汉语动词和动词性结构》，北京大学出版社。

梅　晶　2009　《魏晋南北朝心理动词带宾语的特点考察》，《古汉语研究》第 1 期。

梅祖麟　1991／2000　《从汉代的"动、杀""动、死"来看动补结构的发展——兼论中古时期起词的施受关系》，《梅祖麟语言学论文集》，商务印书馆。

孟　琮　1987　《动趋式语义举例》，《句型和动词》，语文出版社。

———　郑怀德等　1999　《汉语动词用法词典》，商务印书馆。

潘海峰　2005　《"上"的语法化过程和"V 上"结构的句法语义问题研究》，上海师范大学硕士学位论文。

潘　文　申敬善　2006　《试论"来"的替代条件》，《汉语学习》第 6 期。

潘允中　1980　《汉语动补结构的发展》，《中国语文》第 1 期。

彭伶楠　2005　《"好了"的词化、分化和虚化》，《语言科学》第 3 期。

彭伶楠　2006　《现代汉语双音词"X 了"的虚化与词汇化研究》，上海师范大学硕士学位论文。

彭　睿　2007　《构式语法化的机制和后果》，《汉语学报》第 3 期。

齐沪扬　1996　《空间位移中主观参照"来／去"的语用含义》，《世界汉语教学》第 4 期。

齐沪扬、曾传禄　2009　《"V 起来"的语义分化及相关问题》，《汉语学习》第 2 期。

钱　韵、余　戈　2003　《现代汉语四字格成语的词汇化研究》,《语言科学》第 6 期。

任海波　2005　《"一直"与"从来"的比较分析》,《广播电视大学学报》第 1 期。

杉村博文　1983　《试论趋向补语"下""下来""下去"的引申用法》,《语言教学与研究》第 4 期。

商务印书馆辞书研究中心编　2000　《应用汉语词典》,商务印书馆。

沈家煊　1994　《"语法化"研究综观》,《外语教学与研究》第 4 期。

——　1995　《有界"与"无界"》,《中国语文》第 5 期。

——　1998　《实词虚化的机制——〈演化而来的语法化〉评介》,《当代语言学》第 3 期。

——　1999　《转喻和转指》,《当代语言学》第 1 期。

——　2001　《语言的"主观性"和"主观化"》,《外语教学与研究》第 4 期。

——　2003a　《现代汉语动补结构的类型学考察》,《世界汉语教学》第 3 期。

——　2003b　《复句三域"行、知、言"》,《中国语文》第 3 期。

——　2004a　《语用原则、语用推理和语义演变》,《外语教学与研究》第 4 期。

——　2004b　《说"不过"》,《清华大学学报》第 5 期。

石毓智　2001　《语法的形式和理据》,江西教育出版社。

——　2003　《现代汉语语法系统的建立——动补结构的产生及其影响》,北京语言大学出版社。

——　2006　《语法化的动因与机制》,北京大学出版社。

——　李　讷　2001　《汉语语法化的历程》,北京大学出版社。

——　雷玉梅　2004　《"个"标记宾语的功能》,《语文研究》第 4 期。

史金生　2003　《语气副词的范围、类别和共现顺序》,《中国语文》第 1 期。

史有为　1997　《数量词在动宾组合中的作用》,《中国语言学报》第 8 期。

宋玉珂　1982　《"进行"的语法作用》,《语言教学与研究》第 1 期。

宋再前　1981　《现代汉语动词情态新探》,《丹东师专学报》第 1 期。

索绪尔　1980　《普通语言学教程》，高名凯译，商务印书馆。

孙朝奋　1994　《虚化论》评介，《国外语言学》第4期。

孙锡信　1992　《汉语历史语法要略》，复旦大学出版社。

孙　斐　2005　《"来"和"去"的语法化及相关问题研究》，上海师范大学硕士学位论文。

───　2017　《构式化视野下的动趋式及其相关问题研究》，上海师范大学博士学位论文。

太田辰夫　1958／2003　《中国语历史文法》（修订译本），蒋绍愚、徐昌华译，北京大学出版社。

汤廷池　1991　《汉语语法的"并入现象"（上）》，《清华学报（台湾）》第1期。

───　1991　《汉语语法的"并入现象"（下）》，《清华学报（台湾）》第2期。

汤晓玲　2008　《"算了"的词汇化过程考察》，华中师范大学硕士学位论文。

唐为群　2007　《"从来"和"从来"句》，《语言研究》第3期。

───　2010　《"原来"、"从来"、"连连"三组时间副词研究》，武汉大学出版社。

唐正大　2002　《"V＋起来"的格式语义》，上海师范大学硕士学位论文。

───　2005　《从独立动词到话题标记——"起来"语法化模式的理据性》，沈家煊、吴福祥、马贝加主编《语法化与语法研究（二）》，商务印书馆。

汪维辉　2003　《汉语"说类词"的历时演变与共时分布》，《中国语文》第4期。

───　2006　《词汇化：汉语双音词的衍生和发展》评介，《语言科学》第3期。

王　丹　2004　《典故词语的词汇化研究》，武汉大学硕士学位学位论文。

王灿龙　2004　《"起去"的语法化未完成及其认知动因》，《世界汉语教学》第3期。

───　2005　《词汇化二例——兼谈词汇化和语法化的关系》，《当代语言学》第3期。

王冬梅　2004　《动词转指名词的类型即相关解释》,《汉语学习》第4期。

王国栓　2004　《"动+将+趋"式中"将"的性质》,《语文研究》第3期。

——　2005　《趋向问题研究》,华夏出版社。

王洪君　1994　《从字和字看词和短语——也谈汉语中的划分标准》,《中国语文》第2期。

王慧兰　2003　《双音节连词词汇化过程中的代词并入现象考察》,解放军外国语学院硕士学位论文。

王　静　2010　《汉语词汇化研究综述》,《汉语学习》第3期。

王克仲　1982　《关于先秦"所"字词性的调查报告》,《古汉语研究论文集》,北京出版社。

王　力　1943　《中国现代语法》,商务印书馆。

——　1980　《汉语史稿》,中华书局。

——　1982　《中国古文法》,山西人民出版社。

——　1989　《汉语语法史》,商务印书馆。

王　莉　2001　《标示焦点:"动+个+名"中的"个"》,《华南师范大学学报》第4期。

王林哲　2006　《"下来""下去"相关问题研究》,上海师范大学硕士学位论文。

王晓平　2009a　《现代汉语"看来"的句法分析》,《语文学刊》第7期。

　　　　　2009b　《现代汉语"看来"及其相关格式研究综论》,《合肥学院学报》第1期。

——　2009c　《"看来"及其相关格式的研究》,上海师范大学硕士学位论文。

王云路　2003　《中古汉语词汇研究综述》,《古汉语研究》第2期。

——　2010　《中古汉语词汇史》,商务印书馆。

王振来　2008　《"被V"和"被VN"及其词汇化分析》,《汉语学习》第5期。

王志凯　2007　《现代汉语字组"有X"的词汇化倾向》,华中师范大学硕士学位论文。

文　炼　1991　《与语言符号相关的问题——兼论语法分析中的三个平面》，《中国语文》第 2 期。

吴长安　2006　《"第二"的词汇化意义》，《中国语文》第 2 期。

吴福祥　1999　《试论现代汉语动补结构的来源》，《汉语现状与历史的研究——首届汉语语言学国际研讨会文集》，江蓝生、侯精一主编，中国社会科学出版社。

——　2002　《汉语能性述补结构"V 得／不 C"的语法化》，《中国语文》第 1 期。

——　2003　《关于语法化的单向性问题》，《当代语言学》第 4 期。

——　2005　《汉语历史语法研究的目标》，《古汉语研究》第 2 期。

——　2006　《语法化与汉语历史语法研究》，安徽教育出版社。

——　2007　《语法化的世界词库》导读，（德）海恩、（德）库泰瓦著《语法化的世界词库》，世界图书出版公司。

——　2013　《关于语法演变的机制》，《古汉语研究》第 3 期。

吴洁敏　1984　《谈谈非谓语动词"起来"》，《语言教学与研究》第 2 期。

吴竞存、梁伯枢　1992　《现代汉语句法结构与分析》，语文出版社。

吴凯风　2007　《"然"系词语的词汇化考察》，广西师范大学硕士学位论文。

吴锡根　2001　《〈金瓶梅词话〉中的"起来"句》，《杭州师范学院学报》第 4 期。

伍铁平　1999　《模糊语言学》，上海外语教育出版社。

武文杰　2008　《现代汉语视觉行为动词研究》，山东大学博士学位论文。

肖双荣　2000　《趋向结构中的客观参照和主观参照》，《娄底师专学报》第 1 期。

肖奚强、王灿龙　2006　《"之所以"的词汇化》，《中国语文》第 6 期。

新华辞书社　2004　《新华字典》，商务印书馆。

邢福义　2003　《"起去"的语法化与相关问题》，《方言》第 3 期。

许　刚　2006　《趋向动词"起来"及其语法化的研究》，安徽师范大学硕士学位论文。

许凯凯　2013　《表主观认知义"V来"式双音词多角度考察》，上海师范大学硕士学位论文。

徐朝红、易永姣　2007　《副词"顺路"的产生和发展》，《古汉语研究》第3期。

徐　诰　1927　《中华大字典》，中华书局。

徐静茜　1982　《"趋向动词"应归属何种词类？》，《嘉兴师专学报》第7期。

――――　1985　《也论"下来""下去"的引申用法》，《汉语学习》第4期。

徐烈炯、刘丹青　1998　《话题的结构与功能》，上海教育出版社。

徐前师　2006　《"已经"成词于唐前说不可靠》，《中国语文》第5期。

徐时仪　2006　《"一味"的词汇化与语法化考探》，《语言教学与研究》第6期。

严辰松　2005　《英汉语表达"实现"意义的词汇化模式》，《外国语》第1期。

颜红菊　2008　《动宾结构词汇化的独立性解释》，《武汉理工大学学报》第4期。

杨伯峻　1956　《文言语法》，北京出版社。

――――　1981　《古汉语虚词》，中华书局（2000重印）。

杨成凯　1986　《Fillmore的格语法理论（上）》，《国外语言学》第1期。

杨德峰　2003　《趋向补语的认知和习得研究》，北京语言大学博士学位论文。

杨凤清、李　南　1987　《常用多义词词典》，甘肃教育出版社。

杨寄洲、贾永芬　2005　《1700对近义词语用法对比》，北京语言大学出版社。

杨亦鸣、余光武　2003　《汉语词法：语言学和认知的研究》评述，《当代语言学》第1期。

杨永龙　2001　《明代以前的"VO过"类》，《语文研究》第4期。

――――　2002　《"已经"的初见时代及成词过程》，《中国语文》第1期。

杨宇枫　2013　《近代汉语复合趋向动词句法语义研究》，北京大学博士学位论文。

叶建军　2007　《疑问副词"莫非"的来源及其演化》，《语言科学》第3期。

姚振武　1996　《汉语谓词性成分名词化的原因及规律》，《中国语文》第1期。

―――― 1998 《个别性指称与"所"字结构》,《古汉语研究》第 3 期。
尹世超 2002 《汉语语法修辞论集》,中国社会科学出版社。
尹　玉 1957 《趋向补语的起源》,《中国语文》第 9 期。
殷国光 2006 《"所"字结构的转指对象与动词配价》,《语言研究》第 3 期。
余健萍 1957 《使成式的起源和发展》,《语法论集》第 2 辑,中华书局。
俞　敏 1954 《现代汉语语法》,群众出版社。
―――― 1984 《名词、动词、形容词》,上海教育出版社。
袁毓林 2007 《论"都"的隐性否定和极项允准功能》,《中国语文》第 4 期。
岳中奇 1996 《体助词"去"的语法意义及其相关动词》,《语文学刊》第 3 期。
曾毅平 2006 《当代新词语修辞现象词汇化研究》,暨南大学硕士学位论文。
张爱玲 2007 《"看来"的主观化》,《淮阴师范学院学报》第 3 期。
张　斌 1998 《汉语语法学》,上海教育出版社。
―――― 2006 《现代汉语虚词词典》,商务印书馆。
―――― 2008 《新编现代汉语》,复旦大学出版社。
―――― 2010 《现代汉语描写语法》,商务印书馆。
张伯江 1991 《关于动趋式带宾语的几种语序》,《中国语文》第 3 期。
―――― 1997 《认识观的语法表现》,《国外语言学》第 2 期。
―――― 2014 《从"来"的代动词用法谈汉语句法语义的修辞属性》,《当代修辞学》第 4 期。
―――― 方　梅 2001 《汉语功能语法研究》,江西教育出版社。
张长永 2009 《现代汉语表时双音词"X 来"的词汇化及语法化问题研究》,上海师范大学硕士学位论文。
张发明 1981 《趋向动词"来""去"新议》,《四平师院学报》第 3 期。
张国宪 1998 《现代汉语形容词的体及形态化历程》,《中国语文》第 6 期。
张　慧 2009 《"V 过来"的句法语义分析及"过来"的虚化探索》,上海师范大学硕士学位论文。

张　静　1961　《论汉语副词的范围》,《中国语文》第 8 期。

张　龙　2008　《"不大"词汇化研究》,浙江大学硕士学位论文。

张寿康、林杏光　1992　《现代汉语实词搭配词典》,商务印书馆。

张田田　2012　《与代词并入相关的双音词的词汇化与语法化》,上海师范大学博士学位论文。

张　艳　2004　《也谈"已经"的初见时代》,《中国语文》第 4 期。

张　艳　2011　《"上来"的综合研究》,东北师范大学硕士学位论文。

张谊生　2000a　《现代汉语虚词》,华东师范大学出版社。

——　2000b　《论与汉语副词相关的虚化机制——兼论现代汉语副词的性质、分类与范围》,《中国语文》第 1 期。

——　2000c　《现代汉语副词研究》,学林出版社。

——　2003　《"就是"的篇章衔接功能及其语法化历程》,《世界汉语教学》第 3 期。

——　2004　《现代汉语副词探索》,学林出版社。

——　2006　《"看起来"与"看上去"——兼论动趋式短语词汇化的机制与动因》,《世界汉语教学》第 3 期。

——　2007　《从间接的跨层连用到典型的程度副词》,《古汉语研究》第 4 期。

——　2010　《从错配到脱落:附缀"于"的零形化后果与形容词、动词的及物化》,《中国语文》第 2 期。

张正石　2003　《浅析动词"来"的方向在话语中的变化》,《北方论丛》第 2 期。

张永言、汪维辉　1995　《关于汉语词汇史研究的一点思考》,《中国语文》第 6 期。

张志公　1953　《汉语语法常识》,中国青年出版社。

——　1956　《暂拟汉语教学语法系统》,人民教育出版社。

——　1959　《汉语知识》,人民教育出版社。

赵克勤　1987　《古汉语词汇概要》,浙江教育出版社。

赵元任　1979　《汉语口语语法》，吕叔湘译，商务印书馆。
志村良治　1995　《中国中世语法史研究》，江蓝生、白维国译，中华书局（2005 重印）。
钟兆华　1985　《趋向动词"起来"在近代汉语中的发展》，《中国语文》第 5 期。
周迟明　1957　《汉语的使成性复合动词》，《山东大学学报》第 1 期。
周　刚　1987　《形式动词的次分类》，《汉语学习》第 1 期。
周明强　2002　《汉语量词"个"的虚化特点》，《语文学刊》第 1 期。
周　宁　2008　《现代汉语类固定短语"X 来 X 去"多角度考察》，上海师范大学硕士学位论文。
周　夏　2008　《代动词"来"的多角度研究》，上海师范大学硕士学位论文。
周永惠　1991　《复合趋向补语的趋向意义》，《四川师范大学学报》第 2 期。
朱德熙　1982　《语法讲义》，商务印书馆。
——　1983　《自指和转指》，《方言》第 1 期。
——　1984　《关于向心结构的定义》，《中国语文》第 6 期。
——　1985　《语法答问》，商务印书馆。
——　1985　《现代书面汉语里的虚化动词和名动词》，《北京大学学报》第 5 期。
朱冠明　2005　《情态动词"必须"的形成和发展》，《语言科学》第 3 期。
朱　攀　2009　《介词框架"P X 以来"的多角度考察》，上海师范大学硕士学位论文。
朱　青　2009　《现代汉语"这样 X 来"的多角度研究》，上海师范大学硕士学位论文。
朱庆之　1990　《佛典与中古汉语词汇研究》，四川大学博士论文。
中国社会科学院语言研究所词典编辑室　2005　《现代汉语词典》（第 5 版），商务印书馆。
A. Harris, L. Campbel. 1995. *Historical Syntax in Cross-Linguistics Perspective*. Cambridge: Cambridge University Press.

A. Harris, L. Campbell 著，吴福祥导读，2007，《历史句法学的跨语言视角》，世界图书出版公司。

A. Harris, L. Campbell 著，吴福祥介绍，2008，《历史句法学的跨语言视角》，《当代语言学》第 2 期。

Baker, Mark C. 1988. *Incorporation: A Theory of Grammatical Function Changing*. Chicago: The University of Chicago Press.

Bloomfield, L. 1933. *Language*. New York: Holt.

Brinton, L. J. 1996. *Pragmatic Maker in English: Grammaticalization and Discourse Functions*. Berlin: Mouton de Gruyter.

Bybee, J. 1985. *Morphology: A Study of the Relation between Meaning and Form*. Amsterdam: John Benjamins.

Chafe, W. 1986. Evidentiality in English Conversation and Academic Writing. In Chafe and Nichols eds., *Evidentiality: The Linguistic Coding of Epistemology*. Norwood, N. J.: Ablex Pub. Corp.

Grice. 1975. *Logic and Conversation*. New York: Academic Press.

Heine et al. 1991. *Grammaticalization: A Conceptual Framework*. Chicago: University of Chicago Press.

Hopper, Paul J. 1991. *On Some Principles of Grammaticalization*. In Traugott & Heine, vol.1, 17—36.

Hopper, P. J., E. C. Traugott. 1993. *Grammaticalization*, Cambridge: Cambridge University Press.

Hopper Paul J., Elizabeth Closs Traugott. 2003. *Grammaticalization*. 2nd revised eds. Cambridge: Cambridge University Press.

Hopper Paul J., Elizabeth Closs Traugott. 2003/2008.《语法化学说》(第二版)，梁银峰译，复旦大学出版社。

Langacker, R. W. 1977. *Mechanisms of Syntactic Change*. Austin: University of

Texas Press.

Langacker, R. W. 1977. Syntactic Reanalysis. In Li, ed., *Mechanism of Syntactic Change*. Austin: University of Texas Press.

Longacre, Robert. 1985. Sentences as Combinations of Clauses. In Shopen, ed., *Language Typology and Syntactic Description*. Cambridge: Cambridge University Press.

Lyons, J. 1977. *Semantics*. Cambridge: Cambridge University Press.

Schiffrin, D. 1987. *Discourse markers*. Cambridge: Cambridge University Press.

Sweetser, E. 1990. *From Etymology to Pragmatics—Metaphorical and Cultural Aspects of Semantic Structure*. Cambridge: Cambridge University Press.

Tai, James H-Y. 1985. Temporal Sequence and Chinese Word Order. In Haiman J. ed. *Iconicity in Syntax*. Amsterdam: John Benjamins Publishing Company.

后 记

本书把"X来"式双音词分为三类,其中一类是趋向类,跟趋向动词有关,而我对趋向动词的关注应该说是始于20世纪80年代。1985年至1988年于安徽师范大学跟随张涤华先生及陈庆祐、张紫文、胡治农等老师攻读硕士学位时,硕士学位论文的研究对象就是"V上"结构,涉及趋向动词"上"的意义、性质、动词的类别及"V上"结构的意义、所构成的句式等问题。当然,当时的思考肯定是不够深入的,因而也一直对趋向动词问题存有深切的念想。随后在90年代发表过一些关于趋向动词语法意义的文章。2002年之后,又指导了几名硕士、博士研究生研究过跟趋向动词或趋向结构有关的问题,复合趋向动词如"上来、下来、起来、过来、出来、进来、回来、开来"都是"X来"式双音词。后来又指导研究生考察了"从来、由来、自来、后来、将来、未来、近来、素来、本来、向来、原来、以来"等跟时间相关的"X来"式双音词和"看来、想来、讲来、听来、说来、算来"等跟认知类相关的"X来"式双音词,以及跟代动词"来"(可构成"胡来""乱来""瞎来"等)相关的研究。这些研究成果,成为本书重要的前期研究基础。之所以对"X来"式双音词比较感兴趣,也许是不经意地受到"昌来"的影响吧,也是"X来"嘛;当然,事实上,这些"X来"式双音词不仅有共同的形式标记"来",而且较为常用,词性多样、用法灵活、意义多样,词汇化和语法化的特征明显,有共性也有个性。此前的相关研究还不够系统深入,尤其从历时角度(词汇化和语法化)的研究还很不足,因而很值得进一步探究。本书主要从词汇化和语法化角度对三大类30多个"X

来"式双音词进行系统考察，重点考察"X来"式双音词词汇化和语法化历程、动因、机制以及在共时系统的复杂表现，并试图总结这些词在词汇化和语法化过程中的某些特殊规律，为汉语词汇的历时研究提供些许案例。

本书曾以"汉语'X来'式双音节词词汇化和语法化研究"为名申请了国家社科基金项目，于2011年立项，经资料收集、整理等前期准备，大约2013年初开始撰写，并于2016年结项，承蒙匿名评审专家厚爱，结项等级为优秀。但因俗事繁多，结项后的修改完善又断断续续一直持续到现在才完成。本书的写作前前后后历时六七年之久，写作中参照了李琳、孙斐、李斌、潘海峰、卢莉、朱攀、朱青、周宁、周夏、王晓平、王林哲、张长永、许凯凯、唐正大等的学位论文，其中张长永和许凯凯的学位论文成为本书部分章节的基础，在此深表谢意。当然更多的是参考了前人时贤的研究成果。我们力图在行文和参考文献中尽量全部列出所借鉴的前人时贤的成果，但因写作过程偏长，写作中又断断续续，加之能力和眼界所限，因而前人时贤的成果难免有所遗漏，尤其近年来的成果更是担心遗漏多多。如有遗漏，诚恳接受批评指教。本书在修改完善中，尤其在趋向类"X来"的修改完善中先后得到李会荣、胡德明、刘红妮的大力帮助，在此一并表示诚挚的谢意。当然，本书如有不当之处，完全是我个人的学养不足所致。本书的部分内容此前公开发表过，为了保持整书的完整性，未做删减，敬请谅解。

本书的最后修改时间正值新型冠状病毒防控的紧张时期，有时一边对着电脑看"枯燥"的文字，一边想着做着学校跟研究生相关的疫情防控工作，总是担心学校8000多名研究生的安危，更牵挂着我自己的学生和远在外地的家人的安全。而更多的是想着那些深受病毒侵害饱受病毒煎熬甚至失去生命的同胞，想着那些奋战在防控一线的各类可爱可敬的"战士"，面对各种各样的信息，时时陷入沉思而不能自拔，深感"百无一用是书生"！

谨以此书纪念这一特殊的时期！祝愿伟大的祖国和伟大的人民一切向好，越来越好！

陈昌来
2020年2月22日晚